SECCIÓN DE OBRAS DE FILOSOFÍA

VISIÓN DE PARALAJE

Traducción de
Marcos Mayer

SLAVOJ ŽIŽEK

VISIÓN DE PARALAJE

FONDO DE CULTURA ECONÓMICA
MÉXICO - ARGENTINA - BRASIL - COLOMBIA - CHILE - ECUADOR - ESPAÑA
ESTADOS UNIDOS DE AMÉRICA - GUATEMALA - PERÚ - VENEZUELA

Primera edición en español, 2006
Segunda reimpresión, 2017

Visión de paralaje / Slavoj Žižek. - 1a ed. 2a reimp. - Ciudad Autónoma de Buenos Aires : Fondo de Cultura Económica, 2017.
475 pp. ; 21 x 14 cm. - (Filosofía)

ISBN 978-950-557-674-6

1. Filosofía. I. Título.
CDD 100

Distribución mundial

Armado de tapa: Café Imagen
Foto de solapa: Anne von der Heiden

Título original: *The Parallax View*

El Salvador 5665; C1414BQE Buenos Aires, Argentina
fondo@fce.com.ar / www.fce.com.ar
Comentarios y sugerencias: editorial@fce.com.ar

Fondo de Cultura Económica
Carretera Picacho Ajusco, 227; 14738
Ciudad de México

ISBN Argentina: 978-950-557-674-6
ISBN Colombia: 978-958-8249-27-8

Hecho el depósito que marca la ley 11723.

Impreso en Colombia - *Printed in Colombia*

Para Analía, el axioma de mi vida

INTRODUCCIÓN. EL MATERIALISMO DIALÉCTICO LLAMA A LA PUERTA

En la primera mitad de 2003, los medios reprodujeron dos notables historias.

Un historiador del arte español reveló que el primer uso que se le dio al arte moderno fue una forma deliberada de tortura. Kandinsky y Klee, así como Buñuel y Dalí, funcionaron como inspiración para una serie de celdas secretas y centros de tortura construidos en Barcelona en 1938 por el anarquista francés Alphonse Laurencic (¡un nombre de familia eslovena!), quien inventó una forma de tortura "psicotécnica": creó sus así llamadas "celdas coloreadas" como una contribución a la lucha contra las fuerzas de Franco.[1] Las celdas estaban inspiradas tanto por las ideas de abstracción geométrica y el surrealismo como por las teorías del arte de vanguardia sobre las propiedades psicológicas de los colores. Se ubicaron camas en un ángulo de 20 grados, haciendo que fuera casi imposible dormir en ellas, y los pisos de dos metros por un metro estaban llenos de ladrillos y otros bloques geométricos para evitar que los prisioneros caminaran de un lado al otro. La única opción que les quedaba era apoyarse en la paredes, que eran curvas y estaban cubiertas de perturbadores modelos de cubos, cuadrados, líneas rectas y espirales que se valían de trucos de color, de perspectiva y escala para causar confusión mental y desesperación. Los efectos lumínicos daban la impresión de que los enrarecidos modelos de la pared se movían. Laurencic prefe-

[1] Véase Giles Tremlett, "Anarchists and the fine art of torture", en *The Guardian*, 27 de enero de 2003.

ría usar el color verde, pues, según su teoría de los efectos psicológicos de los colores, producía en los prisioneros melancolía y tristeza.

La segunda historia: Walter Benjamin no se suicidó en una aldea de la frontera española en 1940 a causa del miedo de que se lo regresara a Francia y se lo entregara a los agentes nazis, sino que fue asesinado allí por agentes stalinistas.[2] Unos meses antes de su muerte, Benjamin escribió las "Tesis de filosofía de la historia", su breve pero irrefutable análisis del fracaso del marxismo; murió en una época en que muchos que habían sido leales a la Unión Soviética empezaban a desilusionarse con Moscú a causa del pacto Hitler-Stalin. En respuesta, uno de los *killerati* (agentes stalinistas reclutados entre los intelectuales socialistas y que se ocupaban de asesinatos) lo mató. La causa definitiva del crimen tal vez haya sido que, al atravesar las montañas desde Francia con rumbo a España, cargaba un manuscrito: la obra maestra en la que había estado trabajando en la Bibliothèque Nationale en París, la elaboración de esas *Tesis*. La maleta con este manuscrito fue confiada a un camarada refugiado que la perdió convenientemente en un tren de Barcelona a Madrid...

Lo que ambas historias comparten no es sólo el vínculo sorprendente entre la alta cultura (arte y teoría de elite) y las más bajas y brutales prácticas políticas (asesinato, tortura). En este nivel, el vínculo no es tan inesperado como se supondría: ¿no es un lugar común muy habitual que contemplar el arte abstracto (así como escuchar música atonal) *es* una tortura? (Se puede imaginar fácilmente, en la misma línea, una prisión en la cual los detenidos están expuestos todo el tiempo a la música atonal.) Por otra parte, el lugar común "más profundo" es que ya en su música Schoenberg daba cuenta de los horrores del Holocausto y los bombardeos masivos antes de que efectivamente ocurrieran... Más radicalmente, lo que las dos historias comparten es que el vínculo que establecen resulta en un *cortocircuito imposible* de niveles que, por razones estructurales, jamás

[2] Véase Stuart Jeffries, "Did Stalin's killers liquidate Walter Benjamin?", en *The Observer*, 8 de julio de 2003.

pueden juntarse: por ejemplo, no es posible que "Stalin" se mueva al mismo nivel que "Benjamin", o sea, que se comprendan las verdaderas dimensiones de las *Tesis* de Benjamin desde una perspectiva stalinista. La ilusión que sostiene ambas historias es la de colocar en el mismo nivel dos fenómenos incompatibles, estrictamente homóloga a lo que Kant llamaba "ilusión trascendental": la ilusión de poder usar el mismo lenguaje para dos fenómenos que son mutuamente intraducibles y que sólo pueden comprenderse en una especie de visión de paralaje, que constantemente desplace la perspectiva entre dos puntos para los cuales no hay mediación ni síntesis posible. No existe, por lo tanto, relación ni espacio compartido entre ambos niveles: a pesar de estar estrechamente conectados, incluso siendo en cierto modo idénticos, son como lados opuestos de una cinta de Moebius. El encuentro entre la política leninista y el arte modernista (ejemplificado en la fantasía de Lenin de reunirse con los dadaístas en un café de Zúrich) es algo que estructuralmente no puede ocurrir. Más radicalmente, la política revolucionaria y el arte revolucionario se mueven en temporalidades diferentes: a pesar de estar vinculados, son *dos caras* del mismo fenómeno que, precisamente por ser dos caras, no pueden reunirse nunca.[3] Es más que un accidente histórico el hecho de que, en términos de arte, los leninistas admiraran el gran arte clásico mientras que muchos modernistas fueron políticamente conservadores, incluso protofascistas. Ya no se trata de la lección del vínculo entre la Revolución Francesa y el idealismo alemán: a pesar de ser dos caras del mismo momento histórico, no pueden reunirse directamente, es decir que el idealismo alemán sólo podía aparecer en las condiciones "retrógradas" alemanas en las que no ocurrió ninguna revolución.

En resumen, lo que comparten ambas historias es la ocurrencia de una insuperable *brecha de paralaje*, la confrontación de dos pers-

[3] Tal vez la definición más sucinta de utopía revolucionaria es: un orden social en el que esta dualidad, esta brecha de paralaje, ya no sigue siendo operativa; un espacio en el cual, efectivamente, Lenin *podría* reunirse y debatir con los dadaístas.

pectivas estrechamente vinculadas entre las cuales no es posible ningún campo neutral en común.[4] En una primera aproximación, esta noción de brecha de paralaje no puede sino aparecer como una revancha de Kant sobre Hegel: ¿no es acaso "paralaje" otro nombre para una *antinomia* fundamental que nunca puede ser dialécticamente "mediada/elevada" a una síntesis más alta, dado que no existe lenguaje común ni territorio compartido entre ambos niveles? La apuesta de este libro es que, lejos de plantear un obstáculo a la dialéctica, la noción de brecha de paralaje brinda la clave que nos permite discernir su núcleo subversivo. Teorizar adecuadamente esta brecha de paralaje es el primer paso necesario para poder recuperar la filosofía del *materialismo dialéctico.*[5] Nos hallamos aquí ante una paradoja elemental: aunque muchas de las ciencias actuales practican espontáneamente la *dialéctica materialista*, oscilan filosóficamente entre el materialismo mecánico y el oscurantismo idealista.

La crisis actual del marxismo no se debe únicamente a las derrotas sociopolíticas de los movimientos marxistas: a un nivel inherentemente teórico, la crisis puede (y *debería*) también adjudicarse a la declinación (incluso a la virtual desaparición) del materialismo dialéctico como sostén filosófico del marxismo –el materialismo dialéctico y *no* la mucho más aceptable y muchos menos molesta "dialéctica materialista"–. Es fundamental aquí el desplazamiento de la reflexión determinada a la determinación reflexiva: se trata de otro caso donde una palabra o la posición de las palabras lo decide todo.[6] El despla-

[4] En una mirada más cercana, queda claro que la real relación entre estas dos historias es la de una paralaje: su simetría no es pura, dado que la anécdota de Laurencic trata claramente de política (el terror y la tortura políticas): se usa al arte modernista como una contrapartida cómica; mientras que la anécdota de Benjamin trata de "alta teoría": se usa, por el contrario, como contrapartida cómica a Stalin.

[5] Comparto con Alain Badiou la convicción de que ha llegado el momento de asumir abiertamente este problemático término (en su próximo libro a aparecer *La logique des mondes*, Badiou lo señala como la principal oposición filosófica actual a la que existe entre "materialismo democrático" y "dialéctica materialista").

[6] Lo mismo vale para la verdad: es crucial pasar de las proposiciones *verdaderas* a la *verdad misma que habla.*

zamiento del que nos ocupamos aquí es el desplazamiento dialéctico clave –que resulta más difícil de comprender para una "dialéctica negativa" enamorada de las explosiones de negatividad, con todas las formas imaginables de "resistencia" y "subversión", pero incapaz de superar su propia situación parasitaria respecto del orden positivo precedente– de la danza salvaje de la liberación del Sistema (opresivo) a (lo que los idealistas alemanes llamaban) el Sistema de la Libertad. Alcanzará aquí con dos ejemplos de política revolucionaria: es fácil enamorarse de los librepensadores que florecieron en la Francia prerrevolucionaria de finales del siglo XVIII, de los libertarios que debatían en los salones disfrutando de las paradojas de sus propias incoherencias y de los artistas patéticos que divertían a quienes estaban en el poder con sus propias protestas contra el poder. Es mucho más difícil adherir al reverso de esta inquietud bajo la forma incómoda del nuevo orden que impone el Terror revolucionario. De la misma manera, es fácil enamorarse de la loca inquietud creativa de los primeros años posteriores a la Revolución de Octubre, con los suprematistas, futuristas, constructivistas, etc., que competían por la primacía en el fervor revolucionario; más difícil resulta reconocerse en los horrores de la colectivización forzosa de finales de los años veinte, el intento por traducir ese fervor revolucionario en un nuevo orden social positivo. Nada produce más rechazo ético que las bellas almas revolucionarias que se rehúsan a reconocer en el cruce del presente posrevolucionario la verdad florecida de sus propios sueños acerca de la libertad.

No se trata tanto de que, filosóficamente hablando, el "materialismo dialéctico" stalinista esté encarnado de manera imbécil, sino de que ésta es la cuestión en sí, dado que nuestro planteo es precisamente concebir la identidad de nuestra posición hegeliana-lacaniana y la de filosofía del materialismo dialéctico como un juicio hegeliano infinito, o sea, la identidad especulativa de lo más alto y lo más bajo, como la fórmula de la frenología: "el espíritu es un hueso". ¿En qué consiste, entonces, la diferencia entre la lectura "más alta" y la "más baja" del materialismo dialéctico? El inflexible Cuarto Maestro[7] cometió un serio error filosófico cuando ontologizó la diferencia entre *metaphysica universalis* y *metaphysica specialis*, la ontología universal y su aplicación en el terreno especial de la sociedad. Todo lo que debe hacerse aquí para pasar de "lo más bajo" a "lo más alto" es *desplazar esta diferencia entre lo universal y lo particular a lo particular en sí*: el "materialismo dialéctico" ofrece otra mirada sobre la humanidad diferente de la del materialismo histórico... Sí, una vez más, la relación entre materialismo histórico y dialéctico es una relación de paralaje. Son sustancialmente lo mismo, el cambio de uno al otro es meramente un cambio de perspectiva. Incorpora tópicos como la pulsión de muerte, el núcleo "inhumano" de lo humano, que alcanza a imponerse sobre el horizonte de la *praxis* colectiva de humanidad; la brecha queda así establecida como inherente a la humanidad en sí, como la brecha entre la humanidad y *su propio* exceso inhumano.

Hay una homología estructural en esta relación entre el materialismo histórico y el dialéctico y la adecuada respuesta psicoanalítica al aburrido y convencional reproche a la aplicación del psicoanálisis a los procesos socioideológicos: ¿es legítimo expandir el uso de nociones que fueron desarrolladas originalmente para el tratamiento de individuos a entidades colectivas y hablar, por ejemplo, de la religión como una "neurosis compulsiva colectiva"? El eje del psicoanálisis reside en otra parte: lo social, el campo de las prácticas sociales y las creencias sostenidas socialmente, no se halla simplemente a un nivel distinto de las experiencias individuales, sino que es algo con *lo que debe relacionarse lo individual en sí*, que *lo individual en sí* debe experimentar como un orden que está mínimamente reificado, externalizado. El problema no es, por consiguiente, "cómo pasar del nivel individual al social", sino *cómo debería ser el orden externo-impersonal sociosimbólico de prácticas institucionalizadas si el sujeto pretende mantener su "cordura", su funcionamiento "normal"*. (Recuérdese la famo-

[7] Quien, hoy, debe permanecer innombrado, como el enano escondido dentro de la marioneta del materialismo histórico.

sa renuncia egotista y cínica al sistema público de normas morales; como regla, ese sujeto sólo puede funcionar si ese sistema se encuentra "allí afuera", reconocido públicamente. O sea, para poder ser un cínico en el ámbito de lo privado alguien debe presuponer la existencia de otros ingenuos que "realmente creen".) En otras palabras, la brecha entre lo individual y la dimensión social "impersonal" debe inscribirse nuevamente en el individuo en sí: *el orden objetivo de la Sustancia social existe sólo en la medida en que los individuos la consideran como tal, que se relacionan con ella como tal.* ¿Y aquí el ejemplo supremo no es, una vez más, el del propio Cristo, en quien la diferencia entre Dios y el hombre es traspuesta al propio hombre?

Respecto de la relación entre pensamiento y ser, tanto el materialismo histórico como el dialéctico, por supuesto, superan la ingenua y prefilosófica noción "dialéctica materialista" de pensamiento por ser un reflejo/espejo del ser (de la "realidad con existencia objetiva, independiente"), pero lo hacen de modos opuestos. El materialismo histórico supera este paralelismo externo de pensamiento y ser, del pensamiento como un reflejo pasivo de la "realidad objetiva", por medio de la noción de pensamiento (la "conciencia") como un momento inherente al proceso mismo del ser (social), de *praxis* colectiva, como un proceso enclavado (aunque luego de la invasión de Irak produzca algo de vergüenza usar este verbo) en la realidad social, como un momento activo. Esta superación fue revelada de un modo incomparable por Georg Lukács en su *Historia y conciencia de clase*: la "conciencia" (volverse consciente de la propia posición social concreta y su potencial revolucionario) cambia siendo ella misma, es decir, transforma a la "clase obrera" pasiva, un estrato de la estructura social, en "proletariado" como sujeto revolucionario. El materialismo dialéctico se aproxima al mismo nudo desde el lado opuesto: su problema no es cómo superar la oposición externa entre pensamiento y ser desplegando su mediación práctico-ideológica, sino *cómo emerge, desde el orden chato del ser positivo, la verdadera brecha entre pensamiento y ser, la negatividad del pensamiento.* En otras palabras, aunque Lukács y los demás se esfuerzan por demostrar que el pensamiento es un momento activo y constitutivo del ser social, lo que buscan las categorías fundamentales del materialismo dialéctico (como la negatividad de la "pulsión de muerte") es el aspecto "práctico" de la propia pasividad del pensamiento: cómo un ser viviente puede quebrar/suspender el ciclo de la reproducción de la vida *para instalar un no-acto, un retiro del ser a una distancia reflexiva como su intervención más radical*. Para ponerlo en términos de Kierkegaard, la cuestión no es superar la brecha que separa el pensamiento del ser, sino concebirla en su "aparición". Por supuesto, la filosofía lukácsiana de la *praxis* contiene su propio relato acerca de cómo emerge la brecha entre pensamiento y ser: la figura del sujeto observador, excluido del proceso objetivo y que interviene en él como un manipulador externo, es en sí misma el efecto de la alienación/reificación; sin embargo, esta explicación –que se mueve dentro del campo de la *praxis* social como un horizonte insuperable– no toma en consideración la emergencia misma de la praxis, su "génesis trascendental" reprimida. Este agregado al materialismo histórico resulta crucial; sin él o elevamos a la sociedad a un Sujeto absoluto pseudohegeliano o tendremos que dejar abierto el espacio para alguna ontología general más abarcativa.

El problema clave aquí es que la "ley" básica del materialismo dialéctico, la lucha de los opuestos, fue colonizada/obstruida por la noción *New Age* de la polaridad de los opuestos (yin-yang, etc.). El primer movimiento crítico será reemplazar este tópico de la polaridad de los opuestos por el concepto de "tensión" inherente, brecha, no coincidencia del propio Uno. Este libro se basa en una decisión político-filosófica de designar a esta brecha que separa al Uno de sí mismo con el término paralaje.[8] Existen series completas de modos de paralaje en distintos dominios de la teoría actual: la *física cuántica* (la dualidad de la partícula de onda); la paralaje de la neurobiología (la comprobación de que cuando se ve detrás del rostro, dentro

[8] Debo reconocer aquí mi deuda con Kojin Karatani, *Transcritique. On Kant and Marx*, Cambridge, MIT Press, 2003.

del cráneo, se descubre que no hay nada, "no hay nadie en casa", apenas un túmulo de materia gris –es difícil quedarse en esta brecha entre sentido y lo puro real); la paralaje de *diferencia ontológica*, de la discordancia entre lo óntico y lo trascendental-ontológico (no puede reducirse el horizonte ontológico a sus raíces "ónticas" y tampoco puede deducirse el dominio óntico de su horizonte ontológico, es decir, la constitución trascendental no es creación); la paralaje de lo Real (el Real lacaniano no tiene consistencia positiva-sustancial, es sólo la brecha entre la multitud de perspectivas que hay en él); la naturaleza de paralaje de la brecha entre deseo y pulsión (imaginémonos a un individuo tratando de realizar alguna simple tarea manual –por ejemplo, atrapar un objeto que constantemente lo elude–: en el momento en que cambia su actitud y comienza a sentir placer en repetir la fallida tarea, persiguiendo al objeto que una y otra vez lo evita, el individuo se desliza del deseo a la pulsión); la paralaje de lo inconsciente (la falta de una medida común entre los dos aspectos de la construcción teórica de Freud, las interpretaciones de las formaciones del inconsciente –*La interpretación de los sueños*, *La psicopatología de la vida cotidiana*, *El chiste y su relación con el inconsciente*– y la teoría de las pulsiones –*Tres ensayos sobre la sexualidad*, etc.–, hasta –último *y* final– la paralaje de la *vagina* (el desplazamiento del objeto definitivo de penetración sexual, la encarnación del misterio de la sexualidad, al órgano mismo de la maternidad –nacimiento–).

Y, último *pero no* definitivo, se debe afirmar el estatus de paralaje de la filosofía como tal. Desde sus mismos comienzos (los presocráticos iónicos), la filosofía surgió en los intersticios de las comunidades sustanciales sociales, como el pensamiento de aquellos que quedaban atrapados en una posición de "paralaje", incapaces por completo de identificarse con alguna identidad social positiva. En *On Tyranny*, Leo Strauss contestaba a la pregunta "¿En qué consiste la filosofía política?" de la siguiente manera: "En convencer a la polis de que los filósofos no son ateos, que no blasfeman contra nada de lo sagrado a la ciudad, que reverencian lo mismo que reverencia la polis, que no son subversivos, en suma, que no son aventureros irresponsables sino los mejores ciudadanos".[9] Por supuesto, se trata de una estrategia defensiva de supervivencia que intenta encubrir la real naturaleza subversiva de la filosofía. Lo que falta en la explicación de Heidegger es esta dimensión crucial: que, desde sus amados presocráticos en adelante, filosofar implica una posición "imposible", desplazada respecto de cualquier identidad comunal. No puede formar parte de su "economía" como sucede con la organización del hogar o de la polis. Al igual que el intercambio según Marx, la filosofía surge en los intersticios *entre* diferentes comunidades, en el frágil espacio de intercambio y circulación entre ellos, un espacio que carece de cualquier identidad positiva. ¿No queda esto claro especialmente en el caso de Descartes? La experiencia fundante de su posición de duda universal es precisamente una experiencia "multicultural" de que la propia tradición no es mejor que lo que nos parece la tradición "excéntrica" de los demás:

> Se me enseñó, aún en mis días de colegio, que no existe nada imaginable tan extraño o tan poco creíble que no sea sostenido por un filósofo o por otro y más tarde reconocí en el curso de mis viajes que todos aquellos cuyos sentimientos son muy contrarios a los nuestros no por eso son necesariamente bárbaros o salvajes, sino que pueden estar en posesión de razón en el mismo grado o aun mayor que nosotros. También tomé en cuenta que por más diferente que pueda resultar el mismo hombre, es idéntico en mente y espíritu, ya sea que se lo eduque desde la niñez entre franceses o alemanes, o que haya pasado toda su vida entre chinos o caníbales. También percibí que incluso en la moda de nuestra ropa aquello que nos agradó hace diez años y que tal vez vuelva a agradarnos antes de que pasen otros diez años, parece hoy extravagante y ridículo. De ese modo llegué a la conclusión de que la costumbre y el ejemplo nos persuaden más que cualquier conocimiento y a pesar de esto la voz de la mayoría no tolera una prueba de cualquier valor en verdades un tanto difíciles de descubrir, pues es más probable que esas

[9] Citado de Anne Norton, *Leo Strauss and the Politics of the American Empire*, New Haven, Yale University Press, 2004, p. 217.

> verdades hayan sido descubiertas por un hombre que por una nación. Sin embargo, no puedo señalar a una única persona cuyas opiniones parezcan preferibles a las de las demás y creo que fui, para decirlo así, obligado a responder por la dirección de mi procedimiento.[10]

El *cogito* no es un ente sustancial, sino una función puramente estructural, un lugar vacío ($ según Lacan); como tal, sólo puede surgir en los intersticios de los sistemas comunales sustanciales. El vínculo entre la emergencia del *cogito* y la desintegración y pérdida de identidades comunales sustanciales es, por lo tanto, inherente a él y esto vale aun más para Spinoza que para Descartes: a pesar de que Spinoza criticó el *cogito* cartesiano, lo cuestionó como un ente ontológico positivo. Pero implícitamente adhería por completo a él como la "posición de enunciado", la que habla desde la auto-duda radical, pues, aun más que Descartes, Spinoza hablaba desde el intersticio de los espacios sociales, no siendo ni judío ni cristiano.

Spinoza es efectivamente un "filósofo como tal" con su afirmación subjetiva de una doble expulsión (excomulgado por la comunidad misma de los expulsados de la civilización occidental), que es el motivo por el cual se debe apelar a él como el paradigma que nos permita descubrir las marcas de un desplazamiento similar, comunal, "descoyunturado" respecto de todos los demás grandes filósofos hasta Nietzsche, quien se avergonzaba de los alemanes y enfatizaba orgulloso sus presuntas raíces polacas. Para un filósofo, las raíces étnicas, la identidad nacional, etc., no son simplemente *una categoría de verdad* o, para ponerlo en precisos términos kantianos, cuando reflexionamos sobre las raíces étnicas, nos embarcamos en un *uso privado de la razón*, obligados por presuposiciones dogmáticas contingentes. Es decir, que actuamos como individuos "inmaduros" y no como seres humanos libres que habitan la dimensión de la universalidad de la razón. Por supuesto, esto de ningún modo implica que de-

[10] René Descartes, *Discourse on Method*, South Bend, University of Notre Dame Press, 1994, p. 33 [trad. esp.: *Discurso del método*, Madrid, Aguilar, 1960].

bamos avergonzarnos de nuestras raíces étnicas; podemos amarlas, enorgullecernos de ellas, regresar a la patria puede llenar de ardor nuestros corazones, pero sigue en pie el hecho de que son en última instancia algo irrelevante. Deberíamos actuar como Pablo quien, aunque se sentía orgulloso de su identidad particular (como judío y ciudadano romano), de todos modos se daba cuenta de que, en el espacio adecuado de la verdad absoluta cristiana, "no existen ni judíos ni griegos"... La lucha que verdaderamente lo obsesiona no es simplemente "más universal" que la de un grupo étnico contra otro; es una lucha que obedece a una lógica completamente diferente, ya no la lógica del grupo sustancial idéntico a sí mismo luchando contra otro, sino un antagonismo que, de modo diagonal, atraviesa todos los grupos particulares.

De acuerdo con la línea de la "falta de hogar" constitutiva de la filosofía, se admitiría la vieja idea de Kant de una "sociedad civil mundana" (*Weltburgergesselschaft*), cosmopolita, que no es simplemente una expansión de la ciudadanía de una nación-Estado a la ciudadanía de un Estado global transnacional. Implica un desplazamiento desde el principio de identificación con la propia sustancia étnica "orgánica" concretada en una tradición particular a un principio de identificación radicalmente diferente, el de la singularidad universal como opuesta a la tríada individualidad-particularidad-generalidad. Esta oposición es la que existe entre Kant y Hegel. Para Hegel, "sociedad civil mundana" es una noción abstracta sin contenido sustancial, que carece de la mediación de lo particular y por lo tanto de la fuerza de toda realidad, es decir que implica una identificación abstracta que no explica sustancialmente al sujeto. Por lo tanto, el único modo de que un individuo participe efectivamente de una humanidad universal es a través de una identificación plena con una nación Estado particular –soy "humano" sólo como alemán, inglés, etc.–.[11] Para Kant,

[11] ¿Existe, sin embargo, la totalidad hegeliana como totalidad "orgánica" que se base en lo Particular como mediación entre lo Universal y lo Individual? ¿No es, por el contrario, la célebre "contradicción" que impulsa el movimiento dialéctico la

por el contrario, "sociedad civil mundana" nombra a la paradoja de la singularidad universal, del sujeto singular que, en una especie de cortocircuito, traspasando la mediación de lo particular, participa directamente en lo Universal. Esta identificación con lo Universal no es la identificación con una sustancia global abarcadora ("la humanidad"), sino con un principio ético-político universal –una organización revolucionaria colectiva universal religiosa, científica, que es accesible en principio a todo el mundo. Es esto lo que Kant, en el famoso pasaje de su "¿Qué es el iluminismo?", significa por "público" como opuesto a "privado"; lo privado no es lo individual en tanto opuesto a los propios lazos comunales, sino el mismo orden comunal-institucional de la propia identificación particular, mientras que lo "público" es la universalidad transnacional del ejercicio de la propia razón. La paradoja es que se participa en la dimensión universal de la esfera "pública" precisamente como individuo singular aislado o, incluso, opuesto a la propia y sustancial identificación comunal –uno es verdaderamente universal sólo como radicalmente singular, en los intersticios de las identidades comunales–.[12]

Sería fácil perderse en un despliegue no sistemático de la multitud de brechas de paralaje. Mi objetivo es introducir aquí un mínimo de orden conceptual centrándome en tres modos principales: filosófico, científico y político. Primero está la propia *diferencia ontológica*

---

verdadera contradicción entre el Todo "orgánico" (la estructura de Universal-Particular-Individual) y la singularidad la que representa directamente –sin mediación– lo Universal?

[12] Sin embargo, no debería olvidarse que existe ya una (falsa) versión de la "sociedad civil mundana" kantiana bajo el disfraz de la así llamada nueva "clase simbólica" de ejecutivos, periodistas, científicos, trabajadores culturales, etc., quienes directamente participan en una red mundial cultural o profesional y, por lo tanto, están más cercanos a los miembros de la misma clase en la parte más remota del planeta que a los miembros de otras clases en su propia sociedad. El problema con esta "clase simbólica" universal es que su universalidad se basa en una división radical dentro de cada sociedad particular; en un modo emblemáticamente hegeliano, la universalidad está inscripta en cada situación particular como su división interna.

como la paralaje en última instancia que condiciona nuestro mismo acceso a la realidad; luego está la *paralaje científica*, la brecha irreductible entre la experiencia fenoménica de la realidad y su explicación/relato científico, que alcanza su apogeo con el cognitivismo, que se dedica a ofrecerle a una "tercera persona" la explicación neurobiológica de nuestra experiencia de la "primera persona"; última pero no de menor importancia, está la *paralaje política*, el antagonismo social que no da lugar a ningún terreno común entre los agentes en conflicto (hace mucho tiempo se lo conocía como "lucha de clases").

I. LA PARALAJE ESTELAR: LAS TRAMPAS DE LA DIFERENCIA ONTOLÓGICA

1. EL SUJETO, ESE "SECRETO JUDÍO CIRCUNCISO"

El objeto con cosquillas

El gesto elemental, fundador, del sujeto es *sujetarse a sí mismo* –voluntariamente, por supuesto, como Wagner y Nietzsche, los dos grandes oponentes, que se daban clara cuenta de que el mayor acto de libertad es la exhibición de los *amor fati*, el acto de asumir libremente lo que de otro modo es necesario–. Si, entonces, la actividad del sujeto es, en su aspecto más fundamental, la actividad de someterse a lo inevitable, el modo fundamental de la pasividad del objeto, de su presencia pasiva, es lo que nos mueve, molesta, perturba, traumatiza como sujetos: el objeto es en su aspecto más radical *lo que objeta*, lo que perturba el andar calmo de las cosas. Por lo tanto, la paradoja es que los roles están invertidos (respecto de la noción convencional de sujeto activo que obra sobre el objeto pasivo): el sujeto es definido por una pasividad fundamental, y es del objeto de donde proviene el movimiento, es decir, es el que produce el cosquilleo. Pero, una vez más, *¿cuál* es ese objeto? La respuesta es: el objeto paralaje.

La definición común de paralaje es: el aparente desplazamiento de un objeto (su deslizamiento de posición sobre un contexto) causado por un cambio en la posición de observación que brinda una nueva línea de visión. El giro filosófico que debe agregarse, por supuesto, es que la diferencia observada no es simplemente "subjetiva", debido al hecho de que el mismo objeto que existe "allí afuera" es visto desde dos lugares o puntos de vista diferentes. Es más bien, como habría tenido que formularlo Hegel, que sujeto y objeto están inherentemente "mediados", de modo que un desplazamiento "epistemológico" en el punto de vista del sujeto refleja siempre un desplazamiento "ontológico" en el objeto mismo. O para decirlo en términos lacanianos, la mirada del sujeto está inscripta desde siempre en el objeto percibido, bajo la forma de su "punto ciego", que está "en el objeto más que el propio objeto", el punto desde el cual el objeto devuelve la mirada. "Por cierto, la pintura está en mi ojo, pero yo también estoy en la pintura."[1] La primera parte de esta afirmación de Lacan designa a la subjetivización, la dependencia de la realidad en su constitución subjetiva, mientras que su segunda parte ofrece un suplemento materialista, reinscribiendo al sujeto en su propia imagen bajo la forma de una mancha (el fragmento objetivado en su ojo). El materialismo no es la afirmación directa de mi inclusión en esta realidad objetiva (esa afirmación presupone que mi posición de enunciación es la de un observador externo que puede comprender la realidad completa), más bien reside en el giro reflexivo por medio del cual estoy incluido en el cuadro constituido por mí; es este cortocircuito reflexivo, esta necesaria *duplicación* de mí mismo estando fuera *y* dentro de mi cuadro, el que da testimonio de mi "existencia material". El materialismo significa que la realidad que veo nunca es "total", no porque una parte importante me eluda, sino porque contiene una mancha, un punto ciego, que señala mi inclusión en ella.

En ninguna parte queda más clara esta estructura que en el caso del *objeto a* de Lacan, el objeto-causa de deseo. El mismo objeto puede de repente "transustanciarse" en objeto de mi deseo: lo que para usted es sólo un objeto ordinario, para mí es el centro de mi inversión libidinal, y este desplazamiento es causado por cierto X imposible de fantasear, por *je ne sais quoi* en el objeto que no puede nunca ser reconstruido a partir de cualquiera de sus propiedades particulares. El objeto está por lo tanto próximo al objeto trascendental de Kant, dado que ocupa el lugar del X desconocido, el núcleo nouménico del objeto más allá de las apariencias, lo que es "en ti más que tú mismo".

[1] Jacques Lacan, *The Seminar of Jacques Lacan. Book XI: The Four Fundamental Concepts of Psycho-Analysis*, Nueva York, Norton, 1979, p. 63 [trad. esp.: *El seminario. Libro 11: Los cuatro conceptos fundamentales del psicoanálisis*, Barcelona, Paidós, 1985].

El *objeto a* puede, por lo tanto, definirse como un puro objeto de paralaje: no es únicamente que dibuje el cambio con el desplazamiento del sujeto; *sólo existe –su presencia sólo puede distinguirse– cuando el paisaje es contemplado desde cierta perspectiva.* Más precisamente, el *objeto a* es la verdadera causa de la brecha de paralaje, ese no fantaseable X que elude para siempre la comprensión simbólica y por lo tanto causa la multiplicidad de perspectivas simbólicas. La paradoja es aquí muy precisa: es en este punto en el cual emerge una pura diferencia –una diferencia que ya no es más una diferencia entre dos objetos positivamente existentes, sino una *diferencia mínima* que divide a uno y al mismo objeto de sí mismo–, la cual, "como tal", coincide inmediatamente con un objeto no fantaseable: en oposición a una mera diferencia entre objetos, *la pura diferencia es en sí misma un objeto.* Por lo tanto, otro nombre para la brecha de paralaje será *diferencia mínima*, una "pura" diferencia que no puede basarse en propiedades sustanciales positivas. En "The Real Thing" ["Lo real"] de Henry James, el pintor-narrador acuerda en contratar a los empobrecidos y "verdaderos" aristócratas Mr. y Mrs. Monarch como modelos para sus ilustraciones de un libro de lujo. Sin embargo, pese a que son "la cosa real", sus retratos parecen falsos, de manera que el pintor debe apelar cada vez más frecuentemente a una pareja vulgar formada por Miss Churm y el delgado italiano Oronte, cuya imitación de las poses de la clase alta funciona mucho mejor... ¿No se trata de la "diferencia mínima" no fantaseable en su forma más pura?

Dado que el *objeto a* es el objeto del psicoanálisis, no sorprende que encontremos una brecha de paralaje en el núcleo mismo de la experiencia psicoanalítica. Cuando Jean Laplanche elabora los *impasses* del tópico freudiano de seducción, efectivamente reproduce la estructura precisa de una antinomia kantiana. Por un lado, está el brutal realismo empírico de la seducción paterna: la causa definitiva de los posteriores traumas y patologías es que los niños fueron efectivamente seducidos y acosados por adultos; por otra parte está la célebre reducción de la escena de seducción a la fantasía del paciente. Como lo señala Laplanche, la ironía definitiva es que la conversión de la seducción en fantasía pasa hoy por la etapa "realista", mientras que aquellos que insisten en la realidad de la seducción terminan por defender todo tipo de vejaciones, incluidos los ritos satánicos y los acosos extraterrestres...

La propuesta de Laplanche es precisamente la solución trascendental: aunque la "seducción" no puede reducirse exactamente a la fantasía del sujeto, aunque se refiera al traumático encuentro con el "enigmático mensaje" del otro, que da testimonio del inconsciente del otro, tampoco se la puede reducir a un acontecimiento en la realidad de la efectiva interacción entre un niño y sus adultos. La seducción es más bien una especie de estructura trascendental, la mínima constelación formal a priori del niño enfrentado a los impenetrables actos del Otro que dan testimonio del inconsciente del Otro; y nunca tratamos aquí con simples "hechos", sino siempre con hechos ubicados en el espacio de indeterminación entre "demasiado pronto" y "demasiado tarde": el niño está originariamente desamparado, es lanzado al mundo cuando es incapaz de cuidar de sí mismo, es decir que sus habilidades para sobrevivir se desarrollarán demasiado tarde; al mismo tiempo, el encuentro con el Otro sexuado siempre, por una necesidad estructural, llega "demasiado pronto", como un choque inesperado que no puede nunca ser adecuadamente simbolizado, traducido al universo de los significados.[2] El hecho de la seducción es el X trascendental kantiano, una ilusión trascendental por necesidades estructurales.

La paralaje kantiana

En su formidable *Transcritique*,[3] Kojin Karatani se esfuerza por demostrar el potencial crítico de esta perspectiva de la paralaje: al en-

[2] Véase Jean Laplanche, *New Foundations for Psychoanalysis*, Oxford, Basil Blackwell, 1989 [trad. esp.: *Nuevos fundamentos del psicoanálisis*, Buenos Aires, Amorrortu, 1992].

[3] Véase Kojin Karatani, *Transcritique. On Kant and Marx*, Cambridge, MIT Press, 2003.

frentarnos a la instancia antinómica en el preciso sentido kantiano del término, debemos renunciar a todo intento por reducir un aspecto al otro (o, más aun, a poner en práctica una suerte de "síntesis dialéctica" de los opuestos). Por el contrario, debemos sostener el carácter irreductible de la antinomia y considerar que el punto de crítica radical no es una determinada posición como opuesta a otra, sino la brecha irreductible entre las posiciones mismas, el intersticio puramente estructural entre ellas. El planteo de Kant es, por lo tanto, "no ver las cosas desde nuestro punto de vista ni desde el punto de vista de los demás, sino enfrentar la realidad que se expone a través de la diferencia (paralaje)".[4] (¿No se trata del modo como Karatani afirma al Real lacaniano como un puro antagonismo, como una imposible diferencia que precede a sus términos?) De esta manera Karatani lee la noción kantiana de *Ding an sich* (la Cosa en sí, más allá de los fenómenos): esta Cosa no es simplemente un ente trascendental más allá de nuestra comprensión, sino algo que sólo puede discernirse a través del carácter irreductiblemente antinómico de nuestra experiencia de la realidad.[5]

Ocupémonos del enfrentamiento de Kant con la antinomia epistemológica que caracterizaba a su época: empirismo contra racionalismo. La solución de Kant no pasa ni por elegir uno de los términos ni por poner en práctica una especie de "síntesis" superior que "superara" a ambos por unilaterales, por ser momentos parciales de una verdad global (y, por supuesto, no se abandona al puro escepticismo). Lo central de este "giro trascendental" es precisamente evitar la necesidad de formular la propia solución "positiva". Lo que hace Kant es cambiar los términos mismos del debate; su solución –el giro tras-

[4] *Ibid.*, p. 3.

[5] Y, como lo ha señalado René Girard, ¿no es la primera afirmación de paralaje ético el *Libro de Job*, en el cual se enfrentan las dos perspectivas (el orden divino del mundo y el lamento de Job) y ninguna es la "verdadera". La verdad reside en cada brecha, en el desplazamiento de la perspectiva. Véase René Girard, *Job: The Victim and His People*, Stanford, Stanford University Press, 1987.

cendental– es única ya que, primero, rechaza el cierre ontológico, reconoce una cierta limitación fundamental e irreductible ("finitud") de la condición humana, que es el motivo por el cual los dos polos, racional y sensual, activo y pasivo, nunca pueden ser completamente mediado-reconciliados; la "síntesis" de las dos dimensiones (o sea, el hecho de que nuestra razón parece adecuarse a la estructura de la realidad externa que nos afecta) se basa siempre en cierto salto mortal o "cuestión de fe". Lejos de establecer una "síntesis" de las dos dimensiones, el "trascendental" kantiano en realidad representa su brecha irreductible "como tal": lo "trascendental" apunta hacia algo en esta brecha, a una nueva dimensión que no puede reducirse a ninguno de los dos términos positivos entre los cuales se establece la brecha. Y Kant hace lo mismo en relación con la antinomia entre el *cogito* cartesiano como *res cogitans*, la "sustancia pensante", un ente positivo idéntico a sí mismo, y la disolución del sujeto en la multitud de impresiones efímeras de Hume: contra ambas posiciones, el sujeto de percepción universal afirma que, aunque despliega una unidad autorreflexiva irreductible a la multiplicidad empírica, carece sin embargo de todo ser sustancial positivo, es decir que de ningún modo es una *res cogitans*. Sin embargo, debemos ser aquí más precisos que Karatani, quien identifica directamente al sujeto trascendental con la ilusión trascendental:

> sí, un ego es sólo una ilusión, pero se encuentra allí funcionando la percepción trascendental X. Pero lo que conocemos como metafísica es lo que considera al X como algo sustancial. Sin embargo, no puede escapar realmente de la pulsión (*Trieb*) para tomarla como un sustancia empírica en diferentes contextos. Si es así, es posible decir que un ego es apenas una ilusión, pero una ilusión trascendental.[6]

Sin embargo, el estatus preciso del sujeto trascendental no es lo que Kant llama una ilusión trascendental o lo que Marx nombra como

[6] Kojin Karatani, *op. cit.*, p. 6.

la forma objetivamente necesaria del pensamiento. En primer lugar, el yo trascendental, su pura percepción, es una función puramente formal que no es ni nouménica ni fenoménica –está vacía, no le corresponde ninguna intuición fenoménica, su autoapariencia sería la "cosa en sí", es decir, la autotransparencia directa de un noúmeno–.[7] El paralelo entre el vacío del sujeto trascendental ($) y el vacío del objeto trascendental, el inaccesible X que causa nuestras percepciones, termina por confundir: el objeto trascendental es el vacío *más allá* de las apariencias fenoménicas, mientras que el sujeto trascendental aparece ya como un vacío. Tal vez el mejor modo de describir la ruptura kantiana hacia esta nueva dimensión es respecto al estatus cambiado de la noción de lo "inhumano". Kant incorporó una distinción clave entre juicio negativo e indefinido: el juicio positivo "el alma es mortal" puede ser negado de dos maneras, cuando se le niega un predicado al sujeto ("el alma no es mortal") o cuando se afirma un no-predicado ("el alma es no-mortal") –la diferencia es exactamente la misma, conocida para todo lector de Stephen King, entre "no está muerto" y "es un no-muerto"–. El juicio indefinido abre un tercer territorio que afecta a la distinción subyacente: "los muertos vivos" no están ni muertos ni vivos, precisamente son los monstruosos "muertos vivos".[8] Y lo mismo vale para "inhumano": "no es humano" no es lo mismo que "es inhumano". "No es humano" significa simplemente que es algo exterior a la humanidad, animal o divino, mientras que "es inhumano" significa algo claramente diferente: el hecho de que no es humano ni inhumano sino que está marcado por un terrorífico exceso que, a pesar de que niega lo que entende-

[7] Véase capítulo 1 de Slavoj Žižek, *Tarrying With the Negative*, Durham, Duke University Press, 1993.

[8] ¿Por qué Kant llama infinitos a juicios como "el alma es no-mortal"? Pues, a diferencia de "el alma no es mortal", tiene un alcance infinito, no sólo el limitado conjunto de las "almas inmortales" como una de las especies del género "almas", siendo las demás especies las "almas mortales", sino el conjunto abierto, ilimitado, de las almas que pertenecen al tercer dominio, ni mortal ni inmortal. Para una elaboración más exhaustiva de esta distinción, véase el capítulo 3 de Slavoj Žižek, *ibid.*

mos por "humanidad", es inherente al ser humano. Y quizás haya que arriesgar la hipótesis de que es esto lo que cambia con la revolución kantiana: en el universo prekantiano, los humanos eran simplemente humanos, seres de razón, que combatían los excesos de la lujuria animal y la demencia divina, mientras que sólo con Kant y el idealismo alemán el exceso a ser combatido es absolutamente inmanente, el núcleo mismo de la propia subjetividad (que es el motivo por el cual, con el idealismo alemán, la metáfora para el núcleo de la subjetividad es la noche, "La noche del mundo", a diferencia de la noción iluminista de la luz de la razón que combate a la oscuridad que la rodea).[9] De este modo, cuando en el universo prekantiano un héroe enloquece significa que ha quedado privado de su humanidad, es decir que se han impuesto las pasiones animales o las demencias divinas, mientras que con Kant la locura señala la irrefrenable explosión de núcleo mismo del ser humano. (En *La metamorfosis* de Kafka, Grete, la hermana de Gregorio Samsa, nombra a su hermano transformado en insecto como un monstruo: la palabra alemana usada es *ein Untier*, un no animal, en estricta simetría con inhumano. Lo que obtenemos aquí es lo opuesto de lo inhumano: un animal que, aunque siga siendo animal, no es realmente animal; el exceso sobre lo animal en animal, el núcleo traumático de la animalidad, todo eso sólo puede emerger "como tal" en un humano que se ha transformado en animal.)[10]

[9] Tal vez la satisfacción obtenida por los *cutters* (autoflagelantes) no pertenezca tanto a la manera como la sensación de un intenso dolor corporal nos regresa a la realidad, sino más bien al hecho de que cortarse el propio cuerpo es una forma de hacer una marca: cuando hago un corte en mi brazo, el "cero" de la confusión existencial del sujeto, de su borrosa existencia virtual, se transforma en el "uno" de una inscripción significante.

[10] Cuando Lacan se define como antifilósofo, como alguien que se levanta contra la filosofía, debe entenderse como un juicio indefinido kantiano: no "no soy un filósofo", sino "soy un no-filósofo", es decir que represento al propio núcleo excesivo de la filosofía, a lo que es en la filosofía más que filosofía (es por esto que sus principales referencias son filosóficas: ¡en el *Index* de los *Escritos*, Hegel sobrepasa a Freud!).

¿Qué es entonces esta nueva dimensión que emerge en la brecha misma? Es la del propio yo trascendental, la de su "espontaneidad": la paralaje definitiva, el tercer espacio entre los fenómenos y el noúmeno mismo, es la libertad/espontaneidad del sujeto que no es simplemente nouménica, a pesar de que, por supuesto, no se trata de la propiedad de un ente fenoménico, por lo que no puede dejarse de lado como una falsa apariencia que esconde el hecho nouménico de que estamos absolutamente atrapados en una inaccesible necesidad. En un extraño subcapítulo de su *Crítica de la razón práctica* titulado "De la sabia adaptación de las facultades cognitivas del hombre a su vocación práctica", Kant se esfuerza por responder a la pregunta de qué pasaría si pudiéramos acceder al dominio nouménico, al *Ding an sich:*

> en lugar del conflicto con las inclinaciones que debe afrontar la disposición moral y en el cual, tras algunas derrotas, se gane gradualmente la fuerza moral de la mente, Dios y la eternidad en su cruel majestad habrán de permanecer incesantemente ante nuestros ojos [...]. Por eso, la mayoría de las acciones conformes a la ley habrán de realizarse por miedo, unas pocas por esperanzas y ninguna por deber. No habría de existir en absoluto el valor moral de las acciones, en el cual sólo el mérito de la persona e incluso del mundo dependen de la mirada de la suprema sabiduría. La conducta de un hombre, en tanto su naturaleza siga siendo como la de hoy, se transformaría en mero mecanismo donde, como en un teatro de marionetas, todos habrán de gesticular adecuadamente pero no se encontrará vida alguna en los personajes.[11]

En resumen, el acceso directo al dominio nouménico nos habrá de privar de la "espontaneidad" misma que ocupa el centro de la libertad trascendental: nos convertiría en autómatas sin vida, o para ponerlo en términos actuales, en "máquinas pensantes". Las implicancias de este pasaje son mucho más radicales y paradójicas de lo

[11] Immanuel Kant, *Critique of Practical Reason*, Nueva York, Macmillan, 1956, pp. 152-153 [trad. esp.: *Crítica de la razón práctica*, México, Fondo de Cultura Económica, 2005].

que puede parecer. Si descartamos su incoherencia (¿cómo pueden coexistir el miedo y la gesticulación carente de vida?), la conclusión que se impone es que, tanto al nivel de los fenómenos como del noúmeno, nosotros los humanos somos un "mero mecanismo" sin ninguna autonomía ni libertad; como fenómenos no somos libres, somos una parte de la naturaleza, un "mero mecanismo" completamente sometido a relaciones causales, una parte del nexo entre causas y efectos. Y como noúmenos, tampoco somos libres, sino que estamos reducidos a "mero mecanismo". (¿Lo que Kant describe como una persona que conoce directamente el dominio nouménico no es estrictamente homólogo al sujeto utilitario cuyos actos están completamente determinados por el cálculo de placeres y dolores?) *Nuestra libertad sólo persiste en un espacio* Entre *lo fenoménico y lo nouménico.* Por lo tanto no es que Kant simplemente limite la causalidad al dominio fenoménico para poder estar en condiciones de afirmar que, a nivel nouménico, somos agentes autónomos libres: somos libres sólo en la medida en que nuestro horizonte es el de lo fenoménico, en la medida en que el dominio nouménico nos siga resultando inaccesible. ¿Hay que salir de este dominio para afirmar que somos libres en la medida en que *somos* nouménicamente autónomos pero que nuestra perspectiva cognitiva sigue atada al nivel fenoménico? En ese caso, *somos* "realmente libres" a nivel nouménico, pero nuestra libertad carecerá de sentido si también tenemos una perspectiva cognitiva del dominio nouménico, dado que esa perspectiva habrá de determinar siempre nuestras elecciones: ¿quién elegirá el mal cuando se enfrente al hecho de que el precio a pagar por hacer el mal sea el castigo divino?

Sin embargo, ¿este caso imaginario no nos brinda acaso la única respuesta coherente a la pregunta sobre "cuál sería un acto verdaderamente libre", un acto libre para un ente nouménico, un acto de verdadera libertad *nouménica*? Sería *conocer* todas las inexorables y horribles consecuencias de elegir el mal y *sin embargo elegirlo.* Éste habría sido un verdadero acto "no patológico", un acto que no considera nuestros intereses patológicos... Las propias formulaciones de Kant al respecto nos llevan por el mal camino, dado que a menudo identifica al sujeto trascendental con el yo nouménico cuya apariencia fenoménica es la "persona" empírica, eludiendo así su perspectiva radical del sujeto trascendental como una función puramente estructural más allá de la oposición entre lo nouménico y lo fenoménico.

Las consecuencias filosóficas de esta paralaje kantiana están completamente analizadas en la noción de diferencia ontológica, el centro de todo el pensamiento de Heidegger, que sólo puede comprenderse adecuadamente en el contexto del motivo de la finitud. Hay una doble *doxa* en la diferencia ontológica de Heidegger: es la diferencia entre el *qué*, la esencia de los seres, y la mera *qué-sidad* de su ser, que libera a los seres de quedar subordinados a cualquier territorio/*arché*/objetivo; más aun, es una diferencia no meramente entre diferentes niveles de seres, de realidad, sino entre toda la realidad y algo más que, respecto de la realidad, no puede sino aparecer como "Nada"... Esta *doxa* es profundamente equívoca.

Con respecto a la noción de diferencia ontológica como la diferencia entre *lo que* las cosas son y el hecho de *que* son, la *doxa* dice que el error de la metafísica es subordinar al ser a cierta esencia presupuesta (sentido, objetivo, *arché*...) encarnada en el ente más alto, mientras que la diferencia ontológica "desesencializa" a los seres, liberándolos de su esclavitud de la Esencia, dejándolos-ser en su an-árquica libertad, previa a cualquier "¿para qué?", "¿por qué?", etc. Las cosas simplemente *son*, sólo *ocurren*... Sin embargo, si ésta fuera la tesis de Heidegger, entonces Sartre en *La náusea* también hubiera apuntado a la diferencia ontológica en su aspecto más radical: ¿acaso no describe allí la experiencia del hombre estúpido y la inercia sin sentido de ser en su aspecto más desagradable, indiferente a todas nuestras significaciones y a todos nuestros proyectos (humanos)? Para Heidegger, contrariamente a Sartre, la "diferencia ontológica" es sobre todo la diferencia entre el estúpido estar-aquí de los entes, su realidad sin sentido y su horizonte de significación.

Existe un vínculo entre la diferencia ontológica y la sexual (concebida en un modo puramente formal-trascendental, obviamente dentro de la línea de las "fórmulas de sexuación" de Lacan).[12] El costado masculino –universalidad y excepción– es literalmente "metafísico" (todo el universo, toda la realidad, se sostiene en esta excepción constitutiva, el mayor ente que es επεχεινα τες υσιας), aunque la diferencia ontológica propiamente dicha es femenina: la realidad es el no-todo, pero nada hay más allá de ella y esta Nada es el Ser en sí. La diferencia ontológica no se da entre el Total de las cosas y su Afuera, como si existiera un Súper territorio del Todo. En este sentido preciso, la diferencia ontológica se vincula a la finitud (la perspectiva original que vincula a Heidegger con Kant), que implica que el Ser es el horizonte de finitud que nos impide concebir a los seres en su Totalidad. El ser se despega de los seres: la diferencia ontológica no es la "mega diferencia" entre el Total de seres y algo más fundamental, es siempre también lo que hace que el propio dominio de los seres sea "no-todo". A propósito de "decir toda la verdad" se deben volver a aplicar las paradojas lacanianas del no-todo: es decir que uno debe oponer estrictamente dos casos. Dado que la verdad es en sí no-todo, incoherente, "antagonística", todo *relato de "toda la verdad"* debe sostenerse en una excepción, *en un secreto que es reprimido*; el caso opuesto, el *contar no-toda la verdad*, no implica que mantengamos en secreto cierta parte de la verdad; su reverso es que *no hay nada que no hayamos contado.*

Esto también significa que la diferencia ontológica no es "la máxima" entre todos los seres, el género más alto y algo más/ más allá, sino más bien "la mínima", el simple mínimo de una diferencia, no entre seres sino entre el mínimo de un ente y el vacío, la nada. En la medida en que se basa en la finitud de los humanos, la diferencia ontológica es lo que hace imposible la totalización de "todos los seres" –la diferencia ontológica significa que el campo de la realidad es finito–. En este preciso sentido, la diferencia ontológica es "real/impo-

[12] Véase Jacques Lacan, *The Seminar of Jacques Lacan. Book XX: Encore, On Feminine Sexuality, the Limits of Love and Knowledge*, Nueva York, Norton, 1999 [trad. esp.: *El seminario. Libro 20: Aún*, Barcelona, Paidós, 1993].

sible": para usar la determinación del antagonismo de Ernesto Laclau, *la diferencia externa coincide con la diferencia interna.* La diferencia entre los seres y su Ser es simultáneamente una diferencia dentro de los seres mismos, es decir, la diferencia entre seres/entes y su Apertura, su horizonte de Significación, atraviesa también el campo de los seres mismos haciéndolos incompletos/finitos. En esto reside la paradoja: *la diferencia entre los seres en su totalidad y su Ser "pierde de vista precisamente la diferencia" y reduce al Ser a otro Ente "más alto".* El paralelo entre las antinomias de Kant y la diferencia ontológica de Heidegger reside en el hecho de que, en ambos casos, la brecha (fenoménico/nouménico; óntico/ontológico) debe ser referida al no-todo del propio dominio fenoménico/óntico. Sin embargo, la limitación de Kant pasa por su imposibilidad de asumir plenamente esta paradoja de la finitud como constitutiva del horizonte ontológico; en última instancia redujo el horizonte trascendental a un modo en que la realidad se le aparece a un ser finito (hombre) ubicado por completo en un reino más amplio y abarcador de la realidad nouménica.

Por lo tanto, resulta crucial el cambio de este lugar de libertad desde lo nouménico, más allá de la misma brecha entre fenoménico y nouménico. ¿No es este cambio el que va de Kant a Hegel, de la tensión entre inmanencia y trascendencia a la mínima diferencia/brecha en la inmanencia en sí? Por ende, Hegel no es externo a Kant: el problema con Kant fue que produjo el cambio pero no pudo, por razones estructurales, formularlo explícitamente: "sabía" que el lugar de la libertad no es efectivamente nouménico sino la brecha entre fenoménico y nouménico, *y* no pudo expresarlo tan explícitamente dado que, de tener que hacerlo, su construcción trascendental se hubiera desmoronado. Sin embargo, *sin* este "conocimiento" implícito no hubiera habido tampoco dimensión trascendental, por lo cual estamos obligados a concluir que, lejos de ser una posición firme y coherente, la dimensión del "trascendental" kantiano sólo puede sostenerse en un frágil equilibrio entre lo dicho y lo no dicho, produciendo algo cuyas consecuencias completas nos rehusamos a articular, a "postular como tal".[13] Lo que significa que Karatani se equivoca en la manera como opone a Kant y a Hegel: lejos de superar la paralaje lógica, Hegel la toma del "en sí" al "para sí" kantiano. Sólo Hegel puede pensar la paralaje en su radicalidad, como la prioridad del antagonismo inherente a la múltiple/fallida reflexión de la Cosa trascendente/imposible.

Puede ser aquí de cierta ayuda una referencia al ejemplar análisis de Lévi-Strauss, en su *Antropología estructural*, de la disposición especial de las viviendas entre los Winnebago, una de las tribus del Gran Lago. La tribu está dividida en dos subgrupos ("mitades"), "aquellos que son de arriba" y "aquellos que son de abajo"; cuando se le pide a un individuo que dibuje en un pedazo de papel, o en la arena, el plano de su aldea (la disposición especial de las cabañas), obtenemos dos respuestas bastante diferentes, dependiendo de la pertenencia a uno u otro subgrupo. Ambos perciben a la aldea como un círculo; pero para uno de los subgrupos existe dentro de este círculo un círculo más de casas centrales, de modo que tenemos dos círculos concéntricos, mientras que para el otro subgrupo el círculo está dividido en dos por una clara línea. En otras palabras, un miembro del primer subgrupo (permítasenos llamarlo "conservador-corporativo") percibe al plano de la aldea como un anillo de casas más o menos simétricamente dispuesto alrededor del templo central, mientras que un miembro del segundo ("revolucionario-antagonístico") percibe su aldea como dos cúmulos diferentes de casas separadas por una frontera invisible...[14] El punto central

[13] Lo mismo vale, por ejemplo, para el hecho de que, en la dialéctica kantiana de lo Sublime, no existe un positivo Más Allá cuya representación fenoménica fracase: nada hay "más allá"; el "Más Allá" es sólo el vacío de la imposibilidad/fracaso de sus propias representaciones; o, como lo expresa Hegel al final del capítulo sobre la conciencia en su *Fenomenología del espíritu* (México, Fondo de Cultura Económica, 1981), más allá de su velo, la conciencia sólo encuentra lo que ella misma ha colocado allí. Nuevamente, Kant "lo sabía" aunque no podía formularlo coherentemente.

[14] Claude Lévi-Strauss, "Do dual organizations exist?", *Structural Anthropology*, Nueva York, Basic Books, 1963, pp. 131-163; los dibujos se encuentran en las pá-

de Lévi-Strauss es que este ejemplo de ningún modo debe hacernos adoptar el relativismo cultural, según el cual la percepción del espacio social depende de a qué grupo pertenece el observador: la verdadera división en dos percepciones "relativas" implica una oculta referencia a una constante, no la disposición objetiva, "real", de las viviendas sino un núcleo traumático, un antagonismo fundamental que los habitantes de la aldea eran incapaces de simbolizar, de explicar, de "internalizar", de aceptar. Un desequilibrio en las relaciones sociales que impedía que la comunidad se estabilizara como una totalidad armoniosa. Las dos percepciones del plano eran simplemente dos esfuerzos mutuamente excluyentes para enfrentar su traumático antagonismo, para curar su herida por medio de la imposición de una estructura simbólica equilibrada. Es aquí que se puede ver claramente que lo Real interviene a través de la anamorfosis. Tenemos primero el orden "real" y "objetivo" de las casas y luego sus dos diferentes simbolizaciones que distorsionan el orden real de manera anamórfica. Sin embargo, lo "real" no es aquí la disposición concreta, sino el núcleo traumático del antagonismo social que distorsiona la visión que tienen los miembros de la tribu de su antagonismo concreto.

Por lo tanto, lo Real es el X repudiado en función del cual nuestra visión de la realidad resulta anamórficamente distorsionada; es *simultáneamente* la Cosa, para la cual no hay acceso directo posible, *y* el obstáculo que impide ese acceso directo, la Cosa que elude nuestra comprensión *y* la pantalla distorsionada que nos hace perder la Cosa. Más precisamente, lo Real es en definitiva el verdadero cambio de perspectiva del primero al segundo punto de vista. Recordemos el muy conocido análisis de Adorno sobre el carácter antagonístico de la noción de sociedad: en una primera aproximación, la división entre las dos nociones de sociedad (la individualista-nominalista

---

ginas 133-134 [trad. esp.: *Antropología estructural*, Barcelona, Paidós, 1995]. Para un análisis más detallado de este ejemplo, véase el capítulo III de Slavoj Žižek, *The Puppet and the Dwarf*, Cambridge, MIT Press, 2003 [trad. esp.: *El títere y el enano*, Buenos Aires, Paidós, 2005].

anglosajona y la organicista de Durkheim como una totalidad que preexiste a los individuos) parece irreductible, como si se estuviera en presencia de una verdadera antinomia kantiana que no puede resolverse por medio de una "síntesis dialéctica" superadora y que eleva a la sociedad a una inaccesible Cosa en sí; sin embargo, en una segunda aproximación, simplemente debería tomarse nota de que esta antinomia radical que parece impedir nuestro acceso a la Cosa *ya es la cosa en sí*: el rasgo fundamental de la sociedad actual *es* el irreconciliable antagonismo entre la Totalidad y el individuo. Esto significa que, en última instancia, el estatus de lo Real es puramente paraláctico y, como tal, no-sustancial: carece en sí mismo de densidad sustancial, es apenas una brecha entre dos puntos de perspectiva, perceptible sólo en el desplazamiento de uno al otro. Por lo tanto, la paralaje real se opone a la habitual noción (lacaniana) de lo Real como lo que "siempre regresa a su lugar", o sea, como lo que permanece idéntico en todos los universos (simbólicos) posibles: la paralaje real es más bien lo que da cuenta de esa verdadera *multiplicidad* de apariencias del mismo subyacente real; no es el núcleo duro que persiste como lo Idéntico, sino el centro de contención que pulveriza a la identidad en una multitud de apariencias. En un primer movimiento, lo Real es el núcleo duro imposible que no se puede enfrentar directamente sino sólo a través de las lentes de una multitud de ficciones simbólicas, de formaciones virtuales. En un segundo movimiento, el núcleo duro resulta puramente virtual, sin existencia concreta, una X que sólo puede reconstruirse retrospectivamente a partir de una multitud de formaciones simbólicas que son "todo lo que está realmente".[15]

[15] El pensamiento de Lacan se mueve de "la externalidad interna" –la famosa "ex timidad"– de lo Real *qua* Cosa a lo Simbólico (lo Real como el inaccesible núcleo traumático alrededor del cual circulan las formaciones simbólicas como moscas alrededor de la luz que las mata si se acercan demasiado), a la absoluta inherencia de lo Real a lo Simbólico (lo Real no tiene sustancia ni consistencia ontológicas propias, no es *nada sino* la incoherencia inherente, la brecha, de lo Simbólico). Sin embargo, esto no resuelve la pregunta clave materialista: ¿si lo Real carece de sus-

En términos filosóficos, el tópico de la paralaje nos enfrenta con la cuestión clave del pasaje de Kant a Hegel. Hay dos versiones principales de este pasaje (que sigue siendo uno de los que dividen aguas entre filósofos: aquellos –mayormente de la orientación analítica– que piensan que Kant es el último en "tener sentido" y que el giro poskantiano del idealismo alemán es una de las mayores catástrofes, una regresión a la especulación sin sentido, dentro de la historia de la filosofía, y aquellos para quienes el enfoque especulativo-histórico poskantiano es uno de los mayores logros de la filosofía):

1. Kant plantea la brecha de la finitud, del esquematismo trascendental, el acceso negativo a lo Nouménico (vía lo Sublime) como el único posible, etc., mientras que el idealismo absoluto de Hegel cierra la brecha kantiana y retorna a la metafísica precrítica.

2. Es Kant quien recorre sólo la mitad del camino en su destrucción de la metafísica, al seguir manteniendo la referencia a la Cosa en sí como un ente externo inaccesible, y Hegel es meramente un Kant radicalizado, que da el paso del acceso negativo a lo Absoluto hacia el Absoluto en sí como negatividad. O, para ponerlo en términos del desplazamiento hegeliano del obstáculo epistemológico a la condición ontológica positiva (nuestro conocimiento incompleto de la Cosa se convierte en un aspecto positivo de la Cosa que es en sí incompleto, incoherente): no se trata de que Hegel "ontologice" a Kant; por el contrario es Kant quien, en la medida en que concibe a la brecha como meramente epistemológica, sigue presuponiendo un reino nouménico plenamente constituido que existe allí afuera, y es Hegel quien "deontologiza" a Kant al introducir una brecha en la textura misma de la realidad.

---

tancia propia, si es inherente a lo Simbólico, cómo hemos de pensar entonces la emergencia-explosión de lo Simbólico a partir del X presimbólico? ¿Es la solución al realismo ingenuo una especie de "idealismo metodológico" de acuerdo con el cual "los límites de nuestro lenguaje son los límites de nuestro mundo", de modo que lo que se halla más allá de lo Simbólico es estrictamente impensable?

En otras palabras, el movimiento de Hegel no es para "superar" la división kantiana sino más bien para afirmarla "como tal", *para eliminar la necesidad de su "superación"*, de la adicional "reconciliación" de los opuestos, es decir, para apoderarse de la perspectiva –a través de un desplazamiento puramente formal de la paralaje– en la cual postular la distinción "como tal" *es* ya la buscada "reconciliación". La limitación de Kant no pasa por que permanezca dentro de los límites de las oposiciones finitas ni por su imposibilidad de alcanzar lo infinito sino, por el contrario, por su misma búsqueda de un dominio trascendente más allá del reino de las oposiciones infinitas: Kant no es incapaz de alcanzar lo infinito; lo que no puede es ver que *ya posee lo que está buscando.* Este reverso brinda la clave para la famosa "tríada hegeliana".

Al hablar de "tríada hegeliana" lo primero que hay que hacer es olvidarse de las historias sobre alienación, pérdida de la unidad original y sobre el regreso a la unidad "más altamente" mediada. Para darse una idea más adecuada, vale la pena recordar el sublime reverso hallado, entre otras partes, en *Grandes ilusiones* de Charles Dickens. Cuando, al nacer, se dice que Pip es "un hombre de grandes ilusiones", todo el mundo percibe esta frase como la anticipación de su éxito mundano; sin embargo, al final de la novela, cuando abandona el falso glamour de Londres y regresa a la comunidad donde pasó su modesta infancia, se da cuenta de que ha vivido de acuerdo con la profecía que marcó su existencia; sólo cuando encuentra las fuerzas para dejar atrás las vanas emociones de la alta sociedad londinense es que otorga autenticidad a la idea de ser "un hombre de grandes ilusiones". Estamos aquí en presencia de una especie de reflexividad hegeliana: lo que cambia en el curso de la ordalía del protagonista no es sólo su personalidad, sino también los parámetros éticos con que evaluamos al personaje. ¿Y no ocurre algo semejante en la ceremonia de apertura de los Juegos Olímpicos de 1996 en Atlanta, cuando Muhammad Alí encendió el fuego olímpico con la antorcha sostenida por su mano que temblaba intensamente a causa de su severa enfermedad y los periodistas sostuvieron que al hacerlo fue realmente "El más grande" (una referencia a la manera fanfarrona en que Alí se nombraba a sí mismo décadas atrás, el título del filme sobre sí mismo –que lo contó como protagonista– y de su autobiografía)? Por supuesto, pretendían enfatizar que Muhammad Alí alcanzaba en ese momento la verdadera grandeza, al soportar de modo tan digno su debilitadora dolencia, y no cuando disfrutaba de la mayor de las popularidades y sacudía a sus oponentes en el ring... Esto es "la negación de la negación": el cambio de perspectiva que transforma el fracaso en verdadero éxito.

El modo predominante de afirmar la vigencia de Hegel, es decir, para salvarlo del reproche de que su sistema es una locura metafísica completamente anacrónica, es leer su pensamiento como un intento por establecer las condiciones o presuposiciones normativas de nuestros planteos cognitivos y éticos: la lógica de Hegel no es un sistema de ontología universal, sino apenas un desarrollo sistemático de todos los modos disponibles para plantear algo acerca de lo que existe y de las incoherencias inherentes a esos modos. En esta lectura, el punto de partida de Hegel es el hecho de que la estructura fundamental de la mente humana es autorreflexiva: un ser humano no actúa simplemente sino que puede considerarse que sus actos presuponen libremente normas y motivaciones, lo que implica que, para poder explicar nuestras afirmaciones y actitudes, no podemos apelar siempre a ciertos datos positivos (leyes y procesos naturales, divina Razón, voluntad de Dios...); cada una de estas referencias debe ser *justificada*, su poder de vinculación debe ser *explicado* de algún modo. El problema con esta elegante solución es que, en oposición a la brutal lectura directamente metafísica de Hegel como quien da cuenta del Absoluto, es de corto alcance: reduce silenciosamente la lógica de Hegel a un sistema de epistemología global entre todas las posibles posiciones epistemológicas, y lo que se pierde es la intersección entre los aspectos epistemológicos y los ontológicos, la manera como la propia "realidad" queda atrapada en el movimiento con que la conocemos (o, viceversa, nuestro aprendizaje de la realidad es incorporado a la realidad misma, como el periodista incorporado a las unidades del ejército estadounidense en Irak).

El nacimiento de la universalidad concreta (hegeliana) a partir del espíritu de las antinomias (kantianas)

En la parte sur de la zona desmilitarizada de Corea hay un sitio único para el visitante: un teatro con una enorme ventana semejante a una pantalla en el frente y que da hacia el norte. El espectáculo que contempla la gente cuando mira a través de la ventana es la realidad misma (o más bien una especie de "desierto de lo real"): la árida zona desmilitarizada con sus muros y más allá un escorzo de Corea del Norte. (Como si, para cumplir con la ficción, Corea del Norte hubiera construido frente a este teatro un puro simulacro, una aldea modelo con hermosas casas. Por las noches las luces en las viviendas se encienden todas al mismo tiempo, a pesar de que nadie viva en ellas.) Se otorga a una zona desierta un estatus fantasmático, elevado a espectáculo sólo por estar enmarcado. Aquí nada cambia en lo sustancial; es meramente que, al ser vista a través del marco, la realidad se transforma en *su propia apariencia.* Un ejemplo supremo de esta comedia ontológica ocurrió en diciembre de 2001 en Buenos Aires, cuando los argentinos ocuparon las calles para protestar contra el gobierno y especialmente contra Cavallo, el ministro de Economía. Cuando la multitud se reunió ante el edificio en el que vivía Cavallo, éste se escapó usando una máscara con su propia cara (que se vendía en casas de disfraces para que la gente pudiera burlarse de él poniéndose su máscara). Pareciera como si finalmente Cavallo hubiera aprendido algo del difundido movimiento lacaniano argentino: el hecho de que *una cosa es su propia y mejor máscara.* Lo que se encuentra en una tautología es, por lo tanto, *pura diferencia,* no la diferencia entre el elemento y otros elementos, sino la diferencia del elemento *consigo mismo.*

La lección fundamental de Hegel es que el problema ontológico clave no es el de la realidad sino el de la apariencia: no "¿Estamos acaso condenados al juego interminable de las apariencias o podremos penetrar a través del velo hacia su verdadera realidad subyacente?", sino "¿Cómo pudo –en medio de la realidad chata y estúpida que *está aquí*– emerger algo como la *apariencia*?". La ontología mínima de la paralaje es por lo tanto la de la cinta de Moebius, la del espacio curvo vuelto sobre sí mismo. Es decir que la constelación mínima de la paralaje es la del simple marco: todo lo que debe intervenir en lo Real es un marco vacío, de modo que las mismas cosas que antes veíamos "directamente" son vistas ahora a través del marco. Se genera así un efecto suplementario que no puede cancelarse apelando simplemente a la "desmistificación": no alcanza con mostrar el mecanismo que se halla detrás del marco, el efecto-escena dentro del marco adquiere autonomía por sí mismo. ¿Cómo puede ser posible? Hay una única conclusión que puede explicar esta brecha: que no existe una realidad "neutral" dentro de la cual ocurran las brechas, dentro de la cual los marcos aíslen dominios de apariencias. Todo campo de "realidad" (todo "mundo") ya está siempre enmarcado, es visto a través de un marco invisible. La paralaje no es simétrica, no está compuesta de dos perspectivas incompatibles sobre el mismo X: existe una asimetría irreductible entre las dos perspectivas, un mínimo giro reflexivo. No tenemos dos perspectivas, disponemos de una perspectiva y de lo que la elude, y la otra perspectiva llena el vacío de lo que no puede verse desde la primera.

Una de las definiciones mínimas de una pintura modernista tiene que ver con la función de su marco. El marco de la pintura que está frente a nosotros no es el verdadero marco, hay otro marco invisible, el implicado por la estructura de la pintura, el que enmarca nuestra percepción de la pintura, y, por definición, estos dos marcos nunca coinciden, hay una brecha invisible que los separa. El contenido central de la pintura no aparece en su parte visible, sino que está ubicado en esta dislocación de los dos marcos, en la brecha que los separa. Esa dimensión en el entremedio de los dos marcos es obvia en Malevich (¿qué es su *Cuadrado negro sobre superficie blanca* sino la marca mínima de la distancia entre los dos marcos?), en Edward

Hopper (recordemos sus solitarias figuras en edificios de oficina o cenando por la noche, donde pareciera como si el marco del cuadro tuviera que ser duplicado con otro marco de ventana –o, los retratos de su esposa cerca de la ventana abierta, expuesta a los rayos del sol, el exceso opuesto del contenido pintado respecto de lo que efectivamente vemos, como si sólo viéramos el fragmento de la pintura completa, el plano con un contraplano ausente) y en *Madonna* de Munch –las gotas de esperma y la pequeña figura de forma de feto de *El grito* apretada en medio de los dos marcos–. El marco está ya siempre duplicado: el marco dentro de la "realidad" está siempre vinculado a otro marco que enmarca a la propia "realidad". Una vez introducida, la brecha entre realidad y apariencia es inmediatamente complicada, reflejada en sí misma: una vez que obtenemos una visión de la "otra dimensión" a través del marco, *la realidad misma se convierte en apariencia.* En otros palabras, las cosas no simplemente aparentan, *aparentan para aparentar.* Éste es el motivo por el cual la negación de una negación nos ofrece una afirmación simple y llana: una vez que las cosas (empiezan) aparecen, no sólo aparentan ser lo que no son, creando una ilusión: pueden aparecer también sólo por aparecer, ocultando el hecho de que *son* lo que aparentan.

Es esta lógica de la "mínima diferencia", de la no-coincidencia constitutiva de una cosa consigo misma la que provee la llave para la central categoría hegeliana de "universalidad concreta". Tomemos una universalidad abstracta "muda" que abarque un conjunto de elementos que de algún modo subvierten, no encajan en este marco universal. En este caso, ¿no es la "verdad" concreta universal la distancia misma, la excepción universalizada? Y viceversa, ¿es este elemento el que constituye la excepción universal y no la verdadera excepción?

La universalidad no es el continente neutro de formaciones particulares, su medida común, el pasivo telón de fondo en el que los individuos libran sus batallas, sino *su batalla misma*, la lucha que lleva de una formación particular a otra. Recordemos el paso de Krzysztof Kieslowski del cine documental al de ficción: no tenemos simplemente dos tipos de cine, documental y ficción; la ficción surge de la limitación inherente al documental. El punto de partida de Kieslowski fue el mismo que el de todos los cineastas de los países socialistas; la evidente brecha entre la mediocre realidad social y la imagen optimista, lustrosa, que invadía los medios oficiales bajo terrible censura. La primera reacción contra el hecho de que, en Polonia, la realidad social estaba "irrepresentada", como lo expresó Kieslowski, fue, por supuesto, el cambio hacia una representación más adecuada de la vida real en su chatura y su ambigüedad; en resumen, un auténtico enfoque documental:

> Había una necesidad –lo que nos resultaba muy excitante– de describir el mundo. El mundo comunista había sido descripto como debía ser y no como era realmente [...]. Si algo no había sido descripto, entonces oficialmente no existía. De modo que si empezábamos a describirlo, le dábamos su existencia.[16]

Alcanza con mencionar *Hospital*, el documental filmado por Kieslowski en 1976, en el cual la cámara sigue a cirujanos ortopédicos durante una jornada de 32 horas. Los instrumentos se le descomponen en las manos, la corriente eléctrica se corta a cada rato, faltan los materiales más básicos, pero los médicos perseveran hora tras hora a fuerza de humor... Sin embargo, se impone la experiencia inversa, bien captada por el eslogan usado recientemente para publicitar una película de Hollywood: "Es tan real que debe ser ficción". En el nivel más radical, sólo puede representarse lo Real de la experiencia subjetiva a través del disfraz de la ficción. Hacia el final del documental *Primer amor* (1974), en el cual la cámara sigue a una pareja joven no casada durante el embarazo de la muchacha, en su boda y el nacimiento del bebé, el padre es mostrado sosteniendo al niño recién nacido que llora. Kieslowski reaccionó contra la obscenidad de ese ingreso irrestricto en la intimidad ajena con el "temor a las lágrimas

[16] Krzystof Kieslowski, *Kieslowski on Kieslowski*, Danusia Stok (ed.), Londres, Faber and Faber, 1993, pp. 54-55.

verdaderas". Su decisión de pasar de los documentales a la ficción fue la más radical y ética que podía haber tomado:

> No todo puede describirse. Ése es el gran problema del documental. Queda preso de su propia trampa. [...] Si hago una película sobre el amor, no puedo entrar al dormitorio donde la gente real está haciendo el amor. [...] Me di cuenta al hacer documentales que cuanto más quería acercarme a un individuo más se cerraba sobre sí mismo.
>
> Probablemente es por esto que me pasé a la ficción. Allí no hay problemas. Necesito que una pareja haga el amor en la cama, no hay inconvenientes. Por supuesto, puede resultar difícil encontrar una actriz que quiera sacarse el corpiño, pero la solución siempre aparece. [...] Puedo comprar glicerinas, colocar ciertas gotas en sus ojos y la actriz habrá de llorar. He logrado varias veces fotografiar algunas lágrimas reales. Es algo completamente diferente. Pero ahora cuento con la glicerina. Temo a las lágrimas reales. En realidad, no sé hasta qué punto tengo derecho a fotografiarlas. En esos momentos me siento como alguien que se encuentra en un territorio en el que no hay de hecho límite alguno. Ésa es la razón principal por la que salí de los documentales.[17]

El punto crucial en este paso del documental a la ficción es *Camera Buff* (1979), el retrato de un hombre que, a causa de su pasión por la cámara, pierde a su mujer, a sus hijos y su empleo –es el filme de ficción sobre un realizador de documentales–. He aquí un dominio de intimidad fantaseada que es marcado por un cartel de "¡No pasar!" y al que sólo puede acercarse a través de la ficción si es que se quiere evitar la obscenidad y la pornografía. Éste es el motivo que lleva a la Verónica francesa a rechazar al titiritero en *La doble vida de Verónica*: desea saber demasiado de ella, por lo cual, hacia el final del filme, luego de que él le cuenta la historia de su doble vida, ella se siente profundamente herida y huye a lo de su padre.[18] La "uni-

[17] Krzystof Kieslowski, *op. cit.*, p. 86.

[18] Para una explicación más detallada de este pasaje, véase el capítulo 1 de Slavoj Žižek, *The Fright of Real Tears*, Londres, BF1, 2001.

versalidad concreta" es un nombre para este proceso a través del cual la ficción explota *desde dentro* del documental, es decir, para la manera en que la emergencia del cine de ficción resuelve el callejón sin salida del cine documental. (O, en filosofía, el punto no es considerar a la eternidad como opuesta a la temporalidad, sino a la eternidad tal como emerge de nuestra experiencia temporal; o, de un modo aun más radical, como lo hizo Schelling, concebir al tiempo mismo como una subespecie de la eternidad, como la resolución del callejón sin salida de la eternidad.)[19]

Esto nos lleva al corazón mismo del concepto de universalidad concreta: no se trata meramente del núcleo universal que anima una serie de sus formas particulares de apariencia; persiste en su verdadera tensión irreductible, en su no-coincidencia entre esos dos diferentes niveles. Se suele considerar a Hegel como "historicista esencialista" que postula la "esencia" espiritual de una época como un principio universal que se expresa de un modo específico en cada aspecto de la vida social, por ejemplo, el principio moderno de subjetividad se expresa en la religión como protestantismo, en la ética como la autonomía moral del sujeto, en la política como la igualdad democrática, etc. Lo que pierde de vista esta perspectiva es lo que nos tienta llamar paralaje temporal: en la compleja dialéctica de los fenómenos históricos encontramos acontecimientos o procesos que, a pesar de la concreción del mismo "principio" subyacente en diferentes niveles, por esa misma razón no pueden ocurrir en el mismo momento histórico. Recordemos el viejo tópico de la relación entre protestantismo, la revolución filosófica kantiana y la revolución política francesa. Rebecca Comay refutó recientemente el mito de que la crítica de Hegel a la Revolución Francesa pudiera

[19] El problema con los términos universales "abstractos" como hibridez y subjetividad nómade es que tienden a nivelar, a volver invisible, el antagonismo que atraviesa su contenido; cuando la hibridez inunda la vida académica como si fuera el refugio para un país desgarrado por la guerra, produce algo similar a la obstrucción de la brecha que separa el hambre de la dieta.

reducirse a una variación de la idea "alemana" de que los católicos franceses habían concretado la violenta revolución política "real" porque no habían pasado por el histórico momento de la Reforma que ya había conseguido en la esfera espiritual la reconciliación entre la Sustancia espiritual y la subjetividad infinita buscada por los revolucionarios en la realidad social. Desde esta perspectiva convencional, la actitud ético-estética alemana "supera" la violencia revolucionaria por medio del orden ético interior, permitiendo así el reemplazo de la abstracta libertad revolucionaria "terrorista" por la libertad concreta del Estado como un estético Todo orgánico. Sin embargo, resulta ya ambigua la temporalidad de esta relación entre la revolución política francesa y la reforma espiritual alemana: parecen coincidir aquí tres posibles relaciones. Primero, la idea de "superación" apunta una sucesión: la "inmediata" idea francesa de la unidad de lo Universal y el Sujeto es seguida por su superación, la mediación ético-estética alemana. Segundo, la idea de una elección simultánea (o su carencia) que hace que las dos naciones sigan caminos diferentes: los alemanes optaron por la Reforma, mientras que los franceses se quedaron en el universo católico y, por lo tanto, tuvieron que tomar el tortuoso camino de la revolución violenta. Sin embargo, el hecho empírico de que la revolución filosófica de Kant precede a la Revolución Francesa no es un accidente insignificante: ante el espectáculo del Terror revolucionario, la propia ética kantiana encuentra la consecuencia definitiva de su propio carácter "abstracto", de manera que la filosofía de Kant debe ser leída retroactivamente a través del prisma de la Revolución Francesa, lo que nos permite percibir sus limitaciones:

> Si [la perspectiva moral kantiana] se presenta como la narrativa que sucede a la revolución no es porque la complete o suceda de manera lógica; la operación de Kant sucede *fenomenológicamente* a la revolución antes que cronológicamente, la anticipa en la medida en que su texto se vuelve legible sólo de manera retroactiva a través de la institucionalización del incesante cortocircuito de la libertad y la crueldad que lleva al proyecto de

> la modernidad a su juicio más extremo. [...] la misma revolución inflinge al propio texto de Kant una especie de trauma retroactivo.[20]

Esto significa que el Terror revolucionario es una especie de obsceno doble del pensamiento ético de Kant: su violencia destructiva meramente "externaliza" el potencial terrorista del pensamiento de Kant. Éste es el motivo por el cual –y en esto reside la perspectiva central de Hegel– es poco crítico en el rechazo de los "excesos" de la Revolución Francesa desde el punto de vista de la perspectiva moral "alemana"; todos sus rasgos aterrorizantes tienen su contrapartida en –están contenidos y *repetidos* dentro de– el edificio espiritual de Kant (y se debe dar al término "repetición" todo el peso de la *Wiederholungszwang* de Freud):

> la pureza de la voluntad moral no puede ser un antídoto contra la terrorífica pureza de la virtud revolucionaria. Todos los problemas de la libertad absoluta son acarreados por el análisis de Hegel sobre la moral kantiana: la obsesividad, la paranoia, la sospecha, la pérdida de la objetividad, dentro de la violenta hipérbole de una subjetividad atrapada en su propia reproducción dentro de un mundo al que debe repudiar.[21]

Así, en la medida en que tratamos con una elección histórica (entre la vía "francesa" de permanecer dentro del catolicismo y quedar así obligado a entregarse al Terror revolucionario autodestructivo y la vía "alemana" de la Reforma), esta elección implica exactamente la misma elemental paradoja dialéctica que aquélla, también de *La fenomenología del espíritu*, entre dos lecturas de "el espíritu es un hueso" que Hegel ilustra valiéndose de una metáfora fálica (el falo como el órgano de inseminación y como órgano para orinar): el punto de Hegel *no* es que, en contraste con el empirista vulgar que sólo ve el ori-

[20] Rebecca Comay, "Dead Right, Hegel and the Terror", en *South Atlantic Quarterly*, núm. 103, 2/3, primavera/verano de 2004, p. 393.
[21] *Ibid.*, p. 392.

nar, la actitud adecuadamente especulativa deba elegir la inseminación. La paradoja es que la elección directa de la inseminación es el modo infalible de perderla: no es posible elegir directamente el "verdadero significado", es decir que se *tiene* que empezar haciendo la elección "equivocada" (el orinar); el verdadero significado especulativo surge sólo a través de la lectura repetida, como el efecto tardío (o como producto) de la primera y "errónea" lectura. Y lo mismo vale para la vida social en la cual la elección directa de la "universalidad concreta" de una vida-mundo ética particular sólo puede terminar en una regresión a la sociedad orgánica premoderna que niega el derecho infinito de subjetividad como rasgo fundamental de modernidad. Dado que el sujeto-ciudadano de un Estado moderno ya no puede seguir aceptando su inmersión en cierto rol social particular que lo coloca en un lugar determinado dentro del Todo social orgánico, el único camino hacia la totalidad racional del Estado moderno pasa por el Terror revolucionario: hay que romper brutalmente con las imposiciones de la "universalidad concreta" orgánica premoderna y afirmar plenamente el infinito derecho a la subjetividad en su negatividad abstracta. En otras palabras, lo central del análisis de Hegel sobre el Terror revolucionario no es tanto la obvia perspectiva de que el proyecto revolucionario implicaba la afirmación directa y unilateral de la abstracta razón universal, y como tal condenado a desaparecer en la furia autodestructiva dada su incapacidad para organizar la trasposición de la energía revolucionaria en un concreto orden social, estable y diferenciado; el punto de Hegel es más bien el enigma de por qué, a pesar del hecho de que el Terror revolucionario fue un callejón sin salida histórico, debemos pasar por él para poder llegar al Estado moderno racional. Así, volviendo a la elección entre la "revolución interior" protestante y la revolución política violenta francesa, esto significa que Hegel está lejos de adherir a la autocomplaciente superioridad alemana ("hemos hecho la elección correcta y así pudimos evitar la locura revolucionaria"): precisamente porque los alemanes hicieron *la elección correcta en el momento equivocado* (*demasiado pronto*: en la era de la Reforma) no tuvieron acceso al Estado racional que estuviera a la altura de la verdadera modernidad política. Aquí hay que avanzar un poco más: no se trata sólo de que la Esencia universal se articule en la discordancia entre sus formas particulares de apariencia; esta discordancia está impulsada por una brecha que pertenece al núcleo mismo de la propia Esencia universal. En su libro sobre la modernidad, Fredric Jameson se refiere a la "universalidad concreta" hegeliana en su concisa crítica de las recientes teorías de moda acerca de las "modernidades alternativas":

> ¿Cómo pueden entonces los ideólogos de la "modernidad" en su sentido habitual arreglarse para distinguir su producto –la modernidad globalizada, de libre mercado, con revolución de la información– de la detestable vieja especie, sin quedar obligados a formular la clase de preguntas políticas y económicas serias y sistémicas que el concepto de una posmodernidad hace inevitables? La respuesta es simple: hablan de modernidades "alternas" o "alternativas". Todo el mundo conoce ahora la fórmula: esto significa que puede haber una modernidad para cada uno que sea diferente del estándar o del modelo hegemónico anglosajón. Cualquier cosa que nos disguste en esta última, incluyendo la posición subalterna a la que nos condena, puede ser borrada por la tranquilizadora y "cultural" idea de que podemos armar de modo distinto nuestra modernidad, de modo que pueda haber una de tipo latinoamericano, indio, africano y así en más. [...] Pero esto sirve para despreocuparse del otro significado fundamental de la modernidad que es la de un capitalismo mundial.[22]

El significado de esta crítica va mucho más allá del caso de la modernidad: tiene que ver con la limitación fundamental del historicismo nominalista. El recurrir a la multiplicidad ("no existe una modernidad con una esencia fija, hay múltiples modernidades, cada una de ellas irreductible a las demás") no es falso porque no reconozca una

[22] Fredric Jameson, *A Singular Modernity*, Londres, Verso, 2002, p. 12 [trad. esp.: *Una modernidad singular: ensayos sobre la ontología del presente*, Barcelona, Gedisa, 2004].

"esencia" de la modernidad única y fija, sino porque la multiplicidad funciona como la negación del antagonismo inherente a la noción de modernidad como tal: la falsedad de la multiplicidad reside en el hecho de que, al relegar este aspecto a sólo una de sus subespecies históricas, libera a la noción de modernidad de sus antagonismos y del modo como está encastrada en el sistema capitalista. (No debe olvidarse que la primera mitad del siglo XX estaba ya marcada por dos grandes proyectos que encajan perfectamente en esta noción de "modernidad alterna": el fascismo y el comunismo. ¿No era la idea básica del fascismo una modernidad que brindara una alternativa a la convencional modernidad capitalista-liberal anglosajona, y salvar así el núcleo de la modernidad capitalista librándola de su distorsión "contingente" judía-individualista-interesada? ¿Y no fue también la rápida industrialización de la URSS a finales de los años veinte y los años treinta un intento de modernización diferente de la del capitalismo occidental?) Y en la medida en que este antagonismo inherente pueda ser designado como una dimensión "castradora" y, más aun, en la medida en que, según Freud, la negación de la castración está representada como la multiplicación de los símbolos fálicos (una multiplicidad de falos marca la castración, la falta del uno), es fácil pensar que esta multiplicidad de modernidades es una negación fetichista.

La crítica de Jameson a la noción de modernidades alternativas nos brinda un modelo de la relación *dialéctica* apropiada entre lo Universal y lo Particular: la diferencia no se basa en un contenido particular (como la tradicional *differentia specifica*), sino en el aspecto de lo Universal. Lo Universal no es el continente abarcador del contenido particular, el pacífico contexto del conflicto de particularidades; lo Universal "como tal" es el sitio de un insoportable antagonismo, la autocontradicción y (la multiplicidad de) sus especies particulares no son en última instancia sino intentos por obstruir/reconciliar/manejar este antagonismo. En otras palabras, lo Universal nombra el sitio de un Problema-Callejón sin salida, de una Pregunta urgente, y los Particulares son las ensayadas pero fallidas Respuestas a este Problema. Por ejemplo, el concepto de Estado nombra un cierto problema: ¿cómo contener el antagonismo de clases de una sociedad? Todas las formas particulares de Estado son otros tantos intentos (fallidos) por proponer una solución a este problema.

Entonces, hay que contestar a la crítica habitual del universalismo cristiano de esta manera: esta abarcadora actitud (recordemos la famosa frase "No hay mujeres ni hombres, ni judíos o griegos" de San Pablo) implica una clara exclusión de aquellos que no aceptan ser incluidos en la comunidad cristiana. En otras religiones "particularistas" (e incluso en el Islam, a pesar de su expansionismo global) hay un lugar para los demás; se los tolera, aunque se los trate con condescendencia. El motivo cristiano "todos los hombres son hermanos" significa, sin embargo, *también* "aquellos que no son mis hermanos *no son (siquiera) hombres*". Los cristianos suelen ufanarse de haber superado la noción exclusivista de los judíos del Pueblo Elegido y haber abarcado a toda la humanidad. La trampa es aquí que, en la misma insistencia de que son el Pueblo Elegido con el privilegio de un vínculo directo con Dios, los judíos aceptan la humanidad de los demás pueblos que celebran a sus falsos dioses, mientras que el cristianismo excluye tendenciosamente a los no creyentes de la misma universalidad de la humanidad...

Pero la universalidad cristiana no es el medio global y totalmente abarcador en el que hay un lugar para todos y cada uno, es más bien la universalidad *en lucha*, el sitio de la constante batalla. ¿Qué batalla, qué división? Para seguir a Pablo: *no* la división entre Ley y pecado, sino, por una parte, entre la *totalidad* de la Ley y el pecado como su suplemento y, por la otra, el camino del Amor. La universalidad cristiana es la que emerge como un punto sintomático de aquellos que son "parte de la no-parte" del orden global. Es aquí donde se equivocan las denuncias de exclusión: la universalidad cristiana, lejos de excluir a algunos sujetos, *es formulada desde la posición de aquellos excluidos*, de aquellos para quienes no hay un lugar específico dentro del orden existente a pesar de que pertenezcan a él; la universalidad es estrictamente codependiente de la ausencia de lugar/determinación específicos.

Para expresarlo de un modo diferente: el reproche al universalismo de Pablo no considera el verdadero sitio de la universalidad; la dimensión universal que abre no es la de "ni griegos ni judíos sino todos cristianos", que implícitamente excluye a los no-cristianos; *es más bien la diferencia misma entre cristianos y no cristianos que,* en tanto diferencia, *es universal,* es decir que atraviesa todo el cuerpo social, separando, dividiendo desde adentro, cada identidad sustancial étnica, etc. Los griegos son separados entre cristianos y no cristianos. Lo mismo pasa con los judíos. En consecuencia, el reproche habitual toca a una puerta que ya está abierta; toda la idea de la noción de Pablo acerca de la universalidad en lucha *es* que la verdadera universalidad y la verdadera parcialidad no se excluyen mutuamente sino que *la Verdad universal es sólo accesible desde una posición subjetiva parcial.*

Otro nombre para esta división de todo el cuerpo social es, por supuesto, antagonismo; la lógica del irrreductible antagonismo ha sido desarrollada recientemente por Ernesto Laclau en contraposición a la universalidad concreta hegeliana que, supuestamente, supera todos los antagonismos en una unidad mediada superior. Sin embargo, ¿es este efectivamente el caso o, por el contrario, la referencia a Hegel nos permite descubrir una falla en la misma teoría de Laclau? La limitación filosófica/nocional de la construcción de dos lógicas en Laclau, la de la diferencia y la del antagonismo, es que las considera como dos polos externamente opuestos. Cuando Laclau elabora su oposición fundamental entre la lógica de la diferencia y la lógica de la equivalencia, sostiene la coincidencia de los opuestos; las dos lógicas no están simplemente opuestas sino que cada una de ellas, llevada a su extremo, se convierte en su opuesto.[23] Es decir, como lo señala repetidamente, un sistema de pura diferencialidad (un sistema totalmente definido por la estructura diferencial de sus elementos, sin que lo atraviese ningún antagonismo y/o imposibilidad) llevaría

[23] Véase Ernesto Laclau y Chantal Mouffe, *Hegemony and Socialist Strategy*, Londres, Verso, 1985 [trad. esp.: *Hegemonía y estrategia socialista: hacia la radicalización de la democracia*, Buenos Aires, Fondo de Cultura Económica, 2004].

a una pura equivalencia de todos sus elementos –todos son equivalentes respecto del vacío de su exterior–; y, en el otro extremo, un sistema de antagonismo radical sin ninguna estructura, salvo la pura oposición entre nosotros y ellos, coincidiría con una diferencia naturalizada entre nosotros y ellos como las especies opuestas positivamente existentes... Sin embargo, desde un punto de vista hegeliano, esta lógica sigue basándose en dos polos opuestos externamente –el hecho de que cada uno de los opuestos, en la abstracción del otro (es decir, llevado al extremo en el que no necesita ya al otro como su opuesto), cae dentro de este otro, demostrando meramente su mutua dependencia–. Lo que necesitamos es dar un paso más allá de esta oposición externa (o mutua dependencia) hacia la directa coincidencia internalizada que significa que no sólo un polo coincide con el otro al ser abstraído de él y llevado a su extremo, sino que *no existe en primer lugar una dualidad "primordial" de polos, sólo la brecha inherente al Uno.* En principio, la equivalencia no es la oposición de la diferencia, sólo surge porque ningún sistema de diferencias podrá alguna vez completarse; "es" un efecto estructural de su incompletud.[24] Por ende, la tensión entre trascendencia e inmanencia resulta secundaria respecto de la brecha dentro de la misma inmanencia: la "trascendencia" es una especie de ilusión de perspectiva, el modo en que percibimos (mal) la brecha/discordancia inherente a la propia inmanencia. Del mismo modo, la tensión entre lo Idéntico y lo Otro es secundaria respecto de la no-coincidencia de lo Idéntico consigo mismo.

Esto significa que la oposición de dos lógicas, la del antagonismo y la de la diferencia, es el despliegue de un término lógicamente anterior, de la "pura" diferencia inherente, la mínima diferencia que marca la no-coincidencia del Uno consigo mismo. Esta no-coincidencia, esta "pura" diferencia, puede desenvolverse en una multitud de entes que forman una totalidad diferencial o división dentro de

[24] De manera homóloga, respecto de la diferencia sexual, la mujer no es el polo opuesto al hombre, sino que *existen mujeres porque el hombre no puede completarse por sí mismo.*

la antagonística oposición de dos términos. Y esta dualidad sigue, una vez más, la lógica de las fórmulas de Lacan para la sexuación. Contrariamente a lo esperado, la multiplicidad diferencial es "masculina", mientras que el antagonismo es "femenino". Por lo tanto, la brecha primordial no es la oposición polar de dos principios (masculino y femenino, luz y oscuridad, apertura y clausura, etc.), sino la brecha mínima entre un elemento y *él mismo*, el vacío de su propio *lugar* de inscripción. A esta brecha apunta Schelling cuando distingue entre la Existencia y su impenetrable Suelo, y es de este modo que acierta al rechazar la acusación de dualismo: Schelling sigue siendo un monista, hay sólo Uno, la brecha es inherente al Uno, no como la brecha entre sus dos aspectos opuestos sino como la que hay entre Uno y el Vacío.[25]

El Significante-Amo y sus vicisitudes

En términos lacanianos, el espacio de la lógica hegemónica de Laclau es el de la tensión entre el Significante-Amo vacío y las series de significantes "ordinarios" que luchan por llenar al Significante-Amo con contenidos específicos: en la lucha por la democracia (el Significante-Amo actual) lo que importa es cuál será el tipo de democracia que habrá de hegemonizar la idea universal de democracia.

¿Qué es entonces el Significante-Amo? Imaginémonos una confusa situación de desintegración social en la cual el poder cohesivo de la ideología pierda su eficacia: en una situación así, el Amo es aquel que inventa un nuevo significante, el famoso *"quilting point"* que vuelve a estabilizar la situación y la hace comprensible; el discurso universitario que luego elabora la red del conocimiento que sostiene su inteligibilidad por definición presupone y se basa en el gesto inicial

[25] Véase Friedrich W. J. Schelling, "Philosophical investigations into the essence of human freedom", en: Ernst Behler (ed.), *Philosophy of German Idealism*, Nueva York, Continuum, 1987 [trad. esp.: *Investigaciones filosóficas sobre la esencia de la libertad humana*, Barcelona, Anthropos, 2004].

del Amo. El Amo no agrega ningún contenido positivo nuevo, simplemente agrega un significante que de repente convierte al desorden en orden, en "nueva armonía", como lo habría expresado Rimbaud. Pensemos en el antisemitismo de Alemania durante los años veinte: la gente se sentía desorientada, inmersa en una inmerecida derrota militar, en una crisis económica que se devoró los ahorros de toda una vida, en la ineficacia política, en la degeneración moral... y los nazis ofrecieron un único culpable de todo esto: los judíos, el complot judío. En esto reside la magia de un Amo: a pesar de no haber nada nuevo a nivel del contenido concreto, "ya nada es lo mismo" luego de que pronuncia su Palabra... Recordemos que, para poder ejemplificar el *point de capiton*, Lacan cita las famosas líneas de la *Athalie* de Racine: "*Je crains Dieu, cher Abner, et je n'ai point d'autre crainte*" ("Temo a Dios, querido Abner, y no tengo otros temores"). Todos los temores se intercambian con uno solo, es decir, es el temor de Dios el que hace que no tema a otras cuestiones mundanas. La misma inversión que da origen a un nuevo Significante-Amo funciona en la ideología: en el antisemitismo, todos los temores (a la crisis económica, a la degradación moral...) son cambiados por el temor a los judíos –*je crains le Juif, cher citoyen, et je n'ai point d'autre crainte* ("Temo al judío, querido ciudadano, y no tengo otros temores")–. ¿Y no se puede encontrar la misma lógica en un filme de terror como *Tiburón* de Spielberg? Temo al tiburón, amigo mío, y no tengo otros temores...

Así cuando Badiou, en su *Logique des mondes* (de próxima aparición), para poder designar el momento de pura decisión/elección subjetiva que estabiliza un mundo, propone el concepto de "punto" como una simple decisión en una situación reducida a una elección entre sí o no, por supuesto se refiere implícitamente al *point de capiton* de Lacan. ¿Y acaso esto no implica que no existe "mundo" fuera del lenguaje, ningún mundo cuyo horizonte de significado no esté determinado por un orden simbólico? El pasaje a la verdad es, por lo tanto, el pasaje del lenguaje ("los límites de mi lenguaje son los límites de mi mundo") a la *letra*, a "matemas" que corren en diagonal a través de una multitud de palabras. El relativismo posmoderno es precisamente el pensamiento de la irreductible *multitud de mundos*, cada uno de los cuales se sostiene en un juego de lenguaje específico, de modo que cada mundo "es" la narración que sus miembros se cuentan sobre sí mismos, sin terreno compartido, sin un lenguaje en común; y el problema de la verdad es cómo establecer algo que, para apelar a términos populares en la lógica modal, permanezca idéntico en todos los mundos posibles.

Ahora puede verse el sentido preciso en que debe concebirse la tesis de Lacan según la cual lo que está "reprimido primordialmente" es el significante binario (el de *Vorstellungs-Repraesentanz*): lo que el orden simbólico obstruye es la plena presencia armoniosa de la pareja de Significantes-Amo, S1-S2, como el *yin-yang* o cualesquiera otros "principios fundamentales" simétricos. El hecho de que "no existe la relación sexual" significa exactamente que el significante secundario (el de la Mujer) está "primordialmente reprimido" y lo que obtenemos en lugar de esta represión, lo que llena su brecha, es la multitud de "retornos de lo reprimido", las series de significantes "ordinarios". En la parodia que hace Woody Allen de Tolstoi –*La última noche de Boris Grushenko*– la primera asociación que salta automáticamente es, por supuesto: "¿Si éste es Tolstoi, dónde está Dostoievski?". En el filme, Dostoievski (el "significante binario" de Tolstoi) permanece "reprimido" –sin embargo, el precio pagado por esto es una conversación en medio de la película como si fuera casual y que incluye los títulos de las principales novelas de Dostoievski: "¿Sigue ese hombre en el subsuelo?" "¿Te refieres a uno de los hermanos Karamazov?" "¡Sí, ese idiota!" "Bien, cometió su crimen y fue castigado por eso." "Lo sé, era un jugador que siempre apostaba demasiado.", etc. Encontramos aquí el "retorno de lo reprimido", es decir, la serie de significantes que llenan la brecha del significante binario reprimido "Dostoievski". Es por eso que se equivoca por completo la crítica desconstructiva habitual de acuerdo con la cual la teoría de la diferencia sexual de Lacan cae en la trampa de la "lógica binaria": el "*la femme n'existe pas*" de Lacan apunta precisamente a desarmar la pareja polar "binaria" de masculino y femenino –la división original no es entre Uno y Otro, sino estrictamente inherente al Uno, es la división entre el Uno y su lugar vacío de inscripción (es así que debe leerse la famosa afirmación de Kafka de que el Mesías llegará un día después de su llegada)–. Es también así que debe concebirse el vínculo entre la división inherente al Uno y la explosión de lo múltiple: lo múltiple no es el hecho ontológico primordial; el génesis "trascendental" de lo múltiple reside en la ausencia de significante binario, es decir que lo múltiple surge como la serie de intentos por llenar la brecha del significante binario faltante. La diferencia entre S1 y S2 no es, por lo tanto, la diferencia de dos polos opuestos dentro del mismo campo, sino más bien el corte dentro de este campo –el corte en el nivel donde ocurre el proceso– inherente al primer término: la pareja original no es la de dos significantes sino la del significante y su *reduplicatio*, es decir, la diferencia mínima entre un significante y el lugar de su inscripción, entre uno y cero.[26]

Lo que este carácter reflexivo del orden simbólico (el hecho de que este orden implica la mínima diferencia entre un elemento y su lugar estructural) produce en la elección ética es la introducción de su duplicación: la elección nunca se produce simplemente entre cumplir con el deber o seguir la tendencia a placeres y satisfacciones "patológicas"; esta elección elemental está siempre duplicada por la opción entre convertir mi tendencia a los placeres en mi Deber supremo y en cumplir mi Deber no en función de él sino porque me produce satisfacción realizarlo. En el primer caso *–los placeres son mi deber–*, la tendencia "patológica" a los placeres está localizada en el espacio formal del Deber, mientras que, en el segundo caso *–el deber es mi placer–*, cumplir con mi deber está localizado en el espacio formal de las satisfacciones "patológicas". Por lo tanto, Derrida tiene razón al enfatizar la autorreflexividad de la prohibición respecto de la Ley –la Ley no sólo prohíbe, está prohibida *ella misma*–:

[26] Para una mayor elaboración de esta estructura reflexiva, véase capítulo 3 de Slavoj Žižek, *The Puppet and the Dwarf, op. cit.*

> La ley es prohibición: esto no significa que prohíba sino que ella misma está prohibida, que es un lugar prohibido [...] no se puede alcanzar la ley y para mantener una relación de respeto con ella uno debe interrumpir esa relación. Se debe entrar en relación sólo con los representantes de la ley, sus ejemplos, sus guardianes. Son obstáculos tanto como mensajeros. No debe saberse quién, qué o dónde está la ley.[27]

En uno de sus breves fragmentos, el propio Kafka señaló que el secreto último de la Ley es *que no existe* –otro caso de lo que Lacan llamó la inexistencia del gran Otro–. Por supuesto, esta inexistencia no reduce a la Ley a una simple quimera vacía e imaginaria, más bien la convierte en un imposible Real, un vacío que sin embargo funciona, ejerce su influencia, produce efectos, curva al espacio simbólico. Así que cuando Derrida escribía:

> la inaccesible trascendencia de la ley, ante la cual y previamente a la cual el hombre se mantiene firme, sólo aparece infinitamente trascendente y por lo tanto teológica al punto que, cercana a él, depende sólo de él, del acto preformativo por el cual la instituye [...]. La ley es trascendente y teológica y por eso está siempre por llegar, siempre prometida, *porque* es inmanente, finita y, por lo tanto, ya acontecida.[28]

La ambigüedad de esta afirmación resulta crucial: ¿significa esto que esta apariencia de trascendencia es una ilusión necesaria, una errónea percepción estructural (como sostiene Deleuze en su lectura de Kafka)? ¿Es posible entonces romper con esta lectura errónea, asumir plenamente que "todo depende sólo de mí"? ¿Y no ocurre precisamente esto en el cristianismo? ¿No es *éste* el núcleo de la encarnación? El aspecto inverso de esta reflexividad reside en el hecho de que lo que Lacan llama "Significante-Amo" es el significante reflexivo que llena la verdadera ausencia del significante. El propio ejemplo supremo de "Dios" de Spinoza resulta aquí crucial: cuando se lo concibe co-

[27] Jacques Derrida, *Acts of Literature*, Nueva York, Routledge, 1992, p. 201.
[28] Jacques Derrida, *Acts of Religion*, Nueva York, Routledge, 2002, p. 270.

mo una persona maravillosa, Dios simplemente encarna nuestra ignorancia de la verdadera causalidad. Abundan en esto los ejemplos de la historia de la ciencia, desde el flogisto (un pseudoconcepto que revelaba la ignorancia del científico acerca de cómo viaja efectivamente la luz) al "modo asiático de producción" de Marx (que es una especie de continente negativo: el único contenido verdadero de este concepto es "todos los modos de producción que no encajan en la categorización de Marx de los modos de producción"), para no mencionar la hoy tan popular "sociedad postindustrial", nociones que, aunque aparentan designar un contenido concreto, simplemente revelan nuestra ignorancia.

Sin embargo, ¿no oscilamos aquí entre dos versiones opuestas? En la primera, el significante binario, la contraparte simétrica de S1, está "primordialmente reprimida" y es para completar el vacío de esta represión que surge la cadena de S2. Es decir que el hecho original es la pareja de S1 y el Vacío en el lugar de su contraparte, y que la cadena de S2 es secundaria; en la segunda versión, como explicación de la emergencia de S1 como "término enigmático", el significante vacío, el hecho primordial es, por el contrario, S2, la cadena significante en su incompletud, y es para llenar el vacío de esta incompletud que interviene S1. ¿Cómo habrán de coordinarse las dos versiones? El círculo vicioso de su mutua implicación, ¿será el hecho definitivo? ¿Qué pasaría sí, una vez más, estas dos versiones apuntaran hacia la lógica de las "fórmulas de sexuación" de Lacan? Contrariamente a nuestras expectativas, la primera versión –la multitud surge para llenar el vacío del significante binario– es la "femenina", es decir, la que explica la explosión de la multitud incoherente del no-Todo femenino, y la segunda versión es la "masculina", es decir, la que explica que se totaliza una multitud en un Todo a través de la excepción que llena su vacío.

De este modo generamos los cuatro constituyentes de un discurso: S1, S2, $, *a*; por supuesto, su interacción siempre implica una red más compleja. ¿Cómo funciona entonces un *objeto a* dentro de esta tensión entre el Significante-Amo y la serie de los significantes "ordinarios" que luchan por hegemonizarlo? Aunque Ernesto Laclau está en la senda correcta al enfatizar el rol necesario del *objeto a* para volver operativa a una construcción ideológica,[29] mutila la verdadera dimensión de este rol cuando lo restringe al hecho de la hegemonía (de cómo el vacío del Significante-Amo debe ser llenado con cierto contenido particular). Aquí las cosas son mucho más precisas: dado que el *objeto a* es (también) objeto de fantasía, la trampa reside en lo que uno se tienta de llamar, con Kant, el rol de "plan trascendental" jugado por el *objeto a* –una fantasía constituye nuestro deseo, brinda sus coordenadas, es decir que literalmente "nos enseña cómo desear"–. Por ende, el rol de la fantasía es en cierto modo homólogo al de la malhadada glándula pineal en la filosofía de Descartes, ese mediador entre *res cogitans* y *res extensa*: la fantasía media entre la estructura formal simbólica y la positividad de los objetos que encontramos en la realidad, es decir que brinda un "plan" según el cual ciertos objetos positivos de la realidad pueden funcionar como objetos de deseo, llenando los lugares vacíos abiertos por la estructura formal simbólica. Para ponerlo en términos de algún modo simplificados: la fantasía no significa que cuando deseo una torta de frutillas no pueda conseguirla en la realidad, fantaseo con comerla, el problema es en realidad *¿cómo sé en primer lugar que deseo una torta de frutillas? Esto* es lo que me cuenta la fantasía. Este rol de la fantasía depende del hecho de que "no existe la relación sexual", no hay fórmula o matriz universal que garantice una armoniosa relación sexual con la propia pareja: para explicar esta ausencia de fórmula universal, cada sujeto debe inventar una fantasía propia, una fórmula "privada" para la relación sexual –para un hombre, la relación con una mujer es posible únicamente en cuanto ella encaje en su fórmula–. De un modo exactamente homólogo, el *objeto a* es el "sublime objeto de la ideología": sirve como el soporte fantaseado de las proposiciones ideológicas. Por ejemplo, la lucha contra el aborto es "resumida" en la figura de una exitosa profesional que suprime su vocación maternal para continuar con su carrera; o, en el Reino Unido,

[29] Véase Ernesto Laclau, "The populist reason", en *Umbr(a),* 2004.

bajo el gobierno conservador de John Major, la madre soltera desempleada fue propuesta por los medios como el caso social de todas las enfermedades sociales (¿Son excesivos los impuestos? Es porque el Estado debe mantener a las mujeres solteras desempleadas. ¿Hay demasiada delincuencia juvenil? Es porque las madres solteras, al carecer de la firme autoridad paterna, no pueden brindar una adecuada educación moral, etcétera).

Aquí el punto crucial es que, en esta tensión entre una afirmación universal y su apoyo fantasmático, *la verdad está del lado de la universalidad.* Recordemos el brillante análisis de Marx sobre cómo, durante la Revolución Francesa de 1848, el partido conservador-republicano del Orden funcionaba como la coalición de las dos ramas del monarquismo (orleanistas y legitimistas) en el "reino anónimo de la República".[30] Los diputados parlamentarios del Partido del Orden consideraron que su republicanismo era una burla: en los debates parlamentarios, generaban todo el tiempo *lapsus* monarquistas, ridiculizaban a la República, etc., para que se supiera que su verdadero propósito era restaurar la monarquía. Pero no se daban cuenta de que ellos mismos eran víctimas de la verdadera significación social de su gobierno: lo que efectivamente estaban haciendo era establecer las condiciones de un orden social republicano que despreciaban profundamente (garantizar la validez de la propiedad privada, etc.). De modo que no eran los monárquicos los que vestían una máscara republicana: a pesar de que se sentían como tales, su verdadera convicción monárquica "interna" era la engañosa fachada que enmascaraba su verdadero rol social. En resumen, lejos de constituir la verdad oculta de su público republicanismo, su "sincero" monarquismo era el apoyo fantasmático de su *verdadero* republicanismo, era lo que le daba "pasión" a su actividad.[31]

[30] Véase Karl Marx y Friedrich Engels, *Selected Works*, vol. 1, Moscú, Progress Publishers, 1969, p. 95 [trad. esp.: *Obras escogidas*, Moscú, Progreso, 1961].

[31] En un vínculo social, los afectos (el odio colectivo, el amor a un líder, el pánico y otras "pasiones") también engañan, excepto la angustia (como lo expresa Freud

Más aun, no alcanza con decir que todo universo ideológico funciona como un significante vacío que debe ser llenado (hegemonizado) por un contenido particular, o sea, demostrar que todo contenido positivo es un relleno contingente de la oquedad del significante vacío; debemos movernos más allá de esta brecha entre significante vacío y determinado contenido y formular una pregunta más radical: *¿cómo aparece, a través de qué violento gesto, la verdadera oquedad del significante vacío?* Este espacio vacío proviene de la inadecuación radical (no coincidencia, brecha inherente) de un particular consigo mismo. En otras palabras, no sólo la ausencia/vacío estructural de toda universalidad debe ser llenada con un contenido particular, su necesidad; es esta misma universalidad vacía la que es una necesidad de la no coincidencia radical del particular consigo mismo, de un particular faltante, el elemento cuyo agregado hará "completo" al particular haciéndolo coincidir consigo mismo.

Soave sia il vento...

No se encuentra una topología tan convulsionada en el pensamiento de Spinoza. ¿No formula Spinoza la paralaje más alta? La sustancia es Una y la diferencia entre mente y cuerpo, sus dos modos, es puramente la de la paralaje: "cuerpo" y "mente" son la misma Sustancia percibida de manera diferente. Existe aquí, sin embargo, una diferencia clave entre Spinoza y Hegel: para Spinoza, la paralaje es simétrica (no hay punto de contacto o pasaje entre ambos modos, cada uno de ellos hace visible la misma red de un modo diferente), mientras que para

---

en su ensayo sobre el "Fetichismo"; véase Sigmund Freud, *Studienausgabe*, vol. III, Fráncfort, Fischer Verlag, 2000, p. 384) que aparece cuando experimentamos el hecho de que "el trono está vacío". Entonces, ¿es el entusiasmo el opuesto a la angustia? ¿O se trata simplemente de que la relación entre la angustia y el entusiasmo es la de una distancia adecuada: en el entusiasmo, el objeto se mantiene a una distancia adecuada, mientras que la angustia aparece cuando está demasiado cerca?

Hegel los dos niveles involucrados en un desplazamiento de paralaje son radicalmente asimétricos: uno de los dos niveles parece poder representarse a sí mismo, mientras que el otro representa el desplazamiento como tal, la brecha misma entre ambos. En otras palabras, Dos no es simplemente Uno y Uno, dado que Dos representa el verdadero movimiento/desplazamiento de Uno a Dos. (Un simple ejemplo: en la lucha de clases entre la burguesía y el proletariado, este último representa a la lucha como tal.) El pasaje del Uno spinoziano *qua* el medio/continente neutro de sus modos y la brecha inherente al Uno es el verdadero pasaje de la Sustancia al Sujeto.

El procedimiento crítico habitual actual es movilizar la oposición entre hombre y sujeto: la noción de subjetividad (autoconciencia, autonomía autopostulada, etc.) representa una peligrosa *hybris*, una voluntad de poder, que obstruye y distorsiona la auténtica esencia del hombre; por lo tanto, la tarea es pensar la esencia del hombre fuera del dominio de la subjetividad. Lo que Lacan busca alcanzar parece ser el opuesto exacto de este procedimiento habitual: en todas sus grandes interpretaciones literarias, desde *Edipo* a *Antígona* pasando por la *Juliette* de Sade hasta *El rehén* de Claudel, está en busca de un punto por el cual entrar en la dimensión de lo inhumano, un punto en que la "humanidad" se desintegre de modo que todo lo que quede sea un puro sujeto. La Antígona de Sófocles, la Julieta de Sade, la Sygne de Claudel son todas figuraciones de ese sujeto "inhumano" (en oposición a su contrapartida "humana", Ismene, Justine...). Para parafrasear a Nietzsche, lo que debe convertirse en problemático es lo que resulta en nosotros "humano, demasiado humano". No se debe temer a aplicar esta perspectiva incluso a la política: es demasiado simple descalificar a los nazis como inhumanos y bestiales; ¿qué pasaría si el problema con los nazis fuera precisamente que permanecieron "humanos, demasiado humanos"?[32]

[32] A propósito de Kant, Dieter Henrich desarrolló esta misma diferencia como la existente entre persona y sujeto. Véase Dieter Henrich, *Bewusste Leben*, Stuttgart, Reclam, 1999.

Una de las curiosas historias sobre Hitler cuenta que en los famosos registros de sus "conversaciones en la mesa", durante una mañana a principios de 1940, se despertó aterrorizado y luego, con las mejillas inundadas por las lágrimas, le explicó a su médico la pesadilla: "Vi en mi sueño al futuro superhombre: es completamente insensible, sin consideración alguna por nuestros dolores y me parece insoportable". La misma idea de Hitler, nuestro candidato principal a la persona más malvada de todos los tiempos, horrorizándose ante la ausencia de compasión es, por supuesto, muy extraña, pero, filosóficamente hablando, tiene sentido. A lo que se refería implícitamente Hitler era al pasaje nietzscheano del León al Niño. Ya no es posible para nosotros, atrapados como estamos en la telaraña de la actitud reflexiva del nihilismo, entrar a la "inocencia de los comienzos", la vida plena más allá de cualquier justificación: todo lo que podemos hacer es embarcarnos en "superar la moral por medio de la sinceridad",[33] o sea, para llevar la voluntad moral de verdad a su autocancelación, para tomar conciencia de la verdad como voluntad de verdad en sí (que es una ilusión de y para los débiles). "No podemos crear nuevos valores", sólo podemos ser el León que, en una explosión de activo nihilismo, despeja la mesa y así "crea la libertad para una nueva creación".[34] Es después de nosotros que habrá de aparecer el Niño, quien habrá de marcar "un nuevo Comienzo, un Sí sagrado".[35]

¿Cuál es entonces la dimensión elemental de la subjetividad? Rebecca Comay prestó atención a la forma en la cual, en la lectura de Hegel, la furia autodestructiva del Terror revolucionario que aparece como la concreción de la Libertad Absoluta logra abolir simultáneamente

[33] Friedrich Nietzsche, *The Anti-Christ*, Harmondsworth, Penguin Books, 1978, p. 173 [trad. esp.: *El anticristo*, Madrid, Alianza, 1984].

[34] Friedrich Nietzsche, *The Genealogy of Morals*, Nueva York, Anchor Books, 1956, p. 255 [trad. esp.: *La genealogía de la moral*, Madrid, Alianza, 1987].

[35] Friedrich Nietzsche, *The Will to Power*, Nueva York, Random House, 1968, p. 288 [trad. esp.: *En torno a la voluntad de poder*, Barcelona, Planeta-Agostini, 1986].

todo Más Allá, aunque reduzca la muerte a una decapitación sin sentido de cabezas que parecen simples calabazas, *y* permanece atrapado por un Más Allá obsceno y espectral que regresa bajo la forma de apariciones "no muertas":

> Las obsesivas fantasías de supervivencia mantenidas por el imaginario popular de la guillotina y que tuvieron ocupadas a la literatura y las ciencias médicas de los setenta, no son sino la inversión y confirmación de la muerte en vida a que aparentemente ha sido reducida la vida; de allí la proliferación de cabezas enrojecidas, parlantes, sufrientes, cabezas que soñaban, gritaban, devolvían la mirada, las partes del cuerpo despojadas de su cuerpo, las manos separadas que escribían, los fantasmas, vampiros y zombis que habrían de llenar las páginas de las novelas góticas a lo largo de toda Europa.[36]

¿No nos regresa esto al famoso pasaje del comienzo de *Jenaer Realphilosphie* de Hegel acerca de la "Noche del mundo"?

> El ser humano es esta noche, esta vacía nada que lo contiene todo en su simplicidad –una interminable riqueza de varias representaciones, imágenes, ninguna de las cuales le pertenece, o que no están presentes–. Esta noche, el interior de la naturaleza, que existe aquí –puro yo– en representaciones fantasmagóricas, es noche todo a su alrededor, en la cual irrumpe una cabeza sangrienta –aquí nuevamente una aparición níveamente fantasmal que desaparece del mismo modo súbito–. Puede tenerse una visión de esta noche cuando se mira a los ojos a los seres humanos, en una noche que termina por ser terrible.[37]

Es como si la sublevación y el frenesí revolucionarios nos retrocediera al nivel cero de la subjetividad en el cual no se enfrenta al sujeto

[36] Rebecca Comay, "Dead right: Hegel and the Terror", art. cit., p. 386.

[37] Georg W. F. Hegel, "Jenaer Realphilosophie", en *Fruehe politische Systeme*, Fráncfort, Ullstein, 1974, p. 204.

con la realidad constituida sino con la espectral y obscena protorealidad de los objetos parciales que flotan contra el telón de fondo del Vacío ontológico.[38] Este "intersticio", la brecha constitutiva de un ser humano aparece en tres niveles:

1. Primero, como el "desvanecido mediador" entre Naturaleza y Cultura, el exceso "inhumano" de libertad que debe ser disciplinado por la cultura. Este grado cero de "humanización" puede ser formulado en términos hegelianos como la inversión reflexiva del animal humano (*Mensch-Tier*) en hombre animal (*Tier-Mensch*); el desplazamiento del lugar estructural de los *mismos* elementos del *exceso* a la *base neutral*, nivel cero, es decir, del exceso humano que distorsiona lo animal hasta el nivel cero de humanidad.[39]

2. Luego, como lo Real del antagonismo, la diferencia que paradójicamente precede a lo que es una diferencia *de*, siendo los dos términos una reacción a las diferencias, las dos maneras de enfrentarse con su trauma.

[38] En términos más generales, el Real espectral aparece en tres versiones: la sombra de los entes espectrales que acompañan a la realidad plenamente constituida; la inscripción de la mirada misma en la realidad percibida; la multiplicación de las propias realidades, o sea, la idea de que lo que percibimos como realidad es apenas una de múltiples alternativas. El vínculo entre estas tres versiones es fácil de establecer: la brecha que separa la realidad de su sombra espectral protoontológica no es simplemente "ontológica" (en el sentido ingenuo de las propiedades inherentes a los objetos mismos), tiene que ver con el modo como el sujeto se relaciona con la realidad; en suma, esta brecha marca la inscripción de la mirada del sujeto en la realidad percibida. Para expresarlo en los habituales términos kantianos, la realidad está acompañada de sus sombras espectrales sólo en la medida en que esté ya constituida trascendentalmente a través del sujeto. Y el momento de la mirada está incluido en el cuadro, ya no contamos con *una* realidad completamente constituida acompañada de sus múltiples sombras sino con una multitud de realidades que emergen contra el telón de fondo del indistinto Real preontológico. La inscripción de la mirada en sí en la realidad percibida es así "el desvanecido mediador" entre los dos extremos, *una* realidad acompañada por sombras espectrales protoontológicas y *múltiples* realidades que surgen de la abismal plasticidad de lo Real.

[39] Véase Giorgio Agamben, *L'Ouvert*, París, Payot & Rivales, 2002, p. 57 [trad. esp.: *Lo abierto: el hombre y el animal*, Valencia, Pre-textos, 2005].

3. Finalmente, como la "mínima diferencia" en función de la cual un individuo no es nunca completamente él mismo, sino que siempre "recuerda a sí mismo". Los hermanos Marx tenían razón: "Usted se parece a X, así que no sorprendería que *fuera* X...". Por supuesto, esto significa que no existe una determinación positiva-sustancial del hombre en el animal que se reconoce a sí mismo como hombre; lo que lo convierte en humano es el gesto formal de reconocerse como tal, no el contenido reconocido. El hombre es una carencia que, para poder llenarla, se reconoce como algo.

Por supuesto, la triada es lo Universal-Particular-Individual: el Mediador Desvanecido constitutivo de la Universalidad de la Humanidad, la división "particular" entre especies (diferencia sexual, diferencia de clases) que atraviesa la universalidad; la mínima distancia, la no coincidencia consigo mismo, constitutiva de lo Individual.

En la *Mona Lisa* de Da Vinci existe una extraña discrepancia entre figura y fondo: no existe continuidad entre ambos, entre la figura de Mona Lisa y el extrañamente complejo, casi gótico, fondo de árboles, rocas, etc. Es como si efectivamente Mona Lisa se hallara frente a un fondo que no fue pintado en medio de paisajes reales: el fondo pintado representa el vacío que es llenado con pintura.[40] ¿No explica también esta misma discrepancia la extraña atracción de las viejas películas de los treinta y los cuarenta en las que los actores están actuando claramente ante un fondo proyectado? Recordemos el uso sistemático de este recurso en Hitchcock: Ingrid Bergman esquiando en el borde de la montaña frente a un ridículamente incoherente fondo de un paisaje nevado en *Spellbound* [*Recuerda*]; nuevamente Ingrid Bergman manejando un automóvil en un estudio con un fondo poco coordinado de un paisaje nocturno en *Notorius* [*Encadenados*], hasta dos casos ejemplares del último Hitchcock (la conversación nocturna en un auto entre Cary Grant y Eva-Marie Saint con el fondo de la bahía de Hudson en el cual se pasa tres veces por el mismo gra-

[40] Véase Darian Leader, *Stealing Mona Lisa*, Londres, Faber and Faber, 2002, p. 89.

nero en *Con la muerte en los talones* y Tippi Hedren sobre un caballo en *Marnie*). A pesar de que sea fácil pretender que se trata de una estrategia consciente lo que debe haber sido simple chapucería de Hitchcock, es difícil negar la extraña resonancia psicológica de esas tomas como si la discordancia entre figura y fondo entregara un mensaje clave acerca de la subjetividad de la persona descripta. Fue sobre todo Orson Welles quien perfeccionó el uso expresivo de esta técnica: una de sus tomas habituales es el plano americano del protagonista muy cercano a la cámara, con un fondo borroneado que, aunque se trata de un fondo "verdadero", genera el efecto de algo artificial, que adquiere una dimensión espectral, como si el personaje no se moviera en un mundo real sino en un fantasmagórico universo virtual... ¿No ocurre acaso lo mismo con la subjetividad moderna? Tal vez sea un hecho crucial que Mona Lisa fuera pintada en el alba de la modernidad: esta brecha irreductible entre el sujeto y su "telón de fondo", el hecho de que un sujeto no encaja nunca por completo en su contexto, de que nunca esté encajado en él, *define* a la subjetividad.

En el *El seminario. Libro 11*, Lacan denuncia "la falla esencial del idealismo filosófico".

> No hay sujeto sin que exista en alguna parte *aphanasis* del sujeto y es en esta alienación, en esta división fundamental, que se establece la dialéctica del sujeto. Para poder contestar a la pregunta que me hizo hace tiempo acerca de mi adhesión a la dialéctica hegeliana, ¿no alcanza con que, a causa del *vel*, el punto sensitivo, punto de equilibrio, haya una emergencia del sujeto a nivel del significado sólo de su *aphanasis* en el *locus* Otro, que es el del inconsciente?[41]

¿No es un detalle importante que para poder designar la división fundamental del sujeto deba recurrir al término hegeliano "dialéctica"? ¿Cuál es el núcleo de la dialéctica hegeliana del sujeto si no se trata del hecho mismo de que, donde sea que un sujeto "postule" un signi-

[41] Jacques Lacan, *The Seminar of Jacques Lacan. Book XI: The Four Fundamental...*, *op. cit.*, p. 221.

ficado (un proyecto) la verdad de este gesto se le escapa y persiste en otro *locus* desde donde debilita su proyecto?

En verdad, el sujeto hegeliano es "extático", su mediación lo abre a la otredad, al desplazamiento, a la pérdida de autoidentidad; sin embargo, hay que emprender aquí un paso más. No es sólo que el sujeto esté ya siempre desposeído-extático, etc., este éxtasis *es* el sujeto, es decir, el sujeto es el $ vacío que surge cuando una sustancia es "desposeída" por medio del éxtasis. Aunque pueda parecer detallista, esta distinción resulta crucial: ¿está el estatus del sujeto siempre limitado, desposeído, expuesto, *o es el sujeto mismo un nombre para/de esta desposesión*? Desde la limitación del sujeto debemos movernos para limitarlo como el nombre para el sujeto. Éste es el motivo por el cual no alcanza con decir que, en Hegel, hay un movimiento de "autocastración", que el sujeto se castra a sí mismo: ¿quién es este yo? El problema es que este yo sólo aparece como resultado, como consecuencia de la castración. Así, el momento clave en un proceso dialéctico es la "transustanciación" de su punto focal: fue primero apenas un predicado, un momento subordinado del proceso (dinero) se convierte en su momento central, degradando retrospectivamente sus presuposiciones, los elementos a partir de los cuales surgió, en sus momentos subordinados, elementos de su circulación autoimpulsada. Y es también de esta manera que debemos enfocar las ultrajantes formulaciones "especulativas" de Hegel respecto del Espíritu como su propio resultado, un producto de sí mismo; aunque "el Espíritu tiene sus comienzos en la naturaleza en general":

> el extremo al cual tiende el espíritu es su libertad, su infinitud, su ser en sí y para sí. Éstos son los dos aspectos, pero si preguntamos qué es el Espíritu, la respuesta inmediata es que se trata de su movimiento, este proceso de proceder desde, de liberarse de la naturaleza; éste es el ser, la sustancia misma del espíritu.[42]

[42] Georg W. F. Hegel, *Hegel's Philosophie des subjektiven Geistes/ Hegel's Philosophy of Subjective Spirit*, Dordrecht, Riedel, 1978, pp. 6-7.

El Espíritu queda así radicalmente desustancializado: no es una fuerza positiva contraria a la naturaleza, una sustancia diferente que rompe gradualmente y brilla a través de la inerte materia natural, no es *nada salvo* este proceso de liberarse de. Hegel niega directamente esta idea del Espíritu como cierta clase de agente positivo que subyace tras el proceso:

> Generalmente se habla del Espíritu como de un sujeto, como si estuviera haciendo algo, y además de lo que hace, como este movimiento, este proceso, como todavía algo particular, siendo su actividad más o menos contingente [...] es propio de la naturaleza del espíritu ser esta vida absoluta, este proceso, surgir directamente de la naturaleza, la inmediatez, to sublate, abandonar su naturalidad, y llegar a sí mismo y liberarse, ser sí mismo sólo cuando llega a sí como producto de sí; *siendo su realidad meramente que debe hacerse a sí mismo como lo que es.*[43]

Si, entonces, "es *sólo* como resultado de sí mismo que es espíritu",[44] esto significa que son profundamente equivocadas las consideraciones convencionales acerca del Espíritu hegeliano que se aliena de sí para sí y luego se reconoce en su otredad y así se reapropia de su contenido: el Ser al cual retorna el espíritu es producido en el momento mismo de su retorno o aquel al cual el proceso de retorno está retornando es producido por el mismo proceso de retornar. Recordemos las insuperables y concisas formulaciones de la *Lógica* de Hegel:

> [La esencia] se presupone a sí misma y la superación de esta presuposición es la esencia misma, claramente esta superación de su presuposición es la presuposición misma. En consecuencia, la reflexión encuentra *ante sí* algo inmediato a lo que trasciende y de lo cual es el retorno. Pero este retorno es sólo la presuposición de lo que la reflexión encuentra ante sí.

[43] Georg W. F. Hegel, *Hegel's Philosophie des subjektiven Geistes, op. cit.*, pp. 6-7.
[44] *Ibid.*

> Lo que así se encuentra sólo llega a ser cuando es *dejado atrás* [...]. Pues las presuposiciones del retorno al ser –del cual viene la esencia y es sólo como su retorno– es sólo en el retorno mismo.[45]

Cuando Hegel dice que una Idea es el resultado de sí misma, que brinda su propia concreción, este planteo que, en una primera aproximación, no puede sino parecer extravagante (la idea no es simplemente un pensamiento activado por el sujeto pensante, sino que posee una propiedad mágica de automovimiento...) y debe considerarse desde el lado opuesto: el Espíritu como la sustancia espiritual es una sustancia, un en-sí, que se sostiene *sólo* por medio de una intensa actividad de los sujetos involucrados en él. Por ejemplo, una nación existe *sólo* en la medida en que sus miembros se consideren miembros de esa nación y actúen en consecuencia; fuera de esta actividad, no tiene en absoluto ningún contenido, ninguna coherencia sustancial y lo mismo vale para, por ejemplo, la noción de comunismo: esta noción "genera su propia concreción" al motivar a la gente a luchar por ella.

La relación entre Hegel y Kant es aquí muy precisa y hay que evitar la tentación de reducirla a la simple oposición entre "el narcisismo ético" kantiano y la confianza hegeliana en la sustancia ética. Es considerando este lugar central de *salto mortal* al que apela Adorno demasiado rápido en su rechazo crítico del así llamado "narcisismo ético" kantiano, su planteo de seguir los propios principios éticos independientemente de las consecuencias en el mundo real, de rechazar por "patológico" a las consecuencias como criterio de valor moral, el insistir en la pureza de mi Voluntad, de mi intención, co-

[45] Georg W. F. Hegel, *Hegel's Science of Logic*, Atlantic Highlands, Humanities Press International, 1989, p. 402 [trad. esp.: *Ciencia de la lógica*, Buenos Aires, Solar, 1982]. Varios movimientos nacionalistas en su esfuerzo por el "retorno a los orígenes" son aquí un buen ejemplo: es el retorno mismo a los "orígenes perdidos" lo que literalmente constituye lo que se ha perdido y, en este sentido, la Nación/noción –como una sustancia espiritual– es el "producto de sí misma".

mo criterio definitivo.[46] La perspectiva opuesta habitualmente atribuida a Hegel, la opinión de que la "verdad" de mis actos se muestra en sus consecuencias concretas, en la manera en que es recibida (inscripta en) la sustancia ética, es también problemática en la medida en que presupone una armonía preestablecida entre sujeto (individual) y sustancia, el estatus fundamentalmente "benevolente" de la sustancia. ¿Qué pasaría si *no puedo* reconocerme plenamente en la sustancia social –no a causa de mi narcisismo sino porque la sustancia social de mí mismo *es* "el mal" y como tal transforma todos mis actos en lo opuesto de lo que intento lograr–? En otras palabras, si la intención de mi acto es transformada, ¿se me debe adjudicar toda la culpa? Hegel se daba perfecta cuenta de este callejón sin salida y ése es el motivo por el cual en su *Filosofía del derecho* admite que la "chusma" tiene derecho a rebelarse contra la "sustancia social".

Fue Bernard Williams quien formuló una tercera posición, más allá de las alternativas "pureza de intención" y "consecuencias concretas", alternativa que se centra en la contingencia irreductible de nuestra situación, en que el valor de nuestros actos se basa en una irreductible contingencia; un resultado escandaloso, pues, en contra de Kant, plantea que en la ética no puede evitar una mácula patológica y, contra Hegel, rechaza la confianza en la sustancia ética. La posición de Williams[47] es la única en defender un planteo que cuestiona tanto el *a priori* universalista de Kant como el utilitarismo. Lo que estas dos posiciones opuestas comparten es la idea de cierta "moneda común", cierto medio universal que nos permite juzgar todas las experiencias morales, tanto la Ley moral como la utilidad. Aunque se da perfecta cuenta de las limitaciones del utilitarismo (la referencia al "bien mayor" puede justificar injusticias contra los individuos), Williams, en su crítica de la "autoindulgencia moral" percibe también la debilidad

[46] Véase Theodor W. Adorno, *Nachgelassene Schriften*, vol. 10, *Probleme der Moralphilosophie*, Fráncfort, Suhrkamp, 1996.

[47] Véase Bernard Williams, *Moral Luck*, Cambridge, University of Cambridge Press, 1981.

básica de aquellos que rechazan los actos moralmente repugnantes aun cuando puedan beneficiar a personas (contrariamente a un utilitario consecuente que puede encontrar fuertes razones para realizar lo que le resulta moralmente repugnante): existe siempre "la sospecha de que lo que le preocupa al agente no es tanto las demás personas sino el ocuparse él de las demás personas".[48] Su planteo más fundamental está claramente dirigido contra los partidarios de la "deliberación racional como dirección de un *plan de vida*" (Rawls, específicamente), quienes insisten en que somos responsables de nosotros como personas a lo largo del tiempo, por lo cual un individuo racional debe actuar siempre como si no necesitara nunca culparse sin importar qué cosas terminen finalmente por ocurrir. El contraargumento de Williams es dialéctico en el sentido hegeliano estricto: presta atención a que esa posición ignora el hecho de que

> lo que se hace y la clase de vida que se lleva condiciona nuestros posteriores deseos y juicios. Ese punto de vista retrospectivo juzga que mi personalidad posterior resultará el producto de mis elecciones tempranas. Por lo tanto, no hay un conjunto de preferencias fijas y relevantes, respecto de las cuales puedan compararse las diversas zonas de mi espacio vital.[49]

Esto significa que la temporalidad (y en consecuencia la contingencia) es irreductible en los juicios morales:

> La perspectiva de una elección deliberada en la vida es constitutiva *desde aquí*. En consecuencia, la perspectiva de hacer afirmaciones con mayor conocimiento es necesariamente desde aquí y no sólo no puedo garantizar que sea factible sino que no puedo garantizar en última instancia qué punto de vista será el que lamente más.[50]

[48] *Ibid.*, p. 45.
[49] *Ibid.*, p. 34.
[50] *Ibid.*, p. 35.

Hay que ser cuidadoso en no perder el rumbo en esto: no se puede garantizarlo precisamente porque no se puede explicar por adelantado que nuestros actos presentes no afectarán nuestra futura opinión retrospectiva. Desde este punto de vista, el énfasis kantiano sobre la autonomía misma puede leerse no tanto como una expresión de "narcisismo ético" sino ante todo como un aprendizaje de nuestra insuperable limitación: dado que siempre actúo en una situación que es en última instancia opaca y por lo tanto no puedo controlar las consecuencias de mis actos, todo lo que puedo hacer es actuar con intenciones sinceras... Por eso Kant no es simplemente el filósofo ético de las intenciones internas como único criterio del carácter moral de mi acto: se da perfecta cuenta de que para que mi actividad moral tenga algún sentido debo presuponer una profunda afinidad o armonía entre mis intenciones morales y la estructura objetiva de la realidad –en esto reside el rol de los postulados de la pura razón práctica–. Y es aquí que la "suerte moral" aparentemente excluida por Kant regresa con una venganza: Kant admite que no podemos practicar efectivamente la moral si nos restringimos únicamente a nuestras intenciones internas despreciando por completo las consecuencias –estamos obligados a embarcarnos en una especie de "salto sin red" y comprometernos a una confianza fundamental en la estructura benevolente de la realidad–. No se puede sino recordar aquí el maravilloso trío "*Soave sia il vento*" de *Cosi fan tutte* de Mozart, con su apelación a que los "elementos" (de lo real) respondan favorablemente a nuestros deseos:

Que sea gentil la brisa,
Calmas sean las olas
Y que cada elemento
Responda favorablemente
A nuestros deseos.[51]

[51] "*Soave sia il vento / Tranquila sia l'onda / Ed ogni elemento / Benigno responda / Ai nostri decir.*" La trampa que hay que evitar aquí es leer este trío como una prueba

Es un pedido sostenido en la sospecha de que no hay relación alguna entre nuestros deseos y la realidad; que su discordancia es irreductible, que nuestros deseos no son en modo alguno amables, que tienden a explotar en violencia y de ese modo provocar una respuesta aun más violenta de lo Real.

Si leemos a Kant de este modo, centrándonos en la necesidad de afrontar un *salto mortal*, entonces la oposición entre autonomía y lejanía/imposibilidad de explicación pierde su límite: la lejanía/imposibilidad de explicación del sujeto es la condición misma de su autonomía. Debemos apelar aquí a la lógica lacaniana del "no-todo": la posición de la verdadera autonomía no es "soy responsable por todo" sino en realidad "no hay nada de lo que no sea responsable", cuya contraparte es "no soy responsable de Todo": precisamente porque no puede controlar todo es que no hay nada de lo que pueda estar exento de responsabilidad. (Y, por supuesto, la contraria: si soy responsable de todo, debe existir algo por lo cual no puedo ser responsable.)

Otro aspecto de la tesis de que la contingencia es irreductible en la actividad moral es la brecha que separa definitivamente al *debe* del *debería*: "*Debería* está relacionado con *debe* del mismo modo que *mejor* se relaciona con *lo único*".[52] Llegamos a lo que debemos hacer luego de una larga y angustiosa consideración de las alternativas y "podemos mantener esa creencia mientras no estamos seguros de ella y sigamos viendo con claridad los importantes méritos de las opciones alternativas".[53] Esto también abre un espacio para la manipulación, como cuando un socio que negocia o que directamente chantajea

de que Mozart fue el último de los compositores premodernos (prerrománticos) que aún creían en la armonía preestablecida entre las turbulencias de nuestras vidas interiores y los rumbos del mundo. Por el contrario, Mozart fue el primer compositor posclasicista realmente moderno: su pedido de que los elementos respondan dócilmente a nuestros deseos implica ya la brecha romántica entre la subjetividad y los rumbos del mundo.

[52] Bernard Williams, *op. cit*, p. 125.

[53] *Ibid.*, p. 126.

dice que "lamentablemente" esto no le deja alternativa y que debe realizar una acción que lo disgusta. La falsedad de esta posición reside en el hecho de que, cuando "debemos" hacer algo no es sólo que, dentro de los límites que nos presenta nuestra situación, no "podemos hacer otra cosa". El carácter de una persona no sólo se revela al hacer lo que debe sino también en "la ubicación de esos límites y en el hecho de que se puede determinar, a veces por medio de deliberaciones, que no pueden hacerse ciertas cosas y que deben hacerse otras".[54] Y uno *es* responsable de su carácter, es decir, por la elección de coordenadas que evita que haga ciertas cosas y que impulsa a hacer otras. Esto nos lleva a la noción lacaniana de acto: en un acto defino con precisión las verdaderas coordenadas de lo que no puedo ni debo hacer.

Esta diferencia entre *debo* y *podría* se basa nuevamente en la temporalidad: podemos reprocharle a alguien no haber hecho "lo que podría", mientras que no podemos decirle "debiste hacer esto" si no lo hizo; usamos la expresión "debiste hacerlo" para consolar a alguien que hizo algo que le pareció desagradable (como "No te culpes, aunque lo amabas debiste castigarlo"), mientras que el uso habitual de la expresión "podrías haberlo hecho" implica, por el contrario, que *no* lo hizo.

Cuando Lacan afirma que la ética pertenece a lo Real no es que, para ponerlo en términos kantianos, pregunte si, en nuestra efímera y temporal realidad fenoménica sin un cimiento ontológico definitivo, lo ético, la exigencia incondicional del deber, es nuestro único contacto con lo Eterno (nouménico). La pregunta no es simple como si el *podría* surge del *es*, el orden positivo del Ser, o si afirmar lo ético como exterior –irreductible– al orden del Ser (el tópico levinasiano del "más allá del Ser"), sino por el lugar del "podría" *dentro del verdadero orden del Ser: ¿dentro de qué ontología resulta posible la dimensión ética* sin quedar reducida a un epifenómeno (al estilo de Spinoza, para quien "podría" marca simplemente las limitaciones de nuestro conocimiento)? En otras palabras, es un error formular la pregunta por cómo su-

[54] Bernard Williams, *op. cit.*, p. 130.

perar la brecha que separa al *ser* del *podría*, al *Sein* del *Sollen*, posibilidad del dominio de las normas: no hay aquí necesidad de una "síntesis" adicional –la pregunta a hacerse es cómo emerge la dimensión del *Sollen* en medio del Ser, cómo engendra la positividad del *ser* al *podría*–. La explicación de cómo aparece la *brecha* es ya la búsqueda de síntesis, del mismo modo que carece de sentido suplantar al psicoanálisis por la "psico-síntesis": el *psico-análisis es* ya esta "síntesis".

La paralaje de la *Crítica de la economía política*

"Reemplacé las energías de Freud por la economía política", decía Lacan en su *El seminario. Libro 17.* ¿Hablaba realmente en serio? Comencemos por Karatani quien, en su lectura fenomenológica de Kant, plantea que los tres dominios de la razón (teórico, práctico, estético) surgen del cambio en la actitud del sujeto, es decir, "el ponerse entre paréntesis": el objeto de la ciencia surge al poner entre paréntesis los juicios morales y estéticos; el dominio de la moral surge cuando se ponen entre paréntesis las preocupaciones cognitivo-teóricas y las estéticas y el dominio estético emerge al ponerse entre paréntesis las preocupaciones teóricas y morales. Por ejemplo, cuando ponemos entre paréntesis las preocupaciones morales y estéticas, un ser humano aparece como no-libre, totalmente condicionado por los nexos causales; si, por el contrario, ponemos entre paréntesis las preocupaciones teóricas, aparece como un ser libre y autónomo. Por lo tanto, no deben reificarse las antinomias; las posiciones antinómicas surgen por cambios en la actitud del sujeto.[55] Sin embargo, el principal aporte de Karatani es su aplicación de esa paralaje de lectura a Marx.

[55] Más estrictamente, respecto de la moral, Kant rechaza tanto la noción racionalista de un Bien sustancial trascendente (metafísico o comunal) como la noción utilitaria-individualista de ética basada en el cálculo de los placeres, beneficios y emociones; ambas son "heterónomas". Si queremos llegar a una ética autónoma, habría que poner entre paréntesis las nociones comunales y sustanciales del Bien y los placeres y las emociones "patológicas" individualistas.

Cuando en su "crítica de la economía política", Marx se ocupa de la oposición de la política económica "clásica" (Ricardo y su elaborada teoría del valor –la contraparte del racionalismo filosófico–) y la reducción neoclásica del valor a un ente puramente relacional carente de sustancia (Bailey, la contraparte del empirismo filosófico), la resuelve repitiendo la innovación kantiana hacia la perspectiva de "paralaje": la trató como una antinomia kantiana, es decir, el valor debe originarse fuera de la circulación, en la producción *y* en la circulación. El "marxismo" pos-Marx –en sus dos versiones, la socialdemócrata y la comunista– perdió su perspectiva de "paralaje" y retrocedió al elevar unilateralmente a la producción como el sitio de la verdad contra la esfera "ilusoria" del intercambio y del consumo. Tal como enfatiza Marx, incluso la teoría más sofisticada de la reificación, del fetichismo de la mercancía, del joven Lukács pasando por Adorno hasta Fredric Jameson caen en esta trampa: el modo como explican la ausencia de movimiento revolucionario es que la conciencia de los obreros está atrapada por las seducciones de la sociedad de consumo y/o la manipulación por las fuerzas ideológicas que hegemonizan la cultura, que es el motivo por el cual el centro de su trabajo crítico debe desplazarse hacia la "crítica cultural" (el así llamado "giro cultural"): el desenmascaramiento de los mecanismos ideológicos (o libidinales: es aquí donde el psicoanálisis empieza a adquirir un papel clave en el marxismo occidental) que mantienen a los obreros bajo el dominio de la ideología burguesa. En una lectura detenida del análisis de Marx de la forma-mercancía, Karatani establece la insuperable persistencia de la brecha de paralaje en el *salto mortal* que debe cumplimentar un producto para poder considerarse como una mercancía:

> El precio del hierro (expresado en oro) aunque por un lado indique la cantidad de labor-tiempo contenido en el hierro, expresamente su valor, al mismo tiempo significa el deseo religioso de convertir al hierro en oro, es decir, otorgar al trabajo-tiempo contenido en el hierro la forma de trabajo-tiempo social universal. Si esta transformación no logra

> concretarse, entonces la tonelada de hierro deja de ser sólo una mercancía para convertirse también en un producto; dado que es una mercancía únicamente porque no es un valor de uso para su propietario, lo que significa que su trabajo sólo es valor real si es trabajo útil para los demás y le resulta útil sólo si es trabajo general abstracto. Por lo tanto es tarea del hierro o de su propietario encontrar ese lugar en el mundo de las mercancías en el que el hierro atraiga al oro. Pero si la venta tiene lugar efectivamente como suponemos en este análisis de la simple circulación, entonces esta dificultad, el salto mortal de la mercancía, queda superada. Como resultado de esta alienación –de que su transferencia de una persona para quien no es un valor de uso a la persona para la cual sí lo es– la tonelada de hierro prueba ser en realidad un valor de uso y su precio se concreta simultáneamente y el oro meramente imaginario se convierte en oro real.[56]

Éste es el punto clave –kantiano y antihegeliano– de Karatani: el salto por medio del cual se vende una mercancía y queda efectivamente constituida como mercancía no es resultado de un autodesarrollo inmanente del (concepto de) valor, sino un salto mortal comparable con el acto de fe de Kierkegaard, una frágil "síntesis" temporal entre valor de uso y valor de cambio comparable a la síntesis kantiana entre sensibilidad y comprensión: en ambos casos, quedan en relación los dos niveles irreductiblemente externos.[57] Por esta precisa razón, Marx abandonó su proyecto original (discernible en los manuscritos de los *Grundrisse*) de "deducir" de un modo hegeliano la diferencia entre valor de uso y valor de cambio desde el verdadero concepto de valor: en *El capital*, el punto de partida es la diferencia entre estas dos dimensiones, el "carácter dual de la mercancía". La

[56] Karl Marx, "A contribution to the critique of political economy", en *Collected Works*, vol. 29, Nueva York, International Publishers, 1976, p. 390.

[57] Con esta explicación sobre el salto mortal de la circulación capitalista, del modo como el capitalismo vive y florece con el crédito a futuro, con la apuesta de que se completará el ciclo de la circulación, casi nos tienta a ponerlo en términos heideggerianos: la esencia del crédito es ser-creída por la esencia misma…

síntesis debe basarse en un elemento irreductiblemente externo, como en Kant, donde el ser no es un predicado (es decir, que no puede reducirse a un predicado conceptual de un ente), o como en *Naming and Necessity*, de Saul Kripke, en el cual la referencia de un nombre a un objeto no puede basarse en el contenido de ese nombre, en las propiedades a las que alude.

Éste es el motivo por el cual, a pesar de que la *Darstellung* de Marx acerca del autodesarrollo del capital está repleta de referencias hegelianas,[58] el movimiento del Capital está lejos de la autocirculación de la Idea (o Espíritu) hegeliana: el punto de Marx es que este movimiento nunca se encuentra consigo mismo, que no recupera jamás su crédito, que su resolución queda siempre pospuesta, que la crisis es un componente implícito (la señal de que el Todo del Capital es la no-Verdad, como lo hubiera expresado Adorno), que es la razón por la cual el movimiento tiene una "infinitud espuria" que siempre se está reproduciendo a sí misma:

> A pesar del estilo descriptivo hegeliano [...], *El capital* se diferencia de la filosofía de Hegel en su motivación. El objetivo de *El capital* no es jamás el "Espíritu Absoluto". *El capital* revela el hecho de que el capital, al organizar el mundo, nunca puede ir más allá de sus propios límites. Es una crítica kantiana del impulso enfermizo del capital/razón a autorrealizarse más allá de sus límites.[59]

Es interesante que ya Adorno en sus *Three Studies on Hegel* caracterizaba críticamente al sistema hegeliano –con los mismos términos "financieros"– como un sistema que vivía de un crédito que nunca cancelaba. Y suele usarse la misma metáfora "financiera" para el lenguaje mismo –entre otros, Brian Rotman definió al significado como algo que siempre "se pide prestado al futuro" sosteniéndose en

[58] Véase, entre otros, Helmut Reichelt, *Zur logischen Struktur des Kapitalbegriffs*, Fráncfort, Europaische Verlangsanstalt, 1970, y Hiroshi Uchida, *Marx's Grundrisse and Hegel's Logic*, Nueva York, Routledge, 1988.

[59] Kojin Karatani, *op. cit.*, p. 9.

su perpetua posposición de que se complete en su plenitud–.[60] Es decir, ¿cómo surge el significado compartido? A través de lo que Alfred Schuetz llamó "idealización mutua": el sujeto corta el *impasse* del permanente sondeo sobre "si todos queremos decir lo mismo con 'pájaro'" tomando por probado, presuponiendo, actuando como si todos quisiéramos decir lo mismo con la palabra "pájaro". No hay lenguaje sin este "acto de fe". Esta presuposición, este "acto de fe" no podría concebirse, a la manera de Habermas, como la normatividad construida en el funcionamiento del lenguaje, como el ideal al que apuntan (o deben apuntar) los hablantes: lejos de ser un ideal, esta presuposición es la ficción, el *como si*..., que sostiene al lenguaje –como tal, debería quedar debilitado una y otra vez en el progreso del conocimiento–. Así, como ninguna otra cosa, este *como si*... es profundamente antinormativo. A esto, un habermasiano podría responder que el ideal, la norma inscripta en el lenguaje es, sin embargo, el estado en el que esta ficción ya no será más una ficción, es decir, en el cual, en una comunicación sin trabas, los sujetos habrán de significar efectivamente lo mismo. Sin embargo este reproche deja de lado que no se trata sólo y simplemente de que ese estado sea inaccesible (y también indeseable), sino que el "acto de fe" por medio del cual el sujeto toma como probado que signifiquen lo mismo no sólo no tiene contenido normativo, sino que incluso puede bloquear las consiguientes elaboraciones –¿por qué luchar por algo que presuntamente ya poseemos?–. En otras palabras, lo que la lectura de este *como si* como normativa no advierte es el "acto de fe" que resulta necesario y productivo (pues permite la comunicación) precisamente en la medida en que es una ficción contrafáctica: su "verdadero efecto", su papel positivo en permitir la comunicación se sostiene precisamente en el hecho de que *no* es verdad, que se zambulle en la ficción; su estatus no es normativo pues atraviesa el debilitador callejón sin salida del lenguaje, su definitiva ausencia de ga-

[60] Véase Brian Rotman, *Signifying Nothing*, Londres, Macmillan, 1975.

rantías, *al presentar aquello por lo que deberíamos luchar como ya realmente alcanzado.*[61]

La tensión entre los procesos de producción y circulación es una vez más de paralaje; sí, el valor es creado durante el proceso de producción. Sin embargo, se crea allí de un modo sólo potencial, dado que sólo queda *concretado* como valor cuando la mercancía producida es vendida y queda así completado el círculo M-C-M. Esta *brecha* temporal entre la producción de valor y su concreción es crucial: aun cuando el valor se genera en la producción sin el cierre exitoso del proceso de circulación, no hay valor *stricto sensu* –el tiempo verbal es aquí el del *futuro anterior*, es decir que el valor no "es" inmediatamente, su único "habrá de ser" es concretado retrospectivamente, puesto en práctica performativamente–. En la producción, el valor es generado "en sí", mientras que sólo por medio del proceso de circulación se convierte en "para sí". De este modo Karatani resuelve la antinomia kantiana del valor que es *y* no es generado en el proceso de producción: sólo se genera allí "en sí". Y es a causa de esta brecha de entre sí y para sí que el capital necesita de la democracia formal y la equidad:

> Lo que precisamente diferencia al capital de la relación amo-esclavo es que el obrero lo enfrenta como consumidor y poseedor de valores de cambio y que bajo la forma de poseedor de dinero se convierte en un simple centro de circulación –uno de sus muchos centros, en los cuales se extingue su especificidad como obrero–.[62]

[61] La misma lógica de vivir del crédito que se toma prestado al futuro vale también para el stalinismo. La versión evolucionista convencional es que, aunque el socialismo stalinista jugó un papel determinado en facilitar la rápida industrialización de Rusia, a partir de mediados de los años sesenta, el sistema obviamente agotó sus potencialidades. Sin embargo, lo que este juicio no logra tomar en cuenta es el hecho de que todo el enfoque del comunismo soviético desde 1917 (o, más precisamente, desde que Stalin proclamara el objetivo de "construir el socialismo en nuestro país" en 1924) vivió un tiempo prestado, "tomó a cuenta de su propio futuro" de modo que el fracaso final descalificó retrospectivamente a las propias épocas tempranas.

[62] Karl Marx, *Grundrisse*, Harmondsworth, Penguin Books, 1993, pp. 420-421 [trad. esp.: *Elementos fundamentales para la crítica de la economía política (Grundisse)*, México, Siglo XXI, 1971].

Esto significa que, para poder completar el círculo de su reproducción, el capital debe pasar por este punto crítico en el que los roles se invierten: "el valor de plusvalía se concreta en principio sólo cuando los trabajadores en su totalidad se compran lo que producen".[63] Esta cuestión es crucial para Karatani: le brinda la herramienta clave desde donde oponer la vigencia actual del capitalismo. ¿No es natural que los proletarios se centraran en ese único punto en el que se acercan al capital desde la posición de un comprador y, en consecuencia, en el cual el capital está obligado a seducirlos? "[...] Si los trabajadores pueden convertirse definitivamente en sujetos, sólo será como consumidores."[64] Es tal vez el caso definitivo de situación de paralaje: la posición del obrero-productor y la de consumidor deben sostenerse como irreductibles en su divergencia, sin privilegiar a una de ellas como "la verdad más profunda" de la otra.[65] (Y, dicho sea de paso, ¿no pagó la economía planificada del Estado socialista un precio terrible por privilegiar la producción a expensas del consumo precisamente con el fracaso en brindar a los consumidores productos innecesarios, al producir proyectos que nadie quería ni necesitaba?)[66] Esto nos lleva al tema clave de Karatani: se debe rechazar de plano la oposición (protofascista como pocas) entre el capital parásito finan-

[63] Kojin Karatani, *op. cit*, p. 20.

[64] *Ibid.*, p. 290.

[65] ¿No es un bello ejemplo lingüístico de la paralaje entre producción y consumo el uso de *pork* [cerdo] y *pig* [chancho] en inglés? *Pig* se refiere a los animales de los que se ocupa el granjero, mientras que *pork* es la carne que consumimos; y aquí queda clara la dimensión de clase: *pig* es la vieja palabra sajona, dado que los sajones eran los granjeros desplazados, mientras que *pork* viene del francés *porque*, usado por los privilegiados conquistadores normandos quienes eran los mayores consumidores de los chanchos criados por los granjeros.

[66] Cuando los izquierdistas posmarxistas hablan de "consumariato" como la nueva forma del proletariado (véase Alexander Bard y Jan Soderqvist, *Netrocracy: The New Power Elite and Life After Capitalism*, Londres, Reuters, 2002 [trad. esp.: *La netocracia: el nuevo poder de la red y la vida después del capitalismo*, Madrid, Pearson, 2002]), de lo que hablan es de la identificación definitiva del obrero y el consumidor; es por *esta* razón que en el capitalismo el trabajador debe ser formalmente libre.

ciero y especulativo y la economía "sustancial" de los capitalistas embarcados en la actividad productiva: en el capitalismo, el proceso de producción es apenas un desvío en el proceso especulativo del dinero que engendra más dinero, es decir, la lógica parasitaria es en definitiva lo que también sostiene el incesante impulso a revolucionar y expandir la producción:

> La mayoría de los economistas advierten hoy que la especulación del capital financiero global se separa de la economía "sustancial". Lo que no pueden ver es que la economía sustancial como tal también está manejada por la ilusión, y que ésta es la naturaleza de la economía capitalista.[67]

En consecuencia, existen tres posiciones básicas respecto del dinero: (1) la mercantilista: una creencia directamente ingenua en el dinero como "algo especial"; (2) la "clásica economía política burguesa" encarnada en Ricardo, que despreciaba el fetichismo del dinero como una mera ilusión y consideraba al dinero como el simple signo de la cantidad de trabajo socialmente útil –el valor era considerado aquí como inherente a la mercancía–; (3) la escuela "neoclásica", que rechaza la teoría del valor a partir del trabajo así como cualquier noción "sustancial" de valor; para ella, el precio de la mercancía es simplemente el resultado del juego entre la oferta y la demanda, es decir, de la utilidad de unas mercancías respecto de otras. Y Karatani tiene razón en subrayar que, paradójicamente, Marx arranca de donde termina la teoría del valor "clásica" de Ricardo a través de su lectura de Bailey, el primer economista "vulgar" que señaló el estatus puramente *relacional* del valor: el valor no es inherente a la mercancía, expresa el modo como esa mercancía se relaciona con las demás. De esta manera, Bailey abre el camino hacia el enfoque estructural-formal de Marx, quien insiste en la brecha entre un objeto y el lugar estructural que ocupa: de la misma manera que un rey no es rey a causa de sus propiedades inherentes sino porque la gente

[67] Kojin Karatani, *op. cit.*, p. 241.

lo trata como tal (es el ejemplo que usa Marx), una mercancía es dinero pues éste ocupa el lugar formal del equivalente general de todas las mercancías y no porque, por ejemplo, el oro sea "naturalmente" dinero. Pero es crucial tomar nota de que tanto los mercantilistas como sus críticos ricardianos siguen siendo "sustancialistas". Por supuesto, Ricardo se daba cuenta de que el objeto que sirve como dinero no es "naturalmente" dinero, se reía de la ingenua superstición del dinero y despreciaba a los mercantilistas, a quienes consideraba como creyentes primitivos en mágicas propiedades. Sin embargo, al reducir el dinero a un signo externo secundario del valor inherente a la mercancía, vuelve a naturalizar al valor, concibiéndolo como una propiedad "sustancial" de una mercancía. Fue esta ilusión la que abrió el paso al ingenuo proyecto del socialismo primitivo y de Proudhon de superar el fetichismo del dinero introduciendo un directo "dinero trabajo" que marcara la cantidad que cada individuo aportaba al trabajo social. No puede dejar de señalarse aquí la estricta homología formal entre Marx y Freud.[68] He aquí los tres pasajes claves de Marx:

> La determinación de la magnitud del valor por tiempo de trabajo es, por ende, secreto, está escondido bajo las aparentes fluctuaciones en los valores relativos de las mercancías. Su descubrimiento al eliminar todo lo que sea meramente accidental de la determinación de la cantidad de

[68] Desarrollé por primera vez este tema en el capítulo 1 de *The Sublime Object of Ideology*, Londres, Verso, 1989 [trad. esp.: *El sublime objeto de la ideología*, México, Siglo XXI, 1995]. Y contra el antihegelianismo de Karatani, debe recordarse que esta noción de forma es más hegeliana que kantiana: "Así en el movimiento de conciencia hay un momento de *ser en sí* o *ser por nosotros* que no está presente en la conciencia comprendida en la conciencia misma. Sin embargo, el contenido de lo que se presenta a nosotros existe *para sí*; comprendemos sólo el aspecto formal (*das Formelle*) de ese contenido, o su puro originarse. *Para nosotros*, lo que ha aparecido así existe sólo como objeto; para nosotros aparece al mismo tiempo como movimiento y proceso de conversión" (Georg W. F. Hegel, *Phenomenology of Spirit*, Oxford, Oxford University Press, 1977, p. 56 [trad. esp.: *Fenomenología del espíritu*, Buenos Aires, Fondo de Cultura Económica, 1992]).

los valores de los productos de modo alguno altera la manera en que tiene lugar esa determinación.[69]

La economía política ha analizado en realidad aunque de modo incompleto al valor y a su magnitud y ha descubierto lo que se halla detrás de ambas formas. Pero ni siquiera una vez se ha preguntado por qué el trabajo se representa con el valor de su producto y el tiempo de trabajo de ese valor.[70]

Es claro como si estuviera a la luz del día que el hombre, por su industria, cambia las formas de los materiales provistos por la naturaleza en un modo que los vuelve útiles para él. La forma de la madera, por ejemplo, es alterada al hacer una mesa con ella. Por todo eso, la mesa sigue siendo esa cosa común, cotidiana. Pero, tan pronto se vuelve una mercancía se transforma en algo trascendente. No sólo se la representa con las patas en el piso, sino en relación a todas las demás mercancías, se representa en su cabeza y evoluciona a partir de las ideas grotescas de su cerebro de madera, mucho más maravillosas de lo que alguna vez fue transformarse en mesa.

Por lo tanto, el carácter místico de las mercancías no se origina en su valor de uso. Apenas una pequeña parte procede de la naturaleza de los factores determinantes del valor. Pues, en primer lugar, a pesar de las variadas especies de utilidad del valor, o tal vez de las actividades productivas, es un hecho fisiológico que son funciones del organismo humano y que cada una de esas funciones, cualquiera que sea su naturaleza o forma, es esencialmente el desgaste del cerebro, los nervios y músculos humanos, etc. En segundo lugar, en relación a lo que forma el contexto laboral para la determinación cuantitativa del valor, claramente la duración de ese desgaste o la cantidad de trabajo, queda bastante claro que existe una evidente diferencia entre su cantidad y calidad. En todas las etapas de la sociedad, el tiempo de trabajo que cuesta producir los medios de subsistencia debe ser necesariamente un objeto de interés para la humani-

[69] Karl Marx, *Capital*, vol. 1, Nueva York, International Publishers, 1867, p. 166 [trad. esp.: *El capital*, México, Siglo XXI, 1996].

[70] *Ibid.*, p. 167.

dad, aunque no sea el mismo en los diferentes estadios de su desarrollo. Y, finalmente, desde el momento en que los hombres trabajan de algún modo los unos para los otros, su trabajo asume una forma social.

¿Cuándo surge entonces el carácter enigmático del producto del trabajo en cuanto asume la forma de mercancía? Claramente de esta forma misma. La igualdad de todas las clases de trabajo humano se expresa objetivamente a través de sus productos, que son todos igualmente valores; la medida del desgaste del poder del trabajo por la duración de ese desgaste toma la forma de la cantidad del valor de los productos del trabajo. Y finalmente, las relaciones mutuas de los productores, dentro de las cuales se afirma el valor social de su trabajo, toman la forma de una relación social entre los productos.[71]

La explicación clave está escondida en una nota al pie al final mismo del capítulo fundamental de *La interpretación de los sueños*, sobre el "trabajo del sueño":

Antes me resultaba extraordinariamente difícil acostumbrar a mis lectores a la diferencia entre el contenido onírico manifiesto y los pensamientos oníricos latentes. Una y otra vez se opusieron argumentos y objeciones aludiendo al sueño no interpretado tal como lo retiene la memoria y se ignoró la necesidad de interpretar el sueño. Pero ahora, cuando finalmente los analistas han aceptado sustituir a los sueños manifiestos por su sentido tal como lo marcan las interpretaciones, muchos son culpables de otro error al que adhieren con contumacia. Buscan la esencia del sueño de este contenido latente y de ese modo ignoran la diferencia entre pensamientos oníricos latentes y el trabajo del sueño. En lo fundamental, el sueño no es más que una forma especial de nuestro pensamiento que resulta posible por las condiciones del estado del sueño. Es este trabajo del sueño el que produce esta forma y ésta es la única esencia del soñar, la única explicación de su singularidad.[72]

[71] *Ibid.*, pp. 163-164.

[72] Sigmund Freud, *The Interpretation of Dreams*, Harmondsworth, Penguin, 1977, p. 650 [trad. esp.: *La interpretación de los sueños*, Buenos Aires, Amorrortu, 1986].

Por lo tanto, hay que estar muy atentos a la brecha que separa a Marx de Ricardo y de sus seguidores izquierdistas que ya han realizado el movimiento de la apariencia a la esencia, es decir, de la fascinación con el dominio del intercambio sobre el sitio de producción como su núcleo secreto; el movimiento básico de Marx es el opuesto, el retroceso a la forma misma. La principal trampa no es quedar cegado por la forma, sino reducirla a una "mera forma", es decir, ignorar que la esencia secreta *necesita* esta forma, que la forma en sí es esencial. Sin embargo, ¿no es la definitiva paralaje marxista la que existe entre la economía y la política, entre la "crítica de la economía política" con su lógica de las mercancías y la lucha política con su lógica del antagonismo? Ambas lógicas son "trascendentales", no sólo óptico-empíricas, y ninguna de las dos es reducible a la otra. Por supuesto que cada una apunta a la otra (la lucha de clases está inscripta en el núcleo mismo de la economía, aunque deba permanecer ausente, no-tematizada –recordemos que el manuscrito del tomo III de *El capital* termina abruptamente con esta cuestión–; y la lucha de clases trata en definitiva "acerca" de las relaciones económicas de poder) pero esta implicancia mutua está distorsionada de modo que impide todo contacto directo (cualquier traducción directa de la lucha política como mero reflejo de los "intereses" económicos está condenada al fracaso, lo mismo que toda reducción de la producción de la esfera económica a un segundo sedimento "deificado" de un subyacente proceso político).

Esta "pura política" de Alain Badiou, Jacques Rancière y Etienne Balibar, más jacobina que marxista, comparte la degradación de la esfera de la economía con su gran oponente, los estudios culturales anglosajones y su predilección por las luchas por el reconocimiento. Lo que implica que todas las nuevas teorías francesas (o al modo francés) de lo político, desde Balibar hasta Laclau y Mouffe, pasando por Rancière y Badiou apunta a la –para ponerlo en términos filosóficos tradicionales– reducción de la esfera económica (de la producción material) a una esfera "óntica", desprovista de dignidad "ontológica". Dentro de esta perspectiva, simplemente no queda lugar para la "crítica de la economía política" marxista: la estructura del universo de las mercancías y el capital en *El capital* de Marx no consiste en una esfera empírica limitada, sino en una especie de sociotrascendental *a priori*, la matriz que genera la totalidad de las relaciones sociales y políticas. La relación entre economía y política se parece en definitiva a la bien conocida paradoja de los "dos rostros o un jarrón": se ve o dos rostros o un jarrón, nunca ambos –hay que elegir–. Del mismo modo, o nos centramos en la política y el dominio de la economía queda reducido a la empírica "prestación de servicios" o nos centramos en la economía y la política queda reducida a un teatro de apariencias, a un fenómeno pasajero que habrá de desaparecer con la llegada de la sociedad comunista desarrollada (o tecnocrática) en la cual, como ya lo ha señalado Engels, la "administración de las personas" se desvanecerá en la "administración de las cosas".

La crítica "política" del marxismo (el planteo de que, cuando se reduce a la política a una expresión "formal" de cierto "objetivo" proceso socioeconómico subyacente, se pierde la apertura y la contingencia constitutiva del campo propiamente político) debe ser complementada por su opuesto: el campo de la economía *en su verdadera forma* irreductible a la política. Este nivel de la *forma* de la economía (como la *forma* determinante de lo social) es lo que los "posmarxistas franceses" pierden de vista cuando reducen la economía a una de las esferas sociales positivas. En Badiou, la raíz de esta noción de pura "política", radicalmente autónoma respecto de la historia, de la sociedad, de la economía, del Estado, incluso del Partido, es su oposición entre Ser y Acontecimiento –es en esto que Badiou sigue siendo "idealista"–. Desde un punto de vista materialista, un Acontecimiento surge "de ninguna parte" dentro de una constelación específica del Ser –el espacio de un Acontecimiento es la mínima y "vacía" distancia entre dos seres, la "otra" dimensión que brilla a través de esta brecha–.

Lo que significa la paralaje es que *el mismo poner entre paréntesis produce su objeto*; la "democracia" como forma surge sólo cuando se pone entre paréntesis la textura de las relaciones económicas, así como la lógica inherente al aparato político estatal: ambos deben ser abstraídos, las personas que están efectivamente incluidas en los procesos económicos y sujetas a los aparatos estatales deben ser reducidas a unidades abstractas. Lo mismo vale también para la "lógica de la dominación", el modo como las personas son controladas/manipuladas por los aparatos de sujeción: para poder discernir claramente estos mecanismos de poder, hay que abstraerse no sólo del imaginario democrático (como hace tanto Foucault en su análisis de la microfísica del poder como Lacan en su análisis del poder en *El seminario. Libro 18*), sino también del proceso de (re)producción económica. Y, finalmente, la esfera específica de la (re)producción económica sólo surge cuando se pone metodológicamente entre paréntesis la existencia concreta del Estado y de la ideología política –no sorprende que los críticos de Marx se quejen de que su "crítica de la economía política" carezca de una teoría del poder y del Estado–. Y, por supuesto, la trampa que debe evitarse es precisamente la de tratar de formular esa totalidad de la que forman parte la ideología democrática, el ejercicio del poder y el proceso de (re)producción económica: si se pretende considerar a todos estos aspectos, se termina por no ver nada, los contornos desaparecen. Esta puesta entre paréntesis no es sólo epistemológica, concierne a lo que Marx llama la "abstracción real": la abstracción del poder y las relaciones económicas en la realidad misma del proceso democrático, etcétera.

La explicación de Karatani, tan sorprendente como es, no puede sino suscitar algunas críticas. En cuanto a su defensa del modelo económico de los LETS (Local Exchange Trading System), es difícil comprender cómo puede evitarse la trampa de la que se da bien cuenta el propio Karatani, la trampa del dinero que ya no es más un fetiche sino que podría servir apenas de "dinero-trabajo", un transparente instrumento de intercambio que nombra cada contribución individual al producto social. Más aun, la explicación de Karatani a la noción marxista de valor de plusvalía y explotación es extrañamente breve al ignorar por completo el elemento clave de la crítica de Marx a la teoría convencional del valor: los trabajadores no son explotados cuando no se les paga su valor completo –sus salarios son en principio "justos", se paga en ellos el valor completo de la mercadería que están vendiendo ("la fuerza de trabajo")–; la clave pasa más bien porque el valor de uso de esa mercancía es único, produce un nuevo valor mayor a su propio valor y esta plusvalía es apropiada por los capitalistas. Por el contrario, Karatani reduce la explotación a apenas un caso más de una diferencia de precio entre sistemas de valor: a causa de la incesante innovación tecnológica, los capitalistas pueden ganar más al vender los productos del trabajo que lo que deben pagar a sus trabajadores; la explotación capitalista queda así anunciada como estructuralmente idéntica a la actividad de los comerciantes que compran y venden en diferentes lugares, explotando el hecho de que, a causa de la productividad diferente, el mismo producto resulta aquí más barato (donde lo compran) que allí (donde lo venden):

> sólo donde existe una diferencia de precio entre sistemas de valor, A (cuando venden su poder de trabajo) y B (cuando compran las mercancías), hay valor de plusvalía concretado. Éste es el así llamado valor relativo de plusvalía. Y esto se logra sólo con una incesante innovación tecnológica. A partir de aquí se descubre que el capital industrial obtiene también valor de plusvalía del intersticio entre dos sistemas diferentes.[73]

Tal vez estas limitaciones se deban a las restricciones del kantismo de Karatani.[74] Cuando Karatani propone su solución "trascendental" a la antinomia del dinero (precisamos un X que sea y no sea dinero), cuando vuelve a aplicar su solución al poder (necesitamos cierto poder centralizado, pero no fetichizado en una sustancia que es "en sí"

[73] Kojin Karatani, *op. cit.*, p. 239.

[74] Lo que no puede sino sobresaltar a cualquiera bien versado en la historia del marxismo es la notable ausencia de referencias a Alfred Sohn-Retel en el libro de Karatani: Sohn-Retel mostró claramente el paralelo entre la crítica trascendental de Kant y la crítica de la economía política de Marx, pero en una dirección crítica opuesta (la estructura del universo de la mercancía *es* la del espacio trascendental kantiano).

Poder) y cuando alude explícitamente la homología estructural con Duchamp (donde un objeto se convierte en obra de arte no a causa de sus propiedades inherentes sino simplemente por ocupar un determinado lugar en la estructura), ¿no concuerda todo esto con la teorización de la democracia de Lefort como un orden político en el cual el lugar del poder está originariamente vacío y sólo es ocupado temporalmente por los representantes electos? Dentro de esta línea, incluso la aparentemente excéntrica idea de Karatani de combinar las elecciones con la lotería en el proceso de determinar quién nos gobernará es más tradicional de lo que puede parecer (él mismo alude a la antigua Grecia); paradójicamente cumple el mismo rol que la teoría de la monarquía de Hegel... Karatani asume aquí un enorme riesgo al proponer una definición que parecería desquiciada sobre la diferencia entre la dictadura de la burguesía y la del proletariado: "Si el sufragio universal por voto secreto, la democracia parlamentaria, es la dictadura de la burguesía, la introducción de la lotería debería considerarse como la dictadura del proletariado".[75] De esta manera, "*el centro existe y no existe al mismo tiempo*":[76] existe como lugar vacío, un X trascendental, y no existe como ente sustancial concreto. Pero ¿es esto efectivamente suficiente para afectar al "fetichismo del

[75] Kojin Karatani, *op. cit.*, p. 183. Karatani alude aquí al ejemplo de la antigua democracia ateniense, pero ¿no es la combinación definitiva de sufragio y sorteos defendida por él el único procedimiento para elegir al dux en Venecia, establecido en 1268 luego de que un dux tratara de obtener poderes monárquicos hereditarios? Primero tenían que votar treinta miembros y luego una nueva votación los reduciría a nueve. Esos nueve nominaban luego a 40 electores provisionales quienes a su vez escogían por sorteo a doce que a su turno elegían a 25. Éstos se reducían a nueve que a su vez nominaban a cinco. Los 45 así nominados eran reducidos por sorteo a once, se precisaban nueve votos de once para elegir a los finales 41 quienes, reunidos en cónclave, habrían de elegir al dux... Por supuesto, el objetivo del procedimiento era evitar que cualquier grupo o familia ejerciera una influencia indebida. Más aun, para poder prevenir que el propio dux acumulara demasiado poder existía una lista de tareas de las que no podía ocuparse (sus hijos o hijas no podían casarse fuera de la República, sólo se le permitía abrir cartas oficiales en presencia de otros, etcétera).

[76] Kojin Karatani, *op. cit.*

poder"? Cuando se le permite a un individuo cualquiera ocupar temporalmente el sitio del poder, se lo inviste con el carisma del poder siguiendo la bien conocida lógica de la negación fetichista: "Sé muy bien que es una persona común como yo, *pero sin embargo...* (al estar en el poder se convierte en instrumento de una fuerza trascendental, el poder habla y actúa a través suyo)". ¿No concuerda todo esto con la matriz general de las soluciones de Kant en que las proposiciones metafísicas (Dios, la inmortalidad del alma...) son afirmadas "bajo tachadura" como postulados? En consecuencia, ¿la verdadera tarea no sería precisamente desprenderse de la mística misma del *lugar* del poder?

"...CE SEUL OBJET DON'T LE NEANT S'HONORE"

Consideremos más detenidamente la clásica descripción de Marx sobre el pasaje del dinero a capital, con su explícita alusión al telón de fondo hegeliano y cristiano. Primero está el simple acto del mercado de intercambio en el cual vendo para poder comprar –vendo el producto que poseo para poder comprar otro que me es de la misma utilidad–. "La simple circulación de mercancías –vender para poder comprar– es un modo de llevar a la práctica un propósito desconectado de la circulación, claramente la apropiación de valores de uso, la satisfacción de necesidades."[77]

Lo que sucede con el surgimiento del capital no es sólo la simple inversión de M-D-M (Mercancía-Dinero-Mercancía) en D-M-D, es decir, el invertir dinero en alguna mercancía para volver a venderla y así conseguir (más) dinero; el efecto clave de esta reversión es la *eternización* de la circulación: "La circulación del dinero como capital es, por el contrario, un fin en sí mismo, pues la expansión del valor sólo tiene lugar dentro de este movimiento constantemente re-

[77] Karl Marx, *Capital, op. cit.*, p. 253.

novado. Por lo tanto, la circulación de capital no tiene límites".[78] Aquí resulta crucial la diferencia entre el capitalista y el avaro tradicional, que guarda su tesoro en un escondite secreto mientras que el capitalista aumenta su tesoro al lanzarlo a la circulación:

> El incansable e interminable proceso de generar ganancias es lo único a lo que apunta. Esta ilimitada codicia por las riquezas, esta apasionada caza de los valores de cambio, es común al capitalista y al avaro, pero mientras el avaro es meramente un capitalista que ha enloquecido, el capitalista es un avaro racional. El interminable incremento del valor de cambio, por el que se esfuerza el avaro al buscar sacar su dinero de circulación, es alcanzado por el más astuto capitalista al lanzarlo constantemente a la circulación.[79]

Sin embargo, esta locura del avaro no es algo que simplemente desaparezca con el surgimiento del capitalismo "normal", o que sea su desviación patológica. Más bien resulta *inherente* a él: el avaro tiene su momento de triunfo en la *crisis* económica. En una crisis no es –como podría esperarse– el dinero el que pierde su valor y debemos recurrir al valor "real" de las mercancías; las mismas mercancías (la encarnación del "real/uso/valor") se vuelven inútiles pues no hay nadie en condiciones de comprarlas. En una crisis,

> el dinero cambia súbita e inmediatamente de forma meramente nominal, dinero de cuenta, a duro efectivo. Las mercancías profanas ya no pue-

[78] Karl Marx, *Capital*, *op. cit.*, p. 254. Es con este desplazamiento a la forma universal de circulación como un fin en sí mismo que pasamos de la ética premoderna, basada en la referencia a determinado Bien supremo sustancial, a la ética kantiana paradigmáticamente moderna en la cual lo único que importa en última instancia es la forma del deber, es decir en la cual el deber debe ser cumplido por el deber en sí. Esto significa que el énfasis de Lacan en que la ética de Kant es inherente al universo galileano-newtoniano de la ciencia moderna debe completarse con la perspectiva de que la ética de Kant es también la lógica inherente a la lógica capitalista de la circulación como un fin en sí mismo.

[79] *Ibid.*, pp. 254-255.

> den reemplazarlo. El valor de uso de las mercancías pierde todo su valor, que se desvanece ante su propia forma de valor. El burgués, ebrio de prosperidad y arrogantemente seguro de sí mismo, acaba de declarar que el dinero es una creación puramente imaginaria. "Sólo las mercancías son dinero" decía. Pero ahora resuena la exclamación opuesta en todos los mercados del mundo: sólo el dinero es una mercancía. [...] En una crisis, la antítesis entre mercancías y su forma-valor dinero alcanza un nivel de absoluta contradicción.[80]

¿No significa esto que en este momento, lejos de desintegrarse, el fetichismo está directamente afirmado en su directa locura?[81] En una crisis, la creencia subyacente, primero negada y luego practicada, es *directamente* afirmada. Resulta crucial que, en esta elevación del dinero al estatus de la única mercancía verdadera ("El capitalista sabe que todas las mercancías, por más despreciables que parezcan o por mal que huelan son dinero contante y sonante, secretos judíos circuncisos").[82] Marx recurre a la precisa definición paulina de los cristianos como "secretos judíos circuncisos". Los cristianos no necesitan una visible circuncisión externa (es decir, el abandono de las mercancías ordinarias con valores de uso y moverse sólo con dinero), dado que saben que cada una de esas mercancías ordinarias está ya "secretamente circuncisa", que su verdadera sustancia es el dinero. Es más crucial que Marx describa el paso del dinero a capital en los precisos términos hegelianos del paso de la sustancia al sujeto:

[80] *Ibid.*, pp. 236-237.

[81] Esta paradoja es estructuralmente homóloga a la de Casanova quien, para poder seducir a una ingenua campesina trazó un círculo en el pasto y sostuvo que meterse en él protegía de todo peligro de ser alcanzado por un rayo; sin embargo, cuando inmediatamente después se desató una violenta tormenta, Casanova, en un momento de pánico, saltó hacia el círculo, actuando como si creyera en su poder a pesar de saber muy bien que se trataba de un engaño.

[82] *Ibid.*, p. 171.

> Sin embargo, en verdad el valor es aquí [en el capital] el factor activo en un proceso por el cual, mientras asume constantemente la forma cambiante de dinero y mercancías, al mismo tiempo cambia de tamaño, se diferencia desprendiéndose del valor de plusvalía; en otras palabras, el valor original se expande espontáneamente. Pues el movimiento en cuyo curso agrega valor de plusvalía es su propio movimiento, por lo tanto, su expansión es una expansión automática. A causa de su valor ha adquirido la oculta cualidad de ser capaz de agregarse valor. Ha descubierto la fuente de la juventud o al menos pone huevos de oro [...].
>
> En la circulación simple, M-D-M, el valor de las mercancías alcanzaba como mucho una forma independiente de sus valores de uso, es decir, la forma del dinero, pero el nuevo valor ahora en circulación D-M-D, o la circulación de capital, de pronto se presenta como una sustancia independiente, dotada de movimiento propio, que pasa a través de un proceso vital propio en el que el dinero y las mercancías son meras formas que asume y descarta alternativamente. Más aun, en lugar de representar simplemente las relaciones de las mercancías, entra ahora, para decirlo así, en relaciones privadas consigo mismo. Se diferencia como valor original de sí mismo en tanto valor de plusvalía; como el padre se diferencia de sí mismo *qua* el hijo, y para el hijo el padre es engendrado, tan pronto se desvanece su diferencia y vuelven a ser uno, 110 libras.[83]

En suma, el capital es dinero que ya no es una mera sustancia de riqueza, su encarnación universal, sino el valor que a través de la circulación genera más valor, valor que se media y postula a sí mismo, que postula retrospectivamente sus presuposiciones. Primero, el dinero aparece como un mero medio de intercambio de mercancías: en lugar del interminable tráfico, primero se intercambia el propio producto por el equivalente universal de todas las mercancías que puede luego ser intercambiado por cualquier mercancía que necesitemos. Luego, una vez puesta en marcha la circulación del capital, la relación queda invertida, los medios se vuelven un fin en sí mismos, es decir, el mismo pasaje por el dominio "material" de los valores de uso

[83] Karl Marx, *Capital, op. cit.*, p. 171.

(la producción de mercancías que satisfacen necesidades particulares del individuo) es postulado como un momento de lo que es sustancialmente el automovimiento del propio capital; desde este momento en adelante, el verdadero objetivo ya no es la satisfacción de las necesidades del individuo, sino simplemente más dinero, la incesante repetición de la circulación como tal... Este misterioso movimiento circular de autopostulación es luego equiparado con el dogma fundamental del cristianismo de la identidad de Dios Padre y el Hijo, de la inmaculada concepción por medio de la cual el único Padre engendra directamente (sin esposa alguna) a su único hijo y forma así lo que es claramente la definitiva familia de miembro único.

¿Es entonces el capital el verdadero Sujeto/Sustancia? Sí y no: para Marx, este movimiento circular autoengendrado es –para ponerlo en términos freudianos– precisamente la "fantasía inconsciente" capitalista que parasita al proletariado como la "pura subjetividad sin sustancia". Por esta razón, la autogenerada danza del capital especulativo tiene un límite y provee las condiciones para su propio colapso. Esta perspectiva nos permite resolver el problema interpretativo clave de la cita anterior: ¿cómo debemos leer sus primeras palabras, "sin embargo, en verdad"? Primero, por supuesto, implican que esta verdad debe ser afirmada contra alguna apariencia o experiencia falsa: la experiencia cotidiana de que el objetivo último de la circulación del capital sigue siendo la satisfacción de necesidades humanas, que el capital es sólo un instrumento para lograr la satisfacción de un modo más eficiente. Sin embargo, esta "verdad" *no* es la realidad del capitalismo: en realidad, el capital no se engendra a sí mismo, sino que explota la plusvalía del obrero. Así, resulta necesario agregar un tercer nivel a la simple oposición de experiencia subjetiva (del capital como un simple instrumento para satisfacer eficientemente las necesidades de las personas) y la realidad social objetiva (de explotación): la "decepción objetiva", la fantasía "inconsciente" negada (del misterioso movimiento circular autogenerado del capital), que es la *verdad* (aunque no la *realidad)* del proceso capitalista. Nuevamente, citando a Lacan, la verdad tiene la estructura de una ficción: la única manera de formular la verdad del capital es liberar a esta ficción de su movimiento "inmaculado" y auto-generado. Y esta perspectiva nos permite también ubicar las debilidades de las apropiaciones "desconstruccionistas" del análisis del capitalismo de Marx mencionadas más arriba: a pesar de que enfatizan el proceso interminable de diferimiento que caracteriza a este movimiento, al igual que su inconclusión fundamental, su autobloqueo, la reformulación "desconstruccionista" aun describe la *fantasía* del capital; describe lo que creen los individuos, a pesar de que no lo saben.

El cambio de la instancia de consumo orientada a un objetivo a la instancia propiamente capitalista de circulación autopropulsada nos permite localizar el deseo y la pulsión en relación con el capitalismo. Siguiendo a Jacques-Alain Miller, debe introducirse aquí una distinción entre ausencia y hueco: la ausencia es espacial y designa un vacío *dentro de* un espacio, mientras que el hueco es radical, designa el punto en el cual este mismo orden espacial se quiebra (como en el "agujero negro" de la física).[84] Allí reside la diferencia entre deseo y pulsión: el deseo se basa en su ausencia constitutiva, mientras que la pulsión circula alrededor de un hueco, una brecha en el orden del ser. En otras palabras, el movimiento circular de la pulsión obedece a la rara lógica del espacio curvado en el cual la distancia más corta entre dos puntos no es una línea recta sino una curva: la pulsión "sabe" que el camino más corto para alcanzar su objetivo es circular alrededor de su objeto elegido. En el nivel inmediato de los individuos aludidos, el capitalismo los interpela por supuesto como consumidores, como sujetos de deseos, generando en ellos siempre nuevos deseos perversos y excesivos (para lo cual ofrece productos que los satisfagan); más aun, obviamente también manipula el "deseo a desear", celebrando el deseo mismo de desear siempre nuevos objetos y modos de placer. Sin embargo, aunque ya manipula el deseo de un modo que toma en cuenta el hecho de que el deseo más elemental es

[84] Véase Jacques-Alain Miller, "Le nom-du-père, s'en passer, s'en servir", disponible en <www.lacan.com>.

el de reproducirse como deseo (y no encontrar satisfacción), en este nivel aún no hemos alcanzado la pulsión. La pulsión es inherente al capitalismo en un nivel más fundamental, *sistémico*: la pulsión es lo que propulsa la completa maquinaria capitalista, es la compulsión impersonal a participar en el interminable movimiento circular de expandida autorreproducción. Entramos al modo de la pulsión cuando la circulación de dinero se convierte en "un fin en sí mismo, pues la expansión del valor ocurre sólo dentro de este movimiento constantemente renovado. Por lo tanto, la circulación del capital no tiene límites". Debe recordarse aquí la muy conocida distinción de Lacan entre el propósito y el objetivo del movimiento: mientras el objetivo es el objeto alrededor del cual circula la pulsión, su (verdadero) propósito es la interminable continuación de esta circulación en tanto tal. Por lo tanto, la pulsión capitalista no pertenece a un individuo definido, más bien se trata de que sean aquellos individuos que actúan como "agentes" directos del capital (los propios capitalistas, los altos ejecutivos) los que deben mostrarlo.

Miller ha propuesto recientemente una distinción benjaminiana entre "angustia constituida" y "angustia constituyente" que resulta crucial en relación al desplazamiento de deseo a pulsión: mientras la primera designaba la noción habitual de abismo, de angustia aterrorizadora y fascinante que nos acecha, el círculo infernal que amenaza con encerrarnos en él, la segunda está en el lugar de la "pura" confrontación con el *objeto a* como constituido en su verdadera pérdida.[85] Miller tiene razón al enfatizar aquí dos rasgos: la diferencia que separa a la angustia constituida de la constituyente concierne al estatus del objeto respecto de la fantasía. En un caso de angustia constituida, el objeto reside en los límites de una fantasía, mientras que sólo accedemos a la angustia constituyente cuando el sujeto "atraviesa la fantasía" y se enfrenta al vacío, la brecha, llenándola con contenidos fantasmáticos –como lo expresó Mallarmé en las famosas dos líneas entre

[85] Véase Jacques-Alain Miller, art. cit.

paréntesis de su "Soneto en yx"–, el *objeto a* es *"ce seul objet dont le Neant s 'honore"* (ese objeto único con el cual la Nada se honra).

Por más clara y convincente que sea, la fórmula de Miller deja de lado la verdadera paradoja o mejor aún la ambigüedad del *objeto a:* cuando define al *objeto a* como el objeto que coincide con sus pérdidas, que emerge en el momento exacto de sus pérdidas (de manera que todas sus encarnaciones fantasmáticas, desde los pechos a la voz y la mirada, son figuraciones metonímicas del vacío, de la nada), permanece dentro del horizonte del *deseo*; el verdadero objeto causa del deseo es el vacío llenado por sus encarnaciones fantasmáticas. Mientras que, como subraya Lacan, el *objeto a* es también el objeto de pulsión, la relación aquí es claramente diferente: pese a que, en ambos casos, el vínculo entre objeto y pérdida es crucial, en el caso del *objeto a* como el objeto-causa de *deseo* tenemos un objeto que está originalmente perdido, que coincide con su propia pérdida, que emerge como perdido, mientras que en el caso del *objeto a* como el objeto de pulsión, el "objeto" *es directamente la propia pérdida*; en el desplazamiento de deseo a pulsión, pasamos de *objeto perdido* a *la pérdida en sí misma como un objeto.* Es decir, el extraño movimiento llamado "pulsión" no está dirigido a la búsqueda "imposible" del objeto perdido; es un impulso para poner directamente en acto la "pérdida" misma –la brecha, el corte, la distancia–. Por lo tanto, existe una *doble* distinción a ser trazada aquí: no sólo entre *objeto a* en su estatus fantasmático y posfantasmático, sino también, dentro de este propio dominio posfantasmático, entre el perdido objeto-causa de deseo y el objeto-pérdida de pulsión.

Es por esto que no debe confundirse pulsión de muerte con el así llamado "principio de nirvana", la confianza en la destrucción o autoeliminación: la pulsión de muerte freudiana nada tiene que ver con el anhelo de autoaniquilación, con el retorno a la ausencia inorgánica de cualquier tensión vital: por el contrario, es el verdadero opuesto a morir –un nombre para la vida eterna "no muerta", para el horrible destino de quedar atrapado en el interminable ciclo repetitivo de caminar entre la culpa y el dolor. La paradoja de la "pulsión de muerte" de Freud es que es el nombre que da a su verdadero contrario, a la manera en que aparece la inmortalidad en el psicoanálisis, al siniestro *exceso* de vida, a una urgencia "no muerta" que persiste más allá del ciclo (biológico) de la vida y la muerte, de la generación y la corrupción. La lección definitiva del psicoanálisis es que la vida humana nunca es "sólo vida": los humanos no estamos simplemente vivos, estamos poseídos por la extraña pulsión a disfrutar de la vida en exceso, apegados apasionadamente a un exceso que no soporta y que desprecia el curso ordinario de las cosas.

Esto significa que lo que está equivocado es plantear que la "pura" pulsión de muerte podría haber sido la imposible voluntad de "total" (auto)destrucción, la extática autoaniquilación en que el sujeto podría reencontrar la plenitud de la Cosa maternal. Esa voluntad no es realizable, queda bloqueada, atada a un "objeto parcial". Esta noción retraduce la pulsión de muerte a los términos del deseo y su objeto perdido: en el deseo el objeto positivo es una representación metonímica del vacío de la Cosa imposible; en el deseo la aspiración a la plenitud se transfiere a los objetos parciales –lo que Lacan llamaba la metonimia del deseo–. Hay que ser aquí muy preciso si no queremos comprender mal el planteo de Lacan (y de ese modo confundir deseo y pulsión): el deseo no es una nostalgia infinita de la Cosa fijada a un objeto parcial –la "pulsión" *es* esta fijación en la que reside la dimensión de "muerte" de toda pulsión–. La pulsión no es una confianza universal (hacia la Cosa incestuosa) puesta entre paréntesis y quebrada, *es* el paréntesis mismo, un paréntesis al instinto, su "quedar pegado", como lo habría expresado Eric Santner.[86] La matriz elemental de la pulsión *no* es la de trascender todos los objetos particulares hacia el vacío de la Cosa (que es entonces accesible sólo en su representación metonímica), sino la de nuestra libido que queda "pegada" a un objeto particular, condenada a circular a su alrededor para siempre.

[86] Véase Eric Santner, *On the Psychotheology of Everyday Life*, Chicago, University of Chicago Press, 2001.

La paradoja básica aquí es que la dimensión específicamente humana –la pulsión como opuesta al instinto– emerge precisamente cuando lo que fue originariamente un mero producto es elevado a propósito autónomo: el hombre no sigue siendo "reflexivo"; por el contrario, el hombre percibe como un objetivo directo aquello que para un animal carece de valor intrínseco. En resumen, el grado cero de "humanización" no es una "mediación" posterior de la actividad animal, su reinscripción como un momento subordinado de una realidad superior (por ejemplo, comemos y nos procreamos para poder desarrollar potencialidades espirituales superiores), sino el radical estrechamiento del foco, la elevación de una actividad menor en un fin en sí mismo. Nos convertimos en "humanos" cuando quedamos atrapados en una curva cerrada, autopropulsada, que repite siempre el mismo gesto y encuentra satisfacción al hacerlo. Todos podemos recordar una de las escenas arquetípicas de los dibujos animados: mientras baila, el gato salta al aire y gira alrededor de su propio eje. Sin embargo, en lugar de caer a la superficie de la tierra de acuerdo con las leyes de gravedad normales, permanece por cierto tiempo suspendido en el aire, dando vueltas en esa posición levitada como si estuviera atrapado en un giro del tiempo, repitiendo una y otra vez el mismo movimiento circular. (También se encuentra la misma imagen en algunos musicales que hacen uso de elementos de tiras cómicas: cuando un bailarín da vueltas a su alrededor en el aire, permanece allí un poco más de lo normal como si durante un corto período de tiempo lograra suspender la ley de gravedad. Y efectivamente, ¿no es ese efecto el objetivo definitivo del arte de la danza?) En esos momentos queda suspendido por un momento el curso "normal" de las cosas, el proceso "normal" de quedar atrapado en la estúpida inercia de la realidad material; entramos al mágico dominio de una animación suspendida, de una especie de rotación etérea que se sostiene en el aire como el barón de Munchhausen, quien se escapó de un pantano jalándose a sí mismo de los cabellos. Este movimiento rotatorio, en el cual el progreso lineal del tiempo se suspende en un giro repetitivo, es la *pulsión* en su aspecto más elemental.

Otra vez, es la "humanización" en grado cero, este giro autopropulsado que suspende/interrumpe el encadenamiento temporal lineal.

En consecuencia, el concepto de pulsión convierte en falsa a la alternativa "quemarse con la Cosa o mantener la distancia"; en una pulsión, la "cosa misma" es un circular alrededor del vacío (o más bien del hueco, no del vacío). Para expresarlo aun más claramente, el objeto de la pulsión no se relaciona con la Cosa como el relleno con su vacío: la pulsión es literalmente un contramovimiento al deseo, no lucha por la imposible plenitud y, estando forzada a renunciar a ella, queda pegada al objeto parcial como su remanente; la pulsión es casi literalmente la verdadera "pulsión" para *romper con* el Todo de continuidad en el que estamos capturados, para introducir un desequilibrio racional en él, y la diferencia entre pulsión y deseo es precisamente que, en el deseo, este corte, esta fijación a un objeto parcial, está "trascendentalizado", transpuesto a una representación del vacío de la Cosa.

Es así como debe leerse la tesis de Lacan sobre la "satisfacción de las pulsiones": una pulsión no brinda satisfacción porque su objeto esté en representación de la Cosa sino porque pareciera transformar el fracaso en triunfo; en ella, el verdadero fracaso en alcanzar su objetivo, la repetición de este fracaso, la interminable circulación alrededor del objeto, genera una satisfacción por sí misma. Como lo expresa Lacan, el verdadero *propósito* de una pulsión no es alcanzar su objetivo, sino circular interminablemente a su alrededor. En el muy conocido chiste de un tonto que tiene su primera relación sexual, la muchacha debe decirle exactamente qué hacer: "¿Ves este agujero entre mis piernas? Ponlo ahí. Ahora empújalo. Ahora sácalo. Empújalo, sácalo, empújalo, sácalo…". "Espera un momento", la interrumpe el tonto, "decídete, ¿empujo o saco?". Lo que el tonto no percibe es precisamente la estructura de una pulsión que obtiene satisfacción de la indecisión misma, de la permanente oscilación.

2. LADRILLOS PARA CONSTRUIR UNA TEOLOGÍA MATERIALISTA

Kierkegaard como hegeliano

Uno de los componentes clave de lo que Badiou llama "antifilosofía" es el gesto de un sacrificio sin sentido –no sorprende que fuera Kierkegaard quien propusiera su formulación más concisa: "El centro del asunto es que debemos darnos cuenta de que en última instancia no existe teoría"–.[1] En todos los grandes "antifilósofos", de Kierkegaard a Nietzsche hasta llegar al último Wittgenstein, el núcleo auténtico más radical del ser humano es percibido como *un compromiso práctico-ético concreto y/o una elección que precede a (y fundamenta) toda "teoría"*; toda explicación teórica de sí mismo es, en este sentido radical del término, *contingente* ("irracional"). Fue ya Kant quien estableció los cimientos de la "antifilosofía" cuando afirmó la primacía de la razón práctica por sobre la teórica y Fichte puso en claro sus consecuencias al escribir, a propósito de la elección definitiva entre spinozismo y la filosofía de la libertad subjetiva: "Según qué filosofía se elija, se será un tipo determinado de persona". De este modo, Kant y Fichte estarían inesperadamente de acuerdo con Kierkegaard: en última instancia no existe teoría sino una decisión práctico-ética fundamental respecto de con qué tipo de vida pretendemos comprometernos. Esta inesperada continuidad entre el idealismo alemán y Kierkegaard nos brinda el primer indicio de que el antihegelianismo de Kierkegaard (como el de Deleuze, en ese sentido) es

[1] Sören Kierkegaard, *Journals and Papers*, Bloomington, Indiana University Press, 1970, entrada 2.509 [trad. esp.: *Obras y papeles*, Madrid, Guadarrama, 1961].

mucho más ambiguo de lo que podría parecer: la elevación de Hegel a espantapájaros enemigo oculta una proximidad negada. Para Kierkegaard, Hegel es el "sistematizador" definitivo, que reduce lo único de la subjetividad de la vida a un momento subordinado en el autodespliegue lógico de la Idea universal; y, dado que la mortificación sistematizadora del pensamiento es asunto del discurso universitario, no sorprende que Kierkegaard comparta la amenaza de ser devorado por el discurso universitario, esa queja convencional no sólo de poetas y artistas sino de todos quienes creen poseer una mente "creativa":

> Bien, pero sé quién habrá de heredarme, ese personaje que me resulta tan repulsivo, aquel que habrá de ocuparse de heredar todo lo mejor como lo ha hecho en el pasado –evidentemente, el profesor asistente, el profesor–.[2]

El profesor es, por supuesto, Hegel. Kierkegaard señala que la filosofía especulativa de Hegel "presupone un aspecto cómico ocasionado por haberse olvidado, en una especie de distracción del mundo y la historia, lo que significa ser humano. No por cierto lo que significa en general ser humano –pues éste es el tipo de cosas con las que incluso un filósofo puede inducirse que está de acuerdo–, sino lo que significa que tú, yo y él seamos seres humanos, cada uno para sí mismo".[3] En resumen, el aspecto cómico de Hegel no puede sino sorprendernos cuando recordamos que ese sistema de Conocimiento Absoluto fue escrito por un individuo contingente, Hegel... ¿no vuelve a equivocarse Kierkegaard en este punto? El cordón umbilical del Sistema Universal con el individuo accidental obedece a la misma lógica de lo que Hegel llamaba el "juicio infinito": la conjunción paradójica de lo Universal con la singularidad "más baja" ("El espíritu es un hueso", etcétera).

[2] Sören Kierkegaard, *Journals and Papers, op. cit.*, entrada 6.818.

[3] Sören Kierkegaard, *Concluding Unscientific Postscript*, Princeton, Princeton University Press, p. 279.

La crítica de Kierkegaard a Hegel se basa en la oposición (claramente hegeliana) entre pensamiento "objetivo" y "subjetivo": "el pensamiento objetivo traduce todo a resultados, el subjetivo pone todo en proceso y omite los resultados, pues un individuo existente está en constante proceso de llegar a ser".[4] Obviamente, para Kierkegaard, Hegel es el punto más alto del "pensamiento objetivo": "no entiende la historia desde el punto de vista del devenir, sino que, con la ilusión pegada a lo pasado, lo comprende desde el punto de vista de una finalidad que excluye todo devenir".[5] Hay que ser aquí muy preciso para no entender mal el planteo de Kierkegaard: para él, sólo la experiencia subjetiva está efectivamente en "devenir" y cualquier noción de realidad objetiva como un proceso de final abierto sin finalidad fija sigue permaneciendo dentro de los límites del ser. ¿Por qué? Porque ninguna realidad objetiva, por más que se halle "en proceso", está por definición ontológicamente completa, presente como un dominio positivamente existente de objetos y sus interacciones; sólo la subjetividad designa un dominio que está "abierto" *en sí mismo*, marcado por un fracaso ontológico *inherente*:

> Donde sea que una existencia particular haya sido relegada al pasado, se la haya completado, y sea en esta medida objeto de una aprehensión sistemática [...] pero, ¿para quién es objeto? Cualquiera que sea un individuo existente no puede alcanzar su finalidad fuera de la existencia que corresponde a la eternidad a la que ha entrado el pasado.[6]

¿Qué pasaría si Hegel hiciera efectivamente lo contrario? Tres pensadores tan diferentes como Nietzsche, Heidegger y Derrida acuerdan en concebir su propia época como la del giro crítico de la metafísica: en su (nuestra) época, la metafísica ha agotado su potencial y el deber del pensador es preparar el terreno para un nuevo pensamien-

[4] *Ibid.*, p. 279.
[5] *Ibid.*, p. 272.
[6] *Ibid.*, p. 108.

to posmetafísico... Más generalmente, la completa historia judeocristiana hasta nuestra posmodernidad está determinada por lo que nos tienta llamar el paradigma hölderliniano que fue articulado por primera vez por san Agustín en *La ciudad de Dios:* "Donde se halla el peligro crece también lo que puede salvarnos" (*Wo aber Gefahr ist weachst das Retened auch*). El momento actual aparece como el punto más bajo en el largo proceso de decadencia histórica (la desaparición de los dioses, la alienación...), pero el peligro de una pérdida catastrófica de la dimensión esencial del ser humano abre también la posibilidad de una recuperación (*Kehre*) –la revolución proletaria, la llegada de nuevos dioses (que, según el último Heidegger, son los únicos que pueden salvarnos), etc.–. ¿Estamos en condiciones de imaginar un universo "pagano" *no-histórico*, un universo que esté claramente fuera de este paradigma, un universo en el cual el tiempo (histórico) fluya, sin curvaturas teleológicas, en el cual carece de sentido la idea de un momento de decisión peligroso (el *Jetzt-Zeit* de Benjamin) a partir del cual surgirá un "futuro luminoso" que habrá de redimir al pasado mismo?

A pesar de que se suele identificar este paradigma hölderliniano con el cristianismo, éste, en su conclusión más radical, parece darle un giro único: todo lo que debía ocurrir *ya ha ocurrido*, nada hay para esperar, no debemos aguardar el Acontecimiento, la llegada del Mesías, el Mesías ya ha llegado, el Acontecimiento ya ha tenido lugar, vivimos en sus postrimerías. Esta actitud básica de *clausura* histórica es también el mensaje de Hegel, de su planteo de que el búho de Minerva desaparece con el crepúsculo; y lo que es difícil pero crucial de comprender es que su afirmación, lejos de condenarnos a un reflejo pasivo, nos abre el espacio para una activa intervención. ¿Y no vale lo mismo para Kierkegaard quien, a pesar de sus quejas convencionales contra la sociedad de masas de la "época actual", tampoco parece confiar en el paradigma hölderliniano de historicidad (y en la *hybris* de la autopercepción del pensador que implica esta perspectiva): no hay nada de excepcional con nuestra época y vivimos en tiempos ordinarios y poco interesantes?

Pero, ¿qué pasa con el obvio contraste entre Hegel y Kierkegaard que se vincula precisamente con el hecho de que, para Hegel, todo ya ha sucedido (y que pensar es, en su dimensión básica, una recopilación de lo que ha ocurrido) mientras que para Kierkegaard la historia está *abierta* al futuro? Sin embargo, aquí se debe evitar un malentendido clave sobre la dialéctica de Hegel: su planteo no es adoptar hacia el presente el "punto de vista de la finalidad" considerándolo como si ya hubiera pasado, sino, precisamente, *reintroducir la apertura del futuro en el pasado, comprender lo-que-estaba en su proceso de devenir*, contemplar el proceso contingente que generó la necesidad existente. ¿No es éste el motivo por el cual debemos considerar al Absoluto "no sólo como Sustancia sino también como Sujeto"? Ésta es la razón por la cual el idealismo alemán explota las coordenadas de la ontología aristotélica convencional que está estructurada alrededor del vector que va de la posibilidad a la concreción. En contraste con la idea de que toda posibilidad se esfuerza por concretarse plenamente, se debe concebir al "progreso" como un movimiento de *restauración de la dimensión de potencialidad hacia la mera concreción*, de desenterrar, en el corazón mismo de lo concreto, una lucha secreta hacia la potencialidad. Recordemos la idea de revolución de Benjamin como redención del pasado por medio de la repetición:[7] a propósito de la Revolución Francesa, la tarea de una auténtica historiografía marxista no es describir los acontecimientos tal como ocurrieron (y explicar el modo como esos sucesos generaron las ilusiones ideológicas que los acompañaron); en verdad se trata de desenterrar la potencialidad oculta (los potenciales emancipatorios utópicos) que fue traicionada en la concreción de la revolución y en su resultado final (el surgimiento del mercado utilitario capitalista). La posición de Marx no es en principio burlarse de las esperanzas desaforadas del entusiasmo revolucionario de los jacobinos, señalar que su infla-

[7] Véase Walter Benjamin, "Theses on the philosophy of history", *Illuminations*, Nueva York, Schocken Books, 1969 [trad. esp.: "Tesis de filosofía de la historia", *Discursos interrumpidos I*, Buenos Aires, Taurus, 1989].

da retórica libertaria fue apenas un medio usado por la "astucia de la razón" histórica para establecer la vulgar realidad comercial capitalista; se trata de explicar que esos traicionados potenciales radicales y emancipatorios siguen "insistiendo" como una especie de espectros históricos que no paran de ocupar la memoria revolucionaria, exigiendo su puesta en práctica, de modo que la consiguiente revolución proletaria podría también redimir (poner en escena) todos esos fantasmas del pasado... Y a un nivel diferente, ¿no sostenía lo mismo Schelling cuando planteaba que Dios antes de la creación era un dominio de puras potencialidades? Esta potencialidad, obstaculizada por la naturaleza, vuelve a explotar en el pensamiento humano, es "postulada como tal".[8]

Sin embargo, ¿acaso Kierkegaard no postula precisamente a la posibilidad como la categoría fundamental del "pensamiento objetivo" *conceptual*, en oposición al enfoque propiamente ético que se ocupa de un yo concreto y existente? "El sujeto real no es el sujeto cognitivo, dado que al conocer se mueve en la esfera de lo posible; el sujeto real es el sujeto éticamente existente."[9] La idea es que, en un enfoque cognoscitivo, cada ente singular queda reducido a una instancia de cierta universalidad, a un ejemplo arbitrario de una ley o regla universal, mientras que en la aproximación ético-existencial –a una *posible* instancia de la ley– lo que importa es mi existencia singular concreta. Entonces, ¿cómo habrá de combinarse esto con la prioridad de lo posible por sobre lo concreto que se supone que caracteriza al planteo ético? La oposición que hay que tener presente aquí es la que existe entre lo que es *contingente* y lo que es *arbitrario* o accidental, bien explicado por el ejemplo del lenguaje: el hecho de que yo (en cierta medida) hable inglés es accidental respecto del hecho universal de que, como ser hu-

[8] Véase Friedrich W. J. Schelling, "Philosophical investigations into the essence of human freedom", en: Ernst Behler (ed.), *Philosophy of German Idealism*, Nueva York, Continuum, 1987 [trad. esp.: *Investigaciones filosóficas sobre la esencia de la libertad humana y los objetos con ella relacionados*, Barcelona, Anthropos, 2004].

[9] Sören Kierkegaard, *Concluding Unscientific Postscript*, *op. cit.*, p. 281.

mano, sea un "ser de lenguaje"; sin embargo, el hecho de que, al hablar inglés, use al lenguaje como un mero medio de expresión y/o de manipulación instrumental, o que lo use poéticamente, en sus posibilidades de apertura al mundo, es contingente. En resumen, "accidental" se refiere a una diferencia secundaria específica dentro de los límites universales de una familia, mientras que "contingente" apunta hacia el nivel más radical de exposición de los potenciales de la dimensión universal en sí. En este sentido preciso, la posibilidad que corresponde al pensamiento cognitivo es la de una instauración arbitraria de la ley universal, mientras que la posibilidad que corresponde al enfoque ético-existencial tiene que ver con la contingencia concreta de la decisión acerca de lo que hago con mi vida singular.

De todos modos, esta lectura de Hegel no puede sino aparecer como contraintuitiva: ¿acaso Hegel no presenta su sistema como el "vuelo del búho de Minerva" que parte al atardecer –una recapitulación/rememoración retroactiva del camino de lo Absoluto–, adhiriendo así explícitamente al "punto de vista de la finalidad"? Lo que se debe hacer aquí es invertir el lugar común existencialista según el cual, cuando estamos comprometidos en un proceso histórico presente, lo percibimos como pleno de posibilidades y nos vemos como agentes libres para elegir entre ellas, mientras que, en una visión retrospectiva, el mismo proceso aparece como completamente determinado y necesario, sin alternativas abiertas: por el contrario, son los agentes comprometidos quienes se perciben como atrapados en un Destino, frente al cual sólo pueden actuar por reacción; aunque, retroactivamente, desde el punto de vista de la última observación, podemos discernir alternativas en el pasado, posibilidades de que los sucesos tomen otro camino.

En esto reside la diferencia entre idealismo y materialismo: para el idealista, experimentamos nuestra situación como "abierta" en la medida en que estamos comprometidos con ella, mientras que la misma situación aparece como "cerrada" desde el punto de vista de la finalidad, es decir, desde el eterno punto de vista del dios omnipotente y omnisciente que sólo puede percibir el mundo como una totalidad cerrada. Para el materialista, "la apertura" vale todo el proceso, es decir que la necesidad no es la ley subyacente que regula secretamente el intercambio caótico de las apariencias –es el mismo "Todo" el que es no-Todo, inconsistente, marcado por una irreductible contingencia–. Y la teología de Kierkegaard presenta en esto el punto extremo del idealismo: admite la apertura radical y la contingencia de todo el campo de la realidad, que es el motivo por el cual el Todo cerrado sólo puede aparecer como Más Allá radical, bajo la forma de un Dios totalmente trascendente: "El incesante devenir genera la incertidumbre de la vida terrenal, donde todo es incierto",[10] y lo divino "está presente tan pronto como se piensa infinitamente la incertidumbre de todas las cosas".[11]

Encontramos aquí la fórmula clave: el Dios de Kierkegaard es estrictamente correlativo con la apertura ontológica de la realidad, con nuestra relación con la realidad como inacabada, "en devenir". "Dios" es el nombre del Otro Absoluto contra el cual puede medirse la evidente contingencia de la realidad –como tal, no se lo puede concebir como una clase de Sustancia, como la Cosa Suprema (que volvería a hacerlo formar parte de la Realidad, su verdadero Fundamento)–. Éste es el motivo por el cual Kierkegaard debe insistir en la "desustancialización" de Dios –"Dios está más allá del orden del Ser"–. No es *nada sino* el modo como nos relacionamos con él, es decir, no nos relacionamos con él, él *es* este relacionarse:

> Dios en sí es esto: el modo como nos involucramos con Él. En lo que concierne a los objetos físicos y externos, el objeto es algo distinto del modo: existen muchos modos. Con respecto a Dios, el cómo es el qué. Aquel que no se implica con Dios bajo el modo de la absoluta devoción no queda involucrado con Dios.[12]

[10] Sören Kierkegaard, *Concluding Unscientific Postscript, op. cit.*, p. 79.
[11] *Ibid.*, p. 80.
[12] Sören Kierkegaard, *Journals and Papers, op. cit.*, entrada 1.405.

El pasaje cristiano del Espíritu Santo como Amor (el "donde sea que haya amor entre dos de vosotros, allí estaré", de Cristo) debe tomarse literalmente: Dios como el divino *individuo* (Cristo) pasa al *vínculo puramente no sustancial* entre los individuos. Esta devoción absoluta se pone en práctica en el gesto del renunciamiento total: "en el renunciamiento comprendemos que no somos capaces de nada".[13] Esta renuncia da testimonio de la brecha total que separa al hombre de Dios: el único modo de afirmar nuestro compromiso con el incondicional Sentido de la Vida es vincular *toda* nuestra vida, nuestra entera existencia, con la absoluta trascendencia de lo divino, y dado que no hay medida común entre nuestra vida y lo divino, la renuncia sacrificial no puede formar parte de un intercambio con Dios; sacrificamos todo (la totalidad de nuestra vida) *por nada:*

> La contradicción que detiene (la comprensión) es que se exige que un hombre haga el mayor sacrificio posible, que dedique toda su vida en sacrificio. ¿Y para qué? No existe en realidad un para qué.[14]

Esto significa que no existen garantías de que nuestro sacrificio sea recompensado, que le reestablecerá el Sentido a nuestra vida; hay que hacer un voto de fe que, a los ojos del observador externo, no puede sino aparecer como un acto de locura (como la disposición de Abraham a matar a Isaac): "En una primera visión, la comprensión afirma que se trata de locura. La comprensión pregunta: ¿qué recibiré? La respuesta es: nada".[15] O, para citar la concisa formulación de Michael Weston:

[13] Sören Kierkegaard, *Works of Love*, Londres, Harper Books, 1962, p. 355 [trad. esp.: *Las obras del amor*, Barcelona, Guadarrama, 1961].

[14] Sören Kierkegaard, *Training in Christianity*, Princeton, Princeton University Press, 1972, p. 121 [trad. esp.: *Ejercitación del cristianismo*, Guadarrama, 1963].

[15] Sören Kierkegaard, *Journals and Papers*, *op. cit.*, entrada 1.608.

> Es verdad que subsiste un fin en términos de medida, esa "felicidad eterna" de la que habla Kierkegaard, por la que debe arriesgárselo todo, pero se trata de un fin con el que podemos relacionarnos sólo como esencialmente ausentes. En cuanto se lo piensa como algo que puede estar presente, y por lo tanto como una recompensa, uno deja de arriesgarlo todo y cesa de tener una relación con él. Ese fin no es la satisfacción de las capacidades humanas, dado que debe garantizarse que toda esa satisfacción debe presentarse como un objetivo.[16]

Por ende, el Dios es (no muy diferente a la Cosa en sí kantiana) un *concepto negativamente determinado*: cuando, en el movimiento de "infinita resignación", me alejo de todos los bienes, objetivos e ideales temporales, entonces, para citar a Simone Weil:

> mi razón para abandonarlos es que los juzgo como falsos en comparación con la idea del bien [...]. ¿Y qué es este bien? No tengo idea [...]. Es aquello que con su solo nombre, si adhiero mi pensamiento a él, me da la certeza de que las cosas de este mundo no son buenas.[17]

Recordemos que, para Kierkegaard, la infalibilidad de Dios es también un concepto negativamente determinado: su verdadero significado es que *el hombre siempre está equivocado*. Esta "infinita resignación" kierkegaardiana exhibe la estructura de lo que Lacan, siguiendo a Freud, llama *Versagung:* la radical (autovinculante) pérdida/renuncia del núcleo fantasmático mismo de su ser: primero, sacrifico todo lo que tengo por la Causa-Cosa que es para mí más que mi vida, lo que luego obtengo a cambio por este sacrificio es *la pérdida de la propia Causa-Cosa.*[18]

[16] Michael Weston, *Kierkegaard and Modern Continental Philosophy*, Londres, Routledge, 1994. pp. 85-86.

[17] Citado en Michael Weston, *op. cit.*, p. 89.

[18] Lacan ofrece una detallada interpretación de *El rehén* de Claudel en su seminario sobre la transferencia (*Le seminaire, livre VIII: Le transfert*, París, Seuil, 1982 [trad. esp.: *El seminario. Libro 8: La transferencia*, Barcelona, Paidós, 1984]); véase tam-

Die Versagung

Lacan elabora este concepto a propósito de la obra *El rehén* de Paul Claudel: para poder salvar al sacerdote que se esconde en su casa, Sygne –la protagonista de la pieza– acepta casarse con Toussaint Turelure, una persona a la que desprecia profundamente, hijo de su sirviente y ama de leche y que se ha valido de la Revolución para promover su carrera (como un potentado local jacobino, ordenó la ejecución de los padres de Sygne en presencia de sus hijos). Así termina ella por sacrificar todo lo que le importa: su amor, su familia y su situación. Su segundo acto es su negativa final a Turelure, que junto a la cama de la fatalmente herida Sygne le pide desesperadamente que le brinde una señal que le dé algún sentido a su inesperado gesto suicida de salvar la vida de su aborrecido esposo –aun cuando no lo haya hecho por amor a él, sino simplemente para salvar el nombre de la familia de la desgracia–. La moribunda Sygne no emite sonido alguno: simplemente da señales de su rechazo a la reconciliación final por medio de un tic compulsivo, una especie de torsión que deforma a intervalos su bello rostro. Y lo mismo vale para el gran acto de renuncia del final de *El retrato de una dama* (Isabel Archer decide permanecer junto a su repulsivo esposo a pesar de ser libre de dejarlo), la prueba definitiva del materialismo de James: nada tiene que ver con ninguna especie de trascendencia religiosa; lo que vuelve tan enigmática esta renuncia es que, por el contrario, está condicionada por la ausencia de toda trascendencia *–sólo puede suceder como una suerte de gesto vacío en un universo sin Dios–*. Este desvío por James nos permite discernir el contenido materialista oculto del sacrificio religioso de Kierkegaard en el que damos todo, lo que realmente importa, *por nada.*

Es decir, ¿cómo debemos interpretar el gran "¡No!" femenino de Isabel Archer al final de *El retrato de una dama* de Henry James?

---

bién mi lectura de la *Versagung* en el capítulo 2 en Slavoj Žižek, *The Indivisible Remainder*, Londres, Verso Books, 1997.

¿Por qué Isabel no abandona a Osmond, a pesar de no amarlo en absoluto y darse perfecta cuenta de sus manipulaciones? La razón no es la presión moral ejercida sobre ella por la idea de lo que se espera de una mujer en su posición –Isabel ha probado suficientemente que, cuando se lo propone, está dispuesta a pasar por sobre las convenciones: "Isabel continúa por su compromiso con su palabra y porque no desea abandonar lo que todavía considera como una decisión surgida de su sentido de la independencia"–.[19] En suma, como lo expresa Lacan a propósito de Sygne de Coufontaine en *El rehén* de Paul Claudel, Isabel es también "la rehén de la palabra". Por lo tanto, es equivocado interpretar este acto como un sacrificio que da testimonio del proverbial "masoquismo femenino": a pesar de que Isabel fue obviamente manipulada para que se casara con Osmond, su acto fue suyo, y abandonar a Osmond simplemente la privaría de su autonomía.[20] Mientras que los hombres se sacrifican por una *Cosa* (país, libertad, honor), sólo las mujeres son capaces de sacrificarse por nada (*o:* los hombres son morales mientras que sólo las mujeres son propiamente éticas).[21] Recientemente, Dominick Hoens y Ed Pluth

[19] Regina Barreca, "Introduction", en: Henry James, *The Portrait of a Lady*, Nueva York, Signet Classic, 1995, p. XIII.

[20] La primera en realizar un gesto homólogo fue Medea como una anti Antígona: primero mata a su hermano (su familiar más cercano), luego rompe radicalmente con sus vínculos haciendo imposible toda vuelta atrás y apostando en exclusiva a su casamiento con Jasón. Luego de haber traicionado a toda persona *por* Jasón y luego ser traicionada *por* el mismo Jasón, nada le queda, se encuentra en un vacío –el vacío de la negatividad autovinculante, el de la "negación de la negación", que es la subjetividad misma–. Así es momento de afirmar a Medea contra Antígona: Medea o Antígona, ésa es hoy la elección definitiva. En otras palabras, ¿cómo habremos de enfrentar al poder? ¿Por medio de la fidelidad a las viejas Costumbres orgánicas amenazadas por el Poder, o violentando al Poder mismo? Dos versiones de la feminidad: Antígona puede seguir siendo interpretada como una representación de las raíces de la familia particular enfrentada a la universalidad del espacio público del Poder estatal; Medea, por el contrario, desuniversaliza el propio Poder universal.

[21] ¿Cómo hemos de leer la trilogía femenina de Lars von Trier (*Contra viento y marea, Bailarina en la oscuridad* y *Dogville*)? En las tres películas, la protagonista (Emily Watson, Björk, Nicole Kidman) está expuesta a sufrimientos y humillacio-

propusieron una perspicaz lectura de la interpretación de Lacan sobre *El rehén*: en el intenso final de la pieza, Sygne de Coufontaine, su protagonista, se interpone entre Turelure, su repugnante y corrupto esposo, y Charles, su verdadero amor, interceptando la bala de la pistola apuntada por Charles contra Turelure. Luego, cuando Turelure le pregunta a la moribunda Sygne por qué lo hizo,

> Sygne no da respuesta o en realidad es su cuerpo el que ensaya una respuesta bajo la forma de un tic, un signo de "no". Sygne, quien lo sacrificó todo para poder preservar un orden de cosas pasado, quien rompió su compromiso con su primo para poder salvar al Papa, no puede ni quiere tolerar este último y definitivo sacrificio a Turelure. [...] Sygne abandona todo para poder unirse a un enemigo, Turelure, y en última instancia salva su vida del disparo de su primo, pero al pedírsele que confiese que lo hizo por amor marital sólo responde con un *gesto* de negación. El lugar donde Sygne lo abandona todo para poder entrar a un universo

nes terroríficas cuando no abiertamente melodramáticas; sin embargo, mientras en los dos primeros filmes, su ordalía culmina en una muerte dolorosamente desesperada, en *Dogville* ella impiadosamente retrocede y ejecuta una cruel revancha contra el despreciable trato de los residentes de la pequeña ciudad donde se había refugiado, matando personalmente a su ex amante. Este desenlace no puede sino provocar en el espectador una satisfacción profunda aunque éticamente problemática: todos los que obran mal reciben su castigo con intereses. ¿Se podría darle también un giro feminista: luego de los espectáculos de mujeres masoquistas que sufren hasta el límite, finalmente la víctima reúne la fuerza para regresar con una venganza, afirmándose como un sujeto que retoma el control absoluto de su situación? Así parece que obtenemos lo mejor de ambos mundos: no sólo queda satisfecha nuestra sed de venganza, sino que incluso se legitima en términos feministas... Lo que estropea esta fácil solución no es el predecible (pero falso) contraargumento "feminista" de que su victoria se compensa por haber adoptado las actitudes violentas "masculinas". Hay otro aspecto al que hay que darle toda su importancia: la protagonista de *Dogville* está en condiciones de poner en marcha su implacable venganza en el momento en que su padre (un jefe de la mafia) llega a la ciudad en su búsqueda –en resumen, su rol activo marca su renovada sumisión a la autoridad paterna–. Por el contrario, es su aceptación aparentemente "masoquista" del sufrimiento en el primero de los dos filmes la que se halla más cerca del *Versagung* femenino.

> simbólico que no es el suyo aparece más adelante como una negación de ese orden. ¿No se trata acaso de un punto final del orden simbólico donde un rasgo horrible y obsceno pone a todo el orden en cuestión y resulta así una pura negación de aquello que representa el orden? La propia Sygne se convierte en sí misma en un signo encarnado, al decir "No" al punto en que empieza la introducción del sujeto o su asunción del orden simbólico (con un sacrificio primordial).[22]

La *Ver-* de la *Versagung* de Sygne permite así al sujeto "rechazar el orden simbólico dentro del orden simbólico".[23] Hoens y Pluth proponen aquí una perspicaz lectura de lo que Lacan llamó más tarde *sinthome.* Sin embargo, la dimensión del rechazo inherente que corresponde a la *Versagung*, su cualidad autonegadora, casi *Aufhebung*, no entra sólo con el *sinthome* del *no* de Sygne; ya resulta claramente discernible en la situación posterior a su casamiento, como el resultado final de haberlo sacrificado todo: lo sacrifica todo por X, su Causa (el viejo orden encarnado en el Papa), la Cosa que realmente importa y, como resultado, termina por perder su propio X... Así es que hay que complicar el análisis de Hoens y Pluth: existen cuatro actos que realiza Sygne en *El rehén*: (1) las patéticas bodas entre Sygne y George, promesa de amor y fidelidad eternos para preservar el orden tradicional –el acto elemental, de nivel cero, de afirmar la propia fidelidad a la propia Sustancia ética–; (2) su decisión de casarse con Turelure, sacrificándolo todo por el Papa, símbolo del viejo orden; (3) su acto suicida de interceptar la bala destinada por George a Turelure, salvando así su vida; (4) su "No" final, el rechazo a inscribir ese gesto sacrificial en el orden ideológico-simbólico existente. El enigma crucial aquí no es (4), el "No" de Sygne, sino más bien (3): ¿por qué interceptó Sygne la bala? Su "No" viene después, señala la insistencia de Sygne en el carácter radicalmente ético de su

[22] Dominick Hoens y Ed Pluth, "The *sinthome:* A new way of writing an old problem?", en: Luke Thurston (ed.), *Re-Inventing the Symptom*, Nueva York, Other Press, 2002, pp. 8-9.

[23] *Ibid.*, p. 9.

gesto suicida (en el sentido lacaniano del término), es decir, su rechazo a adherir a la recuperación ideológica convencional de (3) como un gesto por fuera del deber marital y del amor (o cualquier otra lectura que pudiera reinscribir este acto en el campo de las motivaciones "patológicas" en el sentido kantiano del término, como la idea de que, por su natural bondad, ella actuara para salvar una vida humana amenazada). ¿Pero es acaso su "No" una especie de mínima resistencia, el rechazo de un sacrificio, en el sentido de "Ya he llegado muy lejos, pero *esto* no lo haré…"? ¿No es demasiado simple decidir que su "No" apunta a una respuesta pascaliana: "Llegué hasta determinado punto en hacer lo que se espera de una esposa fiel, he sacrificado mi vida por mi esposo, pero no me obliguen ahora, en mi lecho de muerte, a confesar que actué según mis convicciones sobre la ideología marital o cualquier otra, déjenme quedarme con mi vida interior"? Lejos de señalar que ella "no habrá de tolerar su último y definitivo sacrificio a Turelure", el "No" de Sygne apunta en realidad a su insistencia en la "pureza" de su sacrificial gesto suicida: Sygne lo realizó por sí mismo, su acto no puede ser inscripto en ninguna economía sacrificial, en ninguna estrategia calculada. En otras palabras, este "No" no es un "No" a un contenido en particular, la negación a revelar un secreto, a exhibir la intimidad de nuestra verdadera motivación, cierto contenido personal y secreto, sino un *"No como tal", la forma del No que es en sí todo su contenido*, detrás del cual no hay nada. Este acto de pura pérdida es constitutivo de lo Simbólico mismo, por lo cual, a este respecto, Hoens y Pluth tienen razón: el gesto de Sygne de separarse de lo Simbólico repite la forma misma de la entrada del sujeto a lo Simbólico.

Sin embargo, es crucial no confundir este "¡No!" con el "¡No!" como el nivel cero de la prohibición simbólica, como el "¡No!" puramente formal que fundamenta al orden simbólico (lo que Lacan llama el "No del Padre (*le Non-du-Pere*)": el "No" de Sygne se refiere más a una negación primordial, un rechazo/abandono femenino que no puede reducirse a un "No" paternal constitutivo del orden simbólico. Ya a nivel abstracto, la diferencia entre ambos queda clara:

mientras que el "No" paternal es puramente formal, el de Sygne, por el contrario, es un "No" encarnado en un pequeño fragmento de lo real, el recordatorio excremental de un desagradable tic "patológico" que se aleja de la forma simbólica. Así, los dos "No" son como la misma X en las dos bandas opuestas de una cinta de Moebius: si el "No" paternal es la pura forma, un lugar vacío y sin contenido, el "No" de Sygne es un elemento excesivo que carece de lugar "apropiado".

El término "separación" debe ser tomado en su preciso sentido lacaniano, es decir, en el sentido contrario a la oposición entre alineación y separación. La *Versagung* contenida en el movimiento de (1) a (2) –o, más exactamente, la *Versagung* que sucede como giro inherente a (2)– tiene lugar a nivel de la alienación: designa un desplazamiento desde la alienación enfática con la Causa por la cual el sujeto está dispuesto a darlo todo a la pérdida de la Causa misma: después de que he sacrificado todo, mi felicidad, mi honor, mi riqueza, por la Causa, súbitamente percibo que he perdido la Causa misma; de ese modo, mi alienación se duplica, se refleja a sí misma. Por el contrario, lo que ocurre en (3) y (4) pone en acto la separación de lo Simbólico: se pasa del gran Otro al pequeño otro, del A al a, la marca/núcleo del ex timado del A, del orden simbólico (el orden de las identificaciones simbólicas, de asumir mandatos-títulos simbólicos) a cierto leve tic, gesto patológico personal, que sostiene la coherencia mínima del sujeto. Del mismo modo que, cuando sacrifico todo por la Causa, termino por perder (traicionar) la Causa misma, cuando me alieno plenamente, sin restricciones, en lo Simbólico, termino reducido a un diminuto objeto/tic excremental que surge y mancha lo Simbólico, como Edipo en Colona... No sorprende, entonces, que en el seminario sobre la angustia (1962-1963)[24] que elabora las consecuencias del seminario sobre la transferencia con su lectura de *El rehén*, Lacan cambie su posición respecto al sostén definitivo del orden significante. En su *écrit* clave sobre la subversión del sujeto y la

[24] Véase Jacques Lacan, *Le Seminaire, livre X: L'angoisee*, París, Seuil, 2004 [trad. esp.: *El seminario. Libro 10: La angustia*, Barcelona, Paidós, 2004].

dialéctica del deseo, la respuesta de Lacan es: el significante fálico *qua* significante "reflexivo", el significante del Otro barrado, el significante de la ausencia de significante, el significante sin significante, el significante que, aunque privado de todo sentido determinado, representa la pura potencialidad de significado –esto significa que, a pesar de que aquí Lacan resulte claro respecto de la incoherencia del gran Otro, sobre su carácter barrado, sobre el hecho de que "no existe Otro del Otro", que el orden simbólico se convierte en un círculo vicioso, que carece de toda garantía, de todos modos se esfuerza por inscribir esta misma ausencia en el orden significante, bajo la forma de un paradójico significante "reflexivo" que marca la ausencia misma y de ese modo permite que funcione el orden simbólico.[25] Enseguida después, Lacan brinda una nueva respuesta a la cuestión,

> que es la garantía de la función del Otro que se abandona a la indefinida referencia de significaciones. En el seminario sobre la angustia, la respuesta descarta la (previa) respuesta significante y plantea: esta garantía sólo puede consistir en que, en algún lugar, existe goce. Luego –hay más etapas, estoy resumiendo– se necesita como garantía del orden significante, de la cadena significante [...] un trozo del cuerpo, una libra de carne, es decir que debe cederse un órgano. El sujeto debe separarse de un órgano, pero este órgano no es el medio por el cual se transforma en significante, es un órgano-goce. Más adelante en sus enseñanzas, Lacan llamará a ese órgano condensador del goce, un exceso de placer, es decir, esa parte del goce que se resiste a ser contenida por la homeostasis, por el principio del placer.[26]

No se debe confundir, de modo seudohegeliano, el "No de Sygne" con el gesto-cero de negatividad que funda el orden simbólico; no se trata de un "no" significante, sino en realidad de una especie de

[25] Véase Jacques Lacan, "La subversion du sujet et la dialectique du decir", *Ecrits*, París, Seuil, 1966 [trad. esp.: "Subversión del sujeto y dialéctica del deseo en el inconsciente freudiano", *Escritos*, México, Siglo XXI, 1982].

[26] Jacques-Alain Miller, "Introduction a la lecture du Seminaire de *L'angoisse* de Jacques Lacan", *La Cause Freudienne*, núm. 58, París, 2004, p. 99.

gesto corporal de (auto)mutilación, la introducción de una mínima torsión, del espacio curvo de la pulsión, del vacío alrededor del cual circula la pulsión. En esto reside la identidad especulativa superior hegeliana, el "juicio infinito" que se halla en los fundamentos mismos del orden simbólico: "el Espíritu es un hueso", es decir, el orden simbólico ideal, el universo (cuasi) autónomo de significado que flota por encima de la realidad común, está (vinculado por una especie de cordón umbilical a) en un tic/protuberancia repulsiva que surge del cuerpo humano, desfigurando su unidad...

El giro "materialista" que hay que dar a este gesto radical de "infinita resignación" parece obvio –lo encontramos en Nietzsche: ¿qué sucede si, aunque acepte el planteo de Kierkegaard sobre la primacía del Devenir en la vida humana, sobre la imposibilidad para un individuo de asumir el "punto de vista de la finalidad" respecto de su propia vida, *afirmo* gozosamente el no-Todo del Devenir en su apertura e incertidumbre?–. En otras palabras, ¿qué pasaría si, luego de sostener que ningún objeto, idea o valor positivo puede brindarle sentido a la Totalidad de mi vida, *renuncio a la necesidad misma de esa Medida*? La expresión de desesperación de Kierkegaard se transforma en lo que Nietzsche llama "la inocencia del devenir (*die Unschuld des Werdens*): nuestra vida no precisa ninguna Medida trascendente para conferir significado a su totalidad, es un juego incesante de creación de nuevos sentidos y valores... Sin embargo, ¿qué pasaría si Kierkegaard tiene razón en esto? ¿Qué ocurriría si esa afirmación directa de la primacía del Devenir sobre el Ser es demasiado rápida? ¿Qué pasaría *si se pasa por alto una brecha en el Devenir*, un callejón sin salida que propulsa el proceso del Devenir? Es decir que, por supuesto, la resignación kierkegaardiana "no es la caída en una 'pérdida de sentido', en un 'nihilismo' que sólo resulta posible como una derrota del deseo de una posible significación humana que debe por consiguiente estar presente, pero una significación que la vida puede adoptar como un rodeo de ese mismo deseo".[27] Una réplica nietzscheana po-

[27] Michael Weston, *op. cit.*, pp. 154-155.

dría ser: ¿qué pasaría si llego hasta el final y rodeo no sólo este deseo de una significación humanamente posible, sino *el deseo de significación (para el sentido de mi vida en su totalidad) como tal?* ¿Por qué es insuficiente esta réplica?

A lo que nos enfrenta la "infinita resignación" kierkegaardiana es al puro Sentido, al Sentido como tal, reducido a una forma vacía de Sentido que permanece luego de renunciar a todo Sentido finito determinado humanamente: puro, incondicional, el Sentido sólo puede *aparecer* (y *debe* aparecer) como sinsentido. El contenido del puro Sentido sólo puede ser negativo: el vacío, la ausencia de Sentido. Nos movemos aquí con una especie de correlato filosófico-religioso al "Cuadrado negro sobre superficie blanca" de Malevich: el sentido queda reducido a la mínima diferencia entre la presencia y la ausencia del sentido mismo, es decir, en estricta homología con la lectura del "maná" de Lévi-Strauss como el significante-cero, el único "contenido" del puro Sentido es su propia forma como opuesta al no-Sentido. Esta posición extrema es, quizás, lo que Nietzsche no toma en cuenta: salta demasiado rápido del Sentido determinado e impuesto al proceso sin sentido (sin fundamento) del Devenir que genera todo sentido.

Las trampas del puro sacrificio

Entre los realizadores cinematográficos, Andrei Tarkovski se centró en el mismo acto de sacrificio sin sentido como la última garantía de sentido –sus últimas dos películas, *Nostalgia* y *Sacrificio* son profundamente kierkegaardianas–. El protagonista de *Sacrificio*, Alexander, vive junto a su numerosa familia en una remota cabaña de la campiña sueca (otra versión de la misma *dacha* rusa que obsesiona a los personajes de Tarkovski). La celebración de su cumpleaños queda arruinada por las terribles noticias que anuncia el vuelo bajo de los jets: el comienzo de la guerra nuclear entre las superpotencias. En su desesperación, se dedica a rezarle a Dios, ofreciéndole todo lo que le es más preciado para que haga que la guerra no ocurra. La guerra se "deshace" y al final del filme Alexander, en un gesto sacrificial, incendia su amada cabaña y es llevado a un manicomio... Este motivo de un acto puro, sin sentido, que restaura el sentido a nuestra vida terrestre, es el núcleo de las dos últimas películas de Tarkovski, filmadas en el exterior; el acto es realizado en ambas oportunidades por el mismo intérprete (Erland Josephson) quien, como el viejo tonto Domenico, se quema en público en *Nostalgia* y, como el protagonista de *Sacrificio*, quema su casa, su posesión más preciada, lo que es "en él más que él mismo". (Esto abre una conexión posible con *Contra viento y marea* de Lars von Trier, que también culmina en un acto de sacrificio de la protagonista: si se marcha en el barco con el violento marino y deja que le pegue, probablemente hasta morir, este sacrificio habrá de sanar a su esposo paralítico.) Tarkovski se da perfecta cuenta de que un sacrificio, para poder funcionar y ser eficiente, debe ser en cierto modo "sin sentido", un gesto de despliegue o ritual "irracional", inútil (como atravesar la piscina vacía con una vela o quemar la propia casa); la idea es que sólo un gesto que se realice espontáneamente, un gesto no justificado en ninguna consideración racional, puede restaurar la fe inmediata que habrá de liberarnos y curarnos de la enfermedad espiritual moderna. Incluso uno se tienta de formular esta lógica tarkovskiana del sacrificio sin sentido en términos de una inversión heideggeriana: el Sentido definitivo del sacrificio es el sacrificio del propio Sentido. El punto crucial aquí es que el objeto sacrificado (quemado) al final de *Sacrificio* es el verdadero objeto definitivo del espacio fantasmático de Tarkovski, la *dacha* de madera que representa la seguridad y las auténticas raíces rurales del Hogar; sólo por esta razón, *Sacrificio* es el adecuado filme final de Tarkovski.[28]

La posición de Kierkegaard respecto de este punto límite es extremadamente ambigua; debe ser mínimamente rectificada para obte-

[28] Para un análisis más detallado de los filmes de Tarkovski, véase Slavoj Žižek, "The Thing from Inner Space", en *Sexuation* (SIC, vol. 3), Durham, Duke University Press, 2001.

ner la adecuada teoría materialista de la subjetividad. El problema es que, a pesar de su radical posición antifilosófica, Kierkegaard repite el gesto cartesiano fundamental, de modo que podemos designar su operación más elemental como una especie de "cogito existencial". El punto de partida tanto para Descartes como para Kierkegaard es la duda radical: en Descartes es cognitiva, en Kierkegaard, existencial, una desesperación que concierne a la significación de toda nuestra vida; en Descartes, esa duda es llevada a su extremo en la hipótesis del "espíritu malvado" y en Kierkegaard esa desesperación nos empuja a la "resignación infinita". A través de esa duda, emerge en Descartes un puro cogito que en Kierkegaard adquiere los rasgos de singularidad de la primera persona, del yo, la inevitable presuposición de todo pensamiento y toda acción. Y en ambos casos, la duda se resuelve por medio de la referencia a Dios: en Descartes, un Dios que no engaña y garantiza así la verdad de nuestras ideas; en Kierkegaard, un Dios en el cual únicamente la creencia puede brindar sentido a la totalidad de mi vida. El procedimiento de Kierkegaard sigue siendo trascendental: su pregunta es por las *condiciones de posibilidad* de llevar una vida plena de sentido, y la creencia surge como la única respuesta verdaderamente viable.

Patricia Huntington[29] trató de establecer un adecuado equilibrio, una especie de síntesis entre el compromiso ético concreto de Kierkegaard y la ontologización de la ética de Heidegger, que suspende este compromiso apelando a su neutralización. Por un lado, la insistencia de Kierkegaard en el auténtico compromiso personal enfatiza la necesidad de una concreta responsabilidad ética, para que me comporte como responsable por lo que soy, pero deja intacto el tradicional marco de referencia ontológico que sostiene los modos inauténticos de existencia (Kierkegaard formula su verdadera subversión de

[29] Véase Patricia Huntington, "Heidegger's reading of Kierkegaard revisited: From ontological abstraction to ethical concretion", en: Martin Matustik y Merold Westphal (comps.), *Kierkegaard in Post/Modernity*, Bloomington, Indiana University Press, 1995.

la ontología tradicional griega del universo positivo cerrado en términos tomados de ella: habla de sujeto, de verdad, de dialéctica...). Por otra parte, Heidegger elabora la oposición entre modos auténticos e inauténticos del *Dasein*, revolucionando el marco de la ontología tradicional, pero el precio que paga por esto es que su oposición queda privada de la dimensión del compromiso ético concreto, traducido a una especie de prototrascendental, *a priori* formal, indiferente a las cosas concretas (Heidegger, de un modo sintomático, insiste repetidamente en que el hecho de que recurra a términos con una clara connotación ética negativa para designar el modo inauténtico del *Dasein* debe ser tomado como una descripción ontológica completamente neutral).

El problema aquí es que no existe síntesis posible. Los dos modos no pueden convivir: nunca se podrá lograr un compromiso ético concreto basado en una reflexión filosófica absolutamente crítica. Por un lado, para que el compromiso ético sea realmente vinculante e incondicional, debe basarse en la *doxa* aceptada (que, por supuesto, significa en este caso la *doxa* impregnada de la tradición de la ontología metafísica). Ese compromiso no puede sobrevivir a un escrutinio interminable y autorreflexivo, a un cuestionamiento ilimitado de sus presuposiciones. Por otra parte, la reflexión filosófica crítico-histórica hace fácilmente visible que las normas sobre las cuales descansa nuestro compromiso son la fuente definitiva de la "regresión" a lo no ético, al modo inauténtico de existencia, es decir que no resultan nunca suficientes para fundamentar una actitud ética adecuada (a su propio modo, Kierkegaard se daba perfecta cuenta de esto cuando postulaba la necesidad de la suspensión religiosa de las normas éticas universales como la verdadera plenitud de lo ético). La referencia al conjunto establecido de normas es así, simultáneamente, la condición de posibilidad y la condición de imposibilidad del compromiso ético: uno debe referirse a ella, pero, al mismo tiempo, esta dimensión normativa, en su forma determinada, de algún modo traiciona desde siempre a la Otredad de la cual emana todo llamado/mandamiento ético.

Esto significa que ambos aspectos son falsos: la ridiculización de Heidegger de toda elección como "óntica" así como la crítica liberal-democrática de Heidegger al modo de Habermas, que se centra en la indiferencia de Heidegger hacia los problemas "ónticos" del terror, el abuso, la democracia, la justicia y la violación de los derechos humanos. Lo que ambos aspectos tienen en común es su imposibilidad de fundamentar un compromiso ético concreto. En este sentido, ambos son "formalistas", es decir que los dos remiten a cierto marco universal de referencia (el Destino histórico de las Épocas del Ser; las normas de procedimiento universales, pragmáticas de la ética comunicacional) que precede y es externo al compromiso ético óntico en una situación concreta. En otras palabras, la indiferencia de Heidegger hacia los problemas de los derechos humanos, la democracia, etc., como dilemas éticos que no merecen la preocupación filosófica es la imagen-espejo de las presuposiciones universales y pragmáticas y normativas de Habermas. Lo que ambas posiciones rechazan es la situación de contingencia radical, en la cual no hay garantía para mis decisiones, en la cual el agente debe enfrentarse al abismo de la libertad. Habermas apela al miedo por la ausencia de un marco universal normativo de referencia: para él, cuando renunciamos a ese marco universal, queda abierto el camino al decisionismo protofascista "irracional", se renuncia al proyecto del Iluminismo... Sin embargo, ¿qué pasaría si esta ausencia de un marco universal *a priori* –de un marco indiferente a las contingencias de la lucha política– es aquello que, precisamente, abre el espacio para la lucha (por la "libertad", la "democracia", etc.)? ¿No es ésta la lección de Kierkegaard, que toda traducción de la ética a algún marco universal positivo traiciona desde el comienzo el fundamental llamado ético y, por lo tanto, queda necesariamente entrampado en sus incoherencias? Por lo tanto, ¿es la única posición ética la aceptación de esta paradoja y su desafío?

Comencemos con la explicación que da Kierkegaard del salto de la inocencia al pecado; en el estado primordial de un espíritu que sigue estando dormido y por eso ignorante,

> existe paz y reposo, pero existe simultáneamente algo más que no es enfrentamiento ni rivalidad, pues en realidad no hay nada por lo cual pelearse. ¿Qué es entonces? Nada. ¿Pero qué efecto tiene esa nada? Produce angustia. Éste es el secreto profundo de la inocencia, que es al mismo tiempo angustia. De modo onírico, el espíritu proyecta su propia realidad, pero su realidad no es nada y la inocencia siempre ve a esta nada como fuera de sí.[30]

Esta angustia sigue estando dentro del dominio de la psicología: "La angustia es una calificación del espíritu que sueña, y como tal tiene su lugar en la psicología".[31] Aquí hay que ser muy claros: la dimensión no psicológica de la que habla Kierkegaard, es decir, aquella que, para él, es del orden de lo sobrenatural que no puede ser explicado por la ciencia, es estrictamente equivalente a lo que Freud llamaba "metapsicología". El pasaje al dominio ético de la culpa, del bien y del mal, implica un salto (una caída en el pecado) que, visto desde la psicología, se reduce claramente a una ambigüedad (amamos lo que tememos, etc.). Lo que, según Kierkegaard, perturba la paz y el equilibrio primordiales del "espíritu en sueños" es una intervención desde afuera, la prohibición divina:

> Cuando se presume que la prohibición despierta el deseo, que se adquiere conocimiento en lugar de ignorancia, en ese caso Adán debe conocer la libertad, pues su deseo fue utilizarla. Por lo tanto, la explicación se sigue de esto. La prohibición le produce angustia, pues le despierta la posibilidad de la libertad. Lo que pasó por la inocencia como la nada de la angustia ha entrado ahora a Adán y vuelve aquí a ser una nada –la angustiosa posibilidad de *ser capaz de*–. No puede concebir lo que es capaz de hacer, de otro modo –y es lo que suele ocurrir– lo que viene después, la diferencia entre el bien y el mal, debería ser presupuesta. Sólo la posibilidad de ser capaz está presente como una forma superior de igno-

[30] Sören Kierkegaard, *The Concept of Anxiety*, Princeton, Princeton University Press, 1982, p. 41 [trad. esp.: *El concepto de angustia*, Madrid, Espasa Calpe, 1982].

[31] *Ibid.*

> rancia, como una expresión superior de angustia, [...] pues en un sentido superior la ama y huye de ella.[32]

Sin embargo, a pesar de que esta prohibición llega de afuera, sus efectos –el surgimiento de la angustia de libertad– pueden seguirse explicando en términos de psicología; el salto crucial llega después:

> La angustia puede compararse con la intoxicación. Aquel a quien se le ocurre mirar los abismos abiertos se siente descompuesto [...]. Por ende, la angustia es la intoxicación de libertad, que surge cuando el espíritu que pretende postular la síntesis y la libertad considera su propia posibilidad, apelando a la finitud para sostenerse. La libertad sucumbe en esta intoxicación. La psicología no puede ni pretende ir más allá de esto. En ese momento todo cambia y la libertad, cuando vuelve a aparecer, ve que es culpable. Entre esos dos momentos está el salto, que ninguna ciencia ha explicado y que ninguna ciencia puede explicar.[33]

Aquí es fundamental que la temporalidad sea precisa. Alucinado por el abismo de su propia libertad, el espíritu renuncia a ella, buscando sostén en alguna positividad finita (el motivo que luego se volvió popular bajo el nombre de "huída de la libertad"); sin embargo, esta caída en la finitud, condicionada por la debilidad del espíritu (del sujeto), no es aún la Caída propiamente dicha. La Caída sólo ocurre cuando, tras esta caída en la finitud, la libertad *vuelve a surgir, coincide paradójicamente con este surgimiento*; sólo ahora la libertad se percibe como culpable (y, otro aspecto del mismo salto, la sexualidad y lo sensual en sí aparecen como pecaminosos). Entramos al terreno del pecado y la culpa sólo con la *segunda* aparición de la libertad. ¿Por qué?

Para explicarlo adecuadamente, hay que introducir aquí nuevas complicaciones. Existe algo –un paso crucial– que falta en la descripción de Kierkegaard, o sea, la de otro modo refinada sensibilidad

[32] *Ibid.*, p. 45.
[33] *Ibid.*, p. 61.

psicológica lo lleva directamente a esto: no es directo el pasaje del descanso primordial lleno de la alegre ansiedad de la nada a la prohibición, lo que pasa entre medio es lo que Schelling llamaba *Zusammenziehung*, el autoabandono primordial, la contracción egotista primordial.[34] Por este motivo, Kierkegaard procede demasiado rápido al rechazar con ironía el tópico de Schelling sobre los humores y los estados de Dios, del sufrimiento de Dios, etc., y otros "creativos dolores de parto de la deidad"[35] –para Kierkegaard, Dios es la absoluta trascendencia a la que no pueden aplicarse estos predicados antropomórficos (que es la razón por la cual observa burlonamente que, cuando Schelling se ocupa de la frustración de Dios que lo lleva a la creatividad, compara a Dios con el señor Muller...)–; sin embargo, si no se aplican a Dios, se adecuan perfectamente al sujeto humano. Aquí reside la crucial perspectiva de la metapsicología de Freud subrayada por Lacan: *la función de la Prohibición no es introducir perturbaciones en el reposo previo de la inocencia paradisíaca, sino, por el contrario, resolver cierto callejón sin salida terrible.*

Sólo ahora podemos reconstruir la secuencia completa: el reposo primordial es primero perturbado por el acto violento de contracción, de autoabandono que brinda la densidad adecuada al ser del sujeto; el resultado de esta contracción es un callejón sin salida que desgarra al sujeto lanzándolo al círculo vicioso donde sabotea sus propios ímpetus; la experiencia de *este* callejón sin salida es *tremenda* en su aspecto más aterrorizador. Para expresarlo a la manera de Lacan, esta contracción crea un *sinthome*, la fórmula mínima de la coherencia del sujeto – a través de él, el sujeto se convierte en una adecuada *criatura*, y la angustia es precisamente la reacción a este exceso de proxi-

[34] Como para Dios más allá del ser, este tópico forma parte de la tradición metafísica desde Platón (el dios superior como *epekeina tes ousias*) y la tradición de la teología negativa, hasta las insuperables formulaciones del último Schelling acerca de Dios que es una Libertad más allá del Ser en el preciso sentido de que puede Él decidir libremente no sólo si debe crear o no el universo, sino también si debe Él existir o no. *Elige libremente Su ser.* Véase Friedrich W. J. Schelling, *op. cit.*

[35] Sören Kierkegaard, *The concept of Anxiety*, *op. cit.*, p. 59.

midad con el propio *sinthome*. Entonces el callejón sin salida se resuelve a través de la prohibición que brinda alivio al externalizar el obstáculo, al trasponer el obstáculo inherente, la espina en la garganta del sujeto, en un impedimento externo. Como tal, la prohibición hace surgir el deseo propiamente dicho, el deseo de superar el impedimento externo que, luego, da lugar a la angustia de estar enfrentado al abismo de nuestra libertad. Tenemos así la sucesión de tres angustias: la alegre "angustia de nada" que acompaña al reposo de la inocencia primordial; la apagada angustia/temor por la sobreproximidad al propio *sinthome*; la ansiedad de la libertad, de quedar enfrentado al abismo de las posibilidades, de lo que "puedo hacer".[36]

Se debe tener presente la lección de Lacan: aceptar la culpa es una maniobra que nos libera de la angustia y su presencia marca que el sujeto comprometió su deseo. De modo que cuando, en un movimiento descripto por Kierkegaard, uno se aleja de la intoxicación de la libertad buscando un sostén firme en el orden de la finitud, este alejamiento mismo es la verdadera Caída. Más precisamente, este abandono es el mismo que se da ante las imposiciones de la Ley prohibitoria impuesta desde afuera, de manera que la libertad que aparece luego es la de violar la Ley, la libertad atrapada en el círculo vicioso de la Ley y su transgresión, donde la Ley genera el deseo de "liberarse" a través de su violación, y el "pecado" es la tentación inherente a la Ley –la ambigüedad de atracción y repulsión que caracteriza a la angustia no es ejercida ahora directamente por la libertad sino por el pecado–. La dialéctica de la Ley y su transgresión no reside únicamente en el hecho de que la propia Ley solicita su propia transgresión, que genera el deseo de su propia violación; nuestra obediencia a la Ley no es

[36] ¿Y no es posible analizar la noción de angustia en Lacan en el eje de la tríada ISR? En el primer Lacan, la angustia está localizada a nivel imaginario como la reacción del ego a la amenaza del *corps morcele*, el cuerpo desmembrado; más adelante, la angustia aparece localizada en el sujeto (simbólico), señalando el momento de la sobreproximidad del deseo del Otro que amenaza con ocupar la distancia, la ausencia, que sostiene al orden simbólico; finalmente, el deseo tiene que ver con la sobreproximidad del goce.

"natural", espontánea, sino siempre mediada por la (represión del) deseo de transgredirla. Cuando obedecemos la Ley, lo hacemos como parte de una estrategia desesperada de luchar contra nuestro deseo de transgredirla, de modo que cuanto más rigurosamente *obedezcamos* la Ley, más damos pruebas del hecho de que, en lo profundo de nosotros, sentimos la presión del deseo de caer en el pecado. Por lo tanto, el sentimiento de culpa superyoico es correcto: cuanto más obedezcamos a la Ley, más culpables somos, pues esta obediencia *es* efectivamente una defensa contra nuestro pecaminoso deseo.

Lo que cambia con este movimiento es el estatus de la Ley: pasamos de la psicología al orden "metapsicológico" propiamente simbólico como una máquina externa que vive parasitando al sujeto. O, para ponerlo en precisos términos kantianos: la "Caída" es la verdadera renuncia a mi autonomía ética radical: ocurre cuando me refugio en una Ley heterónoma, en una Ley que es experimentada como impuesta desde el exterior, es decir, la finitud en la cual busco un sostén para evitar el vértigo de la libertad es la finitud de la Ley externa-heterónoma. En esto reside

La dificultad de ser kantiano

Todo padre sabe que las provocaciones del niño, por más salvajes y "transgresivas" que puedan parecer, en definitiva ocultan y expresan una demanda dirigida a la figura de autoridad, para que establezca un límite firme, para que trace una línea que signifique "hasta aquí y no más allá", permitiendo así al niño adquirir una clara noción de lo que es posible y de lo que no. (¿No pasa acaso lo mismo con las provocaciones histéricas?) Es esto precisamente lo que el analista se rehúsa a hacer, y lo que lo hace paradójicamente tan traumático es el establecer un límite firme que sea liberador. La misma ausencia de un límite firme termina por sentirse como algo sofocante. Es por esto que la autonomía kantiana del sujeto es tan difícil: su implicancia es precisamente que no hay nadie allí afuera, ningún agente externo con "autoridad natural" que pueda hacer el trabajo por mí y fijarme el límite, que soy yo quien debe plantearle un límite a mi natural falta de reglas. A pesar de la célebre posición de Kant de que el hombre es un animal que precisa un amo, esto no debe engañarnos: a lo que apunta Kant no es al lugar común filosófico de acuerdo con el cual, a diferencia de los animales cuyos patrones de conducta se basan en sus instintos heredados, el hombre carece de esas firmes coordenadas que, por ende, deben serle impuestas desde afuera, a través de una autoridad cultural; el verdadero propósito de Kant es señalar que la *necesidad misma de un amo externo es un señuelo engañoso*: el hombre precisa un amo para poder ocultar el callejón sin salida de su propia y difícil libertad y autorresponsabilidad. En este preciso sentido, un ser humano "maduro" y verdaderamente esclarecido es un sujeto que *ya no necesita un amo*, que puede asumir plenamente la pesada carga de definir sus propias limitaciones. La básica lección kantiana (y también hegeliana) fue bien aclarada por Chesterton: "Todo acto de voluntad es un acto de autolimitación. Desear acción es desear limitaciones. En este sentido, todo acto es un acto de autosacrificio".[37] Dentro de la misma línea, un adolescente promiscuo puede participar de extremas orgías en las que circulan sexo y drogas, pero lo que no puede soportar es la idea de que su madre pueda estar haciendo algo similar; sus orgías descansan en la supuesta pureza de su madre que sirve como punto de excepción, la garantía externa: puedo hacer todo lo que quiera dado que sé que mi madre mantiene su lugar puro para mí... Lo más difícil no es violar las prohibiciones en una salvaje orgía, sino hacerlo sin confiar en alguien de quien se supone que no goza para que yo pueda gozar, es decir, *asumir directamente mi propio placer sin la mediación de la supuesta pureza de otro.* (Y lo mismo vale para la creencia: lo difícil no es rechazar la creencia para poder así sorprender a otro creyente, *sino ser no-creyente sin la necesidad de otro sujeto que se supone que cree por mí.*)

[37] Gilbert K. Chesterton, *Orthodoxy*, San Francisco, Ignatius Press, 1995, p. 45 [trad. esp.: *Ortodoxia*, Madrid, Espasa Calpe, 1988].

La limitación de Kant, su compromiso respecto de su propia dificultad, su fracaso en llevar sus consecuencias hasta el final, puede entenderse mejor a través de una distinción, elaborada por Bernard Williams, entre *deber* y *podría* ser:[38] en su formulación del imperativo ético, Kant parece confundirlos, reduciendo, leyendo (equivocadamente), el *deber* (el mandamiento al nivel de lo Real, el duro "no puedo hacerlo de otro modo") como un *podría* ser (el *Sollen* al nivel del inaccesible Ideal simbólico, por el que nos esforzamos pero al que no podemos alcanzar nunca). En otras palabras, Kant confunde el Real como el imposible que *ocurre* (ese que "no puedo hacer") con el Real como el imposible por ocurrir (ese que "no podré nunca cumplir completamente"). Es decir que en la ética kantiana la verdadera tensión no se da entre la idea del sujeto de estar actuando sólo por el sentido del deber y el hecho oculto de que existe efectivamente alguna motivación patológica (el psicoanálisis vulgar); la verdadera tensión es exactamente la opuesta: el acto libre es insoportable, traumático, en su abismo, de modo que cuando realizamos un acto a partir de la libertad y para poder sostenerlo lo experimentamos como condicionado por alguna motivación patológica. Nos tienta referirnos aquí al concepto kantiano clave de planificación: un acto libre *no puede ser planificado*, integrado a nuestra experiencia, de modo que, para poder planificarlo debemos "patologizarlo". Y como regla, el propio Kant confunde la verdadera tensión (la dificultad para adherir y asumir un acto libre) como la tensión convencional del agente que nunca puede estar seguro de que su acto fue efectivamente libre, no motivado por impulsos ocultos y patológicos. Así, respecto de la relación entre *deber* y *podría ser*, el famoso "*Du Kanst, denn du sollst!*" de Kant no debería traducirse como "Tú puedes pues debes" sino, en realidad, más tautológicamente, como "Puedes porque *no puedes hacerlo*". Es así como debería responderse a Lorenzo Chiesa, quien recientemente propuso una perspicaz lectura crítica del tópico de "Kant con Sade":

[38] Véase Bernard Williams, *Moral Luck*, Cambridge, University of Cambridge Press, 1981, p. 125.

> La ética de Kant y la antiética de Sade se esfuerzan de modo similar en exacerbar y finalmente quebrar la dialéctica entre Ley y deseo *qua* transgresión inherente que san Pablo expresó del modo siguiente: "De no haber sido por la Ley, no habría conocido el pecado". La ausencia de mediación entre Ley y deseo a favor de una u otro debería hipotéticamente dar surgimiento o a un *puro goce de la Ley*, en el caso de Kant o, a una –en última instancia indistinguible– *pura ley del goce*, en el caso de Sade. [...] la eliminación de la brecha entre Bien Supremo y la ley moral positiva en Kant también incluye obliterar el espacio para la transgresión inherente que es coextensiva a toda moral; como lo señala repetidamente Lacan, sin ese espacio [...] la sociedad es imposible: "Pasamos nuestro tiempo transgrediendo los diez mandamientos, y es por eso que es posible la sociedad." (E-69) "[...] las sociedades prosperan como resultado de la transgresión de esas máximas" (E-78).[39]

Lo que explica por qué una sociedad ideal kantiana en la que los seres humanos puedan superar su "Mal radical", la inclinación al Mal inscripta en la misma naturaleza humana, y la ley Moral pueda sobreponerse a la naturaleza humana, de modo que obedecer ya no sea experimentado como algo doloroso, como una humillación traumática de nuestro natural egotismo, no es menos "impracticable" que la sociedad claramente "inmoral" aludida por Sade en su "Franceses, un esfuerzo más...". Toda "sociedad efectivamente existente" es un compromiso entre el extremo de la total ignorancia de las reglas morales y el extremo opuesto de la ausencia de sus violaciones; ambas son una amenaza mortal para la sociedad. Las normas simbólicas son *imposibles* (de seguir), pero *necesarias.*

Sin embargo, lo primero que debe señalarse aquí es que, para Kant, el Mal radical no puede ser nunca abolido, de modo que la noción misma de una nueva naturaleza humana en armonía con las exigen-

[39] Lorenzo Chiesa, "Imaginary, symbolic and real otherness: The lacanian subject and his vicissitudes", tesis, University of Warwick, Departamento de Filosofía, 2004, pp. 2.223-2.224 (los números que acompañan a E refieren al número de página en Jacques Lacan, *Ecrits*, París, Seuil, 1966).

cias éticas carece de sentido o, si no, termina siendo una tentación angelical demasiado peligrosa. En relación con el problema de la naturaleza humana, debe señalarse que, tanto en Kant como en Sade, el recurrir a la "naturaleza" es un gesto sintomático por medio del cual se evaden de las consecuencias últimas de su construcción teórica: "La naturaleza es, tanto en Sade como en Kant, el síntoma de lo que permanece no pensado en esos dos pensadores de lo universal".[40]

Es decir que en ambos casos nos enfrentamos con una cierta ambigüedad estructuralmente necesaria del término: Kant define primero a la naturaleza como el Total de los fenómenos, de la realidad fenoménica, en la medida en que se mantiene unida por (y sujeta a) leyes universales; sin embargo más adelante, habla también de otra naturaleza nouménica como el reino de los objetivos éticos, como la comunidad de todos los seres éticos racionales. El mismo exceso de la libertad sobre la naturaleza (el encadenamiento natural de causas y efectos) es así nuevamente naturalizado... Por otra parte, Sade primero concibe a la naturaleza como el sistema de materia indiferente y sujeto a cambio eterno, que sigue inexorablemente su curso sin estar sometido a ningún Amo Divino exterior; sin embargo, en su planteo de que, cuando hallamos placer en torturar y destruir a nuestros semejantes hasta la interrupción natural del ciclo natural de la reproducción, efectivamente cumplimos con la demanda interna de la naturaleza, secretamente incorpora otra forma de naturaleza, ya no el sucederse indiferente de las cosas "más allá del Bien y del Mal", sino la naturaleza que ya está de algún modo subjetivada, convertida en un ente transgresivo/diabólico que nos ordena buscar el mal y encontrar placer en la destrucción y sacrificio de toda forma de moral y compasión. ¿No es esta segunda naturaleza, a la que Lacan se refería como el "Ser Supremo de la Maldad", la contraparte (o el reverso) sadeana de la naturaleza kantiana *qua* la comunidad de seres racionales suprasensibles, el reino de los Objetivos éticos?

[40] Monique David-Menard, *Les constructions de l'universel*, París, PUF, 1997, p. 64.

Esta ambigüedad puede expresarse también en los siguientes términos: ¿qué le brinda efectivamente placer al personaje sadeano? ¿Se trata del mero "retorno a la inocencia de la naturaleza", el seguir sin restricciones las leyes de la naturaleza que también piden destrucción, o se trata del placer inherentemente vinculado a la Ley moral a la que viola, de modo que lo que nos brinda placer es darnos perfecta cuenta de que estamos cometiendo una blasfemia? Esta ambigüedad entre inocencia y corrupción blasfema es irreductible.[41] Así, en ambos casos, tanto en Kant como en Sade, la "elemental" noción neutral de la naturaleza como el mecanismo indiferente que sigue su curso es completada con otra idea "ética" de la naturaleza (el reino suprasensible de objetivos éticos, el diabólico mandamiento de seguir el demoníaco camino de la destrucción), y esta segunda noción de la naturaleza enmascara un cierto gesto de retroceso, de evitar la confrontación con la paradoja última de la propia posición: el siniestro abismo de la libertad sin ninguna garantía ontológica en el Orden del Ser.

Para Lacan, la superación kantiana de la "dialéctica" de la Ley y el deseo –así como la "obliteración del espacio de transgresión inherente" concomitante– es un *punto sin retorno* en la historia de la ética: no hay forma de anular esta revolución y regresar a los viejos buenos tiempos de prohibiciones en los cuales nos sostenía la transgresión. Es por eso que los desesperados intentos neoconservadores de hoy para reafirmar los "viejos valores" son en definitiva una fracasada y perversa estrategia de imponer prohibiciones que ya no pueden considerarse seriamente. No sorprende que Kant sea *el* filósofo de la *libertad*: con él aparece el callejón sin salida de la libertad. Es

[41] Otro aspecto de esta misma ambigüedad es la vacilación de Sade entre solipsismo y placer y la lógica intersubjetiva de la blasfemia: ¿se trata simplemente de que deba ignorar la dignidad del Otro, reduciéndolo a instrumento para satisfacer mis caprichos, de modo que el Otro no esté subjetivado sino reducido a un instrumento impersonal, una especie de recurso masturbatorio para mi placer solitario, o es que obtengo placer al darme cuenta de que estoy humillando al Otro y causándole un dolor insoportable?

decir que con Kant la confianza en cualquier Prohibición preestablecida contra la cual podamos afirmar nuestra libertad ya no es viable, nuestra libertad se afirma como autónoma, toda limitación/imposición resulta claramente *autopostulada*.

Éste es el motivo por el cual hay que desconfiar de la lectura convencional de "Kant con Sade", según la cual la perversión sadeana es la "verdad" de Kant, más "radical" que Kant, que lleva hasta el final las consecuencias que el propio Kant no tuvo el coraje de enfrentar. No es en este sentido que Sade es la verdad de Kant. Por el contrario, la perversión sadeana surge como resultado del compromiso kantiano, de que Kant evite las consecuencias de sus dificultades. Sade es el *síntoma* de Kant: aunque es cierto que Kant se rehúsa a sacar todas las consecuencias de su revolución ética, el espacio para la figura de Sade queda abierto por este compromiso de Kant, por su reticencia a llegar hasta el final, por mantenerse fiel a sus dificultades filosóficas. Lejos de ser simple y directamente la "verdad de Kant", Sade es el síntoma de que Kant traicionara la verdad de su propio descubrimiento –el obsceno *jouisseur* sadeano es un estigma que da testimonio del compromiso ético de Kant; la aparente "radicalidad" de esta figura (la voluntad del personaje sadeano en llegar hasta el final en su *voluntad de goce*) es una máscara de su exacto opuesto–.

Más aun, lejos de ser *el* seminario de Lacan, su *Ética del psicoanálisis* es más bien encrucijada en la cual Lacan se acerca peligrosamente a la versión convencional de la "pasión de lo Real". ¿Acaso no apuntan sin ambigüedades en esta dirección los inesperados ecos entre este seminario y el pensamiento de Georges Bataille, *el* filósofo de la pasión por lo real, si es que alguna vez existió alguno? ¿No es la máxima ética de Lacan, "no negocies tu deseo" (que, y es algo a tener presente, nunca fue nuevamente usada por Lacan en su obra posterior), una versión del mandato de Bataille, "pensar todo hasta el punto de hacer temblar a la gente",[42] llegar lo más lejos po-

[42] Michel Surya, *Georges Bataille*, Londres, Verso Books, 2002, p. 479.

sible –al punto en que coincidan los opuestos, en el que el dolor infinito se convierte en una alegría suprema (discernible en la foto del chino sometido a la terrible tortura de ser cortado en pedazos lentamente), en el cual la intensidad del placer erótico coincide con la muerte, en el que la santidad coincide con la disolución extrema, en el cual el propio Dios se revela como una Bestia cruel–? ¿Es apenas una mera coincidencia que el seminario de Lacan sobre la ética del psicoanálisis y *El erotismo* de Bataille coincidan en fecha? ¿No es el dominio de lo Sagrado de Bataille, de la "parte maldita" la versión que, a propósito de Antígona, despliega Lacan como dominio del *ate?* ¿Acaso no apunta la oposición de Bataille entre "homogeneidad", el orden de los intercambios, y "heterogeneidad", el orden de los gastos ilimitados, hacia la oposición de Lacan entre el orden de los intercambios simbólicos y el exceso del encuentro traumático con lo Real? "La realidad heterogénea es la de una fuerza o *shock?*"[43] ¿Y cómo puede la elevación de la mujer disoluta al estatus de Dios en Bataille no recordar el planteo de Lacan de que la Mujer es uno de los nombres de Dios? Para no mencionar el término de Bataille para la experiencia de la transgresión –imposible– que es la calificación que da Lacan a lo Real... Es esta urgencia de "llegar al final", a la experiencia extrema de lo Imposible como el único modo de ser auténtico, lo que convierte a Bataille en *el* filósofo de la pasión de lo Real –no sorprende que estuviera obsesionado con el comunismo y el fascismo, esos dos excesos contrarios a la democracia que eran "un mundo de apariencias y de ancianos a quienes se les habían caído los dientes"–.[44]

Bataille se daba perfecta cuenta de que su transgresiva "pasión de lo Real" se basa en la prohibición, que es el motivo por el cual se oponía a la "revolución sexual", a la aparición de la permisividad sexual que comenzó en sus últimos años: "En mi opinión, el desorden sexual es-

[43] Georges Bataille, *Visions of Excess*, Manchester, Manchester University Press, 1985, p. 154.

[44] Michel Surya, *op. cit.*, p. 176.

tá excomulgado. A este respecto y a pesar de las apariencias, me opongo a la tendencia que parece hoy arrebatarlo todo. No estoy entre aquellos que consideran que abandonar la prohibición sexual es la solución. Sigo pensando que el potencial humano depende de esas interdicciones: no podemos imaginarnos este potencial sin estas interdicciones".[45] Bataille lleva así a su clímax la interdependencia dialéctica entre la ley y su transgresión –"se necesita el sistema así como el exceso", como le gustaba repetir: "A menudo el propio criminal quiere a la muerte como respuesta a su crimen, para poder impartir finalmente la sanción, sin la cual el crimen sería *posible* en lugar de ser *lo que es*, lo que quería el criminal"–.[46] Ésta fue en definitiva la razón que lo opuso al comunismo: estaba a favor del exceso de revolución, pero temía que el espíritu revolucionario del lujo excesivo quedara después contenido en el nuevo orden, incluso más "homogéneo" que el capitalista: "la idea de una revolución es alucinante, pero ¿qué pasa después? El mundo se recompondrá y recompondrá lo que oprime hoy para que adquiera mañana una nueva forma".[47] Es tal vez por esta razón que Bataille es estrictamente *premoderno*: queda adherido a la dialéctica de la ley y su transgresión, de la ley prohibitiva como generadora del deseo transgresor, que lo empuja a la debilitadora y perversa conclusión de que hay que instalar prohibiciones para poder ser capaz de disfrutar de su violación –una paradoja pragmática claramente irrealizable–. Lo que Bataille no está en condiciones de percibir es simplemente cuáles son las consecuencias de la revolución filosófica kantiana: el hecho de que *el exceso absoluto es el de la propia Ley* –la Ley participa de la estabilidad "homogénea" de nuestra vida orientada al placer como la fuerza de ruptura de la "heterogeneidad" absolutamente desestabilizadora–. En su seminario de la *Ética*, el propio Lacan vacila claramente respecto de este punto clave: en el capítulo IV, interpreta el vínculo entre Ley y deseo siguiendo la

[45] Georges Bataille, *Oeuvres complètes*, París, Gallimard, 1971-1988, vol. III, p. 512.
[46] *Ibid.*, vol. XII, p. 296.
[47] *Ibid.*, p. 232.

línea del modelo "transgresivo" paulino (es la prohibición misma la que genera el deseo de transgredirla), aunque más adelante, hacia el final del seminario, se desplaza hacia la fórmula propiamente kantiana del imperativo categórico (la Ley moral) como directamente idéntica al puro deseo.[48]

Así, lejos de anunciar una solución victoriosa, el "*Kant avec Sade*" de Lacan, su concepción de Sade como la verdad de Kant, nombra más bien un embarazoso problema que Lacan no logra resolver –y al que no enfrenta plenamente– en su seminario de la *Ética*; ¿cómo poder distinguir la aparición del puro deseo –el gesto violento de transgredir el dominio de "servir los bienes" y entrar al temible dominio de *ate*, es decir, la instancia ética del sujeto que "no compromete su deseo"–, de la plenamente consumada "pasión de lo Real", la desaparición-inmersión del sujeto en el goce primordial? Para Chiesa,[49] la solución reside en la tesis que Lacan desplegará más adelante, más claramente en el *El seminario. Libro 23*: no existe la Cosa-goce sustancial más allá de lo Simbólico, el goce es como tal –en términos hegelianos, en su verdadera idea– goce fuera-/dentro de la *ausencia* de sí, un goce que surge cuando su movimiento pierde repetidamente sus objetivos; un placer generado por el propio fracaso repetido. Y por eso, según Lacan, esa circulación repetitiva alrededor del objetivo es lo que define a la pulsión; es claro que "Kant con Sade" (lo indiscernible entre el puro deseo y la inmersión en el abismo del goce primordial) nombra un callejón sin salida constitutivo del deseo como tal, un *impasse* cuya solución ("pasaje") es la pulsión.

[48] Y es sorprendente ver que incluso Jacques-Alain Miller reduce la identidad de la ley y el deseo a este modelo transgresivo, dejando de lado de ese modo el énfasis kantiano de Lacan: "'Deseo es ley' ocupa el lugar de una fórmula comprimida del Edipo. Significa que el deseo y la ley tienen el mismo objeto, pues la ley es la palabra que prohíbe el objeto de deseo y, a través de esta prohibición, dirige al deseo hacia su objeto. Por lo tanto, esto significa que el principio del deseo es igual al principio de la ley" (Jacques-Alain Miller, art. cit., p. 93).

[49] Véase Lorenzo Chiesa, art. cit., p. 242.

¿Qué es entonces la Caída desde la perspectiva kantiana? Recordemos los primeros momentos del despertar feminista. No todo comenzó con ataques directos al patriarcado, sino con la experimentación de la propia situación como injusta y humillante, la propia pasividad como un fracaso para actuar. ¿No es esta superadora percepción del fracaso un signo positivo? ¿Acaso, de un modo negativo, no da testimonio del hecho de que las mujeres perciben claramente la necesidad de afirmarse, que perciben su carencia de posición como un fracaso? Del mismo modo, la "Caída" es el primer paso hacia la liberación: marca el momento del conocimiento, del reconocimiento de la propia posición. "Caer en el pecado" es, por lo tanto, un cambio puramente formal: en él nada cambia en realidad, es apenas la postura del sujeto hacia la realidad la que experimenta un cambio radical. Lo que significa esto es que la Caída en un sentido religioso (el conocimiento del pecado) es ya una reacción contra la caída misma, el alejamiento de la "intoxicación de la libertad". Es por esto que resulta crucial señalar que Kierkegaard pasa por encima de la primera contracción de finitud, la primera emergencia de un *sinthome* que convierte al sujeto en una criatura propiamente dicha y pasa directamente del primer reposo a la Prohibición. Habría que centrarse en la diferencia entre ambas retiradas del vacío del infinito: el primero es la contracción primordial que crea el *sinthome* –precede a la Prohibición–, mientras que es únicamente el segundo, el alejamiento de la "intoxicación de la libertad", el que es la caída propiamente dicha: con ella entramos al dominio del superyó, del círculo vicioso de la ley y su transgresión.

En consecuencia, ¿no está la paradoja de la elección forzosa inscripta ya en la estructura del primer don de Dios al hombre, la libertad? El hombre recibe la libertad con la expectativa de que no la (mal) use para liberarse del Creador, es decir, para volverse efectivamente libre.[50] El único modo de usar el don de la libertad sin incurrir en la culpa es no usarlo en absoluto; en resumen, lo que encon-

[50] Véase Peter Sloterdijk, *Nicht gerettet. Versuche nach Heidegger*, Fráncfort, Suhrkamp, 2001, p. 98.

tramos aquí es la verdadera estructura de la elección forzosa: "eres libre de elegir, con la condición de que hagas la elección correcta...". No sorprende que, de acuerdo con la habitual interpretación gnóstica de la Caída, la serpiente que tienta a Eva en el paraíso es un beneficioso agente de sabiduría que intenta impartir conocimientos a Adán y Eva prisioneros entre las paredes del paraíso por su malvado Creador que pretende mantenerlos en la ignorancia. Sin embargo, hay una tercera (y bastante obvia) solución, ni la lectura ortodoxa de la Caída como el acto del pecado original ni la redención de la Caída como el primer paso hacia la sabiduría: que el propio Dios, al prohibirle explícitamente a Adán y Eva que coman la manzana del árbol del conocimiento, *quiere* efectivamente que ellos violen la prohibición, que den un paso para conocer el bien y el mal y así se den cuenta de la vergüenza de su desnudez. Aquí, Dios resulta incoherente, se muestra dividido, dice una cosa y entre líneas murmura otro mandamiento encubierto. Esto nos lleva al enigma central en relación al sacrificio de Cristo: "Nadie me quita la vida sino que la entrego por mi propia voluntad". Así, Cristo muere libremente, con su consentimiento, pero todos debemos compartir la culpa por su muerte. ¿Por qué? ¿Porque murió por nosotros, para redimirnos, para pagar por nosotros? ¿O tal vez porque pese a que su muerte no habría ocurrido sin su consentimiento, *queríamos* que muriera? La justificación cínico-oportunista de Caifás, el sumo sacerdote hebreo, por entregar a Cristo a los romanos es: "Les resulta práctico a ustedes que un hombre muera por el pueblo, de modo que no perezca toda la nación". ¿No sigue Cristo la misma lógica de convertir al inocente en chivo expiatorio: él, el inocente, fue libremente a la muerte para darle vida eterna a toda la humanidad?[51] Lo que encontramos al final de este camino es el ateísmo, no el espectáculo ridículo patético del

[51] Se debe tomar nota aquí de la irónica superposición: el consejo habitual a los judíos de los "nobles" antisemitas como Wagner es que su única salvación reside en su autoaniquilación, ¿pero no fue Jesús Cristo el judío que hizo precisamente eso para redimirnos a todos?

desafío heroico a Dios, sino la perspectiva de la irrelevancia de lo divino, en la línea de *Herr Keuner* de Brecht:

> Alguien le preguntó a Herr Keuner si existía Dios. Herr Keuner dijo: aconsejo que pienses si tu conducta cambiaría en relación con la respuesta a tu pregunta. Si no ha de cambiar, dejemos de lado la pregunta. Si ha de cambiar, puedo al menos ayudarte en la medida en que te digo que ya lo has decidido: necesitas un Dios.[52]

Brecht tiene razón en esto: jamás estamos en posición de elegir directamente entre teísmo y ateísmo, dado que la elección como tal está colocada dentro del campo de la creencia. El "ateísmo" (en el sentido de decidir no creer en Dios) es una posición patética y miserable de aquellos que desean a Dios pero no pueden encontrarlo (o quienes se "rebelan contra Dios"...). Un verdadero ateo no elige el ateísmo: para él la cuestión misma es irrelevante... ¿Qué pasaría si la próxima batalla ideológica no es la de la religión contra la ciencia (o el hedonismo o cualquier otra forma de materialismo ateo) sino, atravesando en diagonal esta división, la lucha contra una nueva forma "malvada" de espiritualidad gnóstica cuyas formas ya se pueden discernir hoy en las tendencias "protofascistas" de la psicología junguiana, ciertas versiones del hinduismo y del budismo tibetano, etcétera?[53]

[52] Bertolt Brecht, *Prosa 3*, Fráncfort, Suhrkamp, 1995, p. 18.

[53] En relación con la queja habitual sobre la violencia del monoteísmo, es instructivo señalar el violento mensaje de muchos ideólogos de la *New Age*. Según José Argüelles, líder del PAN (Planet Art Network) y de la *New Age Transformation*, Pan fue el primer hijo de la Madre Tierra y solía vivir cerca de su madre en la selva primordial junto a sus hermanos y hermanas, quienes partieron y fundaron las sociedades constructoras de templos (aztecas, egipcios, etc.). Cuando Pan se rehusó a seguir a sus hermanos a las ciudades, lo llamaron malvado y Satán. Inventaron su propia religión egoísta, el cristianismo, que debe ser eliminada porque incluye una visión del Apocalipsis. Ahora la Madre Tierra está enviando a Pan para que nos salve y nos lleve derecho a la Nueva Era. Podemos ayudar rodeándolo, haciendo sonar frecuencias en la matriz de cristal y cumpliendo las directivas recibidas mientras lo hacemos; esto debe incluir la eliminación física de los cristianos, pues son el mayor obstáculo a la transformación.

Hoy, los teístas ya no desprecian a los ateos –por el contrario, uno de sus giros retóricos habituales es enfatizar que, al dejar atrás al abstracto "Dios de los filósofos", los ateos están más cerca del Dios "verdadero" que los teólogos metafísicos: "El pensar sin Dios debe abandonar al dios de la filosofía [...] está [...] tal vez más cerca del Dios divino [...] más abierto a Él que lo que [la metafísica] estaría dispuesta a admitir"–.[54] Incluso en el último Derrida se encuentra una variación de este giro, cuando, en sus reflexiones sobre la plegaria, señala no sólo que los ateos también rezan sino que hoy tal vez sean *los ateos los únicos que realmente rezan*...[55] Contra esta retórica, se puede plantear la verdad *literal* de la afirmación de Lacan, según la cual los teólogos son los únicos verdaderos materialistas.

La comedia de la encarnación

Fue sin duda Kierkegaard quien llevó al extremo esta divina paralaje de tensiones, expresado como nadie en su idea de la "suspensión teleológica de la ética".[56] En "El antiguo motivo trágico como aparece reflejado en el moderno", un capítulo del volumen I de *Either/Or*,[57] Kierkegaard propone su fantasía de lo que habría sido una Antígona moderna. El conflicto está ahora completamente internalizado: ya no hay necesidad de Creón. Aunque Antígona admira y ama a su padre

[54] Martin Heidegger, *Identity and Difference*, Londres, Harper and Row, 1974, p. 72 [trad. esp.: *Identidad y diferencia*, Madrid, Anthropos, 1988].

[55] Véase Jacques Derrida, *Acts of Religion*, Nueva York, Routledge, 1992.

[56] ¿Lo que esta suspensión pone en cuestión es lo que uno se tienta de llamar, dando vuelta la famosa fórmula de Arendt, *la banalidad del Bien*? Recordemos el tan celebrado heroísmo de los bomberos neoyorquinos el 11 de septiembre: en su heroísmo, no hicieron nada excepcional, simplemente "realizaron su trabajo"... Esta banalidad no es la misma "banalidad" del proceso democrático normal; se refiere a la "banalidad" del *heroísmo* extraordinario, no el fluir de la vida (política) ordinaria.

[57] Sören Kierkegaard, *Either/Or*, vol. I, Nueva York, Anchor Books, 1959, pp. 137-162.

Edipo, el héroe y salvador de Tebas, conoce la verdad acerca de él (asesinato del padre, casamiento incestuoso). Su dilema sin solución es que se halla paralizada por compartir estos malditos conocimientos (como Abraham, que tampoco puede comunicar a los demás el mandato divino de sacrificar a su hijo): no puede quejarse, ni compartir su dolor y pesares con los demás. Contrariamente a la Antígona de Sófocles que actúa (entierra a su hermano y por lo tanto asume activamente su destino), es incapaz de reaccionar, condenada para siempre a un sufrimiento pasivo. La carga insoportable de su secreto, de su destructiva *agalma*, termina por conducirla a la muerte en la cual puede encontrar la paz que hubiera podido hallar de poder compartir/simbolizar su dolor y su pena. Y el punto de Kierkegaard es que esta situación ya no es exactamente trágica (una vez más, del mismo modo como Abraham tampoco es una figura trágica).[58] Más aun, en la medida en que la Antígona de Kierkegaard es paradigmáticamente moderna, habría que continuar con este experimento mental e imaginar una Antígona posmoderna con, por supuesto, un giro stalinista en su imagen: contrariamente a la modernista, se hallará en una posición en la cual, para citar al propio Kierkegaard, la tentación será la propia ética. Una versión mostrará a Antígona renunciando públicamente y denunciando y acusando a su padre (o, en una versión diferente, a su hermano Polinices) por sus terribles pecados y lo hará *por amor incondicional hacia él*. La trampa kierkegaardiana es que ese acto *público* hará que Antígona quede aun más *aislada*, completamente sola. Nadie –con la excepción de Edipo, de seguir vivo– habría en-

[58] Fue ya Hegel quien intuyó que la posición moderna de desublimación debilita la percepción trágica de la vida. En su *Fenomenología del espíritu*, completa el famoso proverbio francés "No hay héroes para un lacayo" con "No porque el héroe no sea un héroe, sino porque el lacayo es exactamente un lacayo", es decir, aquel que percibe al héroe en sus rasgos "humanos, demasiado humanos", sus pequeñas debilidades, sus pasiones mezquinas, etc., y resulta ciego a la dimensión histórica de los hechos del héroe; en la modernidad, la perspectiva del lacayo es universalizada. Todas las dignificadas posiciones superiores quedan reducidas a las motivaciones más bajas.

tendido que su traición es el acto supremo de amor... Antígona quedaría así completamente privada de su sublime belleza –y lo que subrayará el hecho de que no sea una pura y simple traidora a su padre sino que lo habría hecho por amor a él será un tic repulsivo apenas perceptible, como el movimiento histérico de los labios de la Sygne de Coufontaine de Claudel, un tic que pertenece ya al rostro: es una mueca cuya insistencia desintegra la unidad de una cara–.

Es para explicar la naturaleza de paralaje del pensamiento de Kierkegaard, a propósito de su tríada de lo estético, lo ético y lo religioso, que debe tenerse presente que la elección, el "uno u otro", es siempre entre dos. El verdadero problema no es la elección entre el nivel estético y el ético (placer versus deber), sino entre lo ético y su suspensión religiosa: es fácil cumplir con el deber contra el placer o los intereses egoístas; es mucho más difícil obedecer el llamado ético-religioso incondicional contra la sustancia ética misma. (Este dilema enfrentado por Sygne es la paradoja extrema del cristianismo como *la* religión de la modernidad: de qué modo –como con Julia en *Brideshead Revisited* de Waugh– si se debe permanecer fiel al deber incondicional que nos corresponde, se debería aceptar lo que podría parecer regresión estética, traición oportunista.) En *Either/Or*, Kierkegaard no otorga una clara prioridad a lo ético, simplemente enfrenta las dos elecciones, la de lo estético y la de lo ético, en un modo puramente de paralaje, enfatizando el "salto" que los separa, la ausencia de toda mediación entre ambos. Lo religioso no resulta de ninguna manera la "síntesis" mediadora entre los dos, sino, por el contrario, la afirmación radical de la brecha de paralaje (la "paradoja", la ausencia de una medida común, el insuperable abismo entre lo Finito y lo Infinito). Es decir, lo que vuelve problemáticos a lo Estético o a lo Ético no son sus características positivas respectivas sino su misma naturaleza formal: el hecho de que, en ambos casos, el sujeto quiera llevar un modo coherente de existencia y negar así el antagonismo radical de la situación humana. Éste es el motivo por el cual la elección de Julia al final de *Brideshead Revisited* es propiamente religiosa, *a pesar de ser, en una primera visión, una elección por lo estético (tener relaciones amorosas) contra lo ético (el casamiento):* lo que importa es que ella enfrenta y asume plenamente la paradoja de la existencia humana. Esto significa que su acto implica un "salto de fe": no hay garantías de que el optar por los *affaires* amorosos sea apenas eso –un alejamiento de lo ético a lo estético (del mismo modo que no hay garantía de que la decisión de Abraham de matar a Isaac no sea una locura privada)–.[59] Nunca estamos a salvo dentro de lo religioso, la duda permanece siempre, el mismo acto puede ser visto como religioso o como estético, en un desplazamiento de paralaje que no puede ser nunca abolido, dado que la "mínima diferencia" que transustancia (que parece ser) un acto estético en religioso no puede nunca ser especificada, ubicada en una determinada propiedad.

Sin embargo, esta ruptura de paralaje queda a su vez atrapada dentro de una paralaje: se puede considerar que nos condena a una perpetua angustia pero también a algo inherentemente *cómico*. Éste es el motivo por el cual Kierkegaard insistía en el carácter *cómico* del cristianismo. ¿Existe algo más cómico que la encarnación, esa ridícula coincidencia de lo supremo y lo más bajo, la coincidencia de Dios, creador del universo, y un miserable hombre?[60] Recordemos una escena cómica elemental de alguna película: luego de que las trompetas anunciaran la entrada del rey al salón real, el público sorprendido ve un payaso miserable y deforme que entra tropezando... ésta es la lógica de la encarnación. El único comentario propiamente *cristiano* sobre la muerte de Cristo es por lo tanto: *"La commedia*

[59] Es crucial señalar que Abraham no es en modo alguno un hombre que dice a todo que sí, sino alguien que no teme enfrentarse abiertamente a Dios; se opone tenazmente al plan de Dios de destruir a los sodomitas, trata de convencerlo de que considere a los buenos que habrán de morir junto con los pecadores. Por eso, ¿por qué acepta cuando es su propio hijo el que está en juego? Siguiendo la moda reciente de la historia contrafáctica ("¿Qué hubiera pasado si?"), resultaría interesante ocuparse de la hipótesis de qué hubiera pasado si Abraham hubiera dicho que no a la exigencia de Dios.

[60] Véase Sören Kierkegaard, *The Humor of Kierkegaard. An Anthology*, ed. y prólogo de Thomas C. Oden, Princeton, Princeton University Press, 2004.

e finita...". Y, una vez más, el punto es que la brecha que separa en Cristo a Dios del hombre es claramente una brecha de paralaje: Cristo no es una persona con dos sustancias, inmortal y mortal. Tal vez esto sería también una manera de distinguir entre gnosticismo y cristianismo: el problema con el gnosticismo es que resulta tan serio cuando desarrolla su narración del ascenso hacia la Sabiduría que pierde de vista el costado humorístico de la experiencia religiosa. Los gnósticos son cristianos que *no perciben el lado gracioso* del cristianismo... (Y, de paso, éste es el motivo por el cual la *Pasión* de Mel Gibson es en última instancia un filme anticristiano: carece por completo del aspecto cómico.)[61]

Como sucede muy a menudo, Kierkegaard queda inesperadamente cercano a su gran oponente oficial, Hegel, para quien el pasaje de la tragedia a la comedia implica superar los límites de la representación: mientras que en la tragedia el actor individual representa al personaje universal al que interpreta, en una comedia *es* inmediatamente ese personaje. Queda así cerrada la brecha de la representación, exactamente como en el caso de Cristo, quien, contrariamente a las previas divinidades paganas, no "representa" algún poder o principio universal (como en el hinduismo en el que Krishna, Vishna, Shivu, etc., "ocupan el lugar" de algunos principios espirituales: amor, odio, razón): como este miserable humano, Cristo *es* directamente Dios. Cristo no es *también* humano además de ser un dios; es un hombre precisamente *en la medida en que es dios*, es decir, el *ecce homo es* la marca superior de su divinidad. Hay, así, una ironía objetiva en el "*Ecce*

[61] Sin embargo, el costado de comedia reprimido de lo religioso siempre retorna –si en alguna parte, en detalles como el que tiene que ver con el vuelo del Dalai Lama a la India en 1959–. Cuando el Dalai Lama evaluó la difícil opción de emigrar del Tíbet, tomó su decisión siguiendo el consejo del profeta oficial quien, inducido a un trance místico, pronunció confusas palabras que le dieron un indicio de cuál era la decisión a tomar; cuál sería la sorpresa cuando trascendió que el profeta estaba contratado por la CIA y que seguía sus instrucciones, dado que la huída del Dalai Lama encajaba perfectamente en los objetivos de la agencia estadounidense en su lucha contra la China comunista.

homo" de Poncio Pilatos cuando presenta a Cristo a la multitud enardecida: su significado *no* es "¿Ven esta miserable criatura torturada? ¿No ven en él a un simple hombre vulnerable? ¿No sienten compasión por él?". En realidad es "¡He aquí al propio Dios!".

Sin embargo, en una comedia, el actor no coincide con el personaje que interpreta en escena, en que allí "es lo que es realmente". Se trata más bien de que, en un modo claramente hegeliano, la brecha que separa al actor de su personaje en una tragedia es traspuesta al propio personaje: un personaje cómico nunca está plenamente identificado con su rol, retiene siempre su capacidad de observarse desde afuera, "para divertirse a sí mismo". (Recordemos a la inmortal Lucy de *Yo amo a Lucy*, cuyo gesto característico, cuando algo la sorprendía, era girar levemente el cuello y lanzar a la cámara una mirada fija de sorpresa: no era Lucille Ball, la actriz, apelando burlonamente al público, sino una actitud de autoextrañamiento que era parte de la propia "Lucy" –como un personaje de la pantalla–). Así es como funciona la "reconciliación" hegeliana: no como una síntesis o reconciliación inmediatas de los opuestos, sino como una duplicación de la brecha o antagonismo –los dos momentos opuestos quedan "reconciliados" cuando la brecha que los separa es inherente a uno de los términos–. En el cristianismo, la brecha que separa a Dios del hombre no está directamente "superada" en la figura de Cristo como dios-hombre; en realidad se trata de que, en el momento más tenso de la crucifixión, cuando el propio Cristo desespera ("Padre, ¿por qué me has abandonado?"), la brecha que separa al Dios del hombre queda traspuesta al propio dios, como la brecha que separa a Cristo de Dios-Padre; el truco claramente dialéctico es que aquí el rasgo mismo que apareció para separarme de Dios cambia para unirme con el dios.

Más generalmente, debe tenerse siempre presente que, en la dialéctica hegeliana de la apariencia y la esencia, la apariencia es un término asimétricamente rodeado: la diferencia entre esencia y apariencia es interna a la apariencia, *no* a la esencia. Cuando Hegel dice que la esencia *tiene que* aparecer, que su profundidad sólo depende de la amplitud con que aparece, esto no significa que la esencia sea un poder automediado que se exterioriza en su apariencia y luego "supera" su otredad, postulándola como un momento de su propio automovimiento. Por el contrario, "la esencia aparece" significa que, en relación con la oposición esencia/apariencia, la "realidad" inmediata está del lado de la apariencia: la brecha entre apariencia y realidad significa que la realidad misma (que nos está dada inmediatamente "allí afuera") aparece como una expresión de una esencia interior, que ya no podemos seguir tomando a la realidad por su "cara", que sospechamos que hay en la realidad "más de lo que se ve", es decir que una esencia *aparece* para subsistir en alguna parte dentro de la realidad, como su núcleo oculto. Este cambio dialéctico es crucial para el significado de la apariencia: primero, la realidad inmediata queda reducida a una "mera apariencia" de una esencia interior; luego, esta misma esencia es postulada como algo que *aparece* en la realidad como un espectro de su núcleo oculto.

Y habría que llevar esta lógica hasta sus últimas consecuencias: el verdadero problema no es cómo llegar a lo Real cuando estamos restringidos al juego de la (incoherente) multitud de apariencias, sino, más radicalmente, el problema propiamente hegeliano: *¿cómo emerge la apariencia del juego de lo Real?* La tesis de que lo Real es apenas el corte, la brecha de incoherencia, entre dos apariencias debe entonces ser completada por su opuesta: la apariencia es el corte, la brecha, entre dos Reales o, más precisamente, *algo que emerge en la brecha que separa a lo Real de sí mismo.* Recordemos el estatus de la espontaneidad kantiana: a nivel fenoménico, somos un mecanismo, una parte de la cadena de causas y efectos: a nivel nouménico, volvemos a ser marionetas, mecanismos sin vida; el único lugar de libertad es, por lo tanto, la brecha entre estos dos niveles en los que emerge la apariencia como tal.

Entonces, si existe una "esencia" sólo porque la apariencia no coincide completamente consigo misma, ¿qué significa esto para la noción de Dios? ¿Es que existe Dios porque el hombre no es completamente hombre (del mismo modo en que existe el Universal por sí mismo en la medida en que lo Particular no es completamente idéntico a sí mismo), de modo que Dios es el exceso de lo (in)humano en el hombre mismo, o es que existe el hombre porque Dios no es completamente Él mismo, porque hay algo en Él que no es divino (la solución de Schelling)? A pesar de que nos tiente oponer estas dos posiciones como la materialista y la idealista, un enfoque verdaderamente materialista habría de optar por la *segunda* –para ponerlo en términos hegelianos, existe lo Particular porque lo Universal no es plenamente sí mismo; hay una realidad material opaca pues la Idea no es plenamente sí misma, porque no coincide completamente consigo misma–. Es decir, no debe presuponerse la existencia de objetos particulares y luego afirmar que no coinciden completamente consigo mismos: el "hecho primordial" es la no-coincidencia del Absoluto consigo mismo, la brecha que lo atraviesa desde adentro, el quiebre interno del Vacío primordial.

Esto nos lleva de vuelta a la comedia: para Hegel, lo que ocurre en la comedia es que lo Universal directamente *aparece*, aparece "como tal" en contraste directo con lo mero universal "abstracto", que es la universalidad "muda" del vínculo pasivo (rasgo común) entre momentos particulares. En otras palabras, en una comedia, la universalidad *actúa* directamente. ¿Cómo? La comedia no se basa en el debilitamiento de nuestra dignidad recordando las ridículas contingencias de nuestra existencia terrestre; la comedia es, por el contrario, la plena afirmación de la universalidad, la coincidencia inmediata de la universalidad con la singularidad del personaje/actor. O sea, ¿qué sucede efectivamente cuando en una comedia todos los rasgos universales de dignidad son ridiculizados y subvertidos? La fuerza que los debilita es la de lo individual, la del protagonista con su actitud de falta de respeto a todos los valores universales elevados, y *esta negatividad es la única fuerza universal verdadera que queda.* ¿No vale acaso lo mismo para Cristo? Todos los rasgos universales estables y sustanciales quedan debilitados, relativizados, por sus actos escandalosos, de modo que la única universalidad que queda es la que se encarna en él, en su misma singularidad. Los universales afectados por Cristo son sustanciales universales "abstractos" (presentados bajo la forma de la Ley judía), mientras que la universalidad concreta es la negatividad que se da al debilitar los universales abstractos.

Esta coincidencia directa de lo Universal y lo Singular también plantea un límite a la crítica convencional de la "reificación". Tras observar a Napoleón sobre un caballo en las calles de Jena luego de la batalla de 1807, Hegel señalaba que fue como si hubiera visto al Espíritu del Mundo manejando un caballo. Las implicancias cristológicas de esta afirmación son obvias: lo que ocurrió en el caso de Cristo es que el propio Dios, el creador de todo nuestro universo, caminaba por allí como una persona común. Este misterio de la encarnación es discernible en diferentes niveles, hasta en el juicio especulativo del padre respecto de un hijo –"allí camina nuestro tesoro"–, que representa el reverso hegeliano de reflexión determinada a determinación reflexiva –lo mismo que con un rey cuando su súbdito lo ve caminar: "allí anda caminando nuestro Estado"–. La alusión de Marx a la determinación reflexiva (en su famosa nota al pie del capítulo 1 de *El capital)* también se queda corta: los individuos tratan a una persona como un rey pues es un rey en sí mismo, aunque, efectivamente, es un rey sólo porque se lo trata como tal. Sin embargo, el punto crucial es que esta "reificación" de una relación social en una persona no puede ser dejada de lado como un simple "error de percepción fetichista"; lo que este desprecio no toma en cuenta es algo que tal vez pueda designarse como el "performativo hegeliano": por supuesto, un rey es "en sí mismo" un miserable individuo, por supuesto es un rey sólo en la medida en que sus súbditos lo traten como tal; sin embargo, el punto es que la "ilusión fetichista" que sostiene nuestra veneración hacia el rey posee una dimensión performativa: *la verdadera unidad de nuestro Estado, a la que "encarna el rey", se concreta sólo en la persona de un rey.* Es por eso que no alcanza con insistir en la necesidad de evitar la "trampa fetichista" y distinguir entre la persona contingente de un rey y lo que representa: lo que el rey representa sólo llega a ser cuando se personifica, al igual que en el amor de una pareja (al menos dentro de cierta perspectiva tradicional) sólo se concreta en sus hijos. Y no es difícil ver la extrema proximidad entre lo sublime y lo ridículo en esos casos: hay algo sublime en decir "¡Miren! El espíritu del mundo está allí sobre un caballo", pero también algo inherentemente cómico...[62]

Por lo tanto, la comedia es el verdadero opuesto de la vergüenza: la vergüenza se esfuerza por mantener el velo mientras que la comedia se basa en un gesto de develamiento. Para ser más preciso, el efecto propiamente cómico sucede cuando, tras el acto de develamiento, nos enfrentamos a la ridiculez y la nulidad del contenido develado: contrariamente a la patética escena de encontrarse detrás del velo con la Cosa terrorífica, demasiado traumática para que podamos mirarla, el definitivo efecto cómico sucede cuando, tras caerse las máscaras, nos enfrentamos a la misma cara que exhibe la máscara. Por esto es que esta línea de los hermanos Marx ("Este hombre parece un idiota y actúa como un idiota, pero no debe engañarse, *es* un idiota") es propiamente cómica: cuando, en lugar de un terrible y oculto secreto encontramos detrás del velo *lo mismo* que frente a él, esta misma ausencia de diferencia entre los dos elementos nos enfrenta con la "pura" diferencia que separa a un elemento *de sí mismo.* ¿No es acaso la definición final de la divinidad: Dios tiene que usar una máscara de sí mismo? Tal vez "dios" sea el nombre de este quiebre supremo entre lo absoluto como Cosa nouménica y como

[62] En esto reside el aspecto fálico de la comedia: en el falo como significante coinciden las características opuestas. El falo, simultáneamente *"puro" significante*, significante sin significado, significante de la ausencia de significante, es un significante que, privado de cualquier sentido determinado, representa la pura virtualidad del sentido "como tal" y, como Lacan no deja de repetir, el ejemplar significante *imaginario*, el más "impuro", establecido de modo irreductible en la imagen corporal de un órgano excesivo que, para dar cuenta de su forma eréctil, se defiende, se yergue, desafiando la inercia del cuerpo atado a la tierra. La última pareja de opuestos que coincide en el concepto de falo es, por supuesto, la de potencia fálica y castración. Una de las consecuencias del hecho de que el falo mismo sea el significante de la castración es que puede darse un inesperado giro al famoso concepto freudiano de "la envidia del pene": "la sienten más profundamente quienes tienen un pene" (Richard Boothby, *Freud as a Philosopher*, Nueva York, Routledge, 2002, p. 292).

apariencia de sí mismo, a causa del hecho de que los dos sean lo mismo, que la diferencia entre ambos es puramente formal. En este sentido preciso, "dios" nombra la contradicción suprema: Dios –el absoluto Más Allá no representable– *debe aparecer como tal.*

Se decía que en mayo de 1968 había un *graffiti* en un muro de París: "Dios ha muerto. Nietzsche". Al día siguiente apareció una nueva inscripción debajo de la anterior: "Nietzsche ha muerto. Dios". ¿Qué es lo malo con esta broma? ¿Por qué es tan obviamente reaccionaria? No se trata sólo de que la réplica se base en una trivialidad moral que carece de verdad inherente; su fracaso es más profundo, tiene que ver con la forma misma de la réplica: lo que la convierte en una *mala* broma es su pura simetría: el planteo subyacente del primer *graffiti* –"Dios está muerto. Firmado por (el obviamente *vivo*) Nietzsche"– es convertido en una afirmación que implica "Nietzsche está muerto mientras que *yo sigo vivo.* Dios". Es bastante conocido un chistoso juego de palabras yugoslavo. "¿Cuál es la diferencia entre el Papa y una trompeta? El Papa es de Roma y la trompeta es de metal". ¿Y cuál es la diferencia entre el Papa de Roma y la trompeta de metal? La trompeta de metal puede ser de Roma, mientras que el Papa no puede ser de metal". De modo similar, se puede reformular la broma del *graffiti* parisino: "¿Cuál es la diferencia entre 'Dios ha muerto' y 'Nietzsche ha muerto'? Fue Nietzsche quien dijo 'Dios ha muerto' y fue Dios quien dijo 'Nietzsche ha muerto'. ¿Y cuál es la diferencia entre Nietzsche que dijo 'Dios ha muerto' y Dios que dijo 'Nietzsche ha muerto'? Nietzsche cuando dijo 'Dios ha muerto' no estaba muerto, mientras que el dios que dijo 'Nietzsche ha muerto' *estaba muerto.*" Lo crucial para el efecto cómico no es la diferencia donde esperamos semejanza sino más bien una semejanza donde esperamos diferencia[63] y es por eso que, como señala Alenka

[63] Por eso, las bromas de "cuál es la diferencia entre…" resultan más efectivas cuando se niega la diferencia, como en: "¿Cuál es la diferencia entre los trenes de juguete y los pechos de las mujeres? Ninguna: ambos sirven para los niños y quienes juegan más seguido con ellos son los adultos".

Zupancic,[64] la versión materialista (y por lo tanto propiamente cómica) del chiste anterior hubiera sido algo parecido a: "Dios está muerto. Y además, yo no me siento nada bien...". ¿No es esta una versión cómica de las quejas de Cristo en la cruz? Cristo morirá en la cruz no para librarse de su cobertura humana y recuperar la divina, morirá *porque es Dios.* No sorprende entonces que, en los últimos años de su actividad intelectual, Nietzsche acostumbrara firmar sus libros y correspondencia como "Cristo": el adecuado agregado cómico al "Dios ha muerto" de Nietzsche habría sido lograr que *el propio Nietzsche* agregara: "Y además, yo no me siento nada bien...".

Podemos también elaborar desde aquí una crítica de la filosofía de la finitud que predomina en estos días. La idea es que, contra las grandes construcciones metafísicas, uno debe aceptar humildemente su finitud como el horizonte definitivo: no existe la verdad absoluta, todo lo que podemos hacer es aceptar la contingencia de nuestro existir, el hecho inevitable de estar lanzados a una situación, la ausencia básica de todo punto de referencia, la condición lúdica de nuestro predicamento... Sin embargo, lo primero que llama la atención es la intensa seriedad de esta filosofía de la finitud, su *pathos* omnipresente que derriba todo lo lúdico esperable: el tono definitivo de la filosofía de la finitud es el de la confrontación ultraseria y heroica con nuestro destino; no sorprende que el filósofo de la finitud por excelencia, Heidegger, sea aquel que carece notablemente de todo sentido del humor.[65] (Lamentablemente, existe también una versión lacaniana de la filosofía de la finitud: cuando se nos informa en tono trágico que debemos renunciar a la lucha imposible por lograr un goce absoluto y aceptar la "castración simbólica", la última restric-

[64] En cuyo "'Concrete Universal' and what comedy can tell us about I" (en: Slavoj Žižek (ed.), *Lacan: The Silent Partner*, Londres, Verso, 2006) me baso ampliamente aquí.

[65] Significativamente, la *única* broma –o, si no se trata de una broma, al menos es un momento de ironía– en Heidegger sucede en su chascarrillo sobre Lacan que bordea el mal gusto: "ese psiquiatra que necesita un psiquiatra" (en una carta a Medard Boss).

ción de nuestra existencia: en cuanto entramos al orden simbólico, todo goce debe pasar a través de la mortificación del medio simbólico, todo objeto alcanzable es ya un desplazamiento del imposible-real objeto de deseo que está constitutivamente perdido…) Evidentemente, Kierkegaard confiaba tanto en el humor precisamente porque insistía en la relación con lo Absoluto y rechazaba el limitarse a la finitud.

¿De qué se trata este énfasis en la finitud como el horizonte definitivo de nuestros extravíos existenciales? ¿Cómo podemos afirmarla de modo materialista sin recurrir a trascendencia espiritual alguna? La respuesta es, precisamente, el *objeto a* como lo "no muerto" (lo no castrado) que persiste en su obscena inmortalidad. No sorprende que los héroes wagnerianos quieran tan desesperadamente morir; quieren desembarazarse de este obsceno suplemento inmortal que representa a la libido como un órgano, a la pulsión más radical, o sea, la de muerte. En otras palabras, la paradoja propiamente freudiana es que lo que hace explotar las constricciones de nuestra finitud es la pulsión de muerte. Así, cuando Badiou, en su brutal desprecio a la filosofía de la finitud, habla de "infinitud positiva" y, al modo platónico, celebra la infinitud de la productividad genérica abierta por la fidelidad a un acontecimiento, no logra tomar en cuenta que el punto de vista freudiano es la insistencia obscena de la pulsión de muerte como el verdadero soporte material (ista) de la "infinitud positiva".

Por supuesto, según la perspectiva habitual de la filosofía de la finitud, la tragedia griega, la experiencia trágica de la vida, marca la aceptación de la brecha, el fracaso, la derrota, la falta de cierre, como el horizonte último de la existencia humana, mientras que la comedia cristiana se basa en la certeza de que un Dios trascendente garantiza un resultado con final feliz, la "superación" de la brecha, el cambio del fracaso en triunfo final. El exceso de la ira divina como el reverso del amor cristiano nos permite percibir lo que se les escapa a estas perspectivas convencionales. La comedia romántica cristiana sólo puede suceder contra el telón de fondo de la pérdida radical de la dignidad humana, de una degradación que, precisamente, debilita la experiencia trágica: experimentar una situación como "trágica" sólo es posible cuando una víctima mantiene un mínimo de dignidad. Es por este motivo que no sólo resulta equivocado sino que es éticamente obsceno tratar a un *Musulmann* de un campo de concentración o a una víctima de los procesos espurios del stalinismo como trágicos; su predicamento es demasiado terrible como para merecer ese nombre. Lo "cómico" representa también un dominio que surge cuando el horror de una situación va más allá de los límites de lo trágico. Y es aquí que entra en acción el amor propiamente cristiano: no es el amor por el hombre como héroe trágico, sino el amor a lo miserable o abyecto a lo que queda reducido un hombre o una mujer luego de haber quedado expuesto a la explosión arbitraria de la ira divina.

Odradek como una categoría política

Es esta obscena infinidad del "no muerto" objeto parcial lo que no sólo los filósofos de la finitud sino también aquellos que siguen el "giro ético" de Levinas no llegan a considerar. La limitación de Levinas no es simplemente la de un eurocentrista que se basa en una definición demasiado estrecha de lo que es humano, una definición que excluye secretamente a los no europeos por no ser "completamente humanos". Lo que Levinas no logra incluir en el marco de lo "humano" es más bien lo *inhumano* en sí, una dimensión que elude la relación frente a frente de los humanos. Lo mismo vale para Adorno: aunque está bien al tanto de la violencia implicada en la definición predominante de lo que cuenta como "humano" (la exclusión implícita de dimensiones completas como "no humanas") concibe básicamente a lo "inhumano" como el depositario de la humanidad "alienada" –en última instancia, para Adorno, lo "inhumano" es el poder de la barbarie a la que debemos combatir–.[66] Lo que deja de

[66] Véase Theodor W. Adorno, *Nachgelassene Schriften*, vol. 10, *Probleme der Moralphilosophie*, Fráncfort, Suhrkamp, 1966.

lado aquí es la paradoja de que toda determinación normativa de lo "humano" sólo es posible contra un espacio impenetrable de lo "inhumano", de algo que permanece opaco y que resiste su inclusión en cualquier reconstitución narrativa de lo que se considera como "humano". En otras palabras, a pesar de que Adorno reconoce que el ser humano es constitutivamente finito, no totalizado, que el mismo intento de postular a lo humano como "sujeto absoluto" lo deshumaniza, no explica de qué modo esta autolimitación de lo humano define al "ser-humano": ¿es ser-humano justamente la limitación de lo humano, o existe una noción positiva de esta limitación que constituye ser-humano?

La misma paradoja sigue funcionando en el núcleo central de la "dialéctica del Iluminismo": a pesar de que Adorno (y Horkheimer) considera a las catástrofes y barbaries del siglo XX como inherentes al proyecto mismo del Iluminismo y no como resultado de algún resto de antigua barbarie a ser abolido llevando a su realización al "Iluminismo como un proyecto inacabado", insisten en combatir esta consecuencia excesiva del Iluminismo por medio del propio Iluminismo.[67] Una vez más, si el Iluminismo llevado hasta su última instancia equivale a la regresión a la barbarie ¿significa esto que el único concepto de Iluminismo del que disponemos es uno que debe ser restringido, esclarecido en su imitación, o existe otra noción positiva de Iluminismo que incluya ya esta limitación? Existen dos respuestas básicas a esta incoherencia del proyecto crítico de Adorno: Habermas o Lacan. Uno quiebra el punto muerto formulando un marco positivo de referencia normativa y el otro reconceptualiza la "humanidad" del punto muerto/limitación como tal; es decir, uno brinda una definición de lo "humano" que, más allá y por encima (o, mejor aun, por debajo) del infinito universal previo, acentúa la limitación como tal: ser-humano es una actitud específica de finitud, de

[67] Véase Max Horkheimer y Theodor W. Adorno, *Dialektik der Aufklaerung*, Fráncfort, Fischer Verlag, 1971 [trad. esp.: *Dialéctica del Iluminismo*, Buenos Aires, Sudamericana, 1986].

pasividad, de exposición vulnerable... Aquí reside la paradoja básica: mientras que debemos, por supuesto, condenar como "inhumanas" todas aquellas situaciones en las cuales nuestra voluntad es violada, frustrada, bajo la presión de una violencia exterior, no deberíamos deducir de esto la "obvia" conclusión de que una definición positiva de "humanidad" es la autonomía de la voluntad: existe una especie de exposición pasiva a una Otredad opresiva que es la verdadera base de ser-humano. ¿Cómo, entonces, podremos distinguir la "mala" inhumanidad, la violencia que quiebra nuestra voluntad, la pasividad constitutiva de la humanidad?

Lo que Adorno no logra imponer como temática es el transformado estatus de lo "inhumano" en el giro trascendental de Kant;[68] y es una dimensión ausente también en Levinas:[69] en una paradoja propiamente dialéctica, lo que Levinas, con toda su celebración de la Otredad, no consigue tener en cuenta no es alguna Semejanza subyacente en todos los humanos, sino la misma Otredad radicalmente "inhumana": la Otredad de un ser humano reducido a la inhumanidad, la Otredad ejemplificada por la terrorífica figura del *Musulmann*, el "muerto vivo" en los campos de concentración. Éste es el motivo por el cual, a pesar de que Levinas suele ser considerado como el pensador que se esforzó por articular la experiencia de la *Shoah*, algo resulta muy evidente a propósito de su cuestionamiento del derecho propio de uno a ser y su énfasis en mi incondicional responsabilidad asimétrica: no es éste el modo en que piensa y escribe un sobreviviente de la *Shoah* como alguien que efectivamente experimentó el abismo ético de la *Shoah*. Así es como piensan aquellos que se sienten culpables por observar la catástrofe desde una mínima distancia segura.[70]

[68] Para un análisis más desarrollado de este estatus, véase el capítulo 1 de este libro.

[69] Véase Emmanuel Levinas, *Ethics and Infinity: Conversations with Phillip Nemo*, Pittsburgh, Duquesne University Press, 1985 [trad. esp.: *Ética e infinito*, Madrid, Visor, 1991].

[70] A un nivel diferente, lo mismo vale para el comunismo stalinista. En la versión oficial stalinista, incluso los campos de concentración eran un lugar para la lu-

Agamben postula al *Musulmann* como una especie de testigo absoluto/imposible: es el único que asistió a todo el horror del campo de concentración y, por esa misma razón, no es capaz de dar testimonio de él –es como si se hubiera "quemado con el negro sol" del horror que vio–. El testimonio "auténtico" puede por lo tanto ser definido por la mediación de un Tercero invisible corporizado en el *Musulmann*: en él, nunca es sólo yo y el acontecimiento del que soy testigo; mi relación con este acontecimiento está siempre mediado por alguien que asistió plenamente a él y que ya no es, por esa misma razón, capaz de informar al respecto. Es decir, en la medida en que, en su descripción del llamado ético, Levinas reproduce las coordenadas básicas de la interpelación ideológica (me convierto en sujeto ético cuando respondo "¡aquí estoy!" al llamado infinito que emana del rostro vulnerable del otro), se podría decir que el *Musulmann* es precisamente aquél que ya no es más capaz de decir "¡aquí estoy!" (y enfrente de quien ya no puedo decir "¡aquí estoy!").[71] Recordemos el gran gesto de identificación con la víctima ejemplar: "Somos todos ciudadanos de Sarajevo", etc.: el problema con el *Musulmann* es que, precisamente, ese gesto ya no resulta posible –sería obsceno pronunciar patéticamente "¡Somos todos *musulmannen*!"...–. Debe también completarse aquí a Agamben trasponiendo la misma brecha del lado del testigo, el receptor del testimonio, el gran Otro cuya completa aceptación de mi testimonio habrá de permitir que exorcice mis demonios interiores. De un modo estrictamente simétrico,

---

cha contra el fascismo y en donde los comunistas encerrados estaban organizando redes de heroica resistencia –por supuesto, en ese universo, no hay lugar para la experiencia-límite del *Musulmann*, del muerto vivo privado de la capacidad de compromiso humano–. No sorprende que los comunistas stalinistas estuvieran tan ansiosos por "normalizar" los campos convirtiéndolos en otro sitio más de la lucha antifascista, despreciando a los *Musulmannen* simplemente como aquellos que eran demasiado débiles para soportar la lucha.

[71] Véase Giorgio Agamben, *What Remains of Auschwitz. The Witness and the Archive*, Stanford, Stanford University Press, 2002 [trad. esp.: *Lo que queda de Auschwitz: el archivo y el testimonio*, Valencia, Pre-Textos, 2002].

nunca encuentro un "verdadero" receptor que pueda autenticar plenamente mi testimonio: mis palabras testimoniales siempre son recibidas por otros finitos que fracasan en autenticarlas. ¿No es acaso esta estructura la del así llamado "Plan L" de comunicación del Lacan de principios de los cincuenta, en el cual la "verdadera comunicación" (la diagonal S-A) es atravesada por la diagonal a-a' de la relación imaginaria?[72] S sería aquí el *Musulmann*, el testigo ideal-imposible; *a*, su receptor ideal-imposible que autentique sus palabras; *a*, los sobrevivientes como testigos imperfectos, y *a*, como los imperfectos receptores de sus palabras. La tragedia del testimonio no es sólo que el testigo ideal (el *Musulmann* que daría testimonio por su sola presencia, informe por el que pasamos) sea imposible, sino también que no exista el receptor ideal, de modo que cuando nos damos cuenta de que nuestro testimonio está allí en buenas manos, nos libramos de nuestros demonios *–no existe el gran Otro–*.

En consecuencia, la paradoja del *Musulmann* ¿no es que su figura sea simultáneamente un nivel-cero, una total reducción a la vida *y* un nombre para el puro exceso como tal, exceso privado de su base "normal"? Éste es el motivo por el cual la figura del *Musulmann* marca la limitación de Levinas: al describirlo, Primo Levi usa repetidamente la expresión "sin rostro", y este término debe recibir aquí todo su peso levinasiano.[73] Al enfrentarse a un *Musulmann*, uno precisamente no puede discernir en su rostro el rastro del abismo del Otro en su vulnerabilidad, que se dirige a nosotros con el infinito llamado a nuestra responsabilidad –lo que se contempla es una especie de pared ciega, una carencia de profundidad–. Puede ser que el *Musulmann* sea por lo tanto el grado cero del semejante, el semejante con el cual no es posible ninguna relación enfática. Sin embar-

[72] Véase el último capítulo de Jacques Lacan, *The Seminar, Book II. The Ego in Freud's Theory and in the Technique of Psychoanalysis (1954-1955)*, Nueva York, Norton, 1991 [trad. esp.: *El Seminario. Libro 2: El yo en la teoría de Freud y en el campo psicoanalítico*, Buenos Aires, Paidós, 1995].

[73] Véase Primo Levi, *If This Is a Man * The Truce*, Londres, Abacus, 1987 [trad. esp.: *Si esto es un hombre*, Barcelona, El Aleph, 1987].

go, en este punto, volvemos a enfrentarnos al dilema clave: ¿qué pasaría si precisamente bajo la forma del rostro "sin rostro" de un *Musulmann* encontramos el llamado del Otro en su forma más pura y radical? ¿Qué pasaría si, enfrentando a un *Musulmann* uno siente que la responsabilidad hacia el Otro está en su punto más traumático? En resumen, ¿qué pasaría si reunimos el rostro de Levinas y el tópico del "semejante" en su estricto sentido freudolacaniano, como la Cosa monstruosa, impenetrable que es el *Nebenmensch*, la Cosa que me histeriza y provoca? ¿qué pasaría si el rostro del semejante no representa mi *semblant* imaginario-doble ni el abstracto y puramente simbólico "socio en la comunicación", sino al Otro en su dimensión de lo Real? ¿Qué ocurriría si, en esta misma línea, restaurásemos al "rostro" levinasiano toda su monstruosidad: el rostro no es un Todo armonioso de la epifanía deslumbrante de un "rostro humano", el rostro es algo cuya mirada obtenemos cuando tropezamos con un rostro grotescamente distorsionado, un rostro que padece un tic o mueca desagradables, un rostro que nos enfrenta precisamente cuando el prójimo "pierde su rostro"? Para recordar un caso de la cultura popular, "rostro" es, en *El fantasma de la Ópera*, de Gaston Leroux, de lo que la protagonista tiene una visión cuando ve por primera vez al fantasma sin su máscara (y, como una reacción al horror al que se enfrenta, pierde inmediatamente la conciencia y cae al piso)...

El problema con esta solución, aceptable en sí misma, es que debilita el edificio ético que Levinas está tratando de construir sobre ella: lejos de representar la autenticidad absoluta, ese rostro monstruoso es más bien la encarnación de la ambigüedad de lo Real, el punto extremo/imposible en el cual los opuestos coinciden, en el cual la inocencia de la vulnerable desnudez del Otro coincide con la pura maldad. Es decir, en lo que habría que centrarse aquí es en el sentido preciso del término "prójimo": ¿es el "prójimo" en el sentido judeofreudiano, el prójimo como el portador de una Otredad monstruosa, ese prójimo propiamente *inhumano*, el mismo prójimo que encontramos en la experiencia levinasiana del rostro del Otro? ¿No existe en el corazón mismo del inhumano prójimo judeofreudiano una dimensión monstruosa que ya está mínimamente "humanizada", domesticada, una vez que se la concibe en el sentido levinasiano? ¿Qué pasaría si el rostro levinasiano fuera una nueva defensa contra esta dimensión monstruosa de la subjetividad? ¿Y qué pasaría si la Ley judía debe ser considerada como estrictamente correlativa a este prójimo inhumano? En otras palabras, ¿qué pasaría si la función definitiva de la Ley es que no seamos capaces de olvidar al prójimo, que mantengamos nuestra proximidad con el prójimo, sino, por el contrario, para mantener al prójimo a una distancia adecuada, para que sirva como una especie de muro protector contra la monstruosidad del prójimo? El prójimo es entonces el definitivo órgano sin cuerpo –o, como lo expresa Rilke en los *Cuadernos de Malte Laurids Brigge:* "Existe una criatura que es perfectamente inofensiva; cuando pasa ante nuestros ojos, apenas nos damos cuenta de su existencia e inmediatamente volvemos a olvidarla. Pero tan pronto como llega de algún modo, invisiblemente, a nuestros oídos, comienza a crecer, madura y se han conocido casos en que penetró en el cerebro y floreció allí con resultados devastadores, como los neumococos en los perros que entran por la nariz... Esa criatura es Tu Prójimo"–.[74] *La* tentación a resistir aquí es la "humanización" ética del prójimo, la reducción de la monstruosidad radicalmente ambigua del Prójimo-Cosa en Otro como el punto abismal del cual emana el llamado de la responsabilidad ética.

Este tópico afectaba el núcleo básico del universo de Kafka. Leer a Kafka exige un gran esfuerzo de abstracción –no para enterarse más (el adecuado horizonte interpretativo para entender sus obras), sino para dejar de lado las referencias interpretativas convencionales, de manera que uno termine siendo capaz de internarse en la terrible fuerza de la escritura de Kafka–. Existen tres de esos marcos interpretativos: el teológico (la búsqueda angustiosa del Dios ausente); el sociocrítico (la escenificación por parte de Kafka del mundo pesadillesco de la alienada burocracia moderna); el psicoanalítico ("el

[74] Debo esta referencia a Eric Santner.

complejo de Edipo no resuelto" de Kafka que le impedía involucrarse en una relación sexual "normal"). Todo esto debe eliminarse, debe recuperarse una especie de ingenuidad infantil para que un lector sea capaz de sentir la tremenda fuerza del universo de Kafka. Éste es el motivo por el cual, en el caso de Kafka, la primera (ingenua) lectura suele ser la más adecuada, y la segunda es aquella que intenta "suavizar" el fuerte impacto de la primera lectura al forzarla dentro del marco de una interpretación dada. Es de este modo que debemos acercarnos a "Odradek", uno de los logros clave de Kafka:

> Algunos dicen que la palabra "odradek" precede del esloveno, y sobre esta base tratan de establecer su etimología. Otros, en cambio, creen que es de origen alemán, con alguna influencia del esloveno. Pero la incertidumbre de ambas interpretaciones despierta la sospecha de que ninguna de los dos sea correcta, sobre todo porque no ayudan a determinar el sentido de esa palabra.
>
> Como es lógico, nadie se preocuparía por semejante investigación si no fuera porque existe realmente un ser llamado Odradek. A primera vista tiene el aspecto de un carrete de hilo en forma de estrella plana. Parece cubierto de hilo, pero más bien se trata de pedazos de hilo, de los tipos y colores más diversos, anudados o apelmazados entre sí. Pero no es únicamente un carrete de hilo, pues de su centro emerge un pequeño palito, al que está fijado otro, en ángulo recto. Con ayuda de este último, por un lado, y con una especie de prolongación que tiene uno de los radios, por el otro, el conjunto puede sostenerse como sobre dos patas.
>
> Uno siente la tentación de creer que esta criatura tuvo, tiempo atrás, una figura más razonable y que ahora está rota. Pero éste no parece ser el caso; al menos, no encuentro ningún indicio de ello; en ninguna parte se ven huellas de añadidos o de puntas de rotura que pudieran darnos una pista en ese sentido; aunque el conjunto es absurdo, parece completo en sí. Y no es posible dar más detalles, porque Odradek es muy movedizo y no se deja atrapar.
>
> Habita alternativamente bajo la techumbre, en la escalera, en los pasillos y en el zaguán. A veces no se deja ver durante varios meses, como si se hubiese ido a otras casas, pero siempre vuelve a la nuestra. A veces, cuando uno sale por la puerta y lo descubre arrimado a la baranda, al

pie de la escalera, entran ganas de hablar con él. No se le hacen preguntas difíciles, desde luego, porque, como es tan pequeño, uno lo trata como si fuera un niño.

—¿Cómo te llamas? –le pregunto.

—Odradek –me contesta.

—¿Y dónde vives?

—Domicilio indeterminado –dice y se ríe. Es una risa como la que se podría producir si no se tuvieran pulmones. Suena como el crujido de hojas secas, y con ella suele concluir la conversación. A veces ni siquiera contesta y permanece tan callado como la madera de la que parece hecho.

En vano me pregunto qué será de él. ¿Acaso puede morir? Todo lo que muere debe haber tenido alguna razón de ser, alguna clase de actividad que lo ha desgastado. Y éste no es el caso de Odradek. ¿Acaso rodará algún día por la escalera, arrastrando unos hilos ante los pies de mis hijos y de los hijos de mis hijos? No parece que haga mal a nadie; pero casi me resulta dolorosa la idea de que me puede sobrevivir.[75]

Odradek como un objeto que es transgeneracional (exceptuado del ciclo de las generaciones), inmortal, fuera de la finitud (pues está fuera de la diferencia sexual), fuera del tiempo, que no despliega ninguna actividad orientada a un objetivo, sin propósito, sin utilidad, es la encarnación del goce: "el goce es lo que no sirve para nada" como expresa Lacan en su *El seminario. Libro 20: Aún.* Hay diferentes figuraciones de la Cosa-goce –un exceso inmortal (o, más precisamente, no muerto)– en la obra de Kafka: la Ley que de algún modo insiste sin existir realmente, haciéndonos culpables sin que sepamos de qué; la herida que no cura, y que no nos deja morir; la burocracia en su aspecto más "irracional"; y último pero no definitivo, "objetos parciales" como Odradek. Todos despliegan una especie de "mala infinitud" pesadillesca que se burla de Hegel; no hay *Aufhebung*,

[75] Franz Kafka, "The cares of a family man", en *The Complete Stories,* Nueva York, Shocken Books, 1989 [trad. esp.: "Preocupaciones de un padre de familia", *América. Relatos breves,* Buenos Aires, Hyspamérica, 1985].

ninguna resolución adecuada, la Cosa simplemente se prolonga... Nunca alcanzamos la Ley, la carta del emperador nunca llega a su destino, la herida nunca cierra (o nunca me mata). La Cosa kafkiana es o bien trascendente, que elude siempre nuestra comprensión (la Ley, el Castillo), o bien un objeto ridículo en el cual el sujeto se metamorfosea y del cual nunca podrá librarse (como Gregorio Samsa que se transforma en un insecto). El punto es leer al mismo tiempo estos dos rasgos: el goce es lo que no podemos alcanzar nunca, obtener, *y* aquello de lo que no podremos nunca desprendernos.

El genio de Kafka fue erotizar la burocracia, *la* entidad menos erótica que haya alguna vez existido. En Chile, cuando un ciudadano quiere identificarse ante las autoridades,

> el funcionario a cargo exige que el pobre peticionante dé una prueba de que ha nacido, de que no es un criminal, de que pagó sus impuestos, de que está empadronado, y de que sigue vivo pues aun cuando tenga una rabieta para probar que no ha muerto, está obligado a presentar un "certificado de supervivencia". Los ciudadanos pueden ahora quejarse de que han sido tratados de mal modo y pueden entablar acusaciones contra los funcionarios incompetentes... en un formulario que requiere, por supuesto, un sello y tres copias.[76]

Aquí se trata de la burocracia estatal en su punto de locura mayor. ¿Nos damos cuenta de que es éste nuestro único contacto verdadero con lo divino en estos tiempos seculares? ¿Qué puede ser más "divino" que el encuentro traumático con la burocracia en su punto mayor de locura –cuando, por ejemplo, un burócrata nos dice que, legalmente hablando, no existimos–? Es en estos encuentros que alcanzamos una visión de un orden distinto más allá de la realidad cotidiana meramente terrenal. Kafka estaba bien al tanto de este profundo vínculo entre la burocracia y lo divino: es como si, en su obra,

[76] Isabel Allende, "The end of all roads", en *Financial Times*, 15 de noviembre de 2003, W12.

la tesis de Hegel sobre el Estado como la existencia terrenal de Dios esté "infectada", dotada de un giro adecuadamente obsceno. Es *sólo* en este sentido que las obras de Kafka constituyen una búsqueda de lo divino en nuestro mundo secular abandonado; más precisamente, no sólo buscan lo divino, lo *encuentran* en la burocracia estatal.

Hay dos escenas memorables en *Brazil*, de Terry Gillian, que escenifican perfectamente el enloquecido exceso del goce burocrático que se perpetua a sí mismo en su autocirculación. Luego de que la plomería del protagonista se rompe y deja un mensaje al funcionario del servicio de reparaciones pidiendo ayuda urgente, entra a su departamento Robert De Niro, un mítico y misterioso criminal cuya actividad subversiva consiste en escuchar las llamadas de emergencia y presentarse inmediatamente al cliente para reparar gratuitamente su plomería, pasando por alto la papelería del ineficiente servicio de reparaciones estatal. En realidad, en una burocracia atrapada en su círculo vicioso de goce, el crimen definitivo es cumplir simple y directamente con el trabajo que se supone que uno debe hacer –si un servicio de reparaciones estatal realiza efectivamente su trabajo, esto es considerado (al nivel de su economía libidinal inconsciente) un desafortunado malentendido, dado que lo central de su energía se dedica a inventar complicados procedimientos administrativos que le permitan inventar siempre nuevos obstáculos y de ese modo posponer indefinidamente el trabajo–. En una segunda escena, encontramos –en los corredores de una enorme oficina gubernamental– a un grupo de personas que no para de dar vueltas alrededor de un líder (un burócrata de alto rango) seguido de una multitud de administradores de escalafón más bajo quienes le gritan todo el tiempo, pidiéndole una opinión o decisión específica, y él escupe nerviosamente rápidas y "eficientes" respuestas ("esto debe hacerse como muy tarde mañana", "controle ese informe", "no, cancele esa cita"...). La apariencia de una hiperactividad nerviosa es, por supuesto, un comportamiento artificioso que enmascara el espectáculo cómodo y sin sentido de imitar o actuar una "administración eficiente". ¿Por qué dan vuelta todo el tiempo? El líder, a quien los demás siguen, obviamente no está yendo de una reunión a otra; lo único que hace es caminar rápidamente y sin sentido a lo largo de los corredores. El protagonista se tropieza cada tanto con el grupo, y la respuesta kafkiana es, por supuesto, que toda esta conducta está allí para atrapar su mirada, armada únicamente para sus ojos. Ellos fingen estar ocupados, sin prestar atención al protagonista, pero toda su actividad está destinada a que el protagonista le dirija un pedido al líder del grupo, quien replica nerviosamente "¿no puedes ver cuán ocupado estoy?", o si no, ocasionalmente, hace lo contrario, saluda al protagonista como si hubiera estado esperándolo largo tiempo, misteriosamente expectante por su pedido.

Lo que se oculta detrás de la engañosa apariencia de la crítica o la sátira sociales es el misterio de la institución. La mejor manera de seguir adecuadamente la línea de pensamiento que va de Kierkegaard a Kafka es oponerla a la teología liberal que enfatiza las sinceras creencias interiores contra cualquier institución religiosa "meramente externa": en su polémica contra la "cristiandad", Kierkegaard no sólo atacaba a la Iglesia como institución establecida, sino también a su inherente contrapartida, la "creencia interior". Lo que pierde de vista esta oposición es *el traumático impacto "interior" –el estatus libidinal– de la institución misma.* ¿Qué es entonces una institución? En su aspecto más elemental, la "institución" es el orden simbólico como tal con su mínima alienación constitutiva. Cuando saludo a un conocido, "Hola, ¿cómo estás?", y ambos sabemos muy bien que "no lo estoy diciendo en serio", de todos modos mi saludo *no* fue un simple acto de hipocresía porque hubo más verdad en la forma social exterior que en mi intención o convicción interna. La "institución" en su aspecto más elemental es la mínima reificación del sentido que me permite decir: "independientemente de lo que pretendías decir, tu discurso significa esto". ¿Y qué pasaría si llegáramos a las últimas consecuencias y concibiéramos al Espíritu Santo en estos términos? El Espíritu Santo está aquí en la pura performatividad de la institución, cuando el ritual religioso se cumple adecuadamente, independientemente de las creencias interiores de los participantes.

De vuelta a Odradek: en su conciso análisis de la historia, Jean-Claude Milner[77] llama primero la atención sobre una peculiaridad de Odradek: tiene dos piernas, habla, se ríe... en resumen muestra todos los rasgos de un ser humano; sin embargo, a pesar de ser humano, no se *parece* a un ser humano, sino que aparece claramente como *inhumano*. Como tal, es lo opuesto de Edipo (quien lamenta en Colona su destino): en línea con la serie de otros personajes de Kafka, Odradek se convierte en humano sólo cuando ya no se parece a un ser humano (metamorfoseándose en un insecto, o una canilla,[78] o...). Es efectivamente un "universal singular", alguien que representa a la humanidad a través de corporizar su exceso inhumano, al no parecerse a nada "humano". Es aquí crucial el contraste con el mito de Aristófanes (en *El banquete* de Platón) del original ser humano esférico dividido en dos partes que buscan eternamente su complemento para retornar al Todo perdido: a pesar de ser también un "objeto parcial", Odradek no busca ninguna parte complementaria, no carece de nada. Y, especialmente, no es esférico: Milner descifra "odradek" como el anagrama del griego "Dodekaedron", un volumen de doce caras, cada una de las cuales es un pentágono (en su *Timeo* [55c], el mismo Platón sostiene que nuestro universo es un "dodekaedron"); es un anagrama dividido en dos, de modo que Odradek es la mitad de un dodekaedron. Odradek es, por lo tanto, simplemente lo que Lacan desarrolló en *El seminario. Libro 11* y en su escrito seminal "Positions de l'inconscient" como *lamella*, libido como un órgano, el órgano inhumano-humano "no muerto" y sin un cuerpo, con la mítica sustancia de la vida "no muerta" presubjetiva o, más aun, el resto de la Vida-Sustancia que ha escapado a la colonización simbólica, la horrible palpitación de la pulsión "acéfala" que persiste más allá

[77] Jean-Claude Milner, "Odradek, la bobine de scandale", en *Elucidation*, núm. 10, París, primavera de 2004, pp. 93-96.

[78] ¿Cómo no recordar, a propósito del hecho de que Odradek es una criatura con forma de canilla, la canilla del juego freudiano del Fort-Da de *Más allá del principio del placer*?

de la muerte ordinaria, fuera del alcance de la autoridad paterna, nómade, sin domicilio fijo. La elección que subyace a la historia de Kafka es por lo tanto le *père ou pire*, "el padre o lo peor" de Lacan: Odradek es "lo peor" como alternativa al padre. Aunque no se los debe identificar directamente, existe un vínculo entre Odradek y el "Alien" del filme de Ridley Scott:

> La forma de vida del Alien es (apenas, meramente, simplemente) vida, vida como tal: no es mucho más que una especie particular como la esencia de lo que significa ser una especie, ser una criatura, un ser natural –es naturaleza encarnada o sublimada, una encarnación pesadillesca del reino natural comprendido como directamente subordinado, directamente agotado, por las paralelas pulsiones darwinianas de sobrevivir y reproducirse–.[79]

Este disgusto con la vida es disgusto con la *pulsión* en su modo más puro. Y resulta interesante señalar que Ridley Scott invierte las habituales connotaciones sexuales: la vida es presentada como inherentemente *masculina*, el poder fálico de penetración brutal, que parasita el cuerpo femenino, usándolo como instrumento de reproducción. "La bella y la bestia" es aquí el sujeto femenino aterrorizado por el disgusto de la vida inmortal. Hay dos momentos absolutamente sublimes en *La resurrección de Alien*, de Jeunet: en el primero, la Ripley clonada entra al laboratorio en el cual se exhiben los siete intentos previos abortados de clonarla –allí ella encuentra defectuosas versiones de sí misma, ontológicamente fracasadas, hasta la versión casi exitosa con su propia cara, pero con algunos de sus miembros distorsionados y que recuerdan a los de la Cosa Alien–. Esta criatura le pide al clon de Ripley que la mate y, en un estallido de violenta rabia, el clon efectivamente destruye la exhibición de horrores incendiando todo el lugar; luego está la escena única, tal vez *la* toma de toda la serie, en la cual el clon de Ripley "es lanzado a los brazos

[79] Stephen Mulhall, *On Film*, Londres, Routledge, 2001, p. 19.

de la especie alien, lujuriosa mientras es absorbida por la masa retorcida de sus miembros y colas –como si fuera deglutida por la labilidad del ser orgánico que antes había tratado de consumir en el fuego"–.[80] El vínculo entre las dos escenas resulta claro: estamos en presencia de las dos caras de la misma moneda. Sin embargo, esta fascinación con el monstruoso Alien no debe permitir que se borre el costado anticapitalista de la serie *Alien*: lo que en definitiva amenaza al grupo de la nave espacial no son los aliens en tanto tales sino el hecho de que el grupo es utilizado por la anónima Corporación terrícola que quiere explotar la forma alien de vida. La cuestión aquí es no dejarse tentar por el "sentido metafórico" superficial y simplista (los vampíricos monstruos alien "realmente significan" el capital...) sino trasladarnos al nivel metonímico: que el capital es parásito y explota el instinto puro de vida. *La vida pura es una categoría del capitalismo.* Si, como afirmó Benjamin,[81] el capitalismo es en su núcleo una religión, entonces se trata de la obscena religión de la vida espectral "no muerta" celebrada en las misas negras de los mercados bursátiles.

¡Demasiada vida!

En *Luces de la ciudad*, una de las obras maestras absolutas de Chaplin, hay una escena memorable (comentada, entre otros, por Levinas)[82] que toca directamente este obsceno exceso de vida. Luego de tragarse un silbato por error, el vagabundo sufre un ataque de hipo, lo que lleva a un efecto cómico: con el movimiento de aire de su diafragma, cada hipo hace que el silbato suene y genere así un raro concierto de silbatos que provienen del interior de su cuerpo; el va-

[80] Stephen Mulhall, *op. cit.*, p. 132.

[81] Véase Walter Benjamin, "Capitalism as Religion", *Selected Writings*, vol. 1, Cambridge, Harvard University Press, 1996, pp. 288-291.

[82] Véase Emmanuel Levinas, *On Escape*, Stanford, Stanford University Press, 2003, p. 65 [trad. esp.: *De la evasión*, Madrid, Arene Libros, 2000].

gabundo avergonzado trata desesperadamente de disimular esos sonidos sin saber qué hacer... ¿No representa esta escena a la vergüenza en su estado más puro? Me avergüenzo cuando quedo enfrentado a los excesos de mi cuerpo, y resulta significativo que la fuente de la vergüenza en esta escena es el sonido: un sonido espectral que proviene de dentro mismo de mi cuerpo, suena como un "órgano sin cuerpo" autónomo, ubicado en el centro mismo de mi cuerpo y al mismo tiempo incontrolable, como una especie de parásito, un intruso extranjero; en resumen, lo que Lacan llamaba la voz-objeto, una de las encarnaciones del *objeto a*, de la *agalma*, que está "en mí más que yo mismo".[83]

Nos encontramos con ese objeto aun cuando no esperaríamos hallarlo; si hay una novela que es el clásico absoluto del stalinismo literario es *How the Steel Was Tempered*, de Nikolai Ostrovsky. En ella, Pavka, un bolchevique absolutamente comprometido primero en la Guerra Civil y luego, en los años veinte, en la construcción de molinos de acero, termina su vida andrajoso y completamente tullido, inmovilizado, desprovisto de sus miembros, reducido así a una existencia casi no corporal. En semejante estado, se casa con una joven llamada Taya, dejando en claro que no habrá sexo entre ellos, apenas compañía, siendo su función cuidar de él. En cierto modo encontramos aquí la "verdad" de la mitología stalinista del Nuevo Hombre Feliz: un sucio tullido asexuado, que lo sacrifica todo por la construcción del socialismo. Este destino coincide con el del propio Ostrovsky quien, a mediados de los años treinta, tras terminar su novela, se estaba muriendo tullido y ciego y que, como Ostrovsky, Pavka –reducido a un muerto vivo, una especie de momia viviente– renace al final de la novela escribiendo una novela sobre su vida.[84]

[83] Me baso aquí en la pionera obra en proceso de Joan Copjec acerca de la noción de vergüenza, "May 68, the emotional month", en: Slavoj Žižek (ed.), *Lacan: The Silent Partners*, *op. cit.*

[84] Me baso aquí en el excelente trabajo de Lilja Kaganovska, "Stalin's men: gender, sexuality, and the body in Nikolai Ostrovsky, *How the Steel Was Tempered*".

(En sus dos últimos años, Ostrovsky vivió en un asilo del Mar Negro como una "leyenda viviente", en una calle llamada con su nombre, su casa convertida en sitio de interminables peregrinaciones y de gran interés para los periodistas extranjeros.) La mortificación del propio cuerpo traicionero está también corporizada en una esquirla de metralla que se alojó en el ojo de Pavka, cegándolo gradualmente; en esta instancia, el estilo llano de Ostrovsky estalla en una compleja metáfora:

> El pulpo poseía un ojo protuberante del tamaño de la cabeza de un gato, era un ojo de un rojo extraño, verde en el centro, ardiente, que latía con un brillo fosforescente [...]. El pulpo se mueve. Puede verlo cerca de sus ojos. Los tentáculos le rodean el cuerpo; son fríos y queman como ortigas. El pulpo lanza un mordiscón y le muerde la cabeza como una sanguijuela y, sacudiéndose en convulsiones, le chupa la sangre. Siente como la sangre sale de su cuerpo hacia la estructura resbaladiza del pulpo.[85]

Para ponerlo en términos lacanianos-deleuzianos, el pulpo ocupa el lugar del "órgano sin cuerpo", el objeto parcial que invade nuestro ordinario cuerpo biológico y lo mortifica; no se trata de una metáfora del sistema capitalista exprimiendo y golpeando a los obreros con sus tentáculos (el uso popular habitual de la metáfora entre ambas guerras mundiales), sino sorprendentemente, una metáfora "positiva" del autocontrol absoluto que debe ejercer sobre su cuerpo un revolucionario bolchevique (y sobre los deseos corporales "patológicos", potencialmente corruptores). El pulpo es un órgano superyoico que nos controla desde adentro: cuando en el punto más intenso de desesperación Pavka recorre su vida, el propio Ostrovsky caracteriza ese momento de reflexión como "un encuentro del Politburó con su 'yo' respecto del comportamiento traicionero de su cuerpo". Pero es también otra prueba de cómo la ideología literaria

[85] Nikolai Ostrovsky, *How the Steel Was Tempered*, Moscú, Progress Publishers, 1979, pp. 195-196 [trad. esp.: *Así se templó el acero*, Moscú, Progreso, 1980].

simplemente no puede mentir: la verdad se articula en ella mediante desplazamientos. No se puede sino recordar aquí "El médico rural" de Kafka: ¿no es el pulpo de Ostrovsky otro nombre para la herida kafkiana "no muerta" que, aunque viva como parásita de mi cuerpo, evita que me muera?[86]

Políticamente, el concepto de "órgano sin un cuerpo" debe oponerse a la noción corporativa del cuerpo social como un Todo orgánico. Es así que "emerge el sujeto desde la persona individual". Cuando un órgano –un objeto parcial, la correlación objetual del sujeto– se autonomiza respecto de la persona cuya "alma" es la forma de su cuerpo. ¿No es acaso "La nariz", de Gogol, la primera gran historia acerca del "órgano sin cuerpo", que cuenta las desventuras de un funcionario de San Petersburgo de nombre Kovalev: su nariz desaparece misteriosamente sólo para reaparecer en las calles de la capital en la forma de un funcionario de alto rango; tras una cantidad de peripecias tragicómicas y cuando Kovalev ha renunciado a toda esperanza de recuperar su nariz, ésta reaparece de modo inexplicable en la cara de su dueño. Gogol concluye la historia con una irónica moraleja autorreferencial: "Lo que es aun más extraño, más inexplicable

[86] No sorprende que hallemos otro rasgo kafkiano en la tremenda escena de *Desertor* de Vsevolod Pudovkin (1933), que escenifica un enrarecido desplazamiento de los juicios armados del stalinismo: cuando el protagonista del filme, un proletario alemán que trabaja en una gigantesca planta metalúrgica alemana, es elogiado ante todo el grupo por su incansable trabajo, responde con una sorprendente confesión pública: no, no se merece ese elogio, había llegado a la Unión Soviética a trabajar sólo para escapar por cobardía y para traicionar a Alemania (cuando la policía se lanzó sobre los obreros en huelga, él se quedó en su casa, porque creía en la propaganda engañosa de la socialdemocracia). El público (simples trabajadores) lo escuchó con perplejidad, riendo y aplaudiendo –una escena realmente extraña que nos recuerda la que ocurre en *El proceso*, de Kafka, cuando Josef K. enfrenta a los tribunales: aquí también, el público ríe y aplaude en los momentos más inesperados e inapropiados... Luego el trabajador regresa a Alemania a librar la batalla en su lugar adecuado. Esta escena resulta tan sorprendente porque escenifica la fantasía secreta del juicio stalinista: el traidor confiesa públicamente su crimen por su propia y libre voluntad y por su sentimiento de culpa, sin presión alguna de la policía secreta.

que todo lo demás es que los autores hubieran elegido este tema [...]. En primer lugar, no beneficia en nada a la patria, en segundo [...] y segundo no hay tampoco un beneficio".[87]

Sin embargo, aquí no termina la historia: la fórmula de Lacan del objeto fetichista es a sobre *menos phi* (la castración) –el *objeto a* cubre (y simultáneamente da testimonio de) la brecha de la castración–. Es por esto que Lacan especifica que la vergüenza *es respecto de la castración*, como una actitud de esconder discretamente el hecho de estar-castrado. (No sorprende que las mujeres deban esconder más que los hombres: lo que se oculta es su ausencia de pene.) Aunque la falta de vergüenza reside en mostrar ampliamente la propia castración, la vergüenza exhibe un desesperado intento por mantener las apariencias: a pesar de que sabemos la verdad (respecto de la castración), finjamos que no se trata de eso... Éste es el motivo por el cual, cuando veo que mi prójimo discapacitado arrastra hacia mí su miembro desfigurado "sin vergüenza", soy yo y no él quien está sobrepasado por la vergüenza. Cuando un hombre exhibe su miembro retorcido a su prójimo, su verdadero objetivo no es exhibirse él, sino hacer avergonzar a su prójimo por tener que enfrentarse a su ambigua atracción/repulsión por el espectáculo que está forzado a contemplar. En un modo estrictamente homólogo, uno se avergüenza de su origen étnico, de la "torsión" específica de la propia identidad particular, de estar atrapado en las coordenadas de un mundo vital en el cual uno ha sido arrojado, al cual uno está pegado y es incapaz de librarse de él.

Las palabras finales del padre/narrador en "Odradek" de Kafka ("la idea de que es probable que me sobreviva me resulta casi dolorosa") recuerdan las palabras finales de *El proceso* ("como si la vergüenza fue-

[87] Hay una intervención quirúrgica menor, aunque bastante desagradable, en la cual, bajo la protección de una anestesia local, se quita el ojo de su cuenca y (parcialmente, al menos) puesto a dar vueltas alrededor del cuerpo, de modo que el paciente pueda verse desde el exterior, con una mirada "objetiva" –esta experiencia es la de nuestro ojo como un órgano sin un cuerpo, separado del cuerpo–. Se puede caracterizar esta experiencia como la de la divina mirada, o como la pesadilla definitiva.

ra a sobrevivirme"): Odradek es efectivamente *la vergüenza del padre de familia* (el narrador de la historia). Lo que esto indica es que Odradek es el *sinthome* del padre, el "nudo" al que está atado el goce del padre. Sin embargo, esto parece complicar el vínculo entre la vergüenza y la castración: ¿es para Lacan ese objeto parcial, *lamella*, el órgano "no muerto" carente de cuerpo, justamente lo que no escapa a la castración? Lacan define *lamella* como objeto asexual, como el remanente de la sexuación.[88] Para un ser humano estar "muerto mientras vive" es ser colonizado por el orden simbólico "muerto"; estar "vivo estando muerto" es dar cuerpo al remanente de Vida-Sustancia que ha escapado a la colonización simbólica (*"lamella"*). A lo que nos enfrentamos aquí es al desplazamiento entre el "muerto" orden simbólico que mortifica el cuerpo y la no simbólica Vida-Sustancia del goce. Estas dos nociones no son para Freud y Lacan lo que significan en nuestro discurso científico convencional y cotidiano: en psicoanálisis, ambas designan una dimensión propiamente monstruosa –la Vida es la horrible palpitación de la *"lamella"*, de la pulsión no subjetiva ("acéfala") "no muerta" que persiste más allá de la muerte ordinaria; siendo la muerte el orden simbólico en sí, la estructura que, como un parásito, coloniza al ente viviente–. Lo que define la pulsión de muerte en Lacan es esta doble brecha: no la simple oposición entre vida y muerte, sino el cambio de la propia vida en vida "normal" y horripilante vida "no muerta", y el cambio de lo muerto en muerte "ordinaria" y en máquina "no muerta". La oposición básica entre vida y muerte es por lo tanto complementada por la máquina simbólica parasitaria (el lenguaje como entidad muerta que "se comporta como si tuviera vida por sí misma") y su contrapartida, los "muertos vivos" (la monstruosa sustancia de la vida que persiste en lo Real fuera de lo Simbólico) –este cambio que ocurre dentro de los dominios de la vida y la muerte constituye el espacio del instinto de muerte–.

[88] Véase Jacques Lacan, "La position de l'inconscient", *Écrits,* París, Seuil, 1966 [trad. esp. "La posición del inconsciente", *Escritos II,* Buenos Aires, Siglo XXI, 1964].

En su lectura de Kafka, Benjamin se centra en "una extensa serie de figuras con el prototipo de la distorsión, la deformidad". "Entre las imágenes de las historias de Kafka, no hay ninguna más frecuente que la del hombre que mueve la cabeza hacia el pecho: la fatiga de los funcionarios de la corte, el ruido que afecta a los porteros del hotel, el cielorraso bajo al que se enfrentan los visitantes de la galería".[89] Es crucial recordar aquí que, en el encuentro entre el hombre del campo y el guardián de la Puerta de la Ley, es el guardián, la figura de la autoridad, quien es jorobado, no el hombre del campo que permanece enhiesto. (Este punto es señalado por el sacerdote en su discusión con Josef K. que sigue a la parábola de la Puerta de la Ley en *El proceso*: el sacerdote pone en claro que aquí el subordinado es el guardián, que ocupa el papel de sirviente.) Por lo tanto, no debe idealizarse a la "criatura" desfigurada como si fuera una representación patética de los marginados, de los excluidos de la humanidad plena, el objeto de solidaridad con la víctima; por lo menos, hay que considerar que la criatura con joroba es el prototipo del sirviente del Poder. No olvidemos quienes son las "criaturas" por excelencia: *la mujer* es más "criatural" que el hombre, *Cristo en la cruz* es *la* criatura y, último pero no final, *el psicoanalista* es una criatura inhumana, no un semejante humano (y la apuesta del discurso del analista es precisamente que pueda establecerse un vínculo social basado directamente en ese exceso criatural, que sobrepase al Significante-Amo). Recordemos aquí *le père ou pire* de Lacan "el padre o lo peor": en la medida en que el analista no es una figura paterna (una figura de autoridad simbólica paternal), en la medida en que su presencia marca y pone en acto la suspensión de esa autoridad, ¿no existe en su figura también algo del padre "primordial" (uno se tienta a decir *anal),* el Único exento de la castración simbólica?

Es de este modo que debemos enfocar el tópico de la eucaristía: ¿qué comemos exactamente cuando comemos el cuerpo de Cristo?

[89] Walter Benjamin, *Illuminations*, *op. cit.*, p. 128.

Comemos el objeto parcial, la sustancia no muerta que nos redime y garantiza que nos elevamos por encima de la mortalidad, que, aunque seguimos vivos aquí en la tierra, ya estamos participando de la eterna Vida divina. ¿Significa esto que la eucaristía es semejante a la sustancia no muerta de la indestructible vida eterna que invade al cuerpo humano en una película de terror? A través de la eucaristía, ¿no estamos aterrorizados por un monstruo alienígena que invade nuestro cuerpo?[90] En el otoño de 2003 se descubrió en Alemania un extraño caso de canibalismo: un hombre se comió a su pareja. Lo extraño fue la naturaleza estrictamente consensual del acto: no hubo la habitual abducción y tortura secreta; el asesino puso anuncios en la red, pidiendo a alguien que estuviera dispuesto a ser matado y comido y encontró un voluntario. Ambos comieron juntos el pene cocido de la víctima; luego la víctima fue matada, cortada en pedazos y comida gradualmente. Si hubo alguna vez un acto de amor eucarístico fue este...

Por lo tanto, la vergüenza parece ser precisamente lo que se impone al sujeto cuando se enfrenta a lo que, en él, permanece *no-castrado*, con el embarazoso apéndice extra que continúa en movimiento. En el caso de Odradek, ¿no se trata del recordatorio/resto del fracaso del padre en cumplir con su trabajo de imponer la Ley (de la "castración")? ¿O estamos una vez más frente a la estructura de paralaje? Es decir, ¿qué pasaría si la ausencia y el exceso se refirieran al *mismo* fenómeno y fueran simplemente dos perspectivas sobre él? En su *Lógica del Sentido* "estructuralista", Deleuze desarrollaba que, en cuanto emerge el orden simbólico, estamos frente a la mínima diferencia entre un lugar estructural y el elemento que ocupa (llena) ese lugar: un elemento está siempre precedido lógicamente por el lugar en la estructura que completa. Nos manejamos aquí con dos series (o mejor, niveles): la estructura formal "vacía" (significante) y las series de elementos que ocupan los lugares vacíos en la estructura (significado). La

[90] ¿Y no funciona el útero del mismo modo en la vieja noción de "histeria" como la enfermedad de la matriz viajera? ¿No es la histeria la enfermedad en la cual el objeto parcial enloquece y comienza a dar vueltas?

paradoja consiste en el hecho de que las series nunca coinciden: siempre encontramos una entidad que es simultáneamente –respecto de la estructura– un lugar vacío, desocupado y –respecto de los elementos– un objeto en movimiento rápido, elusivo, un ocupante sin un lugar.[91] De este modo llegamos a la fórmula de Lacan de la fantasía $ - a, dado que el matema para el sujeto es $, un lugar vacío en la estructura, un significante elidido, en tanto *objeto a* es, por definición, un objeto excesivo, un objeto que carece de lugar en la estructura. En consecuencia, el punto no es que existe simplemente el exceso de un elemento sobre los lugares disponibles en la estructura o el exceso de un lugar que no tiene un elemento que lo llene. Un lugar vacío en la estructura seguirá sosteniendo la fantasía de un elemento que habrá de emerger y llenar ese lugar; un elemento excesivo que carece de su lugar seguiría sosteniendo la existencia de un lugar todavía desconocido que lo está esperando. El punto es, en realidad, que el lugar vacío en la estructura es estrictamente correlativo al elemento errante que carece de su lugar: no son dos entidades diferentes, sino el anverso y el reverso de una misma entidad inscripta en ambas superficies de una cinta de Moebius. En la superficie más formal, "castración" designa la precedencia del lugar vacío sobre los elementos contingentes que lo llenan; esto es lo que explica la estructura elemental de la histeria, de la pregunta histérica, "¿Por qué soy lo que estás diciendo que soy? ¿Por qué estoy en ese lugar en el orden simbólico?". Sin embargo, correlativo a esto se encuentra el hecho de estar atado a un objeto sin lugar (simbólico), un objeto que escapó de la castración. Por lo tanto no debe temerse trazar la definitiva conclusión paradójica: la castración y su negación son dos caras de la misma moneda, la castración debe ser sostenida por un resto no-castrado, una castración plenamente concretada se cancela a sí misma. O, para expresarlo con mayor precisión: *lamella*, el objeto "no muerto", no es un resto de la castración en el sentido de una pequeña parte que de algún modo escapó ilesa

[91] Véase Gilles Deleuze, *The Logic of Sense*, Nueva York, Columbia University Press, 1990, pp. 119-120 [trad. esp.: *Lógica del sentido*, Barcelona, Paidós, 1992].

del golpe de la castración, sino, literalmente, el *producto* del corte de la castración, el *exceso* generado por él.

Este vínculo entre castración y síntoma implica que el objeto parcial "no muerto" es la inscripción en el cuerpo de lo que Eric Santner llamó "estrés significante": la herida, la desfiguración/distorsión, infligida al cuerpo cuando éste es colonizado por el orden simbólico; que es el motivo por el cual los animales *no* son "criaturas" en este sentido preciso, *no* están atados a un *sinthome*.[92] Sin embargo, debe evitarse aquí la tentación de traducir este rasgo a los términos de la antropología filosófica tradicional según la cual lo animal está inmerso en su contexto, su conducta regulada por instintos innatos, mientras que el hombre es un animal "sin hogar" desprovisto de un inmediato apoyo instintual, que es el motivo por el cual se necesita un amo para que le imponga su "segunda naturaleza", las normas y regulaciones simbólicas. La diferencia clave es que la "adulación" del *sinthome* no es un recurso cultural destinado a imponer un nuevo equilibrio en el ser humano desarrollado que amenaza con explotar en un exceso desenfrenado, sino el nombre de ese mismo exceso: un ser humano (para llegar a tal) pierde sus coordenadas animales instintivas al quedar transfigurado/atado a un *sinthome* inhumano. Esto significa que la diferencia específica que define al ser humano no es, por lo tanto, la diferencia entre el hombre y el animal (u otra especie real o imaginaria como los dioses), sino una diferencia *inherente*, la diferencia entre exceso humano e inhumano que es inherente al ser-humano.

En consecuencia, ¿no es la dimensión "teológica" sin la cual, según Benjamin, la revolución no puede imponerse, la verdadera dimensión del exceso de pulsión, de su "demasía"? En otras palabras, ¿no es nuestra tarea –la propiamente *cristológica*– cambiar el modo de quedar atado en un modo que permite, que incluso exige, una actividad de sublimación?

[92] Véase Eric Santner, *On The Psychotheology of Everyday Life*, Chicago, University of Chicago Press, 2001.

II. LA PARALAJE SOLAR: LA INSOPORTABLE LUMINOSIDAD DE NO SER NADIE

3. LA INSOPORTABLE PESADEZ DE SER UNA DIVINA MIERDA

¡ÉSTA ES TU CAVERNA!

Ésta es la disposición básica de la alegoría de Platón (*La República*, 514ª-520ª). Imaginemos a los prisioneros encadenados desde su infancia en lo profundo de una caverna. No sólo están sus miembros inmovilizados por las cadenas, también lo están sus cabezas con los ojos fijos en la pared. Detrás de los prisioneros hay un enorme fuego, y entre el fuego y los prisioneros hay un camino ascendente, a lo largo del cual hay hombres que acarrean formas variadas de animales, plantas y otros objetos. Las formas reflejan sombras sobre la pared, lo que mantiene ocupada la atención de los prisioneros. También, cuando habla uno de los transportadores de formas, un eco contra la pared hace que los prisioneros crean que las palabras provienen de las sombras. Los prisioneros se dedican a algo que nos parece un juego: nombrar las formas a medida que aparecen. Sin embargo, ésta es la única realidad que conocen aun cuando lo único que están viendo son apenas sombras de las formas. Supongamos que se libera a uno de los prisioneros, a quien se obliga a pararse y mirar a su alrededor. Sus ojos se cegarán ante el resplandor del fuego, y las formas que van pasando resultarán menos reales que sus sombras. De igual modo, si se lo saca fuera de la caverna, sus ojos quedarán tan ciegos que no podrá ver nada; al principio, logrará vislumbrar mejor las formas más oscuras, como las sombras, y sólo más adelante objetos cada vez más brillantes. El último objeto que logrará ver será el sol, que, a su tiempo, estará en condiciones de percibir como la causa de todas las cosas que ha visto. Una vez que ha aprendido esto, el prisionero liberado querrá sin dudas regresar a la caverna para liberar a sus compañeros encadenados; sin embargo, el problema es que podrían no querer que se los libere: descender de regreso a la caverna requerirá que los ojos del prisionero liberado tengan que volver a ajustarse y por un tiempo participará con desventaja del proceso lúdico de identificación de formas en la pared. Eso hará que sus camaradas quieran matar a cualquiera que pretenda liberarlos.

Y como sucede siempre con las alegorías, ¿amenaza la textura literal de la narración de Platón con desbordar sus posteriores interpretaciones, de modo tal que constantemente nos vemos forzados a elegir cuán literalmente debemos considerar la textura literal? ¿Cuáles son los rasgos a interpretar y cuáles meros detalles imaginativos? Por ejemplo, ¿existen titiriteros que se ocupan de las formas de manipulación política, de modo que Platón está proponiendo también una teoría implícita de la manipulación ideológica, o somos nosotros, los seres de la caverna, quienes directamente nos engañamos a nosotros mismos? Sin embargo, hay un problema más profundo que se vería más claro de ponerse en términos hegelianos. Por supuesto, se puede comenzar con la noción ingenua de que la gente percibe la realidad verdadera desde una perspectiva limitada/distorsionada y que así construye en su imaginación falsos ídolos a los que confundimos con la cosa real: el problema con esta idea ingenua es que nos reserva la posición externa del observador neutral que puede, desde un lugar seguro, comparar la realidad verdadera con su distorsionada percepción. Lo que se pierde de vista aquí es que todos *somos* esas personas dentro de la caverna; así que, ¿cómo podremos, inmersos como estamos en el espectáculo de la caverna, subirnos a nuestros propios hombros y alcanzar la visión de la verdadera realidad? ¿Es que debemos buscar pequeñas incoherencias en el terreno de las sombras, que nos den un indicio de que aquello que tomamos por realidad es un espectáculo artificial (como la escena de *Matrix*, en la cual un gato pasa dos veces por el umbral de una puerta, marcando un problema en el funcionamiento de la *matrix*)? Cualquiera que sea el caso, nosotros, habitantes de las cavernas, debemos trabajar duro para vislumbrar alguna idea de lo que es la "verdadera realidad" fuera de la caverna, la verdadera sustancia, el *presupuesto*, de nuestro mundo está en este sentido siempre-ya postulado, es el *resultado* de un largo proceso de destilar, extraer el núcleo de la realidad de entre la confusión de las sombras engañosas.

Sin embargo, quizás haya que arriesgarse a un enfoque diferente y leer la parábola de Platón como un mito en el sentido levistraussiano, de modo que no hay que buscar sentidos por medio de una interpretación directa sino en realidad colocándola en una serie de variaciones, es decir, comparándola con otras versiones de la misma historia. El marco del así llamado "posmodernismo" puede efectivamente concebirse como una red de los tres modos de inversión de la alegoría de Platón. Primero, hay una inversión del significado de la fuente central de luz (el sol): ¿qué pasaría si este centro fuera una especie de Sol Negro, una monstruosa y aterradora Cosa Demoníaca, y por *esta* razón imposible de soportar? Segundo, ¿qué ocurriría (siguiendo los planteos de *Spheres*, de Peter Sloterdijk) si invirtiéramos el significado de la caverna: fuera de ella, en la superficie, hace frío y hay viento, es peligroso vivir allí, de modo que las mismas personas deciden cavar su caverna para hallar un refugio/hogar/esfera? De este modo, la caverna aparece como el primer modelo de construcción de un hogar, un lugar aislado y seguro; construir la propia caverna es lo que nos diferencia de los animales, es el primer acto de civilización... Finalmente, está la variante convencional posmoderna: el verdadero mito es precisamente la idea de que, fuera del teatro de sombras, existe alguna "realidad verdadera" o un Sol central, pero todo lo que hay son diferentes teatros de sombras y su interminable interacción. El giro lacaniano a esta historia habría sido que, para nosotros dentro de la caverna, lo Real exterior a la caverna sólo puede aparecer como *la sombra de una sombra*, como una brecha entre diferentes modos o territorios de sombras. Por lo tanto, no es tan simple como que la realidad sustancial desaparezca en la interacción de las apariencias. Lo que en verdad ocurre en este desplazamiento es que la irreductibilidad misma de la apariencia a su soporte sustancial, su "autonomía" respecto a él, genera una Cosa propia, la verdadera "Cosa real".

En su *Being No One*, Thomas Metzinger[1] propone una versión basada en los estudios del cerebro: Platón tenía razón –con la salvedad de que *no hay nadie (ningún sujeto que observe) en la caverna*–. En realidad, la caverna se proyecta (toda su maquinaria) en la pantalla: el teatro de sombras funciona como la autorrepresentación (automodelo) de la caverna. En otras palabras, el mismo sujeto observador es una sombra, el resultado del mecanismo de representación: el "Yo" ocupa el lugar del modo en que el organismo humano se experimenta a sí mismo, en que se aparece ante sí mismo, y no hay *nadie* detrás del velo de la autoapariencia, ninguna realidad sustancial:

> La ilusión es irresistible. Detrás de todo rostro hay un yo. Vemos una señal de conciencia en cada ojo que parpadea e imaginamos algún espacio etéreo detrás del cráneo, encendido por patrones móviles de sentimiento y pensamiento, cargados de intenciones. Una esencia. Pero cuando miramos, ¿qué vemos en ese espacio detrás del rostro? El hecho descarnado es que no hay nada salvo sustancia material: carne, sangre, huesos y cerebro [...]. Miramos en una cabeza abierta, contemplando cómo late el cerebro, el modo en que el cirujano escarba y prueba y se entiende con absoluta certeza de que no hay nada más que eso. No hay nadie allí.[2]

¿No es ésta la paralaje definitiva, esta brecha absoluta entre la experiencia de encontrar a alguien y la "nada detrás" del cráneo abierto? Parece que, con esta naturalización cognitivista de la mente humana, el proceso descripto por Freud como las progresivas hu-

[1] Thomas Metzinger, *Being No One. The Self-Model Theory of Subjectivity*, Cambridge, MIT Press, 2004.

[2] Paul Broks, *Into the Silent Land. Travels in Neuropsychology*, Londres, Atlantic Books, 2003, p. 17.

millaciones del hombre en las ciencias modernas ha llegado a su apogeo.

COPÉRNICO, DARWIN, FREUD... Y MUCHOS OTROS

La historia de las tres humillaciones sucesivas del hombre, de las tres "heridas narcisistas" ("Copérnico, Darwin, Freud") es más compleja de lo que puede parecer. Lo primero que hay que señalar es que los últimos descubrimientos científicos parecen agregar una serie completa de "humillaciones" que radicalizan las tres primeras, de modo que, como plantea con perspicacia Peter Sloterdijk, en relación con las actuales "neurociencias", el psicoanálisis parece pertenecer al tradicional campo "humanista", amenazado por las últimas humillaciones. ¿No es acaso la reacción dominante entre los psicoanalistas contra los últimos avances en las neurociencias la prueba de ello? Su defensa del psicoanálisis suele ser apenas una variante más del tradicional gesto filosófico-trascendental de subrayar que una ciencia positiva jamás puede abarcar y explicar el verdadero horizonte de significado dentro del cual opera... Sin embargo, esta imagen presenta sus complicaciones. La primera: desde el comienzo mismo de la modernidad, la humillación, las "heridas narcisistas", parecen generar una sensación de superioridad paradójicamente basada en un conocimiento acabado de la miserabilidad de nuestra existencia. Ya lo expresó Pascal de un modo insuperable, el hombre es una simple mota de polvo en el universo infinito, pero *está consciente de* su nulidad, y eso hace toda la diferencia. Es paradigmáticamente moderna esta idea de grandeza no sólo como opuesta a la miseria, sino como miseria consciente de sí misma... La segunda tiene que ver con el estatus preciso de este conocimiento; no se trata sólo de saber de nuestra propia vanidad, sino también de su inherente reverso, el *savoir-faire* tecnológico, conocimiento que es poder. Estrictamente correlativo a la "humillación" del hombre resulta el crecimiento exponencial del dominio técnico de la humanidad sobre la naturaleza durante la modernidad. Este *savoir-faire* implica la caída de la diferencia entre un principio y su aplicación: de modo inmediato, el principio *es* la lógica de su aplicación exactamente de la misma manera que para Wittgenstein el significado de una palabra *es* su uso. El aspecto clave de la idea de regla de Wittgenstein es que una regla *es* su aplicación: si no somos capaces de aplicar correctamente una regla, no "disponemos" de esa regla. Por ejemplo, en relación al (seudo)problema filosófico de cómo estar seguros de que el significado de las palabras se refiere a objetos y procesos de la realidad, la cuestión misma carece de sentido dado que el significado de una frase *es* el modo como se refiere y se relaciona con la realidad del mundo vital de su usuario. Y lo mismo vale para el amor, que es el motivo por el cual, cuando una mujer acepta a regañadientes ante su amante que "si el sexo es la condición de nuestra relación amorosa, lo soportaré aunque preferiría no hacerlo" (implicando de esta manera que el amante que quiere sexo como parte de su relación amorosa la está chantajeando), en realidad no lo ama: el sexo no es una vulgar expresión-concreción del amor, es parte de la definición de amor, de "practicar" (literalmente, hacer) el amor.

Estos rasgos combinados nos ofrecen la paradoja básica de la filosofía moderna de la subjetividad: el dúo de la humillación del hombre empírico y la elevación del sujeto trascendental. Ya Descartes, quien planteaba al cogito como el punto de partida de la filosofía, reducía simultáneamente toda realidad, incluida la vida, a *res* extensa, el campo de la materia que obedecía a leyes mecánicas. En este preciso sentido, el pensamiento de la subjetividad moderna *no* es un "humanismo" sino desde sus comienzos un "antihumanismo": el humanismo caracteriza al pensamiento renacentista que celebraba al hombre como el rey de la creación, el término superior en la cadena de las cosas creadas, mientras que la modernidad propiamente dicha ocurre únicamente cuando el hombre pierde su lugar privilegiado y queda reducido a un elemento más de la realidad –y correlativamente a esta pérdida del privilegio se halla el surgimiento del sujeto como el vacío puramente inmaterial, no como parte sustancial de la realidad–. El propio sublime kantiano se sostiene en esta brecha: es la experiencia de la impotencia y nulidad del hombre (como una parte de la naturaleza) cuando se lo expone a un poderoso despliegue de fuerzas naturales que alude de forma negativa a su grandeza como sujeto ético nouménico. Es esto lo que resulta tan insoportable en el descubrimiento de Darwin: no que el hombre surja de la evolución natural, sino el carácter mismo de esta evolución –caótica, no teleológica, que se burla de toda "armonía de la mente con el mundo"–.

> Donde Lamarck se detiene en la razonabilidad y confianza de la naturaleza, Darwin saborea sus excentricidades y desviaciones, incluso por momentos sus ridiculeces. Estaba en busca de lo marginal, de lo que funcionaba mal, para sostener su selección natural. [...] Se podría decir que la naturaleza ha obtenido placer al acumular contradicciones para poder quitar toda apoyatura a una teoría de la armonía preexistente entre los mundos internos y los externos. He aquí la quintaesencia del darwinismo. Nada de creación especial, de adaptación perfecta, de sintonía dada entre la mente y el mundo. Fueron precisamente las desarmonías las que cautivaron la imaginación de Darwin.[3]

Otra paradoja para señalar es la de la relación entre ciencia moderna y determinada tradición teológica. La paradoja del discurso científico es que no se trata simplemente del universo del conocimiento sin conciencia del Significante-Amo "vacío"; y esta necesidad tampoco se basa en el hecho elemental de que el discurso científico permanece dentro de nuestro mundo vital y, como tal, debe confiar en el lenguaje cotidiano como metalenguaje definitivo. Es decir que mientras la percepción ilusoria del discurso científico es que se trata de un discurso de pura descripción de facticidades, la paradoja reside en la coincidencia de pura facticidad y voluntarismo radical: la facticidad puede sostenerse como carente de sentido, como algo que "só-

[3] Jeremy Campbell, *The Liar's Tale*, Nueva York, Norton, 2001, p. 27.

lo es como es", sólo si está secretamente sostenida por una arbitraria voluntad divina. Éste es el motivo por el cual Descartes es la figura fundadora de la ciencia moderna precisamente cuando hace que incluso los más elementales hechos matemáticos como 2 + 2 = 4 dependan de la arbitraria voluntad divina: dos más dos son cuatro pues Dios lo quiso así, sin que haya detrás de esto ninguna oscura cadena de razones. Incluso en las matemáticas, este voluntarismo incondicional resulta claro en su carácter axiomático: se comienza por postular arbitrariamente una serie de axiomas, a partir de los cuales se supone que se sigue todo lo demás.

Sin embargo, estas complicaciones son parte de la narración habitual de la modernidad: lo que efectivamente perturba la imagen recibida de la ciencia moderna es el hecho de que las "humillaciones" del siglo XX son mucho más ambiguas de lo que parecen –y, retroactivamente, hacen visible la ambigüedad de las humillaciones clásicas–. Es decir, en una primera aproximación, Marx, Nietzsche y Freud comparten la misma hermenéutica "desublimadora" de la sospecha: una capacidad "superior" (ideología y política, moral, conciencia) queda enmascarada por un teatro de sombras que es efectivamente manejado por el conflicto de fuerzas que tiene lugar en una escena "menor" (proceso económico, conflicto de deseos inconscientes). Y hoy las cosas han ido mucho más lejos: en el cognitivismo, el mismo pensamiento humano es concebido como un modelo construido a partir del funcionamiento de una computadora, de modo que desaparece potencialmente la brecha misma entre comprender (la experiencia del significado, de la apertura de un mundo) y el funcionamiento "mudo" de una máquina; en el neodarwinismo (no sólo) los individuos humanos son concebidos como meros instrumentos, o en realidad como vehículos de la reproducción de "sus" genes, y, de modo homólogo, a la cultura humana, a la actividad cultural de la humanidad como un vehículo para la proliferación de "memes".* Sin embargo, nos

* Memes: unidades de transmisión de la herencia cultural. Los memes son respecto de la cultura el equivalente de los genes para la biología. [N. del T.]

tienta decir que, en tanto la desmitificación del siglo XIX es una reducción de la noble apariencia a una realidad "inferior" (Marx, Nietzsche, Freud), luego el siglo XX agrega una nueva vuelta de tuerca al *rehabilitar la* (rara, previamente inaudita) *apariencia misma*. La *fenomenología* de Husserl es un indicio de esto, el primer acontecimiento verdadero de la filosofía del siglo XX, con su actitud de "reducción" que apunta a observar los fenómenos "como tales" en su autonomía, no como atributos/expresiones/efectos de ciertos "entes reales" subyacentes –se abre aquí una línea que lleva a figuras tan diferentes como Bergson, Deleuze, Wittgenstein y los físicos cuánticos, quienes se centran todos en la autonomía del acontecimiento puro fluir del devenir respecto de los entes reales ("cosas")–.

En resumen, ¿no es acaso el desplazamiento de la Realidad sustancial a (diferentes formas de) Acontecimiento uno de los rasgos que definen a las ciencias modernas? La física cuántica postula como realidad última no a algunos elementos primordiales, sino más bien a una especie de "vibraciones" de cuerdas (entes que sólo pueden ser descriptos como procesos desustancializados); el cognitivismo y la teoría de sistemas se centran en el misterio de las "propiedades emergentes" que designan también a autoorganizaciones puramente procesales. No sorprende entonces que tres filósofos contemporáneos –Heidegger, Deleuze y Badiou– desplieguen tres reflexiones sobre el Acontecimiento: en Heidegger es el Acontecimiento como la apertura epocal de la configuración del ser; en Deleuze se trata del Acontecimiento como el puro devenir desustancializado del sentido; en Badiou, el Acontecimiento es la referencia sobre la que se basa un proceso de verdad. Para los tres, el Acontecimiento es irreductible al orden del ser (en el sentido de realidad positiva), al conjunto de sus (pre)condiciones materiales. Para Heidegger, el Acontecimiento es el horizonte último del pensamiento y carece de sentido tratar de pensar "detrás suyo" y convertir en temático al proceso que lo generó –ese intento equivale a una explicación óntica del horizonte ontológico; para Deleuze no se puede reducir la aparición de una nueva forma artística (el *film noir*, el neorrealismo italiano, etc.) a sus circunstancias históricas, o explicarla con esos términos; para Badiou, un Acontecimiento-Verdad es completamente heterogéneo en relación al orden del ser (realidad positiva)–. A pesar de que en los tres casos el Acontecimiento ocupa el lugar de lo propiamente histórico (la explosión de lo nuevo) contra el historicismo, las diferencias entre los tres filósofos son, por supuesto, cruciales. Para Heidegger, el Acontecimiento no tiene nada que ver con los procesos ónticos, designa al "acontecimiento" de una nueva aparición epocal del ser, la emergencia de un nuevo "mundo" (como el horizonte de significación dentro del cual aparecen todos los entes). Deleuze es un vitalista que insiste en la inmanencia absoluta del Acontecimiento respecto del orden del ser, que concibe al Acontecimiento como el Uno-Todo de las proliferantes diferencias de la vida. Por el contrario, Badiou afirma el "dualismo" radical entre Acontecimiento y el orden del ser. Es aquí, en este terreno, que debemos ubicar la lucha actual entre idealismo y materialismo: el idealismo postula un Acontecimiento ideal que no puede ser explicado en los términos de sus (pre)condiciones materiales, mientras que la apuesta materialista es que *se puede* ir "por detrás" del Acontecimiento y explorar el modo como explota desde la brecha en/de el orden del ser. El primero en formular esta tarea inaudita fue Schelling, quien en sus *Weltalter* fragmentos, delineó el oscuro territorio de la "prehistoria del *logos*", de lo que debió haber ocurrido en la protorrealidad preontológica de modo que pudieran tener lugar la apertura del *logos* y de la temporalidad. Con respecto a Heidegger, habría que arriesgarse a dar un paso más por detrás del Acontecimiento, nombrando/delineando el corte, la terrible medida/contracción que habilita toda aparición ontológica.[4] El problema con Heidegger no es sólo (como plantea John Caputo)[5] que deja de lado el dolor óntico en relación con la esencia

[4] Aquí Sloterdijk tiene razón, a pesar de que no se pueda estar de acuerdo con su versión específica de la explicación: Heidegger debe ser complementado con una explicación del modo como se genera la aparición misma.

[5] Véase John Caputo, *Demythologizing Heidegger*, Bloomington, Indiana University Press, 1993.

ontológica, sino que ignora el dolor (pre)ontológico de lo Real ("castración simbólica").

Contrariamente a Heidegger, Deleuze y Badiou realizan el mismo gesto filosófico paradójico de defender, *como materialistas*, la autonomía del orden "inmaterial" del Acontecimiento. Como materialista y para poder serlo de modo totalmente claro, Badiou se centra en el topos *idealista* por excelencia: ¿cómo puede un animal humano abandonar su animalidad y poner su vida al servicio de la verdad trascendente? ¿De qué modo puede ocurrir la "transustanciación" de una vida orientada por el placer de un *individuo* a la vida de un *sujeto* dedicado a una causa? En otras palabras, ¿cómo es posible un acto libre? ¿Cómo puede salirse de la red de conexiones causales de la realidad positiva y concebir un acto que comienza y termina en sí mismo? En suma, Badiou *repite dentro del marco materialista el gesto elemental del antirreduccionismo materialista*: la razón humana no puede reducirse al resultado de la adaptación evolutiva; el arte no es el procedimiento elevado de brindar placeres sensuales, sino un medio de verdad, y así sucesivamente. Adicionalmente, contra la falsa idea de que este gesto esté también destinado al psicoanálisis (¿no es lo central en la idea de "sublimación" que las actividades humanas supuestamente "superiores" son un rodeo "sublimado" de concretar un objetivo "inferior"?), en esto reside ya el logro significante del psicoanálisis: su planteo de que la sexualidad misma, las pulsiones sexuales que pertenecen al animal humano no pueden explicarse en términos evolutivos.[6] Esto deja en claro las verdaderas apuestas del gesto de Badiou: para que el materialismo pueda oponerse realmente al idealismo no alcanza con tener éxito en el enfoque "reduccionista" y demostrar que la mente, la concien-

[6] Éste es el modo de ubicar el desplazamiento del instinto biológico a la pulsión: el instinto forma parte de lo físico de la *vida* animal, mientras que la pulsión (pulsión de *muerte*) introduce una dimensión meta-física. En Marx encontramos un distinción implícita homóloga entre clase obrera y proletariado: la "clase obrera" es la categoría social empírica, accesible al conocimiento sociológico, mientras que "proletariado" es el sujeto-agente de la verdad revolucionaria. Dentro de la misma línea, Lacan plantea que la pulsión es una categoría *ética*.

cia, etc., pueden de algún modo ser explicadas desde dentro del marco evolucionista-positivista del materialismo. Por el contrario, el planteo materialista debe ser mucho más fuerte: es *únicamente* el materialismo el que puede explicar adecuadamente el verdadero fenómeno de la mente, de la conciencia, etc., y resulta claro que el "vulgar" es el idealismo, que siempre termina por "reificar" esos fenómenos.

Cuando Badiou enfatiza la indecidibilidad de lo Real de un Acontecimiento, su posición es aquí radicalmente distinta de la habitual entre los deconstruccionistas. Para Badiou, la indecidibilidad significa que no existen criterios neutrales "objetivos" para un Acontecimiento: un Acontecimiento aparece como tal sólo para aquellos que se reconocen en su llamado o, como lo expresa Badiou, un Acontecimiento está autorrelacionado; se incluye a sí mismo –su propia nominación– dentro de sus componentes.[7] Aunque esto signifique

[7] Véase Alain Badiou, *L'etre et l'evenement*, París, Seuil, 1989 [trad. esp.: *El ser y el acontecimiento*, Buenos Aires, Manantial, 1994]. Badiou identifica cuatro posibles dominios en los que puede ocurrir un Acontecimiento-Verdad, cuatro dominios en los cuales los sujetos emergen como "operadores" de un procedimiento-verdad: ciencia, arte, política y amor. ¿Acaso los tres primeros procedimientos-verdad (ciencia, arte y política) no siguen la lógica de la tríada de verdadero-bello-bueno: la ciencia de la verdad, el arte de lo bello, la política de lo bueno? ¿Qué pasa con el amor, el cuarto procedimiento? ¿No queda afuera de la serie, aun cuando es de algún modo más fundamental y universal? Por lo tanto, no existen simplemente cuatro procedimientos-verdad, sino *tres más uno* –un hecho tal vez no del todo subrayado por Badiou (a pesar de que, en referencia a la diferencia sexual, señala que las mujeres tienden a colorear todos los procedimientos-verdad a través del amor)–. Lo que abarca este cuarto procedimiento no es únicamente el milagro del amor, sino también el psicoanálisis, la teología y la misma filosofía (el *amor* a la sabiduría). ¿No es entonces el amor para Badiou el "modo asiático de producción", la categoría a la cual arroja todos los procedimientos-verdad que no encajan en los otros tres modos? Este cuarto procedimiento sirve también como un principio formal subyacente o matriz de todos los procedimientos (lo que da cuenta del hecho que, a pesar de que Badiou le niega a la religión el estatus de procedimiento-verdad, plantea que Pablo fue el primero en mostrar la verdadera matriz formal del Acontecimiento-Verdad). Más aun, existe otra diferencia clave entre amor y otros procedimientos-verdad en los que, contrariamente a otros que tratan de forzar lo innombrable, en el "verdadero amor" se adhiere/acepta al Otro amado *por aquello verdaderamente innombrable en ella/él*. En otras palabras, el "amor"

que hay que *decidir* acerca de un Acontecimiento, esa decisión, en definitiva sin fundamentos, no es "indecidible" en el sentido habitual, más bien resulta extrañamente similar al proceso dialéctico hegeliano en el cual, como lo deja ya claro Hegel en la Introducción a su *Fenomenología del espíritu*, una "figura de conciencia" no se mide con ningún criterio externo de verdad, sino de un modo absolutamente inmanente, a través de la brecha entre sí mismo y su propia ejemplificación/escenificación. Por lo tanto, un Acontecimiento es "no-todo" en el preciso sentido lacaniano del término: nunca queda plenamente verificado precisamente porque es infinito/ilimitado, o sea, porque no existe un límite externo a él. Y la conclusión que debe sacarse aquí es que, por esa misma razón, la "totalidad" hegeliana es también "no toda". En otros términos (los de Badiou), un Acontecimiento no es *nada sino* su propia inscripción en el orden del ser, un corte/ruptura en el orden del ser por el cual el ser nunca podrá formar un Todo coherente. Por supuesto, Badiou –como materialista– está bien al tanto del peligro idealista que se esconde aquí:

> Debemos señalar que en lo que concierne a su material, el acontecimiento no es un milagro. Lo que digo es que lo que compone un acontecimiento está siempre extraído de una situación, siempre relacionado con una multiplicidad singular, con su estado, con el lenguaje con el que está conectado, etc. De hecho, como para no sucumbir a una teoría oscurantista de la creación *ex nihilo*, debemos aceptar que un acontecimiento no es sino una parte de una situación dada, nada salvo *un fragmento de ser*.[8]

Sin embargo, hay que dar aquí un paso más de lo que está dispuesto Badiou: no existe más allá del ser que se inscriba en el orden del ser –no existe nada salvo el orden del ser–. Debe recordarse una vez más la paradoja de la teoría general de la relatividad de Einstein, en

designa el respeto del amante por lo que debe permanecer innombrado en el amado –"de aquello que no se puede hablar, hay que mantener silencio" es tal vez la proscripción fundamental del amor–.

[8] Alain Badiou, *Theoretical Writings*, Londres, Continuum, 2004.

la que la materia no curva el espacio sino que es un efecto de la curvatura del espacio: un Acontecimiento no curva el espacio del ser a través de su inscripción en él; por el contrario, un acontecimiento no es *nada sino* esta curvatura del espacio del ser. "Todo lo que hay" es el intersticio, la no autocoincidencia, del ser, es decir, la no-clausura ontológica del orden del ser.[9] La "diferencia mínima" que sostiene la brecha de paralaje es, por lo tanto, aquella en función de la cual se hallan las "mismas series" de ocurrencias reales que, a los ojos de un observador neutral, forman parte de la realidad ordinaria y que funcionan, a la mirada de un participante comprometido, como las inscripciones de fidelidad a un Acontecimiento. Por ejemplo, las "mismas" ocurrencias (luchas por las calles de San Petersburgo) que le resultan al historiador neutral apenas giros y cambios violentos en la historia rusa son para el revolucionario comprometido parte del Acontecimiento epocal de la Revolución de Octubre. Esto significa que, desde una perspectiva lacaniana, la noción de brecha de paralaje y de "mínima diferencia" obedece a la lógica del no-Todo.[10]

De modo que cuando David Chalmers propone que la base de la conciencia deberá fundarse en una fuerza de la naturaleza nueva, adicional, fundamental –primordial e irreductible–, como la gravedad o el electromagnetismo, algo así como una (auto)conciencia o auto-

[9] Es por esto que debe formularse la pregunta clave: ¿existe un ser sin Acontecimiento, simplemente exterior a él, o es que *todo* orden del ser es la negación-obliteración de un Acontecimiento fundante, un "perverso" *je sais bien quand meme...*, una reducción-reinscripción del Acontecimiento en el orden causal del ser?

[10] El argumento de Badiou contra Lacan (formulado, entre otros, por Bruno Boostels) es que lo que realmente importa no es el Acontecimiento como tal, el encuentro con lo Real, sino sus consecuencias, su inscripción, la consistencia del nuevo discurso que surge con el Acontecimiento. Uno se tienta de usar este mismo argumento contra el propio Badiou. Es decir, contra su posición "opositora" de defensa del objetivo imposible de la pura presencia sin el estado de representación existe la tentación de plantear que habría que reunir la fuerza necesaria para "sobreponerse" y asumir el poder, y no seguir atado a la seguridad de la postura opositora. Si no estamos preparados para eso, entonces se sigue confiando en el poder del Estado como el que define nuestra propia posición.

percepción,[11] ¿no se ofrece así una nueva prueba de que el idealismo coincide con el materialismo vulgar? ¿No pierde precisamente de vista la pura idealidad de la (auto)percepción? Es aquí que hay que apelar al tópico de la finitud en sentido estrictamente heideggeriano: si se trata de ocultar la conciencia dentro de un campo de realidad plenamente concretado, sólo puede aparecer como un momento positivo adicional, pero ¿qué pasa si se vincula la conciencia con la finitud misma, con la incompletud ontológica del ser humano, con su ser originalmente descoyunturado, lanzado, expuesto a una constelación arrolladora?

Es aquí que, para poder especificar el sentido del materialismo, deben aplicarse las fórmulas de la sexuación de Lacan: hay una diferencia fundamental entre la afirmación "todo es materia" (que se basa en su excepción constitutiva; en el caso de Lenin, en su *Materialismo y Empiriocriticismo*, cae en esta trampa, la posición de enunciación del sujeto cuya mente "refleja" la materia) y la afirmación "no existe nada que no sea materia" (que, con su otro aspecto, "no-Todo es materia", abre un espacio para la explicación de los fenómenos inmateriales). Esto significa que un materialismo verdaderamente radical es por definición no-reduccionista: lejos de plantear que "todo es materia" adjudica a los fenómenos "inmateriales" un efectivo no-ser positivo.

Cuando en su argumentación contra la explicación reduccionista de la conciencia Chalmers escribe que "aun cuando conozcamos cada detalle sobre la física del universo –la configuración, causación y evolución en todos los campos y partículas de la diversidad espaciotemporal–, la información no habrá de llevarnos a postular la existencia de la experiencia consciente",[12] comete el habitual error kantiano: ese conocimiento total carece estrictamente de sentido, epistemológica *y* ontológicamente. Es el reverso de la vulgar idea determinista ar-

[11] Véase David Chalmers, *The Conscious Mind*, Oxford, Oxford University Press, 1996 [trad. esp.: *La mente consciente: en busca de una teoría fundamental*, Barcelona, Gedisa, 1999].

[12] *Ibid.*, p. 101.

ticulada, en el marxismo, por Nikolai Bujarin cuando escribió que, si pudiéramos conocer toda la realidad física también estaríamos en condiciones de predecir con precisión la emergencia de una revolución. Esta línea de razonamiento –la conciencia como un exceso, una plusvalía de la totalidad física– es errónea, dado que debe apelar a una hipérbole carente de sentido: cuando imaginamos la Totalidad de la realidad, ya no queda lugar para la conciencia (y para la subjetividad). Existen aquí dos opciones: o la subjetividad es una ilusión, o la realidad es *en sí* (no sólo epistemológicamente) no-Toda.[13]

En relación con Deleuze, ¿no es la ontología de los dibujos animados la del puro devenir en el preciso sentido del término en Deleuze? Los dibujos animados ocupan un lugar en un universo de plasticidad radical, en el cual los entes están privados de toda sustancia y reducidos a pura superficie: literalmente carecen de profundidad, no hay nada por debajo de la piel de la superficie, ni carne, ni huesos ni sangre; es por eso que deben actuar y reaccionar como pelotas –pueden ser explotados cuando se los pincha con un alfiler, pierden aire y revientan como un globo, etc.–. Recordemos la fantasía pesadillesca de disparar por error un mecanismo que nunca se detendrá: en *Alicia en el país de las maravillas*, cuando Alicia comienza a llorar, sus lágrimas inundan progresivamente todo el cuarto; Freud habla en su *Interpretación de los sueños* de la escena de un niño pequeño que comienza a orinar al borde de la calle y su orín se convierte en un río y luego en océano con un barco enorme que lo navega; y, más próxima en nues-

[13] Dentro de la misma línea, lo que hace tan interesante y provocativo al argumento de Saul Kripke contra la teoría clásica de la identidad (Saul Kipke, "Identity and Necessity", en *Identity and Individualism*, ed. Milton K. Munitz, Nueva York, New York University Press, 1971) es el fuerte planteo de que, para poder refutar la identidad entre experiencia subjetiva y procesos cerebrales objetivos, nos alcanza con ser capaces de *imaginar* la posibilidad de una experiencia subjetiva (por ejemplo, el dolor) sin su correlato material y neuronal. Más generalmente, es crucial señalar que toda la argumentación contra la identidad sigue el recurso de Descartes a la imaginación hiperbólica; me es posible *imaginar* que mi mente existe sin mi cuerpo (o, en una versión más moderna, imaginar que, aunque lo supiera todo sobre el proceso cerebral de una persona, seguiría sin saber de qué se trata su experiencia subjetiva).

tra experiencia cotidiana, cuando vemos una lluvia torrencial, ¿quién no siente el temor "irracional" de que la lluvia jamás habrá de parar? Lo que sucede en esos momentos de angustia es que el flujo del devenir adquiere autonomía, pierde su anclaje en la realidad sustancial.

En *The Whip Hand* (William Cameron Menzies, 1951), una tormenta se descarga sobre un pescador de vacaciones al norte de Minnesota, cerca de la frontera canadiense, quien encuentra refugio en un pueblito y pide ayuda para que lo atiendan por las heridas de su cabeza producidas por el choque contra una roca. La gente del poblado se resiste a ser más que cordial con él (con la excepción de un posadero astuto y burlón soberbiamente interpretado por Raymond Burr) y se la pasan contradiciéndose unos a otros. Parecen suceder cosas extrañas en un aposento junto al lago, hay visitas nocturnas del médico al lugar, quien no quiere hablar sobre el asunto. A medida que suceden las cosas, los comunistas se han apoderado de la ciudad y la han convertido en un centro para estudio de la guerra bacteriológica... El interés de esta bastante ridícula producción de Howard Hughes es que debe leérsela como una inversión reflexiva de las tesis convencionales según las cuales la fórmula de "la invasión de extraterrestres" de principios de 1950 (el estadounidense común que por casualidad se encuentra en una pequeña ciudad y que descubre gradualmente que el poblado ya ha sido controlado por los extraterrestres) es la alegoría de la invasión comunista ("los extraterrestres" ocupan el lugar de los comunistas): aquí, la alegoría es retraducida a su "verdadero significado", con el resultado fácilmente predecible de que los *propios complotados comunistas son atrapados por el aura de los "extraterrestres"*. Es por esto que el significado de una metáfora no puede reducirse a su "verdadera" referencia: no alcanza con señalar la *realidad* a la que refiere la metáfora; una vez realizada la sustitución metafórica, esta realidad queda habitada por el *real* espectral del contenido metafórico.

El espejo de Ingmar Bergman, uno de sus filmes menos conocidos, gira alrededor del encuentro entre un científico (representante del poder estatal), un racionalista positivista que cree firmemente en la explicación natural de todos los fenómenos y el director-actor de un teatro ambulante, pequeño y marginal, cuya ocupación es crear ilusiones mágicas, a veces aterradoras. En su enfrentamiento clave durante una noche tormentosa, el actor pone en escena un pesadillesco espectáculo de sombras asediantes que causan una impresión momentánea en el racionalista –a pesar de que después recupera su compostura, se da clara cuenta de que ha sido derrotado, de que ha sucumbido al horror de baratos trucos de magia–. El mensaje de *El espejo* no está a favor de un oscurantismo de pacotilla: Bergman es uno de los grandes materialistas del siglo XX, y no sólo entre los directores de cine; escribió páginas simples pero fascinantes sobre el poder liberador de saber que no hay nada que nos espere después de la muerte ni un reino espiritual "más profundo". Los verdaderos planteos de *El espejo* tienen que ver con lo que Lacan, a partir de Freud, hubiera llamado lo real de las ilusiones. Hay sin embargo algo ingenuo y desactualizado en el enfrentamiento central de *El espejo.* ¿Por qué? Porque las ciencias contemporáneas ya no apuntan a una simple y directa reducción de la apariencia engañosa de la realidad material: su tópico central es más bien el de la seudoautonomía y la eficiencia paradójicas de la "ilusión", de la propia apariencia ilusoria.[14]

HACIA UNA NUEVA CIENCIA DE LAS APARIENCIAS

Lo que resulta aun más importante es que esta perspectiva de la autonomía de los fenómenos nos permite acercarnos de manera diferente a los "desmitificadores" clásicos. Lo que encontramos en Marx no es sólo la "reducción" de la ideología a su base económica y, dentro de esta base, del intercambio a la producción, sino el fenómeno mucho más ambiguo y misterioso del "fetichismo de la mercancía"

[14] En la física cuántica, las cosas se ponen más complicadas, dado que su idea central del "colapso" de las oscilaciones cuánticas muestra un extraño proceso que es casi el opuesto simétrico de la aparición de la realidad: el nacimiento de nuestra propia realidad común –la realidad unívoca de los objetos materiales– a partir de la pura procesualidad de las oscilaciones cuánticas.

que designa una especie de proto-"ideología" inherente a la realidad de la "base económica" misma. Freud logra un descubrimiento estrictamente homólogo respecto del estatus paradójico de la fantasía: la paradoja, incluso escándalo, ontológica de la noción de fantasía reside en el hecho de que subvierte la oposición tradicional entre "subjetivo" y "objetivo": por supuesto, la fantasía es por definición no "objetiva" (en el sentido ingenuo de "existir independientemente de las percepciones del sujeto"); sin embargo, es también no "subjetiva" (en el sentido de ser reductible a las intuiciones experimentadas conscientemente por el sujeto).

La fantasía pertenece en realidad a la "extraña categoría de lo objetivamente subjetivo –la manera en que las cosas nos parecen concreta y objetivamente incluso cuando no nos parecen de esa manera" (como lo expresa Dennett en su ácida crítica contra la noción de *qualia*)–. Por ejemplo, cuando planteamos que alguien que está conscientemente bien dispuesto hacia los judíos y sin embargo alberga profundos sentimientos antisemitas de los que no se da cuenta conscientemente, ¿no afirmamos que (en la medida en que estos prejuicios no se basan en lo que son realmente los judíos, sino en el modo como se le aparecen) no se da cuenta de lo que le parecen los judíos? O, para expresar de un modo diferente esta paradoja, la fantasía fundamental es constitutiva de (nuestro enfoque de) la realidad ("a todo lo que se nos permite acercar por medio de la realidad permanece establecido en la fantasía"),[15] pero, por esta razón, el asumirla o concretarla no puede sino dar lugar a catastróficas consecuencias: "si lo que los sujetos anhelan más intensamente en sus fantasías se les presenta en la realidad, lo que harán será huir".[16] Como ya lo expresa la sabiduría popular: la pesadilla es un sueño hecho realidad.

[15] Jacques Lacan, *Encore*, Nueva York, Norton, 1998, p. 95 [trad. esp.: *El seminario. Libro 20: Aún*, Barcelona, Paidós, 1993].

[16] Sigmund Freud, *Dora: An Analysis of a Case of Hysteria*, Nueva York, Macmillan, 1963, p. 101 [trad. esp.: "Fragmento de análisis de un caso de histeria", *Obras completas de Sigmund Freud*, t. 7, Buenos Aires, Amorrortu, 1978].

A propósito del fetichismo de la mercancía, el propio Marx usa el término "apariencia objetivamente necesaria". Entonces, cuando un crítico marxista encuentra a un sujeto burgués inmerso en el fetichismo de la mercancía, el reproche que le hace no es que "la mercancía puede parecerle un objeto mágico dotado de poderes especiales, sino que es una expresión reificada de las relaciones entre las personas". El reproche concreto del marxista es en realidad "debes pensar que esa mercancía te parece una simple encarnación de las relaciones sociales (que, por ejemplo, el dinero es apenas una suerte de documento que te hace titular de una parte del producto social), pero no es así como te parecen las cosas –en tu realidad social, a consecuencia de tu participación en el intercambio social, das testimonio del extraño hecho de que una mercancía se te aparece realmente como un objeto mágico dotado de poderes especiales–". Esta diferencia entre las dos apariencias (la forma en que se nos aparecen realmente las cosas contra la forma en que parece que se nos aparecen) se vincula con la estructura del conocido chiste freudiano acerca de un judío que se queja ante su amigo: "¿Por qué me dices que vas a Lemberg cuando realmente estás yendo a Lemberg?". Por ejemplo, en el caso del fetichismo de la mercancía, cuando percibo inmediatamente al dinero como apenas un nudo en las relaciones sociales y no como alguna especie de objeto mágico, cuando lo trato como un fetiche en la práctica, de modo que el sitio del fetichismo es mi propia práctica social, se me puede efectivamente reprochar: "¿Por qué dices que el dinero es apenas un nudo en las relaciones sociales, cuando el dinero *es* apenas un nudo en las relaciones sociales?". Jean Laplanche escribió acerca de la "mentira primordial" de la histérica que articula la fantasía original: "el término '*proton pseudos*' apunta a algo diferente de una mentira subjetiva; da cuenta de una especie de pasaje de lo subjetivo a lo fundante, incluso podría decirse a lo trascendental, en todo caso, una especie de mentira objetiva, inscripta en los hechos".[17] ¿No es este también

[17] Jean Laplanche, *Vie et mort en psychanalyse*, París, Flammarion, 1989, p. 58 [trad. esp.: *Vida y muerte en psicoanálisis*, Buenos Aires, Amorrortu, 1992].

el estatus del fetichismo de la mercancía marxiano?: no una simple ilusión subjetiva sino una ilusión "objetiva", inscripta en los hechos (realidad social) mismos. Leamos cuidadosamente la célebre primera oración del capítulo 1 de *El capital:*

> *A primera vista*, una mercancía parece algo muy trivial y fácilmente comprensible. Su análisis muestra que es, en realidad, algo muy extraño, que abunda en sutilezas metafísicas y delicadezas teológicas.[18]

Kojin Karatani[19] tiene razón al vincular este pasaje con el punto de partida de la crítica marxista, las famosas líneas de 1843 acerca de que "la crítica de la religión es la premisa de toda crítica";[20] con esto, el círculo se cierra sobre sí mismo, es decir, en el fondo mismo de la crítica de la vida concreta (del proceso económico) nos encontramos nuevamente con la dimensión teológica inscripta en la propia *realidad* social. Karatani alude aquí a la noción freudiana de pulsión (*Trieb*) como opuesta a la multitud de los deseos humanos: el capitalismo está fundado en lo Real de una cierta pulsión cuasi teológica impersonal, la pulsión de reproducirse y crecer, de expandirse y acumular ganancias.[21]

Es también una de las formas de especificar el sentido de la afirmación de Lacan acerca del "descentramiento" constitutivo del sujeto: su planteo no es que mi experiencia subjetiva esté regulada por

[18] Karl Marx, *Capital*, vol. 1, Nueva York, International Publishers, 1867, p. 163 [trad. esp.: *El capital,* México, Siglo XXI, 1975].

[19] Véase Kojin Karatani, *Transcritique. On Kant and Marx*, Cambridge (Ma), MIT Press, 2003.

[20] Karl Marx, "A contribution to the critique of Hegel's philosophy of law: Introduction", en *Collected Works*, vol. 3, Nueva York, International Publishers, 1970, p. 175 [trad. esp.: "Contribución a la crítica de la filosofía hegeliana del derecho", *Manuscritos: economía y filosofía*, Madrid, Alianza, 1974].

[21] Este punto –acerca del núcleo teológico del capitalismo– nada tiene que ver con la tesis de Weber sobre la ética protestante y el surgimiento del capitalismo, dado que designa un carácter "teológico" del propio mecanismo capitalista; aparece subrayado en el artículo de Walter Benjamin, "Capitalism as religión ", en *Selected Writings*, vol. 1, Cambridge, Harvard University Press, 1996, pp. 288-291.

objetivos mecanismos inconscientes que están "descentrados" respecto de mi autoexperiencia y, como tal, más allá de mi control (un punto sostenido por todo materialista), sino en realidad algo mucho más perturbador: estoy privado hasta de mi más íntima experiencia "subjetiva", la manera como "realmente me parecen" las cosas, la de la fantasía fundamental que constituye y garantiza el núcleo de mi ser, dado que jamás puedo experimentarlo y asumirlo conscientemente... Según la opinión convencional, la dimensión que resulta constitutiva de la subjetividad es la de la (auto)experiencia fenoménica: soy sujeto en el momento en que puedo decirme: "No importa cuál sea el mecanismo desconocido que gobierna mis actos, percepciones y pensamientos, nadie puede quitarme lo que veo y siento ahora". Por ejemplo, cuando estoy apasionadamente enamorado y un bioquímico me informa que todos mis intensos sentimientos son en realidad resultado de procesos bioquímicos en mi cuerpo, puedo responderle apelando a las apariencias: "Puede que todo lo que me diga sea verdad, pero sin embargo nada puede quitarme la intensidad de la pasión que experimento ahora". De todos modos, el planteo de Lacan es que el psicoanalista es aquel que, precisamente, *puede* quitarle esto al sujeto, su propósito último es privarlo de la fantasía fundamental que regula el universo de su (auto)experiencia. El "sujeto del inconsciente" freudiano aparece únicamente cuando un aspecto clave de la (auto)experiencia fenoménica del sujeto (su "fantasía fundamental") se le vuelve inaccesible, es decir, está "primordialmente reprimida". En su aspecto más radical, el inconsciente es el fenómeno inaccesible y no el mecanismo objetivo que regula mi experiencia fenoménica. Así, contrariamente al lugar común de que nos enfrentamos a un sujeto en el momento en que un ente muestra señales de "vida interior", es decir, de una (auto)experiencia fantasmática que no puede reducirse a una conducta exterior, se debe plantear que lo que caracteriza la subjetividad humana es en realidad la brecha que separa a ambas, es decir, el hecho de que la fantasía, en su aspecto más elemental, resulta inaccesible al sujeto; es esta inaccesibilidad la que hace permanecer "vacío" al sujeto. Así obtenemos una relación que subvierte por completo la idea convencional de sujeto que se experimenta directamente a sí mismo, a sus "estados interiores": una relación "imposible" entre el sujeto vacío, no fenoménico y los fenómenos que permanecen inaccesibles al sujeto. Cuando David Chalmers opone el concepto fenomenológico y psicológico de mente (la percepción/experiencia consciente y lo que la mente hace efectivamente), cita al inconsciente freudiano como el caso perfecto de mente psicológica externa a la fenomenológica: lo que Freud describe como el trabajo del inconsciente es una compleja red de causalidad mental y control de la conducta que tiene lugar "en la otra escena", sin ser experimentada.[22] Sin embargo, ¿es realmente así? ¿No es el estatus de la fantasía inconsciente, en un sentido inaudito, *fenoménico*? ¿No es *ésta* la paradoja última del inconsciente freudiano, que designe el modo como las cosas "realmente aparecen", más allá de su apariencia consciente? Lejos de quedar superado por el último descentramiento de las neurociencias, el descentramiento freudiano es mucho más perturbador y radical que aquel que sigue estando dentro de los límites de una simple naturalización: abre un nuevo territorio de raros "fenómenos asubjetivos", de apariencias sin sujeto ante el cual puedan aparecer –es sólo aquí que el sujeto deja de ser "el dueño de su propia casa"– en la casa de las (auto)apariencias mismas.

La evolución de las ciencias "duras" en el siglo XX planteaba la misma paradoja: en la física cuántica, la "apariencia" (percepción) de una partícula determina su realidad. La misma aparición de una "realidad dura" a partir de la fluctuación cuántica a través del colapso de la función onda es el resultado de la observación, es decir, de la intervención de la conciencia. Por lo tanto, la conciencia no resulta ser el dominio de la potencialidad, de las opciones múltiples, etc., opuesta a la dura realidad única; la realidad *previa* a su percepción es fluida-múltiple-abierta y la percepción consciente reduce esta multiplicidad espectral, preontológica a una realidad plenamente constituida. Esto nos permite comprender el modo como la física cuántica concibe la

[22] Véase David Chalmers, *op. cit.*, p. 231.

relación entre partículas y sus interacciones: en un momento inicial, parecería como si primero (al menos ontológicamente) hubiera partículas que interactúan bajo la forma de ondas, oscilaciones, etc.; luego, en un segundo momento, nos vemos obligados a un cambio radical de perspectiva –el hecho ontológico primordial son las ondas mismas (trayectorias, oscilaciones) y las partículas no son sino los puntos nodales en los cuales se intersecan las diferentes ondas–.

En consecuencia, la física cuántica nos enfrenta a la brecha entre lo Real y la realidad en su aspecto más radical: lo que obtenemos es el Real matematizado de fórmulas que no pueden ser traducidas a la realidad ontológicamente coherente o, para ponerlo en términos kantianos, permanecen como puros conceptos que no pueden ser "esquematizados", traducidos/traspuestos a objetos de experiencia. También es el modo como, tras la crisis de los años veinte, la física cuántica resolvió en la práctica la crisis de su interpretación ontológica: renunciando al esfuerzo mismo de brindar esa interpretación; la física cuántica es la formalización científica en su punto más radical, la formalización sin interpretación. ¿Es entonces adecuado decir que la física cuántica implica una especie de reverso de la ontología trascendental de Kant?[23] En Kant, accedemos a la realidad experiencial ordinaria aunque en el momento en que tratamos de aplicar nuestras categorías trascendentales al Real nouménico quedamos inmersos en contradicciones; en la física cuántica, es el Real nouménico el que puede ser comprendido y formulado, aunque en el momento en que intentamos traducir esta teoría en términos de nuestra experiencia de la realidad fenoménica quedamos envueltos en contradicciones sin sentido (el tiempo retrocede, el mismo objeto se encuentra simultáneamente en dos sitios, un ente es una partícula y una onda, etc.). (Sin embargo, se puede seguir diciendo que estas contradicciones sólo surgen cuando tratamos de trasponer a nuestra realidad experiencial el "Real" del proceso cuántico –en sí, esta realidad sigue igual que antes, un reino coherente al que estamos bien acostumbrados–.)

[23] Debo esta observación a Adrian Johnston.

Por lo tanto, no sólo la apariencia es inherente a la realidad; cuando vamos más allá vemos un raro cambio en la misma apariencia, un inédito modo que designa "la manera como se nos aparecen realmente las cosas" como opuesto tanto a su realidad como a su aparición (directa) ante nosotros. Este desplazamiento de la división entre apariencia y realidad a la división, inherente a la apariencia misma, entre apariencia "verdadera" y "falsa", debe vincularse a su reverso, a una división inherente a la realidad misma. Entonces, si existen apariencias (como diferentes de la realidad) porque existe una división (lógicamente) previa inherente a la realidad misma, ¿es que la "realidad" misma no es en definitiva más que una (auto)división de la apariencia? Sin embargo, ¿en qué difiere este topos del viejo y aburrido motivo a lo *rashomon* de una irreductible multitud de perspectivas subjetivas de la realidad, sin que haya modo alguno, ninguna posición especial desde la cual establecer la única verdad representada de manera distorsionada por estas múltiples perspectivas? ¿Qué mejor manera de aclarar este punto que referirse al filme (y al relato breve en que está basado), cuyo título fue elevado a concepto, *Rashomon* de Akira Kurosawa? Según la leyenda, fue a través de *Rashomon*, de su triunfo europeo a principios de la década de 1950, que el público occidental descubrió el "espíritu oriental" en el cine; el menos conocido reverso de esta leyenda es que esta película fue un fracaso en Japón, donde fue considerada como demasiado "occidental" –y puede entenderse claramente por qué–. Cuando el mismo acontecimiento trágico (en un bosque alejado, un conocido bandido viola a la bella esposa del samurai y luego lo asesina) es contado por cuatro testigos-participantes, el efecto (perteneciente al realismo occidental de la imagen cinematográfica) es simplemente que se nos cuentan cuatro perspectivas subjetivas diferentes. Sin embargo, lo que distingue efectivamente al "espíritu oriental" de la actitud occidental es que la ambigüedad y la indecidibilidad no están "subjetivadas", no se las debe reducir a diferentes "perspectivas subjetivas" sobre cierta realidad fuera de alcance; en verdad, pertenecen a esta "realidad" misma, y esta ambigüedad-fragilidad ontológica de la "cosa en sí" es difícil de alcanzar a través del realismo del medio cinematográfico. Esto significa que el auténtico "*rashomon*" nada tiene que ver con el perspectivismo seudonietszcheano, con la idea de que no existe verdad objetiva, sino apenas una irreductible multitud de narraciones subjetivamente distorsionadas-sesgadas.

Lo primero a hacer respecto de *Rashomon* es evitar la trampa formalista, que lo que nos tienta llamar la tesis ontológica-formal de la película (la imposibilidad de llegar a la verdad a partir de las múltiples narraciones del mismo acontecimiento) *no* debe abstraerse de la naturaleza particular del suceso: el desafío femenino a la autoridad masculina, la explosión del deseo femenino. Los cuatro informes de los testigos deben ser concebidos como cuatro versiones del mismo mito (en el sentido levi-straussiano del término), como una completa matriz de variaciones: en la versión del bandido (la primera), violó a la esposa y luego, en un duelo limpio, mató al esposo; en el segundo (de la esposa sobreviviente), durante la violación quedó atrapada por la pasión del bandido que le hacía el amor de modo forzado y, al final, le dijo que no podía vivir en la vergüenza de que los dos hombres supieran de su desgracia, uno de los dos debía morir, y de allí comenzó el duelo; en la tercera versión (contada por el fantasma del esposo muerto), luego de que fuera liberado por el bandido, se suicidó con un puñal para huir de la vergüenza; en la última versión, contada por el leñador que observó los acontecimientos escondido en un arbusto cercano, cuando, tras la violación, el bandido cortó la soga que ataba al esposo y éste rechazó con furia a su esposa como una prostituta deshonrada, la mujer, llena de ira, reaccionó contra los dos hombres, reprochándoles su debilidad y desafiándolos a luchar por ella. Por lo tanto, la sucesión de las versiones no es neutral, no todas se mueven en el mismo nivel; en el curso de su progresión, la autoridad masculina queda cada vez más debilitada y se va reforzando el deseo femenino. De modo que cuando privilegiamos el último informe (el del leñador), lo importante no es que cuente lo que "verdaderamente ocurrió", sino que, dentro de la estructura inmanente que vincula a las cuatro versiones, funciona como el punto traumático en función del cual las otras tres versiones deben ser consideradas como defensas, como formaciones de defensa.

El mensaje "oficial" del filme es bastante claro: al comienzo mismo, en la conversación que brinda el marco para los *flashbacks*, el monje señala que la lección de los sucesos ocurridos es más temible que el hambre, la guerra y el caos que sumía a la sociedad en aquel tiempo. ¿En qué reside el horror? En la desintegración del vínculo social: no había un "gran Otro" en el que el pueblo pudiera confiar, ningún pacto simbólico que garantizara la confianza y que sirviera de sostén a las obligaciones. El filme no se compromete en juegos ontológicos acerca de que no existe una realidad definitiva y sin ambigüedades detrás de la multitud de narraciones, en realidad está preocupado por las consecuencias socio-éticas de la desintegración del pacto social básico que mantiene unida a la fábrica social. Sin embargo, la historia –el incidente contado desde diferentes perspectivas– dice más: ubica la amenaza al gran Otro, la causa última que desestabiliza el pacto machista y borronea la claridad de la visión masculina sobre la mujer, en *el deseo femenino*. Como ya lo dice Nietzsche: en su misma incoherencia, en la ausencia de todo punto definitivo de referencia por debajo de los múltiples velos, la verdad es femenina.

Resistencias al desencanto

Nos hallamos hoy ante una serie de actitudes hacia la subjetividad que se pueden sistematizar aproximadamente en tres pares de opuestos; cada una de las tres posiciones "antihumanistas" y/o "antisubjetivistas" (el reduccionismo cognitivista-biologista: el rechazo de la autoexperiencia subjetiva misma como una mera "ilusión del usuario"; la posición heideggeriana: la esencia del hombre no es reductible a la subjetividad, existe una dimensión más primordial del ser humano; el "descentramiento" deconstructivo del Sujeto: el sujeto emerge de los procesos textuales presubjetivos) está acompañada de una afirmación de la subjetividad: aquellos cognitivistas, de Nagel a Chalmers, que abogan por el carácter irreductible/inexplicable de la experiencia; la (resurrección de la) convencional defensa trascendental filosófica de la irreductibilidad de la (auto)conciencia a través de la crítica de su modelo reflexivo: existe una dimensión de autoconocimiento que precede al reconocimiento autorreflexivo en el otro (Dieter Henrich y su escuela); el sujeto freudiano repensado por Lacan: el cogito no-sustancial *es* el sujeto del inconsciente.

El cortocircuito paradójico dentro de este espacio que no puede explicarse como el resultado de un simple malentendido es el de los cognitivistas heideggerianos (Hubert Dreyfuss, Auge Haugeland). Es decir, desde un punto de vista heideggeriano, la psicología cognitivista es el extremo del "peligro", del olvido de la esencia del hombre: la mente humana queda reducida a un objeto particular de exploración y manipulación científicas –con esto, la filosofía "se convierte en una ciencia empírica del hombre, de todo lo que puede transformarse para el hombre en objeto experiencial de su tecnología"–.[24] Sin embargo, hay cognitivistas que, para poder resolver los callejones sin salida de su enfoque, vuelven a Heidegger confirmando de esa manera la cita favorita de Hölderlin para Heidegger: "Pero donde existe peligro, también crece la fuerza salvadora (*das Rettened*)".[25]

[24] Martin Heidegger, *Basic Writings*, Nueva York, Routledge, 1978, p. 376.

[25] La paradoja de la escuela de Dieter Henrich y Manfred Frank es de un tipo diferente: a pesar de que intentaron salvar el legado trascendental de Kant y criticar al cognitivismo, su forma de argumentación es ya "analítica" –razonamiento puramente abstracto (que queda bien en claro en el argumento de que la autorreflexión, el reconocimiento del sujeto en su otro, presupone el autoconocimiento, o si no, en el análisis clásico de Henrich sobre la ambigüedad de la idea hegeliana de inmediatez), sin ninguna referencia a la dimensión histórica del problema–. (No sorprende que su estatus está ya en medio: algunos análisis de la filosofía analítica de la mente contienen un capítulo sobre ellos, usualmente bajo el título "Nuevas concepciones de la autoconciencia".) Y es exactamente aquí donde desaparece el legado hegeliano: lo que plantea Hegel es el aspecto histórico de una idea –todos los sentidos y dimensiones de este término (cómo lo formulamos, cómo emergió, su pasado) forman parte de esta idea–.

En cuanto al vínculo entre las neurociencias y el psicoanálisis, jamás podrá establecérselo a través de una complementación directa de los enfoques dentro de un campo conceptual compartido; uno debe desarrollar su enfoque hasta el extremo abstrayéndose radicalmente del otro –por ejemplo, desarrollar el aspecto más puro de la lógica de la neurociencia–. En este punto hallamos una brecha que abre el espacio al otro enfoque. Los avances actuales de las neurociencias parecen cumplir con la perspectiva prevista por Freud de que las ciencias suplantarían al psicoanálisis: una vez que se conozcan los mecanismos biológicos del dolor, el placer, el trauma, la represión, etc., ya no se precisará más del psicoanálisis, dado que, en lugar de intervenir en el nivel de la interpretación, estaremos en condiciones de regular directamente los procesos biológicos que generan los fenómenos físicos patológicos. Hasta ahora hubo dos formas en que el psicoanálisis respondió a este desafío:

• Recurrir al gesto filosófico-trascendental tradicional de señalar que una ciencia positiva no puede nunca abarcar y explicar el horizonte de significado dentro del cual resulta operativa ("aun cuando las neurociencias triunfen en objetivar completamente un síntoma, formulando su equivalente bioneuronal, el paciente tendrá que seguir adoptando una posición subjetiva frente a esta objetividad"). Hasta Jacques-Alain Miller en su debate con Etchegoyen recurre a este movimiento: cuando la ciencia pretende objetivar por completo nuestro pensamiento, alcanzando el objetivo de traducir los procesos mentales a sus contrapartidas neuronales, el sujeto debe seguir subjetivando, asumiendo e integrando este hecho en su propio universo de significado; y este exceso de integración simbólica, lo que este descubrimiento puede "significar por y para nosotros", escapa a la ciencia... Sin embargo, esta respuesta autocondescendiente se queda demasiado corta: el éxito de las neurociencias, aunque en realidad asumido subjetivamente, podría afectar a nuestro estatus como sujetos de significado. (Su mala fe queda clara en la oscilación en los críticos de las neurociencias entre dos extremos: como regla combinan la rápida respuesta "trascendental" –"a priori la ciencia no puede objetivar nuestra actitud subjetiva en dirección a la objetividad"– con los argumentos empíricos contrarios y en tono divertido sobre los fracasos especiales de la ciencia para explicar al cerebro: la forma misma de la argumentación específica sólo tiene sentido pleno sobre el telón de fondo del posible éxito.)

Dentro de la misma línea, el reproche habitual neokantiano a los cognitivistas que cuestionan la existencia de la voluntad libre de los humanos es que están cometiendo un "error de categoría": en una operación ilegítima, reducen el nivel normativo de razones (motivaciones) de un acto a sus causas positivas (el modo como ese acto encaja en la textura de la realidad física de la que forma parte). El hecho de que diga "Sí" en una boda puede ser descripto como un acto físico encadenado en una textura causal de realidad material (neuronal, biológica, etc.), pero eso no da cuenta de las razones por las que dije "Sí". Hay una dimensión normativa en los humanos (la búsqueda de la verdad, del bien, de lo bello, por sí mismos y no como parte de una estrategia de supervivencia) que opera en un nivel que difiere ontológicamente de la realidad fáctica y que no puede reducirse a ella... Este tipo de respuestas pierden de vista la cuestión del enfoque de las neurociencias: cuando sostienen que, en principio, todas nuestras elecciones pueden explicarse en términos de procesos neuronales, presentan un planteo que, de ser cierto, afecta efectivamente nuestra libertad reduciéndola a una experiencia ilusoriamente vivida que no reconoce el proceso biológico que es el que concretamente arma el escenario. En otras palabras, no niegan la brecha entre el nivel normativo que sostiene nuestra experiencia subjetiva de la libertad y nosotros como mecanismos biológicos: lo que afirman es que esta brecha se establece entre la realidad y su ilusoria experiencia subjetiva.[26]

[26] Por supuesto, cuando nos enfrentamos a las consecuencias prácticas de sus planteos epistémicos ("¿Significa esto que Hitler no era responsable por sus crímenes y que no debería haber sido castigado?") la mayoría de ellos (con honrosas excepcio-

En mayo de 2002, se informó que algunos científicos de la Universidad de Nueva York habían conseguido fabricar un chip capaz de recibir señales directas del cerebro de una rata, de modo de poder controlar al animal (saber la dirección en la que habrá de correr) a través de un mecanismo de dirección (del mismo tipo que un auto de juguete manejado por control remoto). Por primera vez, la "voluntad" de un ser vivo, sus decisiones "espontáneas" respecto de sus movimientos próximos, eran controladas desde una máquina externa. Por supuesto, se plantea aquí la gran pregunta filosófica: ¿cómo "experimentó" la desdichada rata su movimiento cuando era efectivamente decidido desde afuera? ¿Seguía "experimentándolo" como algo espontáneo (es decir, ¿no se daba cuenta de que sus movimientos estaban manejados?), o percibía que "algo estaba mal", que otro poder externo decidía sus movimientos? Aun más importante es aplicar este razonamiento a un experimento idéntico realizado con humanos (que, dejando de lado las cuestiones éticas, no sería mucho más complicado, hablando técnicamente, que en el caso de la rata). En el caso de la rata, se puede afirmar que no debería aplicarse la categoría humana de "experiencia", mientras que en el caso de una persona podría formularse la pregunta. Un ser humano controlado ¿seguiría "experimentado" sus movimientos como algo espontáneo? ¿Permanecería sin darse cuenta de que sus movimientos están siendo manipulados, o percibirá que "algo está mal", que hay un poder externo que decide sus movimientos? ¿Y como aparecerá ese "poder externo", como algo "dentro mío", una imparable pulsión interior o como una simple coerción externa? Si el sujeto ha de permanecer totalmente ignorante de que su conducta espontánea es manejada desde afuera, ¿podemos seguir pretendiendo que eso carece de consecuencias para nuestra noción de libre albedrío?

---

nes como los Churchlands) repiten su propia versión de la retirada neokantiana, planteando que, en nuestras vidas cotidianas, debemos respetar nuestras autoexperiencias como agentes libres y responsables y seguir castigando a los criminales…

• Aferrarse desesperadamente a las homologías estructurales o paralelas entre el psicoanálisis y las neurociencias ("ven, teníamos razón, hay un proceso neuronal que corresponde a la represión"). En esta última posición hay más que nada una estrategia desesperada de "si no puedes vencerlos, únete a ellos": se espera que el cognitivismo provea de legitimación científica al psicoanálisis.

¿No volvemos a encontrar aquí el conocido argumento del caldero roto (el listado de los argumentos que se excluyen mutuamente)? Primero, el cognitivismo es erróneo factualmente. Segundo, aunque fuera correcto en los hechos, está limitado por su horizonte científico. Tercero, el cognitivismo confirma lo que el psicoanálisis ha predicho hace mucho tiempo sobre el funcionamiento de la mente... Estos enfoques –que se complementan entre sí en sus dos respectivos excesos, el primero con su abstracta arrogancia, el segundo con su servicial modestia– no están a la altura del desafío de las neurociencias: la única respuesta adecuada a este desafío es unir el Real neuronal de las neurociencias con otro Real, no sólo para fundamentar el *semblant* freudiano en el Real neuronal. En otras palabras, si el psicoanálisis ha de sobrevivir y preservar su lugar clave, *hay que encontrarle un lugar dentro de las mismas neurociencias, empezando por sus inherentes vacíos e imposibilidades.* Las diferentes versiones del surgimiento de la conciencia, de Dennett a Damasio,[27] parecen "atadas" a la misma paradoja, la de un cierto mecanismo autopropulsado, de una curva cerrada de autorrelación, que son constitutivas de la conciencia: todas apuntan hacia esta paradoja, a la que tratan de describir de la forma más precisa posible, pero parecen perder de vista su formulación adecuada y se confunden así en vagas metáforas o resultan directamente incoherentes. La apuesta del próximo capítulo de este libro, la hipótesis que se esforzará por probar, es que el concepto que falta –una especie de causa ausente de las explicaciones cognitivistas– no es

[27] Véase el próximo capítulo para un análisis más detallado.

otra cosa que lo el idealismo alemán llamó negatividad autorrelacionada y lo que Freud llamó "pulsión de muerte".

Sin embargo, la primera impresión que se tiene con las ciencias cognitivistas es la de una variedad incompatible de explicaciones del surgimiento de la conciencia (¿conciencia hasta dónde?). Lo sorprendente es que todo vale, todas las posibles respuestas coexisten, desde despreciar el tema por carente de sentido, pasando por explicaciones evolucionistas, hasta declararlo un misterio insoluble y proponer que la conciencia no tiene ninguna función (evolutiva), que es un producto intermedio y no un fenómeno central sino un epifenómeno. Lo que no deja de sorprender es que las explicaciones evolucionistas o cognitivistas parecen siempre tropezar con el mismo callejón sin salida: luego de construir una máquina con inteligencia artificial que puede llegar a solucionar incluso problemas muy complejos, salta la pregunta, "pero si puede hacerlo precisamente como máquina, como un ente ciego, ¿para qué necesita tener autoconciencia para poder hacerlo?". Así, en la medida en que la mayor conciencia se demuestra marginal, innecesaria, más enigmática se vuelve –es la conciencia misma la que es aquí lo Real de un resto indivisible–. De modo general, esta multitud se puede reducir a cuatro posiciones principales:

1. Materialismo radical/reduccionista (Patricia y Paul Churchland): simplemente no hay *qualia*, no existe "conciencia", sólo existen como una especie de error cognitivo "naturalizado". La belleza antiintuitiva de esta posición es que da vuelta el fenomenalismo subjetivista (sólo percibimos los fenómenos, no hay certeza absoluta de que existe algo más allá); aquí es la fenomenalidad misma la que no existe.

2. Anti-materialismo (David Chalmers): la conciencia (el darse cuenta) no puede ser explicada en términos de otros procesos naturales, debe concebírsela como una dimensión primordial de la naturaleza, como la gravedad o el magnetismo.

3. La posición de "clausura cognitiva" que afirma la inherente imposibilidad de conocimiento de la conciencia (Colin McGinn, incluso Steven Pinker): a pesar de que la conciencia surgió de la realidad material, es necesariamente incognoscible.

4. Materialismo no-reduccionista (Daniel Dennett): la conciencia existe, pero es el resultado de procesos naturales y tiene una clara función evolutiva.

Estas cuatro posiciones forman un claro cuadrado semiótico greimasiano: la principal oposición se da entre 2 y 4, idealismo y materialismo; 1 y 2 dan al materialismo o al idealismo un giro cognitivo. Es decir, tanto 2 como 4 creen en la posibilidad de la explicación científica de la conciencia: existe un objeto ("conciencia") y su explicación, ya sea explicándolo en términos de procesos naturales no conscientes (materialismo) o como una irreductible dimensión de sí mismo (idealismo). Para 1, sin embargo, la explicación científica de la conciencia lleva a que el objeto a ser explicado por sí mismo no existe, que es un error epistemológico como las viejas ideas sobre el flogisto; 3 invierte esta posición, lo que desaparece aquí no es el objeto sino la explicación misma (a pesar de que el materialismo es verdadero, no puede explicar *a priori* la conciencia).

Tal vez haya que formular el problema de la conciencia en términos de Badiou: ¿qué pasaría si la emergencia del *pensamiento* es el Acontecimiento definitivo? ¿El problema zombi (¿cómo diferenciar a un zombi que actúa como un humano de un humano "real" con vida interior?) no apunta directamente a la *indiscernibilidad* de la emergencia de la conciencia –no existen criterios "objetivos" que nos permitan diferenciar a un zombi de un humano "real", es decir, esta diferencia sólo puede percibirse *desde adentro*, desde el punto de vista de un sujeto consciente–? En términos de Kierkegaard, el problema pasa por comprender la "mente en devenir": no la mente ya constituida opuesta a la realidad corporal, sino el modo como la mente es "para el cuerpo", es decir, la ruptura (el mediador desaparecido) como tal.

Es una habitual observación filosófica que se debe distinguir entre conocer un fenómeno y aprehenderlo, aceptarlo, tratarlo como existente –no "sabemos realmente" si las personas que nos rodean poseen una mente o son simplemente robots programados para actuar ciegamente–. Sin embargo, esta observación va por mal camino: si pudiéramos "realmente conocer" a nuestros interlocutores, la intersubjetividad habría de desaparecer, perdería su estatus subjetivo, y ellos se convertirían –para nosotros– en una máquina transparente. En otras palabras, no ser cognoscible para los demás es un rasgo fundamental de la subjetividad, de lo que queremos significar cuando adjudicamos una "mente" a nuestros interlocutores: tú sólo "tienes realmente una mente" en la medida en que me es opaca. Tal vez haya que recuperar el viejo y buen tópico hegeliano-marxista del carácter claramente *intersubjetivo* de mi experiencia subjetiva interior. Lo que hace incorrecta a la hipótesis-zombi es que, si todos los demás son zombis (más precisamente, si los percibo como zombis), no puedo percibirme como alguien con plena conciencia.

En el momento en que introducimos la paradoja dialéctica de la identidad y similitud, perfectamente ejemplificada por una serie de chistes de los hermanos Marx ("No sorprende que te parezcas a X, dado que *eres* X"; "Este hombre parece un idiota, actúa como un idiota, pero no hay que confundirse: *es* un idiota"), lo siniestro de la clonación se vuelve visible. Retomemos el conocido caso de un amado hijo único que muere y los padres deciden clonarlo para que regrese. ¿No queda realmente claro que el resultado es monstruoso? El nuevo niño tiene todas las cualidades del muerto, pero *su misma similitud hace más palpable la diferencia*; a pesar de parecerse por completo, no es la *misma persona*, es una broma cruel, un terrorífico impostor, no el hijo perdido sino su copia blasfema cuya presencia no puede sino recordarnos la vieja broma de *Una noche en la ópera* de los hermanos Marx: "Todo me recuerda a ti: tus ojos, tus orejas, tu boca, tus labios, tus brazos y tus piernas... *todo menos tú*".[28]

[28] ¿Y qué pasa con la clonación para la producción de órganos, es decir, "criar" una persona para poder usar algunos de sus órganos? La monstruosidad ética de este procedimiento es evidente: una persona queda reducida a portadora de sus órganos. Más aun, la yuxtaposición del original "natural" y su clon nos enfrenta inexorablemente a la siguiente alternativa: o bien no reconocemos al clon como una persona plenamente humana, apenas una máquina carente de alma (dado que no fue "con-

Estos *impasses* cognitivos dan prueba del hecho de que las ciencias actuales hacen añicos las presuposiciones básicas de nuestra vida cotidiana y de nuestra concepción de la realidad. Existen tres actitudes fundamentales que pueden adoptarse ante este descubrimiento. La primera es simplemente insistir en el naturalismo radical, es decir, seguir heroicamente la lógica del "desencanto de la realidad" de la ciencia cualquiera que sea su costo, incluso si las coordenadas fundamentales de nuestra experiencia del sentido quedan destrozadas. (En las neurociencias, Patricia y Paul Churchland fueron quienes optaron más radicalmente por esta actitud.) La segunda es un intento por conseguir una especie de "síntesis" New Age entre la verdad científica y el mundo premoderno del sentido; el planteo es que los propios y nuevos resultados científicos (por ejemplo, la física cuántica) nos obligan a abandonar al materialismo y apuntar hacia alguna nueva espiritualidad (gnóstica u oriental). He aquí una versión habitual de este motivo: "El acontecimiento central del siglo XX es la derrota de la materia. En la tecnología, la economía y la política nacional, la riqueza en forma de recursos físicos está declinando persistentemente en valor y significación. Los poderes de la mente se están imponiendo cada vez más a la fuerza bruta de las cosas".[29] Esta línea de razonamiento representa lo peor de la ideología: lo que la reinscripción de la problemática propiamente científica (el rol de las ondas y oscilaciones en la física cuántica, etc.) en el terreno ideológico de la "mente versus las cosas brutas" oculta es el resultado paradójico de la evidente "desaparición de la materia" en la física moderna: esos procesos "inmateriales" han perdido su carácter espiritual y se han convertido en un tópico legítimo de las ciencias naturales.

---

cebida naturalmente" como se dice en el cristianismo) o es plenamente humano, y por lo tanto no existe una diferencia fundamental entre el original y su clon (y no *hay* ninguna); entonces, ¿por qué no usar también el original como proveedor de órganos?

[29] George Gilder, citado en: John L. Casti, *Would-Be Worlds*, Nueva York, John Wiley & Sons Inc., 1997, p. 215.

La tercera opción es la de una filosofía neokantiana de estado cuyo caso ejemplar es hoy Habermas. Es un espectáculo bastante triste ver a Habermas tratando de controlar los explosivos resultados de la biogenética, de reducir sus consecuencias filosóficas; su gran esfuerzo revela el miedo de que pueda ocurrir efectivamente algo, que pueda surgir una nueva dimensión de lo "humano", que la antigua imagen de la dignidad y la autonomía humanas sobrevivan incólumes. Las reacciones excesivas son aquí sintomáticas, como la ridícula sobreactuación contra el discurso en Elmau de Sloterdijk sobre biogenética y Heidegger,[30] que discernía los ecos de la eugenesia nazi en la (bastante razonable) propuesta de que la biogenética nos obliga a formular nuevas reglas éticas. Lo que muestra esta actitud hacia el progreso científico es una especie de "tentación de (resistir a la) tentación": la tentación a resistir es precisamente la actitud seudoética de presentar a la investigación científica como una tentación que puede "llevarnos demasiado lejos", entrando a territorios prohibidos (de la manipulación biogenética, etc.) y poniendo en peligro el núcleo mismo de nuestra humanidad.

La última "crisis" ética a propósito de la biogenética efectivamente creó la necesidad de lo que es muy válido llamar una "filosofía de estado": una filosofía que podría, por un lado, condonar la investigación científica y los procesos técnicos y, por otro, contener su completo impacto sociosimbólico, es decir, evitar que signifique una amenaza para la actual constelación teológica-ética. No sorprende que sean los neokantianos quienes más se ocupen de estas demandas: el propio Kant se centró en el problema de cómo, aun tomando en cuenta la ciencia newtoniana, poder garantizar que exista un espacio de responsabilidad ética fuera del alcance de la ciencia, es decir, como lo expresa el mismo Kant, limitar la amplitud del conocimiento para crear un espacio destinado a la fe y la moral. ¿Acaso los filósofos de estado actuales no se enfrentan a la misma tarea? ¿No se centra su

[30] Véase Peter Sloterdijk, *Regein für den Menschenpark*, Fráncfort, Suhrkamp, 1999 [trad. esp.: *Normas para el parque humano*, Barcelona, Siruela, 2003].

esfuerzo, a través de diferentes versiones de la reflexión trascendental, en cómo poder restringir la ciencia a su preordenado horizonte de significación y así denunciar como "ilegítimas" sus consecuencias para la esfera ético-religiosa?

Es interesante señalar que, a pesar de que Sloterdijk resultó blanco de un violento ataque habermasiano, su solución propuesta, una síntesis "humanista" de la nueva verdad científica y el viejo horizonte del sentido, pese a ser mucho más refinada e irónicamente escéptica que la "filosofía de estado" habermasiana, está en última instancia separada de ella por una línea casi invisible (más precisamente, parece quedarse en la ambigüedad entre el compromiso habermasiano y la síntesis oscurantista New Age). Según Sloterdijk, el "humanismo" siempre implica esa reconciliación, un puente entre lo nuevo y lo viejo: cuando los resultados científicos afectan al viejo universo del sentido, hay que encontrar un modo de reintegrarlos a ese universo de sentido o, en realidad, para expandir metafóricamente el viejo universo de sentido de manera que pueda "cubrir" también las nuevas proposiciones científicas. Si fracasamos en esta tarea mediadora, quedamos atrapados en una elección terrible: o el rechazo reaccionario a aceptar resultados científicos o la destructora pérdida del dominio mismo del sentido. Hoy nos enfrentamos al mismo desafío: "Los matemáticos tendrán que transformarse en poetas, los cibernautas en filósofos de la religión, médicos, compositores, trabajadores de la información, chamanes".[31] ¿No es acaso esta solución la del *oscurantismo*, en el preciso sentido del intento por mantener unidos a la verdad y al sentido?

> la definición más simple de Dios y de la religión se basa en la idea de que la verdad y el sentido son una misma cosa. La muerte de Dios es el fin de la idea que postula como idénticos a la verdad y el sentido. Y agregaría que la muerte del comunismo implica también la separación entre la verdad y el sentido en la medida en que afecta a la historia. "El

[31] Peter Sloterdijk, *Nicht gerettet*, Fráncfort, Suhrkamp, 2001, p. 365.

> sentido de la historia" tiene dos significaciones; por un lado "orientación", la historia va hacia algún lado, por lo tanto, tiene un sentido que es la historia de la emancipación humana por medio del proletariado, etc. En realidad, toda la era del comunismo fue un período en el que era posible tomar decisiones políticas correctas; en ese momento éramos llevados por el sentido de la historia [...]. Luego, la muerte del comunismo se convierte en la segunda muerte de Dios, pero en el terreno de la historia. Existe una conexión entre los dos acontecimientos y la consecuencia, por decirlo así, de que deberíamos saber que producir efectos verdaderos que son primariamente locales (sean psicoanalíticos, científicos, etc.) es siempre un efecto de verdad local, jamás global [...]. Podemos llamar hoy "oscurantismo" a la intención de mantener juntos por la fuerza al sentido y la verdad.[32]

Badiou tiene razón al enfatizar la brecha entre sentido y verdad, es decir, el estatus no hermenéutico de la verdad, como la mínima diferencia que separa al idealismo religioso del materialismo. Es esta también la diferencia entre Freud y Jung: mientras que Jung permanece dentro del horizonte del sentido, la interpretación freudiana apunta a articular una verdad que ya no se basa en el sentido. También tiene razón Badiou al formular la alternativa última a la que nos enfrentamos hoy, cuando se nos impone la imposibilidad de la conjunción de verdad y sentido: o adherimos a la posición "posmoderna" y renunciamos a la dimensión de la verdad, restringiéndonos al juego de los múltiples significados o nos embarcamos en el esfuerzo de discernir una dimensión de verdad fuera del sentido, o sea, para decirlo brevemente, la dimensión de la verdad como *real*.

Sin embargo, lo que suena falso es el paralelo entre la muerte de Dios y la del comunismo, que se refiere implícitamente al viejo cliché anticomunista de considerar al comunismo como una "religión secular", y también se vincula con esta falsedad la aceptación demasiado rápida de la idea "posmoderna" de que en la política actual es-

[32] "A conversation with Alain Badiou", en *Lacanian Ink*, núm. 23, Nueva York, 2004, pp. 100-101.

tamos limitados a verdades "locales", dado que sin una fundamentación del sentido global ya no es posible formular una verdad omniabarcadora. El hecho que vuelve problemática esta conclusión es el capitalismo global mismo: ¿qué es la globalización capitalista? El capitalismo es el primer orden socioeconómico que *destotaliza el sentido*: no es global en el nivel del sentido (no existe una opinión "capitalista mundial" ni una "civilización capitalista" propiamente dicha –la lección fundamental del capitalismo es precisamente que el capitalismo puede acomodarse a todas las civilizaciones, desde la cristiana hasta la hindú y la budista–); su dimensión global sólo puede formularse en el nivel de la verdad-sin-sentido, como lo "real" del mecanismo del mercado global. En consecuencia, en la medida en que el capitalismo pone en acto la ruptura entre sentido y verdad, se los puede oponer en dos niveles: o en el nivel del sentido (reacciones conservadoras a reenmarcar al capitalismo dentro de algún campo social de sentido, a mantener su movimiento autopropulsado dentro de los confines de un sistema de "valores" compartidos que consolide a una "comunidad" en su "unidad orgánica") o para cuestionar al Real del capitalismo en relación con su verdadero significado exterior (lo que hizo básicamente Marx). Por supuesto, la estrategia religiosa predominante hoy es tratar de contener al Real científico dentro de los límites del sentido; es una respuesta al Real científico (materializado en las amenazas biogenéticas) que la religión esté encontrando su nueva razón de ser:

> Lejos de ser borrada por la ciencia, la religión e, incluso, el sindicato de las religiones, en proceso de formación, está progresando día a día. Lacan dijo que el ecumenismo era para los pobres de espíritu. Existe un maravilloso acuerdo en estas cuestiones entre todas las autoridades seculares y religiosas, unos a otros se dicen que deben ponerse de acuerdo en algún punto para poder transmitir ideas igualmente maravillosas, incluso decir que lo secular es una religión como las demás. Lo vemos porque se ha revelado que el discurso de la ciencia se ha conectado en parte con la pulsión de muerte. La religión se establece en la posición de defensa incondicional de la vida, de la vida de la humanidad, como guardián de

> la vida, haciendo de la vida un absoluto. Y eso se extiende a la protección de la naturaleza humana. [...] Es esto [...] lo que ofrece un futuro a la religión por medio del sentido, erigiendo barreras –a la clonación, a la explotación de células humanas– e inscribiendo a la ciencia en un progreso atemperado. Vemos un esfuerzo maravilloso, un nuevo y rejuvenecido vigor de la religión en su lucha por inundar de sentido a lo real.[33]

Así, cuando el papa opone la "cultura de la vida" cristiana contra la moderna "cultura de la muerte", no está meramente sacando provecho de modo hiperbólico de diferentes actitudes contra el aborto. Sus declaraciones deben ser tomadas más literalmente y, al mismo tiempo, más universalmente: no se trata sólo de que la Iglesia traiga "buenas nuevas", la confianza en nuestro futuro, la esperanza que garantiza el sentido de la vida; la pareja cultura de la vida/cultura de la muerte debe relacionarse con la oposición freudiana de pulsiones de vida y de muerte. "Vida" ocupa el lugar del control por parte del "principio de placer", de la estabilidad homeostática de placeres protegidos de los impactos angustiosos del goce excesivo, de modo que la apuesta del papa es, paradójicamente, no sólo que la espiritualidad religiosa no se opone a los placeres terrenales sino que *únicamente* esta espiritualidad puede brindar el marco para una vida plena, placentera y satisfecha. "Muerte", por el contrario, ocupa el lugar del dominio "más allá del principio del placer", de todos los excesos a través de los cuales lo Real perturba la homeostasis de la vida, del excesivo goce sexual hasta el Real científico que engendra monstruos artificiales... El análisis simple pero agudo de Miller termina en una sorprendente paráfrasis de Heidegger, que define al analista como el "pastor de lo real". Sin embargo, quedan algunas cuestiones pendientes. ¿No es la pulsión de muerte que representa a la ciencia la que moviliza en su actividad simultáneamente un *exceso obsceno de vida*, de vida como real, exenta y externa al significado (la vida que encon-

[33] Jacques-Alain Miller, "Religion, psychoanalysis", en *Lacanian Ink*, núm. 23, Nueva York, 2004, pp. 18-19.

tramos encarnada en el "odradek" de Kafka así como en el "alien" de la película del mismo nombre)? No hay que olvidar que la pulsión de muerte es el nombre freudiano para la inmortalidad, para una presión, una compulsión que insiste más allá de la muerte (y no olvidemos tampoco que la inmortalidad está también implícitamente prometida por la ciencia). Por lo tanto, habría que afirmar también una brecha entre vida y sentido, homóloga a la que hay entre verdad y sentido –de ninguna manera coinciden totalmente vida y sentido–.[34]

Cuando Dios anda por ahí

Hoy, la pregunta clave sobre religión es: ¿pueden todas las experiencias y prácticas religiosas quedar contenidas dentro de esta dimensión de la conjunción de verdad y sentido? ¿Acaso el judaísmo, con su imposición de una Ley traumática, no apunta hacia una dimensión de la verdad fuera del significado (que es la razón por la cual el judaísmo es el enemigo mortal de todo oscurantismo gnóstico)? ¿Y no vale acaso lo mismo para san Pablo?

El mejor punto de partida para esta línea de análisis es el punto en el cual la religión misma se enfrenta a un trauma, un *shock* que disuelve el vínculo entre verdad y significado, una verdad tan traumática que se resiste a quedar integrada en el universo del sentido. Tarde o temprano, todo teólogo se enfrenta al problema de cómo reconciliar la existencia de Dios con el hecho de la *Shoah* o de un mal excesivo parecido: ¿cómo podemos conciliar la existencia de un Dios bondadoso y omnipotente con el terrible sufrimiento de miles de inocentes, como los niños asesinados en las cámaras de gas? Sorpresivamente (o no), las respuestas teológicas arman una extraña sucesión

[34] Más aun, ¿no habría que tener presente aquí la diferencia clave entre verdad y conocimiento? ¿No es desde cierta perspectiva habitual la "verdad" el nombre de una conjunción de conocimiento y sentido, de modo que la verdadera tarea materialista no pasa principalmente por disociar conocimiento de sentido sino, en realidad, por articular la posibilidad de afirmar una dimensión de la *verdad* por fuera del sentido?

de tríadas hegelianas. Primero, aquellos que pretenden que la soberanía divina quede inmaculada y por ende deben atribuir a Dios una plena responsabilidad por la *Shaoh*, ofrecen primero (1) la teoría "legalista" pecado-y-castigo (la *Shoah* debió ser un castigo por los pecados pasados de la humanidad, o de los propios judíos); luego pasan a (2) la teoría "moralista" de la educación-del-carácter (la *Shoah* debe entenderse según la línea de la historia de Job, como la prueba más radical de nuestra fe en Dios –si sobrevivimos a esta ordalía, nuestro carácter resultará firme–); y, finalmente, se refugian en una especie de "juicio infinito" que habrá de salvar el día después de que toda medida entre la *Shoah* y su significado se caiga, (3) la teoría del divino misterio (hechos como la *Shoah* dan testimonio del inimaginable abismo de la voluntad divina). En acuerdo con este ritmo hegeliano del misterio redoblado (el misterio que es Dios para nosotros debe serlo también para el mismo Dios), la verdad de su "juicio infinito" sólo puede servir para negar la completa soberanía y omnipotencia de Dios. La siguiente tríada queda entonces compuesta por aquellos que, incapaces de combinar la *Shoah* con la omnipotencia de Dios (¿cómo pudo Él permitir que ocurriera esto?), optan por alguna forma de limitación divina: (1) primero, Dios es postulado directamente como finito o al menos limitado, no omnipotente, sin poder abarcarlo todo: se encuentra sobrepasado por la inercia de su propia creación; (2) entonces esta limitación se vuelve contra Dios mismo como su acto libre: Dios es autolimitado, voluntariamente restringe su poder para dejar el espacio abierto para la libertad humana, por lo tanto somos nosotros, los humanos, quienes somos plenamente responsables por el mal del mundo –en resumen, fenómenos como la *Shoah* son el precio definitivo que debemos pagar por el don divino de la libertad–; (3) finalmente, la autolimitación queda externalizada, los dos momentos son postulados como autónomos –Dios participa de una batalla, existe una contrafuerza o principio demoníaco del Mal activo en el mundo (la solución dualista)–. Sin embargo, es sólo aquí que encontramos el núcleo del problema del origen del Mal.

La idea convencional metafísico-religiosa del Mal es la de duplicar, obtener una distancia, abandonar la referencia al gran Otro, nuestro Origen y Objetivo, alejarse del divino Uno original, quedar atrapado en la curva egotista autorreferencial, introducir así una brecha en el equilibrio y la armonía global del Uno-Todo. La fácil, demasiado mañosa solución posmoderna a esto es responder que salir de este *impasse* autogenerado consiste en abandonar la presuposición del Uno primordial del cual nos hemos alejado, es decir, aceptar que nuestra situación primordial es la de hallarnos en una situación compleja, uno dentro de una multitud de elementos extraños –únicamente la presuposición teológico-metafísica del Uno original nos impone percibir lo ajeno como el resultado de (nuestra) alienación.[35] Desde esta perspectiva, el Mal no es la duplicación del Uno primordial, algo que se aleja de él, sino la imposición de un Uno omniabarcador por sobre la dispersión primordial. Sin embargo, ¿qué pasaría si la verdadera tarea del pensamiento fuera pensar la autodivisión del Uno, pensar al propio Uno como división dentro de sí mismo, que implica una brecha inherente?

La verdadera brecha entre gnosticismo y monoteísmo puede ser explicada en términos del origen del mal. Mientras el gnosticismo coloca a la dualidad primordial del Bien y del Mal en Dios mismo (el universo material dentro del cual hemos caído es la creación de una divinidad malvada y/o estúpida, y lo que nos da esperanzas es la buena divinidad que mantiene viva la promesa de otra realidad, nuestro verdadero hogar), el monoteísmo salva la unidad (el carácter uno) de Dios colocando el origen del mal en nuestra libertad (el mal es o finitud como tal, la inercia de la realidad material, o el acto espiritual de alejarse deliberadamente de Dios). Es fácil reunir a las dos si se sostiene que la dualidad gnóstica de Dios es meramente una "determinación reflexiva" de nuestra actitud cambiada hacia Dios: lo que percibimos como dos dioses es efectivamente la división de nuestra naturaleza, de nuestra relación con Dios. Sin embargo, la verdadera tarea es ubicar la fuen-

[35] Véase Peter Sloterdijk, *Nich gerettet, op. cit.*, p. 99.

te de la división entre el bien y el mal en Dios mismo *mientras permanecemos en el campo del monoteísmo*, la tarea que intentaron cumplir los místicos alemanes (Jakob Boehme) y filósofos posteriores que se ocuparon de esta problemática (Schelling, Hegel). En otras palabras, la tarea es trasponer la "reflexión externa" humana que pone en acto la división entre bien y mal *dentro del mismo Dios Uno*.

Recordemos la embarazosa situación en que puede encontrarse una persona de autoridad cuando, aunque ame hacerlo, no está en condiciones de cumplir con algo que le prometió a su súbdito –en este trance, la única manera de salvar la apariencia de su pleno poder es fingir que realmente no quiere hacerlo, o porque el súbdito no lo merece o porque no es tan bueno como parece sino que tiene un costado malvado–. Aparentar el "mal" puede disimular así una estrategia desesperada para salvar la apariencia del pleno poder. ¿No vale lo mismo para el propio Dios?

Regresando al tópico de la *Shoah*, esto nos brinda la tercera posición por sobre y más allá de las dos primeras (el Dios soberano, el Dios finito), la de un Dios sufriente: no un Dios triunfalista que siempre termina por vencer, a pesar de que "sus caminos son misteriosos", pues mueve secretamente todos los hilos, no un juez que ejerce una fría justicia pues por definición siempre tiene razón, sino un Dios que –al igual que el Cristo que sufre en la cruz– está agonizando, asume la carga del sufrimiento en solidaridad con las desdichas humanas.[36] Fue ya Schelling quien escribió: "Dios es una vida, no meramente un ser. Pero toda vida tiene su destino y está sujeta al sufrimiento y al devenir. [...] *Sin este concepto de un Dios sufriente como un humano* [...] *toda la historia resulta incomprensible*".[37] ¿Por qué? Pues el sufrimiento implica que Él está involucrado en la historia, afectado por

[36] Para una descripción concisa de estas tres posiciones, véase Franklin Sherman, "Speaking of God after Auschwitz", en: Michael L. Morgan (comp.), *A Holocaust Reader*, Oxford, Oxford University Press, 2001.

[37] Friedrich W. J. Schelling, "Philosophical investigations into the essence of human freedom", en: Ernst Behler (comp.), *Philosophy of German Idealism*, Londres, Continuum International Publishing Group, 1997, p. 274.

ella, no es sólo un Amo trascendente que maneja los hilos desde arriba: el sufrimiento de Dios significa que la historia humana no es apenas un teatro de sombras, sino el lugar de la verdadera lucha, la lucha en la cual está involucrado lo Absoluto mismo y donde se decide su destino. Éste es el trasfondo filosófico de la profunda reflexión de Dieter Bonhoffer de que luego de la *Shoah* "sólo un dios sufriente puede ayudarnos"[38] –un adecuado complemento al "Sólo un dios puede salvarnos" de Heidegger en su última entrevista–.[39] Por lo tanto, debe tomarse casi literalmente la declaración de que "el inexpresable sufrimiento de seis millones es también la voz del sufrimiento de Dios":[40] el exceso mismo de este sufrimiento por sobre cualquier medida "normal" humana lo hace divino. Recientemente, esta paradoja fue formulada por Jürgen Habermas: "Los lenguajes seculares que sólo eliminan la sustancia dejan las irritaciones. Cuando el pecado fue convertido en culpabilidad, y la ruptura de los mandamientos divinos en una ofensa a las leyes humanas, algo se perdió".[41] Éste es el motivo por el cual las reacciones del humanismo secular ante fenómenos como la *Shoah* o el Gulag (*y* otros) son experimentadas como insuficientes. Para poder estar al nivel de esos fenómenos, se necesita algo mucho más fuerte, algo afín al viejo tópico religioso de una perversión o una catástrofe cósmicas en las que el mundo en sí está "fuera de cauce", cuando nos enfrentamos a fenómenos como la *Shoah*, la única reacción apropiada es la perpleja pregunta : "¿Por qué no se oscurecieron los cielos?" (el título del famoso libro sobre la *Shoah* de Arno Mayor). En esto reside la paradoja de la significación teológica de la *Shoah*: a pesar de que se la concibe habitual-

[38] Citado en Michael L. Morgan (comp.), *op. cit.*, p. 237.

[39] Véase Martin Heidegger, "Only a god can save us", en: Richard Wolin (comp.), *The Heidegger Controversy*, Cambridge, MIT Press, 1993.

[40] David Tracy, "Religious values after the Holocaust", en: Michael L. Morgan (comp.), *op. cit.*, p. 237.

[41] Jürgen Habermas, *The Future of Human Nature*, Cambridge, Polity Press, 2003, p. 110 [trad. esp.: *El futuro de la naturaleza humana: ¿hacia una eugenesia liberal?*, Barcelona, Paidós, 2002].

mente como el desafío último de la teología (¿existe un Dios y, si es bueno, cómo pudo haber permitido que tuviera lugar semejante horror?), al mismo tiempo *únicamente la teología puede ofrecer un marco que nos permita acercarnos de algún modo a la magnitud de esta catástrofe* –el fiasco de Dios sigue siendo el fiasco de *Dios*–.

Recordemos la segunda de las "Tesis de filosofía de la historia" de Benjamin: "El pasado contiene un índice temporal que lo vincula a la redención. Hay un secreto acuerdo entre las generaciones pasadas y la nuestra".[42] ¿Se puede seguir afirmando este "*débil* poder mesiánico" frente a la *Shoah*? ¿De qué modo apunta la *Shoah* a la redención por venir? ¿No es acaso el sufrimiento de las víctimas de la *Shoah* una especie de gasto absoluto que nunca puede explicarse, redimirse, significarse retroactivamente? Es en este punto donde entra el sufrimiento de Dios: lo que señala es el fracaso de toda *Aufhebung* del hecho desnudo del sufrimiento. Lo que resuena aquí es, más que la tradición judía, la lección básica del protestantismo: no hay acceso directo a la libertad/autonomía; entre el intercambio-relación amo-esclavo, entre el hombre y Dios y la afirmación plena de la libertad humana debe intervenir una etapa intermedia de absoluta humillación en la que el hombre queda reducido a puro objeto del inimaginable capricho divino.

¿No forman las tres principales versiones del cristianismo una especie de tríada hegeliana? En la sucesión de ortodoxia, catolicismo y protestantismo, cada nuevo término es una subdivisión, un corte en una unidad previa. La tríada de universal-particular-singular puede designarse a partir de tres figuras representativas y fundacionales (Juan, Pedro, Pablo) así como por tres razas (eslavos, latinos, germanos). En la ortodoxia oriental, tenemos la unidad sustancial del texto y el corpus de creyentes, que es el motivo por el cual se les permite interpretar el texto sagrado, el texto se continúa y vive en ellos, no está fuera de la historia viva como su criterio y modelo exterior; la sus-

[42] Walter Benjamin, *Illuminations*, Nueva York, Schocken, 1969, p. 254 [trad. esp.: "Tesis de filosofía de la historia", *Discursos interrumpidos I*, Buenos Aires, Taurus, 1989].

tancia de la vida religiosa es la comunidad cristiana misma. El catolicismo presenta una alienación radical: la entidad que media entre el texto sagrado fundador y el corpus de creyentes, la Iglesia, la institución religiosa, recupera su plena autonomía. La autoridad superior reside en la Iglesia, que es el motivo por cual tiene derecho a interpretar el texto, que es leído en latín durante las misas, un lenguaje que no es entendido por los creyentes ordinarios e incluso se considera un pecado que un creyente ordinario lea el texto directamente, dejando de lado la guía del cura. Finalmente, para el protestantismo, la única autoridad es el texto mismo, y la apuesta es al contacto directo de cada creyente con la Palabra de Dios tal cual como aparece en el texto; el mediador (lo particular) desaparece, se convierte en insignificante, permitiendo al creyente adoptar la posición de un "universal singular", el individuo en contacto directo con la divina Universalidad, pasando por encima del rol mediador de la institución particular.[43] Sin embargo, esta reconciliación sólo resulta posible luego de que la alienación es llevada a su extremo: contrariamente a la idea católica de un Dios cuidadoso y amante con el cual podemos comunicarnos, incluso negociar, el protestantismo comienza por la noción de Dios privado de toda "medida común" compartida con el hombre, de Dios como un Más Allá impenetrable que distribuye su gracia de un modo completamente contin-

[43] Estas tres actitudes cristianas abarcan también tres diferentes modos de la presencia de Dios en el mundo. Comenzamos con el universo creado directamente en el que se refleja la gloria de su Creador: todas las riquezas y bellezas de nuestro mundo dan testimonio del divino poder creador y las criaturas, cuando no se han corrompido, dirigen naturalmente su mirada hacia Él. El catolicismo cambia a la lógica más refinada del "dibujo en el tapiz": el Creador no está presente directamente en el mundo. Sus rastros deben discernirse en los detalles que escapan a una primera mirada superficial, es decir que Dios es como un pintor que se aparta de su producto terminado, que apunta hacia su autor por una firma apenas discernible en el borde de la pintura. Finalmente, el protestantismo afirma la ausencia radical de Dios del universo creado, de este mundo gris que funciona como un mecanismo ciego y donde la presencia de Dios sólo se vuelve discernible en directas intervenciones de su Gracia que perturban el curso normal de las cosas.

gente.[44] Se pueden discernir las marcas de esta plena aceptación de la autoridad incondicional y caprichosa de Dios en la última canción que grabó Johnny Cash antes de su muerte, "The Man Comes Around", una ejemplar articulación de las angustias contenidas en el cristianismo bautista sureño:

> Hay un hombre que pasa juntando nombres y decide
> A quién liberar y a quién acusar, no todo el mundo será juzgado
> Del mismo modo, habrá una escalera de oro que baja
> Cuando el hombre ande por ahí
>
> Tus cabellos se erizarán del terror en cada
> Sorbo de la sopa que compartas de la última copa que te ofrezcan
> O desaparecerás bajo el piso de barro
> Cuando el hombre ande por ahí
>
> Oye las trompetas, oye las gaitas, cien millones de ángeles que cantan
> Multitudes que marchan al ritmo de un enorme tambor
> Voces que llaman, voces que gritan
> Algunos que nacen, otros que mueren
> Es la llegada del reino del alfa y el omega
> Y el viento suena entre los árboles espinosos
> Las vírgenes visten los poblados
> Y el viento suena entre los árboles espinosos
> Os es difícil dar coces contra el aguijón
> Hasta el Armagedón no habrá *shalam* ni *shalom*
>
> Luego el gallo llamará a sus gallinas
> El hombre sabio se reclinará ante las espinas y a sus pies

[44] Es fácil ubicar este elemento excesivo para aquellos que conocen a Hegel: al final de su *Ciencia de la lógica*, Hegel formula la ingenua pregunta de ¿cuántos momentos debemos contar en un proceso dialéctico, tres o cuatro? Su respuesta es que puede ser una posibilidad u otra: el momento del medio, la negatividad, se duplica en su directa negación y en la negatividad absoluta autorrelacionada que pasa directamente al regreso de la síntesis positiva.

Depositarán las coronas de oro
Cuando el hombre ande por ahí

Quien sea injusto que lo siga siendo
Quien sea decente que lo siga siendo
Quien esté corrupto que lo siga estando

La canción trata del Armagedón, el final de los días, cuando aparezca Dios y ponga en marcha el Juicio Final, y este acontecimiento es presentado como un terror puro y arbitrario: Dios casi aparece como el Mal personificado, como una especie de informante político, un hombre que "anda" y provoca consternación al "recoger los nombres" decidiendo quién se salvará y quién no. Como si fuera poco, la descripción de Cash evoca la muy conocida escena de las personas alineadas para un brutal interrogatorio con el informante que apunta a quienes se selecciona para ser torturados: no hay piedad ni perdón para los pecados, no hay indultos, todos estamos atados a nuestros papeles, el justo sigue siendo justo y el corrupto sigue siendo corrupto. Lo que es peor aún, en esta proclama divina no sólo somos juzgados de un modo justo; somos informados desde afuera, como si nos enteráramos de una decisión arbitraria, de que somos justos o pecadores, de que estamos a salvo o condenados; esta decisión nada tiene que ver con nuestras cualidades interiores.[45] Y, una vez más, este exceso de impiadoso sadismo divino –exceso por encima de la imagen de un Dios severo, pero sin embargo justo– es un negativo necesario, un lado oculto, del exceso del amor cristiano sobre la Ley judía; el amor que suspende la Ley está necesariamente acompañado de una crueldad arbitraria que también suspende la Ley.

[45] Dicho sea de paso, hay una aparición traumática en *Éxodo* 4:24-26 en el que precisamente "el hombre anda por ahí": el propio Dios se presenta en la tienda de Moisés bajo la forma de un oscuro extranjero y lo ataca ("el Señor lo encontró y buscó matarlo"); Moisés es salvado entonces por su esposa Ziporrah que tranquiliza a Dios ofreciéndole el prepucio de su hijo.

Cuando en su seminario sobre *La ética del psicoanálisis*, Lacan plantea que el "Dios soberano es *das Ding*",[46] esta identificación del Dios superior con la Cosa malvada sólo puede entenderse adecuadamente si se considera que implica un desplazamiento de paralaje: aquello que, visto desde una distancia adecuada, aparece como el Dios supremo, se transforma en el Mal repulsivo cuando nos acercamos demasiado. Es este también el motivo por el cual es erróneo oponer el dios cristiano del amor al dios judío de cruel justicia: la crueldad excesiva es el reverso necesario del amor cristiano y, una vez más, la relación entre ambos es de paralaje: no existe diferencia "sustancial" entre el dios del amor y el dios de la crueldad excesiva y arbitraria, *lo 'mperador del doloroso regno*, es uno y el mismo dios bajo una luz diferente debido a un cambio de paralaje de nuestra perspectiva.[47]

Martín Lutero propuso directamente una identidad excremental del hombre: el hombre es como una divina mierda, cayó del ano de Dios. Por supuesto, puede tratar de responderse a la pregunta sobre las profundas crisis que llevaron a Lutero a esta nueva teología: quedó atrapado en un violento ciclo de superyó debilitante; cuanto más actuaba, más se arrepentía, se castigaba y se torturaba, hacía buenas

[46] Jacques Lacan, *The Ethics of Psychoanalysis*, Londres, Routledge, 1992, p. 70 [trad. esp.: *El seminario. Libro 7: La ética del psicoanálisis*, Barcelona, Paidós, 1984].

[47] En el Corán se encuentra un pasaje muy conocido sobre cómo confundió Satán los pensamientos del Profeta: "No te hemos enviado ningún Mensajero o Profeta ante ti, pero Satán se apareció en su imaginación cuando se estaba disfrazando, pero Dios anula lo que hace Satán, luego Dios confirma sus versos" (Q 22:52). La idea es que Satán suele confundir la mente de los profetas haciéndoles decir herejías, como los famosos "Versos satánicos": mientras Mahoma se hallaba recitando el Sura 53, Satán sacó provecho de su estado mental para hacer aparecer en su lengua los dos versos que celebran a las tres diosas paganas como legítimas intermediarias entre el hombre y Dios: "Éstas son las adoradas grullas y esperamos que intercedan". Esta concesión al politeísmo causó por supuesto gran placer a los paganos para quienes fueron recitadas esas Suras: Gabriel reconvino a Mahoma por su error, pero Dios lo tranquilizó… Sin embargo, ¿qué pasaría si, bajo la hipótesis de la identidad entre Dios y Satán, el propio Dios estuviera involucrado en ciertas manipulaciones? ¿Y si primero confundió al Profeta y lo hizo recurrir al politeísmo para poder seducir a los paganos y luego, una vez cumplida la tarea, canceló esta concesión?

obras, etc., y más culpable se sentía. Esto lo convenció de que las buenas acciones son calculadas, sucias, egoístas: lejos de agradar a Dios, provocan su ira y llevan a la herejía. La salvación proviene de la fe: únicamente nuestra fe, la fe en Jesús como salvador, nos permitirá salir del *impasse* del superyó.[48] Sin embargo, esta definición "anal" del hombre no puede reducirse al resultado de la presión de su superyó que lo llevó hacia el autodesprecio; hay más aquí, es sólo dentro de la lógica protestante de la identidad excremental del hombre que puede formularse la verdadera significación de la Encarnación. Entre los ortodoxos, Cristo pierde definitivamente su estatus excepcional: su misma idealización, su elevación a noble modelo lo reduce a una *imagen* ideal, una figura a ser *imitada* (todo el mundo debe esforzarse por convertirse en Dios); *imitatio Christi* es una fórmula más ortodoxa que católica. En el catolicismo, la lógica predominante es la del *intercambio simbólico.* Los teólogos católicos disfrutan de detenerse en escolásticos argumentos jurídicos sobre cómo pagó Cristo el precio de nuestros pecados, etc.; no sorprende que Lutero reaccionara con el resultado más bajo de esta lógica, la reducción de la redención a algo que puede comprarse en la Iglesia. Finalmente, el protestantismo postula la relación como *real*, concibiendo a Cristo como un Dios que, en su acto de Encarnación, *se identifica libremente con Su propia mierda*, con el real excremental que es el hombre –y es sólo a este nivel que la idea propiamente cristiana de amor divino puede ser aprehendida, como el amor por ese ente miserable y excremental llamado "hombre"–.

El objeto desublimado de la postideología

La identificación excremental del hombre, el elemento clave de la revolución protestante, abrió el camino a dos tendencias cuyo impac-

[48] Lutero estaba obsesionado con las funciones corporales anales, sufría de constipación (psicológicamente condicionada). No sorprende entonces que definiera al hombre como algo que cayó del ano de Dios, como una divina mierda.

to se siente plenamente hoy, en nuestra modernidad tardía. Primero, de un modo bastante obvio, la completa naturalización científico-tecnológica del hombre: la divina mierda puede ser efectivamente tratada como otro fenómeno más de la evolución natural. Luego, menos obviamente pero con aun mayores consecuencias, la elevación del placer a una categoría ético-política central: la mierda divina resulta privada de toda vocación "superior", queda en definitiva reducida a una máquina que oscila entre la búsqueda del equilibrio homeostático de los placeres y la fatal atracción ejercida por cierto goce excesivo que amenaza con perturbar el equilibrio homeostático.

El problema con el mandato del superyó actual a gozar es que, contrariamente a modos previos de interpelación ideológica, no abre propiamente ningún "mundo"; apenas si se refiere a un oscuro Innombrable. En este sentido –y sólo en este sentido– vivimos efectivamente en un "universo postideológico": lo que nos convoca es un directo llamado "desublimado" al goce que ya no se oculta en una narración propiamente ideológica.[49] ¿En qué consiste más precisamente esta "ausencia de mundo"? Como lo señala Lacan en *El seminario. Libro 20: Aún*, el goce implica una lógica estrictamente homóloga a la de la prueba ontológica de la existencia de Dios. En la versión clásica de esta prueba, mi conocimiento de mí como ser finito, limitado, da inmediato surgimiento a la idea de un ser infinito, perfecto y, dado que este ser es perfecto, su idea misma contiene su existencia; de la misma manera, nuestra experiencia del goce accesible a nosotros como finita, localizada, parcial, "castrada", da nacimiento inmediatamente a la idea de un goce pleno, acabado, ilimitado, cuya existencia está necesariamente presupuesta por el sujeto que la imputa a otro sujeto, su "sujeto supuesto goce".[50]

[49] La paradoja del espacio público actual es que la manera de convertirse en una persona pública es mostrar públicamente nuestra vida privada (*hobbies*, asuntos amorosos, gustos personales). Aquí el modelo es el *talk show* televisivo.

[50] ¿Entonces qué decir de la pareja de autoridad paterna y la mujer como imagen mostrada a su mirada? En esta relación, el castrado es el hombre –siendo su castración la condición/precio positivo por su autoridad, mientras que la mujer es precisamente no-castrada y por esa misma razón impotente, reducida a ser un objeto–.

Por supuesto, nuestra primera reacción a esto es que el goce absoluto es un mito, que nunca existió realmente, que su estatus es puramente diferencial, es decir que existe sólo como un punto negativo de referencia respecto del cual todo goce efectivamente experimentado resulta menor ("placentero como es, no es *eso*"). Sin embargo, los avances recientes de los estudios del cerebro permiten otro enfoque: se puede (y ya no sólo) imaginar la situación en la cual el dolor (o el placer) no es generado por medio de percepciones sensoriales, sino a través de la excitación directa de los centros neuronales apropiados (por medio de drogas o de impulsos eléctricos); lo que el sujeto experimentará en este caso será "puro" dolor, dolor "como tal", el *real* del dolor o, para ponerlo en precisos términos kantianos, el dolor no planeado, un dolor que no está basado en la experiencia de la realidad constituida por categorías trascendentales.[51]

Para poder comprender lo que ocurre aquí, hay que tomar un desvío a través de lo que Lacan llamaba *la jouissance de l'Autre:* ¿qué es este misterioso goce? Imaginemos (aunque es un caso clínico real) a dos amantes que se excitan uno al otro verbalizando, narrando sus fantasías sexuales más íntimas hasta un punto en que alcanzan un orgasmo completo sin tocarse, apenas como el efecto del "mero hablar". El resultado de este exceso de intimidad no es difícil de imaginar: luego de semejante exposición radical mutua, ya no serán capaces de mantener su vínculo amoroso: fue dicho demasiado o, más bien, la palabra hablada, el gran Otro, fue demasiado directamente

[51] En 1991, durante los primeros meses posteriores a la independencia de Eslovenia, la vieja moneda yugoslava ya no era válida y los nuevos billetes eslovenos no habían sido puestos aún en circulación; para poder cubrir este bache, las autoridades emitieron billetes temporarios, en unidades de 1 a 5000, pero *sin un nombre;* este papel moneda llevaba la firma del Banco Nacional Esloveno, el número que señalaba su valor, pero sin nombre alguno, ni "dinars" ni ningún otro. Así teníamos puras unidades, sin ninguna planificación (en el sentido kantiano), sin la especificación de qué tipo de unidades eran: por ejemplo el precio de un libro era 350. ¿350 de qué? Nada, sólo 350 unidades... Lo extraño fue que nadie notara esta ausencia.

inundada por el goce, de manera que ambos se sienten avergonzados por la presencia del otro y lentamente empiezan a apartarse, a evitar la presencia del otro. *Esto,* y no una orgía plenamente perversa, es el verdadero exceso: no "practicar nuestras fantasías íntimas en lugar de hablar de ellas", sino, precisamente, *hablar* sobre ellas, permitiéndoles invadir el medio del gran Otro hasta el punto que uno puede literalmente "fornicar con palabras", hacer caer la barrera elemental, constitutiva entre el lenguaje y el goce. Medida por este criterio, la "orgía real" más extrema es un pobre sustituto.

La presentación del acto sexual en *Infidelidad,* de Adrian Lyne, muestra perfectamente la lógica del goce femenino del Otro: luego de que la pareja (la casada Diane Lane y el joven francés) se abrazan en el departamento de él, hay un corte directo a Diane Lane que regresa a casa en el tren suburbano, sentada sola y recordando. Sus recuerdos (mostrados a través de una exhibición maravillosa de sonrisas avergonzadas, lágrimas, gestos de incredulidad por lo que ha pasado, etc.) se mezclan con pequeños fragmentos de la pareja haciendo el amor –por lo tanto, sólo vemos el acto de amor como si ocurriera en *futuro anterior,* como si se lo recuperara–. El goce sexual directo es inmediatamente "trasladado" al goce del Otro, ambos coinciden mágicamente. La lección es que el "verdadero" goce no está ni en el acto en sí ni en la excitación por la expectativa de los placeres por venir, sino en su rememoración melancólica. Y el enigma es: ¿es posible imaginar un acto sexual en el cual los participantes, mientras "realmente lo hacen", adoptan ya la posición imaginaria de recordarlo, a partir de la cual *ahora* lo gozan? Más aun, ¿se puede decir que esta posición melancólica del futuro anterior es femenina, mientras que el goce generado por la excitación de los placeres por venir es masculina? Recordemos la famosa escena en *Persona* de Bergman, cuando Bibi Anderson cuenta acerca de una orgía en la playa y en el apasionado sexo del cual participó: no vemos imágenes retrospectivas y, sin embargo, la escena es una de las más eróticas en toda la historia del cine; la excitación está en cómo lo cuenta, y esta excitación que reside en el discurso en sí es el goce femenino…

En *Nathalie* (Anne Fontaine, 1999), Fanny Ardant y Gérard Depardieu son Catherine y Bernard, un matrimonio de muchos años. Cuando por casualidad Catherine escucha un mensaje telefónico que sugiere que Bernard está teniendo un *affaire*, Bernard lo minimiza con un "es demasiado banal hablar de eso". Pero Catherine queda profundamente perturbada y comienza a desesperarse por conocer las causas y los detalles de las relaciones de Bernard. Al ser ginecóloga, actúa como una clínica, contrata a una prostituta, Marlene (Emmanuelle Béart) para que actúe como "Nathalie", una mujer que seducirá a Bernard y luego le contará con detalles la historia de sus encuentros amorosos con él. La película sigue obstinadamente la perspectiva de Catherine: excepto el primer acercamiento de Marlene a Bernard, cuando le pide fuego en un café, no nos muestra las interacciones de Marlene con Bernard, y en su lugar elige centrarse en Catherine y sus estados de ánimo, quien se siente cada vez más incómoda a medida de que se entera de los detalles de los encuentros sexuales cada vez más apasionados. Gradualmente se vuelve obvio que Catherine y Marlene están hechas la una para la otra, no porque sea Marlene la mujer elegida para realizar una tarea tan inusual. Pronto vemos a Catherine inventando excusas para dejar a Bernard y visitar a Marlene, incluso la invita a pasar una tarde con su madre, y Bernard se pregunta por qué su esposa se ha vuelto tan distante. A pesar de que Marlene parece ser más distante y "profesional", su apego a Catherine es incluso más profundo. Luego ocurre algo (no realmente) inesperado: cuando Catherine organiza un encuentro entre Marlene y Bernard en su presencia (armando una cita en un café con los dos al mismo tiempo), el sorprendido Bernard no reconoce siquiera a Marlene, quien se da vuelta y huye llena de pánico. Más adelante le confiesa a Catherine que Bernard había rechazado sus insinuaciones: había estado inventando los informes de sus encuentros amorosos... ¿Por qué? ¿Fue sólo por dinero, es decir que Marlene se limitó a imaginar y fabricar lo que quería Catherine? El filme apunta hacia un vínculo más profundo entre ambas mujeres: no se trata de Catherine y Bernard, o sobre Marlene y Bernard; en realidad, Bernard termina por resultar tangencial al desarrollo de la relación central del filme, la de Catherine y Marlene. Sin embargo, hay que evitar la tentación de leer esta intensa relación de las dos mujeres como (implícitamente) lesbiana: es fundamental que la narración que comparten sea heterosexual, y no es menos importante que todo lo que compartan sea un relato. No hay "frustración" en él, ni renuncia sacrificial para concretar su relación "carnalmente", su conversación no es un preludio que pospone incesantemente la satisfacción completa. Toda especulación sobre el subtexto lesbiano, sobre los vínculos femeninos que excluyen al hombre, etc., resulta aquí superflua, nos distrae simplemente de poder percibir el rol fundamental del hecho de que las dos mujeres concreten su vínculo al nivel de las "meras palabras", que su goce sea evidentemente el goce de la Otra.

Y es esta dimensión del goce del Otro lo que está amenazado por la perspectiva del "puro" goce. ¿No es este cortocircuito el rasgo básico y más perturbador del consumo de drogas para generar experiencias de goce? Lo que la droga promete es un goce puramente autista, un goce accesible sin el desvío a través del Otro (del orden simbólico), goce generado no por representaciones fantasmáticas, sino que ataca directamente nuestros centros de placer neuronal. Es en este preciso sentido que las drogas implican la suspensión de la castración simbólica, cuyo sentido más elemental es precisamente que el goce sólo es accesible por medio de (como mediada por) la representación simbólica. Este Real brutal del goce es el reverso de la plasticidad infinita del imaginar, ya no limitado por las reglas de la realidad. Significativamente, la experiencia de las drogas incluye ambos extremos: por un lado, lo Real del goce nouménico (no planificado) que sobrepasa las representaciones; por el otro lado, la salvaje proliferación de las fantasías (recordemos los proverbiales informes que, luego de consumir una droga, nos imaginamos: escenas que nunca creímos ser capaces de concebir, nuevas dimensiones de formas, colores, aromas, etcétera).

Por lo tanto, debemos aprender a discernir la lección de los recientes descubrimientos biotecnológicos. En 2003, los fabricantes japoneses de telecomunicaciones lanzaron al mundo el primer teléfono móvil que permite a los usuarios escuchar llamadas dentro de sus cabezas –conduciendo el sonido a través de los huesos–. El teléfono está equipado con un "micrófono sónico" que transmite sonidos por medio de vibraciones que van desde el cráneo a la cóclea del oído interior, en lugar de basarse en el método usual de que el sonido golpee el tímpano exterior. Con este nuevo artefacto, la clave para escuchar mejor en una situación ruidosa es por lo tanto taparse los oídos para evitar que los ruidos exteriores interfieran con los sonidos conducidos por los huesos. Aquí encontramos la distinción lacaniana entre realidad y lo Real: esta voz espectral que escuchamos en nuestro interior, a pesar de no tener una realidad externa, es lo Real en su forma más pura.

En un paso más adelante, también en 2003, en el Centro de Neuroingeniería de la Universidad de Duke, se entrenó a monos con implantes cerebrales para que movieran el brazo de un robot con sus pensamientos: se implantaron en los cerebros de dos monos una serie de electrodos que contenían un conjunto de pequeñísimos alambres; luego, una computadora grababa las señales producidas por los cerebros de los monos mientras manipulaban un *joystick* que controlaba el brazo robótico a cambio de una recompensa (tragos de jugo). Luego se desenchufaba el *joystick*, y el brazo, que se hallaba en un cuarto separado, era controlado directamente por las señales cerebrales que provenían de los implantes. Eventualmente los monos dejaban de usar el *joystick*, como si supieran que sus cerebros controlaban el brazo del robot. Los investigadores de Duke se ocupan ahora de investigar implantes similares en humanos. En el verano de 2004 informaron que tuvieron éxito al implantar temporariamente electrodos en cerebros de voluntarios; luego, los voluntarios jugaron *videogames* mientras los electrodos grababan las señales cerebrales –los científicos entrenaron a una computadora para que reconociera la actividad cerebral correspondiente a los diferentes movimientos del *joystick*–. Este procedimiento de "fisgonear" en los crujidos digitales del cerebro con electrodos (donde las computadoras usan ceros y unos, las neuronas codifican nuestros pensamientos en impulsos todo o nada eléctricos) y transmitir las señales a una computadora que puede leer el código del cerebro y luego usar las señales para controlar como máquina ya tiene un nombre oficial: interfaz cerebro-máquina. Los proyectos futuros incluyen no sólo tareas más complejas (por ejemplo, implantar los electrodos en los centros del lenguaje del cerebro y de esa manera transmitir sin cables la voz interior de una persona a una máquina, de modo que se pueda hablar "directamente", dejando de lado la voz o la escritura), sino también enviar las señales cerebrales a una máquina situada a miles de millas y poder así dirigirla a distancia. ¿Y qué pasaría de enviarse señales a alguien que está cerca nuestro con electrodos implantados en sus centros auditivos, de modo que pueda escuchar "telepáticamente" mi voz interior?[52] La noción orwelliana de "control del pensamiento"adquirirá así un significado mucho más literal.

Incluso ya no será necesario el famoso meñique de Stephen Hawking –el vínculo mínimo entre su mente y la realidad exterior, la única parte de su cuerpo paralizado que Hawking puede mover–: con mi mente, puedo hacer *directamente* que los objetos se muevan, es decir, es el mismo cerebro el que servirá directamente de control remoto. Esto es lo que en términos del idealismo alemán Kant llamaba "intuición intelectual (*intelektuelle Anschauung*)" –el cierre de la brecha entre mente y realidad, un proceso mental que, de un modo causal, influya directamente sobre la realidad, esta capacidad que Kant atribuía únicamente a la infinita mente de Dios– está ahora potencialmente disponible para cada uno de nosotros, es decir que estamos potencialmente privados de uno de los rasgos básicos de nuestra finitud. Y dado que, como hemos aprendido tanto en Kant como en Freud, esta brecha de la finitud es al mismo tiempo un recurso de nuestra creatividad (la distancia entre "mero pensamiento" e intervención causal en la realidad externa nos permite examinar las hipó-

[52] Véase el conciso informe de Carl Zimmer, "The ultimate remote control", en *Newsweek*, 14 de junio de 2004, p. 73.

tesis que tenemos en mente, y como la expresa Karl Popper, dejarlas morir en lugar nuestro), el cortocircuito directo entre mente y realidad implica la perspectiva de un cierre radical.

En su seminario sobre la ética, Lacan alude al "punto del Apocalipsis",[53] la imposible saturación de lo Simbólico por lo Real del goce, la completa inmersión en el goce masivo. Cuando, de un modo heideggeriano, pregunta "¿Hemos cruzado la línea [...] del mundo en el que vivimos?",[54] está apuntando al hecho de que "la posibilidad de la muerte de lo Simbólico se ha convertido en una realidad tangible".[55] Lacan menciona la amenaza del holocausto atómico; hoy, sin embargo, estamos en condiciones de ofrecer otras versiones de esa muerte de lo simbólico, siendo la principal la naturalización completamente científica de la mente humana.[56]

Lo mismo puede plantearse en términos nietzscheanos: ¿qué es efectivamente el eterno retorno de lo mismo? ¿Ocupa el lugar de la repetición fáctica, de la reiteración del pasado que debe ser deseada como fue, o de una repetición benjaminiana, un retorno-reactualización de lo que se perdió en la ocurrencia en el pasado, de sus excesos virtuales, de su potencial redentor? Hay buenas razones para interpretarlo como una posición heroica de adherir a la repetición fáctica: recordemos que Nietzsche planteaba enfáticamente que, al enfren-

[53] Jacques Lacan, *The Ethics of Psychoanalysis*, *op. cit.*, p. 207.

[54] *Ibid.*, p. 231.

[55] Lorenzo Chiesa, "Imaginary, symbolic and real otherness: The lacanian subject and his vicissitudes", tesis, University of Warwick, Departamento de Filosofía, 2004, p. 233.

[56] Uno de los mantras izquierdistas más aburridos respecto de la digitalización de nuestra vida cotidiana es: "En nuestra fascinación por lo digital, el ciberespacio, etc., debemos tener presente que todo esto afecta a una minoría desarrollada: más de la mitad de la humanidad no realizó jamás siquiera una llamada telefónica, su problema no es la digitalización sino la alimentación, la salud y otras cuestiones vinculadas a la supervivencia...". Lo que vuelve sospechoso a este argumento es que fue armado, entre otros, por el propio Bill Gates. Contra las quejas humanistas, hay que recordar la lección del *cyberpunk:* que la digitalización, la realidad virtual, la biogenética, etc., pueden coexistir tranquilamente con la pobreza.

tarme a cualquier acontecimiento de mi vida, incluso el más doloroso, debería reunir la fuerza para desear con alegría su eterno retorno. Si leemos de este modo el eterno retorno, entonces la alusión de Agamben al Holocausto como el argumento definitivo contra el eterno retorno mantiene todo su peso: ¿quién podría querer que retornara eternamente? Sin embargo, ¿qué pasaría si rechazamos la idea de eterno retorno de lo mismo como repetición de la realidad del pasado, en la medida en que se basa en una noción demasiado primitiva del pasado, en la reducción del pasado a una realidad unidimensional de "lo que realmente ocurrió" que borra la dimensión virtual del pasado? ¿Si leemos el eterno retorno de lo mismo como la repetición redimida de la virtualidad pasada? En este caso, aplicado a la pesadilla del Holocausto, el eterno retorno de lo mismo nietzscheano significa precisamente que se debe desear la repetición del potencial que se perdió por causa de la realidad del Holocausto, el potencial cuya no concreción abrió el espacio para que sucediera el Holocausto.

Sin embargo, existe otro problema con el eterno retorno de lo mismo. ¿Qué podría significar, en términos nietzscheanos, la digitalización virtual de nuestras vidas, el desplazamiento de nuestra identidad del *hardware* al *software*, nuestro cambio de mortales finitos a entes virtuales "no muertos" capaces de persistir indefinidamente, emigrando de un soporte material a otro; en resumen, el pasaje de lo humano a lo poshumano? ¿Es esta poshumanidad una versión del eterno retorno? ¿Es el sujeto digital poshumano una versión (una concreción histórica) del "superhombre" nietzscheano? ¿O esta versión digital de la humanidad es una versión de lo que Nietzsche llamó el Último Hombre? ¿Qué pasaría si, en realidad, el punto de no distinción entre los dos es como tal un indicio de la limitación del pensamiento de Nietzsche? En otras palabras, ¿está el eterno retorno enraizado en la finitud humana (dado que la brecha entre lo virtual y lo concreto sólo persiste en el horizonte de finitud), o representa nuestra incompatibilidad con la finitud?

Cuando se celebra la finitud actual como carente de raíces, migratoria, nómade, híbrida, etc., ¿no ofrece la digitalización el horizonte último de esta migración, la del fatal desplazamiento del *hard-*

ware al *software*, es decir, cortar el vínculo que ata a una mente a su encarnación material fija (el cerebro de un único individuo) y bajar todo el contenido de una mente a una computadora, con la posibilidad para la mente de convertirse en un *software* que puede emigrar indefinidamente de una encarnación material a otra adquiriendo así una especie de no mortalidad? La metempsicosis, la migración de las almas, se convierte así en una cuestión de tecnología. La idea es que "estamos entrando a un régimen tan radicalmente diferente de nuestro pasado humano como los humanos lo somos de los animales inferiores";[57] al subirnos a una computadora, nos convertimos "en lo que queramos. Podemos ser grandes o pequeños, más livianos que el aire, caminar por las paredes".[58] En los buenos y viejos términos freudianos, así nos libramos del mínimo de resistencia que define (nuestra experiencia de) la realidad, y entramos a un terreno en el que rige sin limitaciones el principio del placer o, como lo expresó David Pearce en el tan apropiado título de su libro *The Hedonistic Imperative:*

> la nanotecnología y la ingeniería genética eliminarán las experiencias desagradables del mundo viviente. En los próximos mil años, aproximadamente, los sustratos biológicos del sufrimiento serán erradicados por completo, [pues hemos de lograr] la ingeniería de precisión neuroquímica para cualquier organismo sensible del planeta.[59]

Y, por supuesto, dado que una de las definiciones del ser humano es que disponer de la mierda es un problema, parte de esta nueva poshumanidad será que desaparezca esa suciedad y esa mierda:

> un superhombre será más limpio que un hombre. En el futuro, nuestras cañerías (de lo expulsado así como de lo recién nacido) serán más higiénicas y decorosas. Aquellos que lo elijan habrán de consumir sólo alimen-

[57] Vernor Vinge, citado en Bill McKibben, *Enough. Staying Human in an Engineered Age*, Nueva York, Henry Holt and Company, 2004, p. 102.
[58] J. Storrs Hall, citado en Bill McKibben, *op. cit.*, p. 102.
[59] Citado en Bill McKibben, *op. cit.*, pp. 102-103.

> tos cero-residuos, con el exceso de líquido que se evaporará vía los poros. Alternativamente, los órganos modificados pueden llegar a expeler residuos pequeños, compactos y secos.[60]

Luego vienen las confusas funciones de nuestros orificios: ¿no es acaso la boca multipropósito "primitiva y torpe"? "Un extraterrestre consideraría de lo más notable que tengamos un órgano que combina las exigencias de la respiración, la ingesta, el gusto, la masticación, la mordida y en ocasiones la lucha, que ayuda a tirar dardos, gritar, silbar, dar conferencias y hacer muecas",[61] para no mencionar el besar, lamer y chupar, confusión oral-erótica... ¿No es acaso el pene el último objetivo, con su embarazosa coincidencia de lo superior (la inseminación) con lo inferior (el orinar)?

¿Peligro? ¿Qué peligro?

Actualmente, con la perspectiva de la manipulación biogenética de las características físicas y psíquicas humanas, la noción del "peligro" inscripta en la tecnología moderna, elaborada por Heidegger, se convirtió en moneda corriente. Heidegger subraya que el verdadero peligro no es la autodestrucción física de la humanidad, la amenaza de que algo salga terriblemente mal con las intervenciones biogenéticas, sino, precisamente, que *nada salga mal*, que las manipulaciones genéticas funcionen a la perfección; en este punto, el círculo quedará de algún modo cerrado y abolida la apertura específica que caracteriza al ser humano. O sea, ¿acaso el peligro heideggeriano (*Gefahr*) no es, precisamente, el peligro de que lo óntico se "trague" a lo ontológico (con la reducción del hombre, el *Da* (aquí) del Ser a un objeto más de la ciencia)? ¿No volvemos a encontrar aquí la fórmula del temor a lo imposible: lo que tememos es que lo que no pueda ocurrir

[60] Robert Ettinger, citado en Bill McKibben, *op. cit.*, p. 110.
[61] *Ibid.*

(dado que la dimensión ontológica es irreductible a la óntica) ocurra de todos modos...? Y lo mismo se señala en los términos más comunes de las críticas culturales, desde Fukuyama y Habermas hasta McKibben, preocupados por cómo podrán los últimos descubrimientos técnico-científicos (que potencialmente permiten que la especie humana pueda rediseñarse y redefinirse) afectar nuestro ser humano; el clamor que oímos está mejor expresado en el título del libro de Bill McKibben: "Enough" (basta). La humanidad como sujeto colectivo debe ponerse un límite y renunciar libremente a mayores "progresos" en esa dirección. McKibben se esfuerza por especificar empíricamente ese límite: la terapia somática genética sigue siendo el punto donde decir basta, se la puede practicar sin dejar atrás el mundo tal como lo hemos conocido, dado que sólo intervenimos en un cuerpo formado de la vieja forma "natural"; las manipulaciones bacteriológicas están en el lado opuesto, en el mundo más allá del sentido.[62] Cuando manipulamos las propiedades psíquicas y corporales de los individuos antes de que sean siquiera concebidos, pasamos el umbral de la planificación madura, convirtiendo a los individuos en productos, evitando que se sientan agentes responsables que tienen que educarse/formarse a través del esfuerzo de su voluntad, obteniendo así la satisfacción de sus logros; esos individuos ya no se relacionan consigo mismos como agentes responsables... La insuficiencia de este razonamiento es doble. Primero, como lo hubiera expresado Heidegger, la supervivencia del ser-humano de los humanos no puede depender de una decisión óntica de los humanos. Aun cuando tratemos de este modo el límite de lo permisible, *la verdadera catástrofe ya ha ocurrido*; ya nos sentimos como seres en principio manipulables, ya hemos renunciado libremente a desplegar en plenitud estas potencialidades. Pero la cuestión fundamental es que con la planificación biogenética no sólo habrá de desaparecer nuestro universo de sentido, es decir que no sólo están equivocadas las descripciones utópicas del paraíso digital, dado que implican la supervivencia del sentido;

[62] Bill McKibben, *op. cit.*, p. 127.

las descripciones opuestas, negativas del universo "despojado de sentido" de la automanipulación tecnológica son también víctimas de una falla de perspectiva, siguen midiendo el futuro con criterios actuales e inadecuados. Es decir que el futuro de la automanipulación tecnológica sólo aparece como "privado de sentido" si se lo mide desde la idea tradicional de lo que es un universo pleno de sentido (o, en realidad desde dentro de ese horizonte). ¿Quién sabe cómo se revelará "en sí" este universo "poshumano"? ¿Qué pasaría si no hubiera una única respuesta, si las tendencias contemporáneas (digitalización, automanipulación biogenética) se abren a una multitud de posibles simbolizaciones? ¿Qué pasaría si la utopía –el drama perverso del pasaje del *hardware* al *software* de una subjetividad que flota libremente entre diferentes encarnaciones– y la distopía –la pesadilla de los seres humanos que se transforman voluntariamente en seres programados– son simplemente las dos caras de la misma fantasía ideológica? ¿Qué ocurre si es precisamente esta perspectiva tecnológica la que nos confronta plenamente con la dimensión más radical de nuestra finitud?

Podemos comprar hoy ordenadores portátiles con un teclado que imita artificialmente la resistencia a los dedos de las viejas máquinas de escribir así como el sonido de las teclas cuando golpeaban el papel. ¿Qué mejor ejemplo de la necesidad reciente de seudorrealidad? Hoy, cuando no sólo las relaciones sociales sino también la tecnología se vuelven cada vez menos transparentes (¿quién puede visualizar lo que ocurre dentro de una PC?), aparece una gran necesidad de recrear una realidad artificial para poder poner a los individuos en condiciones de relacionarse con sus complejos contextos así como con el mundo del sentido. En la programación de computadoras, este fue un paso que dio Apple: la seudorrealidad de los iconos. La vieja fórmula de Guy Debord respecto de la "sociedad del espectáculo" está dando un nuevo giro: se han creado imágenes para poder llenar la brecha que separa al nuevo mundo artificial de lo que rodeaba nuestra vieja vida, es decir, para "domesticar" este nuevo universo.

A lo largo del siglo XX, el arte del cine –su arte emblemático– fue definido como el sitio de la irreductible tensión entre la pasividad mecánica de la cámara y la activa imposición de la voluntad del director al armar la escena a registrar y luego recombinarla en el proceso de montaje: por más manipulada que estuviera la escena, siempre quedaba un elemento de irreductible pasividad, de "realmente ha ocurrido" (es por este motivo, como señaló acertadamente Rancière, que lo que llamamos "documental" no es menos y tal vez sea más "ficcional" que un filme narrativo). Esta tensión parece haber cambiado fuertemente con la llegada reciente de la digitalización: cuando, por ejemplo, en *Gladiador*, el público que observaba las luchas en la arena fue generado y agregado digitalmente o cuando en los decorados de la última *Guerra de las galaxias* o de otras películas de ciencia ficción todos los personajes son simples creaciones digitales, para no mencionar el proyecto (realista) de traer digitalmente a la vida a estrellas muertas, de modo que pronto podremos ver nuevos filmes de Marilyn Monroe y de Humphrey Bogart; algo ha cambiado radicalmente. El material cinematográfico pierde su pasividad, su mínimo de Real, y se transforma en un medio puramente plástico en el cual nuestra capacidad inventiva encuentra rienda suelta.[63]

Los "neuroteólogos" pueden identificar los procesos cerebrales que acompañan una intensa experiencia religiosa: por ejemplo, cuando un sujeto se siente fuera del tiempo y del espacio, parte del Todo cósmico, librado de las imposiciones de su yo, la región de cerebro que procesa la información sobre el espacio, el tiempo y la orientación del cuerpo en el espacio "se apaga"; al bloquearse las zonas sensoriales que funcionan durante una concentración con intensa meditación, el cerebro no tiene otra opción que percibirse como intermi-

[63] En el futuro cercano, la tecnología digital probablemente haga posible la fabricación de imitaciones perfectas de escenas sexuales: las tomas actuales de una persona real se cambiarán de modo que la misma persona será vista realizando actos sexuales que no se distinguirán de las tomas pornográficas "reales". Sin embargo, la gran decepción sería que esa persona pusiera en circulación tomas de sus actos sexuales *reales*, teniendo en cuenta el hecho de que todo el mundo presupondrá que se está ante falsificaciones digitales. La verdad sigue siendo la forma más efectiva de la mentira.

nable e íntimamente ligado con todos y con todo. Lo mismo vale para las visiones: claramente corresponden a explosiones anormales de la actividad cerebral en los lóbulos temporales (la "epilepsia de lóbulo temporal"). Contra esto se puede argumentar que aunque, por supuesto, todo lo que experimentamos existe también como actividad neurológica, no se resuelve así la cuestión de la causalidad. Cuando comemos una manzana, también experimentamos la satisfacción de su grato sabor como actividad neuronal, pero esto de ningún modo modifica el hecho de que la manzana se hallaba realmente allí y causó nuestra actividad. Del mismo modo, no es decidible si las conexiones de nuestro cerebro crean (nuestra experiencia de) Dios o si fue Dios quien creó nuestras conexiones cerebrales... Sin embargo, ¿no es la causalidad algo simple de resolver? Si un experimentado médico interviene en las zonas adecuadas del cerebro, generando la actividad cerebral en acción, y si durante esta actividad el sujeto "experimenta la dimensión divina", ¿no brinda esto una respuesta concluyente? La pregunta siguiente es: ¿cómo podrá el sujeto que está al tanto de todo esto *subjetivar* su experiencia religiosa? ¿Seguirá experimentándola como "religiosa" en el apropiado sentido extático del término? La solución extrema proviene de una secta religiosa estadounidense que plantea que Dios, que nos observa todo el tiempo y toma nota de la ausencia de auténticas experiencias religiosas entre sus creyentes, organizó el descubrimiento de las drogas que pueden generar esas experiencias... Experimentos posteriores muestran que cuando los individuos están en condiciones de estimular directamente sus centros de placer neuronales, no quedan atrapados en un ciego impulso compulsivo hacia el placer excesivo, sino que se proveen placer sólo cuando juzgan que lo "han merecido" (en función de sus actos cotidianos). Sin embargo, ¿no hacemos lo mismo muchos de nosotros con los placeres alcanzados de modo "normal"? Lo que todo esto muestra es que las personas que han experimentado directamente placeres provocados no sufrían un quiebre en su universo simbólico, sino que integraban sin problemas esas experiencias de placer o, incluso, basaban en ellas su experiencia del sentido sagrado. Sin embargo, una vez más, la pregunta es qué negaciones implican estas integraciones. ¿Puedo aceptar realmente que la píldora fabricada industrialmente que tengo en la mano me ofrece un contacto con Dios?

La conciencia es "fenoménica", contrariamente a los procesos cerebrales "reales", pero *allí* reside el verdadero problema (hegeliano): no en cómo ir de la experiencia fenoménica a la realidad, sino cómo y por qué emerge/explota la experiencia fenoménica en medio de una realidad "ciega" y muda. Debe existir un no-todo, una brecha, un hueco en la realidad misma, relleno con la experiencia fenoménica. ¿Qué ocurre con esta brecha y con el nivel "fenoménico" cuando las computadoras se comunican entre sí? ¿Cómo se nos representarán estas comunicaciones? Cuando dos agentes de bolsa concluyen su trato, las máquinas, por supuesto, no se comunican *stricto sensu*, apenas intercambian señales que adquieren sentido en ambos extremos –*no existe "interfaz" cuando interactúan las computadoras*–. La comunicación queda así reducida a una pura presuposición, y esto es difícil de aceptar intuitivamente. Recordemos la escena final de *Matrix Revolucionado*, en la que tiene lugar *dentro de la realidad virtual de la Matrix* el encuentro de una pareja que celebra el trato, el Oráculo (femenino) y el Arquitecto (masculino). ¿Por qué? Ambos son simples programas de computadora, y la interfaz virtual está destinada aquí sólo a la mirada humana; las propias computadoras no se comunican a través de la pantalla del imaginario virtual, directamente intercambian bits... Entonces, ¿para qué mirada está armada la escena?

La tecnología de la comunicación se la consideró al principio como un medio y de repente se convirtió en la "cosa en sí". Las computadoras fueron usadas en un comienzo en el trabajo editorial, como un instrumento para una impresión más eficiente, es decir que la "cosa real" seguía siendo el producto final impreso; luego se comenzó a concebir el texto virtual en la computadora como ya la "cosa en sí" que podía o no imprimirse en papel más adelante. ¿Y qué pasaría si lo mismo sucediera con las computadoras "pensantes"? Fueron construidas como medios para facilitar el pensamiento humano. Si en cierto punto logran hacer la "cosa en sí", ¿entonces los seres humanos lectores quedarán reducidos a un complemento estético, como el libro impreso en la era digital?

La perspectiva de una autoobjetivación radical anunciada por el cognitivismo no puede sino causar angustia. ¿Por qué? Aquí hay que seguir a Lacan, quien invirtió las dos tesis principales de Freud sobre la angustia: (1) contrariamente al miedo que se refiere a determinados objetos y situaciones, la angustia carece de objeto; (2) la angustia es causada por una experiencia de la amenaza de una pérdida (castración, destete). Lacan da vuelta las dos tesis (o, en realidad, trata de demostrar que, sin saberlo, Freud mismo ya lo había hecho): es el miedo el que borra su objeto, mientras que la angustia tiene un objeto preciso: el *objeto a*; la angustia no surge cuando su objeto se ha perdido, sino cuando se le acerca demasiado. Y lo mismo se aplica a la relación entre angustia y acto (libre). En una primera aproximación, la angustia surge cuando estamos totalmente determinados, objetivados, obligados a suponer que no existe la libertad, que somos apenas marionetas neuronales, zombis autoengañados; sin embargo, a un nivel más radical, la angustia aparece cuando estamos obligados a enfrentar a nuestra libertad. (En Kant se da lo mismo: cuando estamos en condiciones de identificar la causa patológica de uno de nuestros actos, no puede sino liberarnos de la angustia de libertad; o, como lo hubiera expresado Kierkegaard, el verdadero horror es descubrir que somos *inmortales*, que tenemos un deber y una responsabilidad superiores; cuánto más fácil si se tratara de un simple mecanismo natural...) En consecuencia, la autoobjetivación cognitivista produce angustia porque –a pesar de que según su enunciado nos "objetiva"– tiene el efecto opuesto a la posición implícita de enunciación: nos enfrenta al abismo de nuestra libertad y, simultáneamente, a la contingencia radical de la emergencia de la conciencia.

> La conciencia es un producto de nuestro cerebro, que a su vez es un producto de la evolución. Pero las características del cerebro son emer-

> gentes, el resultado de una serie de adquisiciones aleatorias [...] que pueden haber sido impulsadas por la selección natural sólo *después* de que el cerebro se hubiera formado.[64]

Esto significa que el cerebro humano no se desarrolló "en función de" usos futuros (por ser indispensables a ciertas funciones biológicas específicas); explotó de pronto en el curso de un proceso en el cual "una nueva combinación de características aleatoriamente producidas termina en un resultado completamente imprevisto".[65] Hay en funcionamiento aquí un razonamiento dialéctico mucho más refinado de lo que pueda parecer. En una primera visión, puede parecer que no hay grandes diferencias entre la idea de "ex adaptación" y la convencional idea "dura" darwinista: el propio Dennet se refiere con aprobación a la concepción nietzscheana de que la naturaleza funciona como un *bricoleur*, volviendo a utilizar órganos que originalmente evolucionaron de una función particular a otra. Los darwinistas "duros" están, por lo tanto, bien informados de que la adaptación evolutiva sólo usa (elige entre) múltiples variaciones que emergen de un modo contingente y aleatorio, sin propósito alguno. Sin embargo, la diferencia que separa a los darwinistas "duros" de los dialécticos propiamente dichos, como Stephen Jay Gould, es doble. Primero, el enfoque propiamente dialéctico es *estructural*: lo nuevo no emerge como un elemento, sino como una estructura. De modo aleatorio, repentino, emerge del caos un nuevo orden, una nueva armonía. A pesar de que podamos comprobar (retrospectivamente) la existencia de un largo período de gestación, hay un último elemento que dispara el paso del caos al nuevo orden; los darwinistas "duros" no se expresan en términos de esa "totalidad" estructural. Segunda diferencia: este nuevo orden no puede explicarse en términos de

[64] Nicholas Humphrey, *A History of the Mind*, Nueva York, Simon and Schuster, 1992, p. 171 [trad. esp.: *Una historia de la mente. La evolución y el nacimiento de la conciencia*, Barcelona, Gedisa, 1995].

[65] Ian Taterstall, *Becoming Human*, Nueva York, Harvest Press, 1998, p. 170.

"adaptación"; no es sólo que falte un *ad quem* unívoco (¿adaptación *a qué?),* tampoco puede presuponerse un agente unívoco (¿adaptación *de qué?).* El círculo vicioso resulta irreductible: no se puede explicar la emergencia misma de un organismo en términos de una estrategia de adaptación. Si para poder sobrevivir un organismo debe adaptarse, en primer lugar debe hallarse aquí. Un organismo evoluciona para sobrevivir, pero no puede emerger para poder sobrevivir: no tiene sentido decir que vivo *para poder* adaptarme. En resumen, un orden que surgió recientemente "crea" ("postula") sus contextos; al relacionarse con sus otros, se relaciona consigo mismo:

> Independientemente del momento y lugar en que ocurrió, la evolución de la conciencia no fue un proceso gradual. Algunos filósofos, que rechazan reconocer grandes discontinuidades en la naturaleza, sugieren que la conciencia ha emergido lenta y gradualmente, de animales "menos" conscientes a otros "más" conscientes, y así sucesivamente. [...] En realidad, la conciencia no habría podido aparecer al menos y hasta que la actividad de las curvas retroactivas hayan llegado al nivel de actividad reverberante y una de las propiedades de las curvas retroactivas es "todo o nada": cada actividad reverberante se sostiene en un lapso significativo de vida o muerte al nacer. [...] se ha alcanzado un umbral más allá del cual la conciencia apareció del cielo, tal como existe un umbral más allá del cual pasamos de estar dormidos a despertar.[66]

¿Por qué, entonces, emerge lo nuevo? En concreto, sólo existen dos explicaciones coherentes: o una (abierta u oculta) teleología o lo que Varela llamó "ontología femenina":

> Porque, entre todas estas posibilidades, existía la posibilidad de emerger. Es un efecto de la situación. Podía haber sucedido como no. Existe una verdadera dimensión aleatoria en el mundo, conectada con la idea de "evolución pacífica" o "dirigida" [...]. Es como si la ontología del mundo fuera muy femenina, una ontología de la permisividad, una ontolo-

[66] Nicholas Humphrey, *op. cit.*, p. 268.

> gía de la posibilidad. En la medida en que es posible, resulta posible. No necesito buscar una justificación en un ideal óptimo. En medio de todo, la vida intenta lo posible, la vida es un bricolaje.[67]

La idea de "ontología femenina", lejos de sostenerse en una vaga metáfora, encaja perfectamente con las coordenadas de la lógica lacaniana del no-Todo: la necesidad es "no toda" y nada escapa de ella.

[67] Francisco Varela, "Le cerveau n'est pas un ordinateur", entrevista con H. Kempf, en *La Recherche*, núm. 308, París, 1998, p. 112.

4. LA CURVA DE LA LIBERTAD

¿Un Hegel cognitivista?

Los tres enfoques de la inteligencia humana –el digital, basado en el modelo de la computadora; el estudio neurobiológico del cerebro, y el enfoque evolucionista– parecen formar una especie de tríada hegeliana: en el modelo de la mente humana como computadora (procesamiento de datos) obtenemos una maquinaria simbólica puramente formal; los estudios cerebrales biológicos se centran en la "materia gris", el soporte material inmediato de la inteligencia humana, el órgano en el que "reside el pensamiento"; finalmente, el enfoque evolucionista analiza el surgimiento de la inteligencia humana como parte de un complejo proceso sociobiológico de interacción entre los seres humanos y su contexto dentro de un mundo vital compartido. Sorprendentemente, el enfoque más "reduccionista", el de las neurociencias, es el más dialéctico, el que enfatiza la infinita plasticidad del cerebro; en esto se basa la provocativa lectura hegeliana de Catherine Malabou acerca de las neurociencias,[1] que comienza por aplicar al cerebro la conocida afirmación de Marx sobre la historia: *la gente construye su propio cerebro, pero no lo sabe.* Lo que tiene en mente es algo muy preciso y perfectamente fundamentado en resultados científicos: la *plasticidad* radical del cerebro humano. Esta plasticidad se muestra principalmente de tres maneras: plasticidad del desarrollo, de la modulación y de la reparación. Nuestro cerebro es un producto histórico, desarrolla una interacción con su medio ambiente a través de la praxis humana. Este desarrollo no está establecido por anticipado por nuestros genes, lo que hacen los genes es precisamente

[1] Catherine Malabou, *Que faire de notre cerveau?,* París, Bayard, 2004.

lo contrario: dan cuenta de la estructura del cerebro que está abierta a la plasticidad, de modo que cuando algunas de sus partes se desarrollan más se las usa más; si permanecen desconectadas, otras partes se encargan de su función, etc. Con lo que nos encontramos aquí no es sólo con la diferenciación sino con la transdiferenciación, "cambiar la diferencia". El aprendizaje y la memoria juegan un rol clave en reforzar o suspender los vínculos sinápticos: las neuronas "recuerdan" sus estímulos, los estructuran activamente, etc. El materialismo vulgar y el idealismo estrechan filas contra esta plasticidad: el idealismo, para probar que el cerebro es meramente materia, una máquina muda que debe ser estimulada desde afuera, no el sitio de la actividad; el materialismo, para sostener su visión mecánica y determinista de la realidad. Esto explica la extraña creencia que, a pesar de haber sido refutada empíricamente, se mantiene con persistencia: que, a diferencia de otros órganos, el cerebro no crece ni se regenera, sino que sus células van muriendo gradualmente. Lo que pierde de vista este planteo es que nuestra mente no sólo refleja el mundo. Es parte del intercambio transformador con el mundo, "refleja" sus posibilidades de transformación, ve al mundo a través de posibles "proyectos" y esta transformación es también una autotransformación, este intercambio también modifica al cerebro como "sitio" biológico de la mente.

Sin embargo, sólo después de aceptar esta perspectiva podemos enfrentarnos a la pregunta clave: ¿*qué* plasticidad? Aquí, Malabou desarrolla el paralelo entre el modelo del cerebro en las neurociencias y los modelos ideológicos predominantes en la sociedad.[2] Existen claras reminiscencias entre el cognitivismo actual y el capitalismo "posmoderno": por ejemplo, cuando Dennett defiende el paso de la idea cartesiana de yo como un instrumento básico de control de la vida psíquica a la interacción autopoiética de múltiples agentes en competencia, ¿el

[2] Estos paralelos tienen una larga historia: se sabe que el propio Darwin llegó a su idea de la selección evolutiva trasladando a la naturaleza la perspectiva económica de Malthus.

cambio del control y planificación burocráticos centralizados al conexionismo no recuerda a las interacciones complejas de múltiples agentes locales de las cuales surge un "yo" como una espontánea "propiedad emergente"? Así, no sucede sólo que nuestro cerebro está socializado, la sociedad misma queda naturalizada en el cerebro,[3] que es el motivo por el cual Malabou tiene razón al enfatizar la necesidad de enfrentar la cuestión clave: "¿cómo hacer para que la conciencia del cerebro no coincida directa y simplemente con el espíritu del capitalismo?". O, en términos de plasticidad, ¿queremos significar con esto meramente la infinita capacidad de acomodación a las necesidades y condiciones dadas por anticipado por nuestro medio ambiente –en cuyo caso nos encontramos ante "un ser proteico" infinitamente adaptable–. O si no, aludimos a un yo capaz de "negatividad", de resistir y subvertir las presiones de su contexto, de romper con el "automantenimiento" cuyo ideal es mantener nuestra homeostasis.

Entre los científicos contemporáneos del cerebro, fue Damasio quien desarrolló en detalle la noción de "proto-yo" como el agente que regula la homeostasis de nuestro cuerpo –lo que Freud llamó *Lust-Ich*, el agente autoorganizado que mantiene al cuerpo dentro de los límites de estabilidad y se ocupa de la autorreproducción–. Sin embargo, esto no es aun terreno de lo "mental" propiamente dicho: el "proto-yo" es continuado por la aparición del autoconocimiento, el "yo" singular y, finalmente, el "yo autobiográfico", la organización de la narración-historia de "lo que soy".[4] Es fundamental aquí la tensión propiamente dialéctica entre el yo singular y la narración: el yo singular representa un momento de negatividad explosiva, destructiva, autorreferencial, un alejamiento de la realidad inmediata y una ruptura violenta de la homeostasis orgánica, mientras que la "autobiografía" designa la formación de una nueva homeostasis, culturalmente creada, que se im-

[3] Catherine Malabou, *op. cit.*, p. 88.

[4] Véanse los capítulos V y VI de Antonio Damasio, *The Feeling of What Happens. Body, Emotion and the Making of Consciusness*, Londres, Vintage, 2000 [trad. esp.: *La sensación de lo que ocurre*, Madrid, Debate, 2001].

pone como nuestra "segunda naturaleza". Esta perturbación puede concebirse de dos maneras. Un modo es considerarla como una intrusión de accidentes externos que afectan a mi homeostasis interna; en este caso, un organismo está en una permanente búsqueda del equilibrio entre el mantenimiento de una constante (o "yo autobiográfico") y la exposición de esa constante a accidentes, a encuentros contingentes, a la alteridad; "sabemos" de nosotros a través de impactos externos que amenazan a la homeostasis y nuestra acción intencional es en última instancia el esfuerzo por incorporar estas perturbaciones a una nueva homeostasis. Estamos aquí frente al problema básico del sistema-teoría: ¿cómo puede un organismo o un sistema mantener su funcionamiento equilibrado al integrar las perturbaciones externas? El otro modo es ubicar la fuente de perturbación dentro del núcleo mismo del yo –Hegel lo planteó hace mucho tiempo, cuando describió este doble movimiento de, primero, el retiro a la "noche del mundo", el abismo de la pura subjetividad, y, luego, la aparición de un nuevo orden a través de la capacidad de nombrar: el orden simbólico y su homeostasis es el sustituto humano para la pérdida de la homeostasis natural–. Un yo libre no sólo integra perturbaciones, las *crea*, explota toda forma o *stasis* (conflicto interno) dada. Éste es el nivel cero de lo "mental" llamado por Freud "pulsión de muerte": la Cosa traumática definitiva es el encuentro del yo consigo mismo.

Sin embargo, la básica cuestión hegeliana a señalar aquí es que se pueden oponer simplemente estos dos extremos y postular una eterna interacción entre ambos (nuestra vida oscila entre estallidos de negatividad –interna o externa– que perturban el equilibrio dado, y la imposición de un nuevo orden homeostático que vuelve a estabilizar la situación). La "dialéctica" habitual entre homeostasis y *shocks* (encuentros traumáticos) no es suficiente –en una adecuada perspectiva hegeliana, se debe llevar esta oposición a su autorrelación: *el shock definitivo es el de la violenta imposición del propio orden homeostático, el trazado del límite entre interior y exterior*.

Se deben marcar aquí dos cuestiones fundamentales. Primero, la autoconstitución no es simplemente la adaptación (biológica *o* cultural) a una forma dada: nos "formamos" a nosotros mismos sólo *resistiendo* a formas dadas (lo que Hegel llamaba *Bildung*). Segundo, lo "mental" explota dentro de lo neuronal a través de una especie de "explosión ontológica":[5] no alcanza con hablar sobre el paralelo entre lo neuronal y lo mental, sobre que lo mental está sostenido en lo neuronal, que todo proceso mental debe tener su contrapartida neuronal, etc.: la verdadera cuestión es en realidad la "metonímica": ¿cómo ocurre la emergencia/explosión de lo mental *a nivel de lo neuronal mismo*? En términos de Hegel, hay que concebir la identidad de ambos ("lo mental es lo neuronal") como un "juicio infinito" que apunta hacia una (auto)contradicción radical: "lo mental es lo neuronal" no significa que "lo mental puede reducirse a los procesos neuronales", sino que "lo mental explota a partir de un callejón sin salida neuronal". Este "hegelianismo espontáneo" encuentra su expresión más clara en el modelo de conciencia de John Taylor como fenómeno relacional (bien fundado en detallados estudios de las actividades de las regiones de la corteza cerebral).[6] Según Taylor, los contenidos conscientes parecen "estar usando el pasado para llenar el presente":

> la conciencia involucra estructuras de recuerdos o representaciones del pasado de lo episódico, lo autobiográfico, lo semántico, lo preprocesado y lo emocional. Estas estructuras se usan para brindar contenido consciente a la conexión de un modo que dota a la experiencia de significados relacionados con el pasado. Por lo tanto, la conciencia aparece por el entremezclado de las experiencias pasadas registradas con la entrante actividad presente; como tal, el proceso es dinámico.[7]

En consecuencia, la conciencia es un fenómeno estrictamente *relacional*: aparece de la interacción de diferentes conjuntos de activida-

[5] Antonio Damasio, *op. cit.*, p. 147.

[6] Taylor puede servir de ejemplo de ciencia neuronal no "*best-seller*", un paciente trabajo más interesado en formulaciones precisas de nuevos conocimientos que en opiniones generales y provocativas.

[7] John G. Taylor, *The Race for Consciousness*, Cambridge, MIT Press, 2001, p. 37.

des cerebrales (entre la conexión actual y los recuerdos almacenados de las experiencias pasadas relevantes); es esta relacionalidad lo que provee a los procesos mentales de una "aparente insustancialidad":[8]

> ese llenado externo de la conexión da una sensación de insustancialidad a toda la actividad neuronal resultante. [...] una conexión ha disparado un conjunto completo de actividades relacionadas. El proceso desatado cambia la conexión original en lo que parece un campo autosostenido totalmente nuevo. Es como si un patinador se deslizara sin dificultad alguna sobre el hielo, comparado con la torpeza con que trató antes de caminar en sus patines hacia la pista. La primera y desmañada caminata es la del preprocesamiento, todavía ocultamente vinculado a la conexión que lo causó; una vez que se llega al hielo –que ha emergido la conciencia– hay cierto grado de autonomía alcanzada para elevar la actividad neuronal al espacio como si estuviera liberada de la fricción de la Tierra. Me parece que ese disparar de la actividad neuronal –el lanzarse al hielo– es la base de las características de los *qualia*, la inefabilidad, la transparencia, lo intrínseco, y así en más.[9]

Cada nueva conexión sensorial dispara la actividad de la "memoria en funcionamiento" que se mueve para cubrir sus brechas; en este módulo de preprocesamiento, se activan de modo paralelo muchas diferentes interpretaciones de la conexión: "Existe una competencia entre una memoria en funcionamiento dada entre las actividades neuronales que representan las diferentes interpretaciones de las conexiones en aproximadamente el segundo precedente",[10] y el ganador de esta competencia local consigue el acceso a la conciencia, es decir, emerge como "contenido" consciente: "Una gran maquinaria debe moverse detrás de la escena antes de que pueda emerger la conciencia con toda la intensidad con la que aparece".[11] Esta brecha en-

[8] John G. Taylor, *op. cit.*, p. 122.
[9] *Ibid.*, p. 123.
[10] *Ibid.*, p. 249.
[11] *Ibid.*, p. 157.

tre la complejidad del trabajo del preproceso de mediación y la aparente "simplicidad" del resultado explica el carácter "inmediato", "primario" de los *qualia* que

> ya no puede ser probado desde fuera del sistema. Esta característica aparece cuando un paso de procesamiento bastante agudo e irreversible queda involucrado en la emergencia definitiva de la conciencia. Se sucede un conjunto de conexiones hacia adentro y hacia fuera del cerebro antes de que emerjan como conocimientos fenoménicos con curvas cerradas de actividad neuronal que convergen en todo tipo de actividades finales. Pero el paso final a la conciencia parece ser breve, agudo y final. Por la manera como ocurrió esta emergencia, no parece ser posible retroceder y demorarse.[12]

La condición neuronal (soporte material) de esta caída de la compleja actividad de preprocesamiento en la aparente inmediatez del resultado es la "formación de burbujas de actividad en las regiones corticales locales que se deben a la recurrencia de actividad de retroalimentación o neuronal":

> Una vez que una neurona ha sido activada por una conexión, se retroalimenta de la actividad lo mismo que con sus vecinas, de modo de poder mantenerlas vivas. Las burbujas se disparan por una pequeña conexión, de modo que funcionan como amplificadoras de esa conexión. Para que el proceso continúe se precisa un *feedback* de excitación de una neurona a sus vecinas cercanas; para evitar que la burbuja se expanda y se disipe por toda la corteza existe también una inhibición de largo alcance.[13]

Esto nos lleva al enigma de la materia que (como suele suceder con los cognitivistas perspicaces) sólo puede formularse en términos casi hegelianos. La conciencia emerge como resultado de un único cortocircuito entre presente (conexión) y pasado (memoria vigente): en contraste al *apres-coup* habitual en que el presente vigente cons-

[12] *Ibid.*, p. 275.
[13] *Ibid.*, p. 276.

tituye retroactivamente el significado de los rastros de la memoria pasada. Aquí, es por medio del desvío por el pasado que se constituye nuestra experiencia presente. Esta interacción entre presente y pasado debe alcanzar un punto de autorrelación en el que pasado y presente no sólo interactúen, se vinculen entre sí, sino que se interpenetren íntimamente: la experiencia presente *se relaciona consigo misma,* se convierte en lo que es en relación al pasado. Es aquí que entra la metáfora de la "burbuja", así como la bella metáfora de los patines: una vez que ocurre el cortocircuito de autorrelación, la actividad neuronal

> deja de estar inevitablemente atada a la conexión que la produce y se desliza hacia la pista de hielo para realizar giros, milagrosamente liberada de las ataduras que la habían sujetado hasta entonces. Este proceso se libera de la conexión por medio de las burbujas de actividad en las zonas superiores de la corteza.[14]

El umbral se cruza cuando ocurre la mágica entrada a la "autonomía" del yo-relacionado neuronal; es decir, cuando la actividad neuronal comienza a "deslizarse como si perdiera el control de tierra firme";[15] para decirlo en términos hegelianos, como si debiéramos *postular retroactivamente sus propios postulados;* y es este cortocircuito el que genera el efecto de "inmediatez" propio de los *qualia*: en él, la compleja y dinámica red de mediaciones neuronales queda "superada (*aufgehoben*)" en la simple mediación de la percepción directa. El carácter "primigenio" de nuestra experiencia inmediata es, por lo tanto, el resultado de un complejo trabajo de mediación; su inercia es sostenida por su opuesto, la luz del "pensamiento libre" que da vueltas sin obstáculos por el aire. Es esta también la razón por la cual (para expresarlo en términos kantianos) no hay conciencia sin autoconciencia: no es sólo que el "yo" emerja como la interacción

[14] John G. Taylor, *op. cit.*, p. 345.
[15] *Ibid.*, p. 335.

autorrelacionada del presente con mi propio pasado; lo que llamamos "yo" es la forma elemental de escapar al "control de tierra firme" por medio de la autorrelación. Como tal, se lo encuentra bajo otras formas: la autorrelación del agente de percepción/conocimiento crea (abre) la escena en la cual puede aparecer el "contenido consciente" que ofrece la *forma* universal de este contenido, la escena en la cual puede colapsar el trabajo preprocesado de mediación en la entrega inmediata y "primigenia" de su producto. El truco de magia de la autorrelación reside en que mi propio "descentramiento" –la *imposibilidad* de la autopresencia inmediata del yo, la necesidad de lo que Derrida hubiera llamado *differance* neuronal, del mínimo desvío por los rastros mnésicos pasados– se convierta en el mecanismo que haga posible el autoconocimiento directo y primigenio.

Hay que distinguir aquí entre sujeto y objeto. La autorrelación neuronal designa el momento mágico en que la actividad neuronal ya no circula alrededor de la conexión que la disparó, sino que *genera su propio "objeto", el punto focal alrededor del cual circula la actividad.* Emerge así un cuasi-objeto con autorrelación neuronal, un paradójico objeto insustancial que simplemente da cuerpo a su relacionarse "como tal" –un "atractor" neuronal: los estados finales de las "redes atrayentes" pueden considerarse como "una actividad inicial de atracción para resultar similar a sí misma"–.[16] El atrayente es formalmente homólogo al *objeto a* lacaniano: como un campo magnético, es el foco de actividad, el punto alrededor del cual circula la actividad neuronal, aunque es en sí completamente insustancial, dado que *es creado, postulado, generado por el proceso mismo que reacciona y trata con él.* Hay un viejo chiste sobre un conscripto que aducía locura para poder evitar el servicio militar; su "síntoma" era examinar compulsivamente cada papel a su alcance y exclamar "¡No es éste!"; al ser revisado por los psiquiatras militares, hizo lo mismo, de modo que los médicos le entregaron un papel que confirmaba que estaba exento del servicio militar. El conscripto lo fue a buscar, lo exa-

[16] *Ibid.*, p. 79.

minó y exclamó: "¡Es éste!" Aquí también la búsqueda genera su objeto...

Si la autorrelación significa que no existe "sujeto" previo a la actividad ("lo que" actúa está "autopostulado", es el resultado de su propia actividad), ¿entonces en qué reside la diferencia entre el sujeto y el "objeto" insustancial que es el atrayente? Es fundamental tener presente que esta diferencia es puramente topológica: "sujeto" y "objeto" no son dos entes que interactúan al mismo nivel, sino uno y el mismo X en los lados opuestos de una cinta de Moebius; para ponerlo en términos hegeliano-kierkegaardianos, "sujeto" y "objeto" designan a una y la misma X, concebida bajo el modo del "ser" (objeto) o del "devenir" ("sujeto"), o sino bajo el modo de la coherencia autoidéntica (inmediata) del resultado, o bajo la forma de la dinámica del proceso generativo. El *objeto a* es el objeto paradójico que "es" directamente el sujeto.

Éste es el modo como las neurociencias abren el espacio para la libertad: lejos de oponerse a la programación genética y de violentarla, el espacio para la libertad está "programado". Por ejemplo, sabemos hoy que las neuronas especializadas en atrofia del lenguaje mueren si no son estimuladas por la voz materna: los genes preparan el terreno para la impredecible interacción intersubjetiva.

La falsa opacidad

La fórmula habitual del objetivo último del debate entre humanidades y cognitivismo es la de "salvar la brecha" –claramente, la brecha entre naturaleza y cultura, entre procesos biológicos "ciegos" (químicos, neuronales, etc.) y la experiencia de la conciencia y el sentido–. Sin embargo, ¿qué pasaría si este objetivo fuera equivocado, si el problema no fuera salvar la brecha sino, en realidad, *formularla* como tal, concebirla adecuadamente? Aquí, más que en cualquier otra instancia, la formulación adecuada de la brecha es la solución al problema. ¿Por qué? Pues se encuentra en la naturaleza de la conciencia aquello que *confunde* la brecha que la separa de la "naturaleza primigenia": el yo *es* su propia apariencia, dado que es un modelo que no puede percibirse como modelo, y existe sólo en la medida en que no se perciba como tal –o, para citar la concisa fórmula de Thomas Metzinger, "lo que en filosofía de la mente se llama el 'yo fenoménico' y lo que en contextos científicos o psicológicos vulgares se cita a menudo como 'el yo' es el contenido de un *automodelo fenoménicamente transparente*"–.[17] Metzinger define de manera muy precisa "transparencia": "Para todo estado fenoménico, el grado de transparencia fenoménica es inversamente proporcional al grado introspectivo de disponibilidad de atención de las etapas previas de procesamiento".[18] Paradójicamente, la transparencia resulta así "una forma especial de oscuridad":[19] no estamos en condiciones de ver algo cuando es transparente, pues vemos a través suyo. La tesis básica de Metzinger es que esa transparencia es formadora de nuestra conciencia en dos niveles: primero, generalmente,

> no experimentamos la realidad que nos rodea como el contenido de un proceso representacional ni nos representamos a sus componentes como lugares asignados [...] de otro nivel, externo, de la realidad. Simplemente la experimentamos como *el mundo en el cual vivimos nuestras vidas.*[20]

Luego, lo mismo se aplica a nuestro yo consciente, a la inmediatez de nuestro autoconocimiento, que es una representación en nuestra mente y que se sostiene también en una ilusión semejante, en un cortocircuito epistemológicamente ilegítimo de percibir como "la cosa en sí" lo que efectivamente es una mera representación, un modelo que nuestro organismo se hizo de sí mismo.

[17] Thomas Metzinger, *Being No One. The Self-Model Theory of Subjectivity*, Cambridge, MIT Press, 2004, p. 331.

[18] *Ibid.*, p. 165.

[19] *Ibid.*, p. 169.

[20] *Ibid.*

> No experimentamos los contenidos de nuestra autoconciencia como contenidos de un proceso representacional y no lo hacemos como una especie de lugar interno causalmente activo *del* sistema *en el* modelo de realidad omniinclusivo del sistema, sino simplemente como *nosotros viviendo ahora mismo en el mundo.*[21]

El mecanismo básico de la "transparencia" es bien conocido desde la crítica hegeliano-marxista del fetichismo de la mercancía: la propia "determinación reflexiva" del agente se confunde con una propiedad del objeto (percibido). Lo que hace Metzinger es llevar al límite la lógica de esta ilusión, *aplicándola al agente perceptor mismo*: la lógica de la formación del objeto, de la percepción (errónea) de nuestra experiencia fenoménica como referida directamente a los "objetos allí afuera" se aplica al *sujeto mismo*. Yo no "existo realmente" sino que aparezco sólo como resultado de una ilusión fetichista homóloga. Nunca puede existir un sujeto (yo) completamente "opaco" para sí mismo en el sentido de la percepción del propio mecanismo generativo; cada uno de esos conocimientos está limitado, encajado en un contexto global transparente: "la autorreferencia cognitiva siempre tiene lugar contra el telón de fondo de la automodelación transparente, preconceptual".[22] Así, aunque la cognición propiamente dicha sólo ocurre cuando el sujeto es consciente de la brecha que separa a la apariencia de la realidad, es decir, que el contenido de su experiencia fenoménica no es la "cosa en sí" sino una mera representación que puede ser ilusoria, "el proceso transparente de automodelación es una condición necesaria de posibilidad de las formas cognitivas de automodelación de orden superior".[23]

En este preciso sentido, Metzinger habla de la "clausura autoepistémica" de la mente humana: "la experiencia consciente limita severamente las posibilidades que tenemos de poder llegar a saber sobre

[21] Thomas Metzinger, *op. cit.*, p. 331.
[22] *Ibid.*, p. 333.
[23] *Ibid.*, p. 338.

nosotros mismos. La experiencia subjetiva no ha sido desarrollada para cumplir con el viejo ideal filosófico del autoconocimiento".[24] No hay nada misterioso en esta "clausura"; puede ser explicada claramente como una ventaja evolutiva: permite que el sistema se centre en el resultado de su actividad y no se pierda en la exploración introspectiva de los pasos que llevaron a ella. Y lo mismo vale para ese objeto específico que es el yo: "el fenómeno de la automodelación *transparente* desarrolló una estrategia evolutiva viable pues constituía una forma confiable de que la información del sistema resultara accesible sin que el sistema quedara atrapado en interminables curvas internas de automodelación de orden superior". La conclusión de Metzinger resulta entonces clara y radical:

> La identidad fenoménica surgió de una autoclausura epistémica en un sistema de autorrepresentación, es una carencia de información. La experiencia prerreflexiva, pre-atención *de ser alguien* resulta directamente de los contenidos del normalmente activo ser auto-modelado transparente, [...] no existen yoes en el mundo. Según un principio general de parsimonia ontológica de los entes, no es necesario (ni racional) presumir la existencia de yoes, pues como entes teóricos no cumplen ninguna función explicativa indispensable. Los que existen son sistemas de procesamiento de información involucrados en el proceso transparente de automodelación.[25]

Sólo nos presentamos a nosotros mismo a través del PSM (automodelo fenoménico): nuestra inmediatez fenoménica "no es una inmediatez referencial",[26] es decir que cuando me experimento "directamente" como yo, por definición pongo en acto un cortocircuito epistemológicamente ilegítimo, confundiendo un fenómeno representacional con la "realidad". Como lo plantea Lacan, todo conocimiento respecto del ego es equivocado, dado que el ego es un obje-

[24] *Ibid.*, p. 175.
[25] *Ibid.*, p. 337.
[26] *Ibid.*, p. 578.

to (nuestro automodelo) con el cual nos identificamos en la transparencia de nuestra autoexperiencia. "Soy eso" o, citando una vez más a Metzinger: "La propiedad fenoménica del ser como tal es una construcción representacional; realmente se trata de una propiedad *fenoménica* en términos de ser sólo una apariencia. A todos los propósitos científicos y filosóficos, la noción de un yo –como ente teórico– puede ser eliminada sin problemas".[27]

En la primera de sus "Tesis de filosofía de la historia", Walter Benjamin menciona el famoso autómata del ajedrez construido en 1769 por el barón von Kempelen y luego mejorado por Johann Nepomuk Maelzel: una figura de indio obviamente mecánica colocada sugestivamente en un gabinete cerrado. Secuencialmente, se abren puertas y paneles para que el público "vea por sí mismo" que nada hay adentro salvo una máquina. La figura comenzaba luego a jugar al ajedrez en el tablero del gabinete contra un oponente humano, al que habitualmente vencía. La solución (imaginada por E. A. Poe en su inteligente análisis del caso) es que efectivamente había un hombre pequeño, un jugador de ajedrez, escondido en el gabinete, que hacía las movidas; un sistema de espejos producía la ilusión de que lo único que había allí era una máquina. Poe llegó a la conclusión acertada partiendo de una premisa cartesiana equivocada: una máquina ciega no puede razonar racionalmente, necesita un espíritu. Contrariamente a Poe, los cognitivistas que apoyan la idea de la inteligencia artificial se valen de este ajedrecista autómata como una metáfora de cómo funciona realmente el cerebro: somos efectivamente marionetas como la figura del indio, mientras que el trabajo del razonamiento es realizado por el "impersonal" autómata neuronal, que es en lo que consiste nuestro cerebro... Benjamin alude al mismo autómata para explicar la relación entre materialismo histórico y teología: el materialismo histórico (marxismo) es la marioneta que siempre triunfa porque, dentro del gabinete, hay una marioneta escondida que representa a

[27] Por supuesto, en un análisis más estricto, habría que incorporar una distinción entre "ser" como la imagen de yo, y "mí" como su sustancia irrepresentable.

la teología (el motivo mesiánico de la redención). Por supuesto, la pregunta es: ¿qué pasa si aceptamos que *no* existe marioneta escondida, sólo un autómata ciego?

Algunos cognitivistas con tendencias *new age* hacen un lugar al "genio" en la oposición entre "mí" y "yo" (ego): "mí" es la "sustancia" del yo, representa toda la riqueza de contenidos que me constituye como persona.[28] El argumento más convincente de los defensores del "mí" involucra los momentos en que "actuamos espontáneamente", sin una planificación consciente y sin embargo con una gran precisión, desplegando una enorme cantidad de razonamientos, como el jugador de fútbol que simplemente juega, sin pensar en ello, pero que de todos modos hace movimientos que implican una increíble complejidad y veloces decisiones estratégicas. ¿No son estos fenómenos la prueba de que existe en mí algo más que mi "yo" reflexivo, un dispositivo que sabe mucho más a pesar de que lo haga de una manera intuitiva, espontánea? ¿No sucede que experimentamos esa actividad como la paradójica convivencia de la pura libertad espontánea y un pasivo "dejarse llevar", dejándonos guiar por nuestro yo interior? Sin embargo, desde un estricto punto de vista cognitivista, este paso de yo a mí resulta profundamente problemático: luego de aceptar que no existe libertad de la voluntad (consciente) –dado que, un segundo *antes* de que decidamos "libremente" un acto, el cambio de corriente eléctrica en nuestra red neuronal señala sin margen de error que la decisión *ya ha sido tomada*–, uno se tienta, para poder salvar a la libertad, de desplazar al agente libre de "yo" a "mí". Con esta demasiado fácil salida *new age* aparece un nuevo ente –"mí" como agente *psíquico*– para el cual no existe lugar dentro de un marco de referencia estrictamente cognitivista. La solución *new age* se aparta de la radicalidad de las consecuencias cognitivistas: todo lo que la posición cognitivista nos obliga a presuponer es que nuestras decisiones conscientes son predeterminadas por procesos neurofisiológicos *asubjetivos (objetivos)*; imputar a esos procesos *otro* yo "más profundo" es un

[28] Thomas Metzinger, *op. cit.*, p. 563.

paso sin garantía alguna que termina por proyectar la existencia de una sustancia psíquica dentro de la "ceguera" de la neurofisiología. ¿No sufre el cognitivismo de escalofríos a la hora de plantear su idea radical de que la conciencia *es* efectivamente una "ilusión del usuario" detrás de la cual (como detrás de una pantalla de computadora) existen sólo ciegos procesos neuronales asubjetivos y, en consecuencia, que no existe una necesidad teórica de postular un ente global psíquico, algo "en mí mayor que yo" que sea el verdadero agente de mis actos? Paradójicamente, es precisamente como verdaderos freudianos que debemos rechazar la noción del "mí" como el telón de fondo sustancial del ego.

En relación con el tópico de la "clausura cognitiva" la solución parecería residir en la estricta distinción entre clausura *experiencial* y otra que sea verdaderamente *cognitiva*: algo para decir es que, en nuestra autoexperiencia "vivida", necesariamente entendemos (mal) que nuestro yo actúa libremente: es diferente plantear con mayor énfasis que nos es cognitivamente imposible llegar a conocer completamente el funcionamiento bioneuronal de nuestra mente. El primer caso es homólogo al hecho de que, aunque la astronomía nos enseñe que el Sol es mucho mayor que la Tierra, seguimos percibiéndolo como una pequeña bola –lo que de ningún modo obstaculiza nuestro conocimiento (que también explica esta percepción equivocada)–; en el segundo caso –y por supuesto se trata del caso que tiene un auténtico interés filosófico– ese conocimiento nos parece inalcanzable. Sin embargo, lo que complica esta fácil solución es el estatus excepcional de nuestra autoexperiencia fenoménica: no sólo es esta experiencia el irreductible y definitivo horizonte de nuestro conocimiento; lo que es más importante es que nuestro yo mismo existe sólo como fenómeno, no existe "sustancia verdadera" del yo detrás de su autoapariencia (paralela al Sol "real" y opuesta a la manera en que se nos aparece el Sol: como una bola amarilla en el cielo), el yo "es" su propia apariencia ante sí mismo.

Con lo que nos encontramos aquí es con la vieja paradoja de un ente que existe únicamente en la medida en que permanece desconocido, ante un caso de extraña inversión de la clásica fórmula solipsista *esse = percipi:* aquí, algo sólo *es* en la medida que *no* se lo percibe-experimenta como lo que es. ¿Es éste también el modo de entender la tesis de Lacan del ego como síntoma? El síntoma freudiano, contrariamente al mecánico significado habitual del término para la medicina, es también algo que existe (en realidad, que insiste) sólo en la medida en que se desconoce su causalidad, de algo que es literalmente la ignorancia encarnada. Metzinger se opone en esto a Colin McGinn,[29] quien postula la clausura cognitiva del yo en el sentido de la imposibilidad por principio de un autoconocimiento teórico: su "clausura epistémica" es estrictamente fenoménica, una necesaria ilusión de la experiencia, no una limitación *a priori* de nuestro conocimiento. Se puede conocer cognitivamente la teoría PSM de la subjetividad, pero no se puede "creer realmente" en ella; regresamos aquí a la idea de negación fetichista, del *je sais bien, mais quand meme*...:

> No puedes creer en eso. [...] la SMT es una teoría de la cual *no puedes convencerte*, en principio. [...] el hecho es la verdadera esencia y el núcleo más profundo de lo que significamos *concretamente* cuando hablamos del rompecabezas –y a veces incluso del "misterio"– de la conciencia [...]. Aunque la historia habitual sea cierta, no hay forma en que pueda ser intuitivamente verdadera.[30]

En una estricta homología con la teoría marxista del fetichismo de la mercancía, el conocimiento teórico no termina con el fetichismo práctico. De todos modos, ¿existe también, más allá del esfuerzo teórico por pensar lo impensable (un mundo sin yo), una posibilidad de *vivirlo*, de vivir "siendo nadie"? Hay un *caveat* que permite Metzinger: el iluminismo budista en el cual el yo presupone directa y experiencialmente su propio no-ser, es decir que se reconoce como un "yo simulado", una ficción representacional; una situación en la

[29] Véase Colin McGinn, *The Mysterious Flame*, Nueva York, Basic Books, 1999.
[30] Thomas Metzinger, *op. cit.*, p. 627.

que el sueño fenoménico se vuelve lúcido para sí mismo "corresponde directamente a una clásica noción filosófica, desarrollada por la filosofía asiática al menos hace 2.500 años, la concepción budista de 'iluminación'".[31] Esa conciencia iluminada ya no es una conciencia de sí: ya no soy yo quien me experimenta como el agente de mis pensamientos, "mi" conciencia es la conciencia directa de un sistema sin yo, un conocimiento carente de yo.

La posición de Metzinger aparece más claramente articulada en su relectura y radicalización de las tres metáforas habituales sobre la mente humana: la caverna de Platón, la metáfora representacional y la del simulador total de vuelo. En cuanto a la caverna de Platón, Metzinger –como ya hemos visto– adhiere a sus premisas básicas: percibimos un "teatro de sombras" fenoménico (nuestra experiencia inmediata de la realidad) en lugar de la realidad; estamos limitados por esta ilusión de un modo necesariamente "automático" y debemos luchar por alcanzar un autoconocimiento verdadero. En lo que difiere es en un punto muy preciso: no hay un yo que esté atado en medio de la caverna y pueda luego abandonarla en busca de la verdadera luz del sol:

> Existen sombras fenoménicas de baja dimensión de los objetos perceptuales externos que bailan en la superficie neuronal del usuario del cerebro del cavernícola. Lo mismo vale para la verdad. Ciertamente existe una *auto*-sombra fenoménica. Pero, ¿la baja proyección *de qué* es esa sombra? [...] no es la sombra de una persona cautiva sino de la caverna como un todo [...]. No existe verdadero sujeto ni homúnculo en la caverna que pueda confundirse a sí mismo con algo. Es la caverna como un todo la que episódicamente, durante fases de caminata y sueño, proyecta una sombra de sí misma sobre una de sus muchas paredes interiores. La sombra de la caverna está allí. La caverna está vacía.[32]

Esto nos lleva a la segunda metáfora, la representacional: nuestra experiencia fenoménica es un dinámico mapa multidimensional del

[31] Thomas Metzinger, *op. cit.*, p. 566.
[32] *Ibid.*, p. 550.

mundo, aunque con un giro: "como muchos de los mapas *externos* usados por los seres humanos, tiene también una pequeña flecha roja. [...] el yo fenoménico es una pequeña flecha roja en nuestro mapa consciente de la realidad".[33] Metzinger se refiere a esos mapas de una ciudad, un aeropuerto o una gran tienda en los cuales una pequeña flecha roja indica la ubicación donde se halla el observador dentro del espacio representado ("Usted se encuentra aquí"):

> Los automodelos mentales son las pequeñas flechas rojas que ayudan a un geógrafo fenoménico a navegar por su propio y complejo mapa mental de la realidad [...]. La diferencia más importante entre la pequeña flecha roja en el mapa del subterráneo y aquella en nuestro cerebro neurofenoménico de troglodita es que la flecha externa es *opaca.* Siempre queda claro que se trata solamente de una representación –un espacio que está en lugar de otra cosa [...]. Sin embargo, el automodelo consciente en el propio cerebro del cavernícola es transparente en grandes porciones: [...] es un yo fenoménico que se caracteriza no sólo por una encarnación prerreflexiva completamente desarrollada sino por la comprensiva y omniabarcadora experiencia subjetiva de *estar situado.*[34]

Por supuesto, esta "flecha roja" es lo que Lacan llamaba el significante que representa al sujeto para otros significantes y nuestra total inmersión en el mapa nos lleva a la tercera metáfora, la del *simulador total de vuelo:*

> El cerebro se diferencia de un simulador de vuelo en que no es usado por un aspirante a piloto, que "entra" episódicamente en él. [...] Un simulador total de vuelo es un aeroplano automodelado que siempre ha funcionado sin piloto y ha generado una compleja imagen interna dentro de su *propio* simulador de vuelo interno. La imagen es transparente. La información, que es una imagen generada internamente, no está disponible al sistema como un todo. [...] Como el cavernícola neurofeno-

[33] *Ibid.*, p. 551.
[34] *Ibid.*, p. 552.

> ménico, "el piloto" nace en una realidad virtual desde el mismo comienzo y sin posibilidad alguna de descubrir este hecho.[35]

Existe, sin embargo, un círculo vicioso en esta versión del argumento de la caverna (una caverna que se proyecta sobre la pared de la caverna y *genera-simula al observador mismo*): aunque la caverna puede simular la sustancial identidad/contenido del observador, no puede hacer lo mismo con la *función* del observador dado que, en este caso, sería una ficción que se observa a sí misma, como una mano de Magritte que dibuja la mano que, a su vez, dibuja la primera mano. En otras palabras, aunque el observador identifica inmediatamente que la experiencia de la autoconciencia es una ficción, algo carente de estatus ontológico positivo, *su misma actitud de observar es un hecho ontológico positivo.*

En su detallado análisis del "Estoy seguro de que existo" cartesiano,[36] Metzinger incorpora una distinción muy cercana a la que marca Lacan entre el "sujeto de la enunciación" y el "sujeto del enunciado". Para Metzinger, es fundamental el estatus diferente entre los dos "yo" en "Yo estoy seguro de que yo existo": mientras que el segundo "yo" simplemente designa el contenido del automodelo *transparente* –el "sujeto del enunciado" de Lacan, el ego como un *objeto*–, el primer "yo" ocupa el lugar del componente *opaco* del mismo pensador que piensa (es decir, genera) este pensamiento –el "sujeto de la enunciación" de Lacan–. La confusión cartesiana es la de la sustancia pensante autotransparente que se experimenta directamente y es generada por la ilegítima identificación de los dos yoes, mientras que el segundo está encastrado en el primero: el componente opaco "ha quedado ya encastrado en el trasfondo continuamente activo del automodelo transparente".[37] En otras palabras, a pesar de que el segundo "yo" (el X que piensa este mismo pensamiento) se refiere indudablemente a *al-*

[35] Thomas Metzinger, *op. cit.*, p. 557.
[36] *Ibid.*, pp. 398-403.
[37] *Ibid.*, p. 401.

go, a un sistema que genera ese pensamiento, "lo que no queda claro es que ese sistema sea concretamente un *yo*".[38] ¿Kant no fue en esto mucho más preciso al enfatizar el carácter no-sustancial del sujeto y definir su sustrato nouménico como el "yo o él o esto que piensa", implicando efectivamente que la ignorancia de la propia naturaleza nouménica es una condición positiva de la subjetividad pensante?

Es importante señalar que *esta* imprecisión de Metzinger (en términos de Lacan, su fracaso en distinguir entre el "sujeto de la enunciación" y el "sujeto del enunciado") está estrechamente vinculada con su otra imprecisión, su imposibilidad de distinguir entre la opacidad "externa" del sistema generador y la opacidad "inherente" del significado. La distinción se impone más directamente en relación con el proceso de (re)conocimiento social: como subrayaba Lacan, por definición, el Otro es para mí un abismo, es "opaco", es decir, me doy cuenta siempre de que lo que experimento es una superficie fenoménica que puede engañarme:

> Eres mi esposa –después de todo, ¿qué sabes sobre esto? Tú eres mi amo– en realidad, ¿estás seguro de eso? Lo que crea el valor fundante de estas palabras es a lo que se apunta en el mensaje, así como lo que está manifiesto en esta pretensión es que el otro está allí *qua* otro absoluto. Absoluto, es decir que es reconocido pero no conocido. Del mismo modo, lo que constituye su pretensión es que, al final, no sabe si es o no una pretensión. Es este elemento desconocido en la alteridad del otro lo que caracteriza esencialmente a la relación discursiva en la cual se le habla al otro.[39]

Sólo cuando nos enfrentamos a ese Otro opaco aparece el tópico del *reconocimiento:* donde la cognición es completa, el reconocimiento no tiene sentido. Sin embargo, esta impenetrabilidad del Otro no es el reverso del reconocimiento erróneo del imaginario del Otro: no se trata de una visión reflexiva del proceso que genera lo que se nos apa-

[38] *Ibid.*, p. 405.

[39] Jacques Lacan, *Le seminaire, Livre III: Les psychoses*, París, Seuil, 1981, p. 48 [trad. esp.: *El seminario. Libro 3: Las psicosis*, Barcelona, Paidós, 1983].

rece como un yo. Metzinger no consigue distinguir aquí los *dos* modos diferentes de opacidad: la opacidad del medio generativo (los procesos cerebrales biofísicos que sostienen la experiencia del sentido, en la cual sobreviene localmente la experiencia del sentido) *y la opacidad que es inherente a la experiencia fenoménica como tal*, la opacidad de la máscara o de un signo que promete que hay algo por detrás. Cuando alguien se pone una máscara, lo que se impone como secreto detrás de la máscara *no* es lo que "realmente hay detrás", la realidad física del rostro de la persona, sino otra dimensión opaca y amenazante. Lo mismo ocurre cuando miramos a alguien dentro de los ojos: el abismo opaco del Otro que experimentamos de este modo no es la realidad neuronal de la persona –recordemos el pasaje de Broks que citamos más arriba: "Detrás de todo rostro hay un yo. Vemos la señal de la conciencia en unos ojos que brillan e imaginamos algún espacio etéreo por detrás de la protección del cráneo, cubierto de patrones cambiantes de sentimiento y pensamiento, cargado de intencionalidad"–. Desde la perspectiva cognitivista, esta apariencia de "profundidad" es una ilusión; sin embargo, lo que Metzinger no logra demostrar es que esta ilusión no es directamente la ilusión de la transparencia, sino la ilusión misma de la opacidad: si, en la ilusión de la transparencia, no reconocemos el proceso generativo que sostiene lo que no es dado inmediatamente, entonces en la ilusión de opacidad, *suponemos equivocadamente una "profundidad" donde no hay nada*. Estas dos ilusiones no son simétricas: la segunda, la de la opacidad, es propiamente *simbólica*, pues es una ilusión reflexiva, autorrelacionada, *una ilusión de la ilusión misma*, una ilusión que precisamente nos engaña al hacernos pensar que lo que vemos directamente es apenas la superficie ilusoria que esconde cierta profundidad opaca. El vínculo entre las dos imprecisiones de Metzinger resulta claro: la segunda opacidad, aquella inherente a la experiencia fenoménica como tal, es, en su aspecto más radical, la verdadera opacidad del "sujeto de la enunciación".

Correlativamente a estos tipos de opacidad existen dos especies diferentes de transparencia: es una condición de la experiencia del significado (lingüístico) que el medio (lenguaje) pueda ser transparente (esta transparencia se cae cuando todos nos damos cuenta súbitamente de la obscena presencia material del sonido de las palabras): para poder experimentar el sentido, hay que "ver a través" de las palabras. Sin embargo, esta transparencia no es la misma que la transparencia "fetichista" del proceso generador eclipsado por su producto: el significado es impenetrable por definición, genera por sí una nueva opacidad. Recordemos el gran cambio al principio del desarrollo de los ordenadores personales, la así llamada "revolución Apple": el cambio de la programación a los medio ambientes simulados, de "conocer las reglas" a la "inmersión" en el espacio digital. Hoy experimentamos el ciberespacio como un nuevo mundo artificial *transparente* cuyos iconos simulan nuestra realidad cotidiana –y este nuevo medio ambiente es incontrolable por definición, muestra una opacidad propia–. Jamás lo controlamos, lo percibimos como un fragmento de un universo más amplio; nuestra adecuada actitud hacia él no es un dominio programado, sino un bricolaje, una improvisación, un encontrar nuestro camino en medio de su impenetrable densidad. El truco aquí es que, lejos de representar una trascendencia "real", una conciencia del proceso generativo real de los medio ambientes virtuales, esta opacidad es una *ilusión en sí*, ilusión en su aspecto más puro, la ilusión de un universo interminable que sostiene nuestros medio ambientes fragmentarios, como en el caso de escribir un largo texto en una computadora en la que percibimos las líneas que vemos como el fragmento de un texto continuo que existe en alguna parte detrás de la pantalla y "se va desenrollando"...

Metzinger concluye con una nota optimista: el hecho mismo de que no exista un yo abre una nueva posibilidad de conciencia. Cuando planteamos que no hay un yo, que al experimentarlo como yoes lo "confundimos" con nuestro automodelo fenoménico, esta formulación sigue siendo equivocada, dado que implica la existencia de algo *cuya* ilusión es (éstas son las últimas líneas del libro):

> No existe nadie *cuya* ilusión pueda ser el yo consciente, nadie que lo confunda con nada. Una vez que se ha comprendido la cuestión central

> [...] se abre una nueva dimensión. Al menos en principio uno puede despertarse de su propia historia biológica. Uno puede crecer, definir los propios objetivos y volverse autónomo. Y podemos comenzar a hablarle a la Madre Naturaleza, que eleva su autoconversación a un nuevo nivel.[40]

De manera sorprendente, nos encontramos en el punto superior del reduccionismo naturalista de la subjetividad humana, un retorno triunfal del motivo iluminista de una madurez autónoma... ¿Qué? Ciertamente no un yo. Sin embargo, este triunfo es una bendición a medias; aunque Metzinger considera posible una subjetividad artificial, especialmente en la dirección de la híbrida biorrobótica, y en consecuencia lo percibe como un tema "empírico, no filosófico",[41] enfatiza su carácter éticamente problemático: "no queda del todo claro si la forma biológica de conciencia, en la medida en que surge en nuestro planeta por evolución, es una forma *deseable* de experiencia, un *bien real por sí mismo*".[42] Este rasgo problemático tiene que ver con el dolor y el sufrimiento conscientes: la evolución "ha creado un océano en expansión de sufrimiento y confusión donde antes no existía nada. Y no sólo por el simple número de sujetos individuales conscientes sino también porque la dimensionalidad de sus espacios fenoménicos está creciendo continuamente, este océano también se vuelve cada vez más profundo".[43] Y es razonable esperar que nuevas formas de conciencia generadas artificialmente creen nuevas formas "más profundas" de sufrimiento... Se debe tener cuidado al señalar que (o como el propio Metzinger lo hubiera expresado: "Por favor, véase que...")[44] esta tesis ética no debe considerarse como una posi-

[40] Thomas Metzinger, *op. cit.*, p. 634.

[41] *Ibid.*, p. 620.

[42] *Ibid.*

[43] *Ibid.*, p. 621.

[44] Hay una característica personal de la escritura de Metzinger que no puede sino sorprender: para poder especificar o calificar una afirmación comienza compulsivamente (prácticamente en cada página) una oración con las siguientes fórmulas: "Por favor véase que..." o "Por favor nótese que...".

ción personal de Metzinger, sino que resulta una consecuencia coherente de su marco teórico: en el momento en que se adhiere a la completa naturalización de la subjetividad humana, el evitar el dolor y el sufrimiento no puede sino aparecer como el punto de referencia ético definitivo.

Las emociones mienten o en qué se equivoca Damasio

La característica común de las complejas elaboraciones de Metzinger es la perspectiva de la brecha de paralaje entre la experiencia "interior" del sentido y la perspectiva "externa" del organismo chato, sin sentido, ese trozo de materia gris que sostiene nuestra experiencia:

> No existe manera de que el sujeto, desde "adentro", pueda tomar conciencia de sus propias neuronas. Sólo se las puede conocer objetivamente, "desde afuera". No existe un ojo interior que mire al cerebro, que perciba las neuronas y el coeficiente intelectual. El cerebro es "transparente" desde el punto de vista del sujeto, pero no desde el del de un observador externo.[45]

La oposición entre visión endógena y exógena, entre "estar adentro" y "estar afuera" de un sistema, es operativa para el pensamiento científico, desde la teoría de la relatividad (el descubrimiento de Einstein puede resumirse en una pregunta que formuló: ¿cómo se nos aparecerían las cosas si estuviéramos en una onda de luz en lugar de mirarlas meramente al trasluz?) y desde el inevitable teorema de la incompletud de Gödel (que, no nos olvidemos, plantea que *dentro* de todo sistema lógico coherente se pueden hacer afirmaciones que no pueden ser probadas o refutadas valiéndose de las reglas del sistema; si se mira al sistema desde afuera, *puede* ser completado) hasta la ge-

[45] Todd Feinberg, citado en Thomas Metzinger, *op. cit.*, p. 177.

nética y la biología del medio ambiente.[46] Sin embargo, a pesar de que nuestra experiencia subjetiva (lo que significa "ser" X, "habitar" su punto de vista, experimentarlo desde adentro) parece ofrecer un ejemplo definitivo de esto, implica una extraña complicación: aquí, *"adentro" es en algún modo "afuera"*. Es decir, nuestra inmediata (auto)conciencia *interior* es por definición un proceso que tiene lugar en una *superficie*, a nivel de la apariencia, y cuando tratamos de explicarla en términos neurobiológicos, lo hacemos por medio de una construcción, desde una perspectiva *exterior*, desde un proceso neuronal que pueda generar esa experiencia –recordemos la famosa mirada al cráneo abierto: cuando vemos la materia del cerebro humano no podemos sino conmovernos; "¿Es esto? ¿Puede este trozo de carne generar nuestro pensamiento?"–. Resulta fundamental aquí la diferencia entre simulación y modelo. Una simulación apunta a imitar (reproducir) el resultado externo a través de un mecanismo de generación diferente, mientras que un modelo trata de comprender la estructura interna de un fenómeno, su "funcionamiento interior", sin ninguna similitud con el resultado (con "cómo aparece la cosa" en su inmediatez). Sin embargo, en el caso de un ser humano, la simulación resulta duplicada: podemos construir un robot que simule la actividad humana (que pueda, para un observador externo, actuar como un humano, participar en una conversación, etc.) o un robot cuyas "experiencias internas" puedan simular las de un humano (que podría tener conciencia, emociones, etcétera).

La conclusión que se saca de esto es la que ya planteó hace tiempo Francisco Varela: la conciencia no es una cuestión de adentro, sino de "interfaz", contacto entre adentro y afuera a través de la superficie.[47] Es esta convulsionada relación entre el adentro y el afuera lo

[46] Véase John L. Casti, *Would-Be Worlds*, Nueva York, John Wiley & Sons Inc., 1997, pp. 183-187.

[47] Este desplazamiento de paralaje entre "adentro" y "afuera" no es simétrico a su opuesto, cuando pasamos por una experiencia conmovedora de un objeto que, de pronto e inesperadamente, muestra signos de la presencia de un sujeto y co-

que debilita efectivamente la noción convencional del sujeto cartesiano como *res cogitans* (sustancia pensante): vuelve evidente el hecho de que el sujeto *no* es una sustancia. ¿Cómo se relaciona este giro anticartesiano con el otro gran rechazo cognitivista al sujeto cartesiano, el de Antonio Damasio? Lo sorprendente es que la crítica de Damasio se mueve en la dirección opuesta: enfatiza aun más la naturaleza "sustancial" del sujeto, su estar encastrado en la realidad biológica del cuerpo.

Contra la noción cartesiana de conciencia como la actividad de reflexión puramente desinteresada que sólo secundariamente queda afectada por las emociones (emociones como el precio que paga nuestra mente por la maldición de estar enraizada empíricamente en un cuerpo biológico, un hecho que nubla la claridad del pensamiento), Damasio[48] afirma el vínculo constitutivo, necesario, entre emoción y conciencia: la conciencia *es* una "reacción emocional". ¿A qué? La conciencia, en su aspecto más elemental, es la percepción de una *perturbación* de la homeostasis del organismo causada por el encuentro de un objeto externo (o interno) que sirve como su "ocasión".[49] Es por esta razón que la conciencia es inherentemente "emocional": pone en acto la reacción desviada, "interesada" del organismo ante una perturbación... Cualquiera que esté más o menos familiarizado con el idealismo alemán no podrá si-

---

mienza a hablar (*Frankenstein, When a Stranger Calls*). En el primer caso, pasamos de la empatía subjetiva al objeto desubjetivado ("mira, no hay yo detrás del rostro, sólo la carne y la sangre del cerebro latente"), mientras que, en el segundo caso, comparable con la conocida escena de ciencia ficción en la que un objeto muerto despierta a la vida ("Mira, está vivo. Ese pedazo de carne está *pensando*"), no retrocedemos por el mismo camino, en realidad es el objeto el que *permanece* como objeto, un cuerpo extraño que se resiste a la subjetivación o a la empatía subjetiva, y es *como tal*, como objeto *inhumano* imposible, que se "humaniza" y comienza a hablar. El objeto que *habla* sigue siendo una monstruosidad: algo que *no debería* hablar comienza a hacerlo.

[48] Antonio Damasio, *op. cit.*

[49] *Ibid.*, p. 171.

no sorprenderse por el paralelo con J. G. Fichte, para quien también el yo trascendental, la (auto)conciencia, emerge como una reacción a un irreductible *Anstoss* externo (una palabra alemana con un adecuado doble sentido: "obstáculo" con el cual se tropieza, e "instigación"). Es por eso que, para Fichte, el sujeto no es sustancia: el sujeto (de la conciencia) no es el organismo cuya homeostasis precede a toda perturbación o que se esfuerza por reestablecer esa homeostasis luego de toda perturbación; el sujeto emerge a través de la perturbación de la homeostasis del organismo, "es" la actividad misma de tratar con las perturbaciones.

Como ya hemos visto, Damasio distingue tres clases de yo.[50] Primero está el *proto-yo* no consciente, que sigue siendo puramente orgánico-neuronal: el conjunto interconectado y coherente de patrones neuronales que, momento a momento, representa el estado interno del organismo, o sea el "mapa" neuronal que el organismo se hace de sí mismo para estar en condiciones de regular y mantener su homeostasis, permanentemente perturbada por la intrusión de objetos. Luego, emerge el *yo núcleo*, "la explicación no verbal de segundo orden que ocurre cada vez que el objeto modifica al proto-yo".[51] La forma de nivel cero de conciencia es lo que Damasio llama "conciencia nuclear", "nuestro verdadero pensamiento de nosotros mismos –la verdadera sensación de nosotros– como individuos que están involucrados en el proceso de conocer sobre la propia existencia y la existencia de los demás",[52] lo que algunos filósofos como David Chalmers identifican como el "duro" problema a explicar:

> La primera base de la conciencia es una sensación que surge en la representación del *proto-yo no consciente en proceso de ser modificado* dentro de una explicación que explica la causa de la modificación.[53]

[50] Antonio Damasio, *op. cit.*, pp. 174-175.
[51] *Ibid.*, p. 174.
[52] *Ibid.*, p. 127.
[53] *Ibid.*, p. 172.

Esta "conciencia bruta" es irreductiblemente conciencia de muerte: podemos jugar (como lo hace Dennett) el aburrido juego de "la conciencia que es un programa virtual en cierto modo inmortal, capaz de sobrevivir al pasaje de uno a otro *hardware*", pero la conciencia "bruta" es "absolutamente mía". No sorprende que aún hoy puedan discernirse ecos de la prueba ontológica en los debates de los cognitivistas acerca de la "conciencia bruta": no se trata de la pura y pasiva autoconciencia sin función cognitiva/causal la que no puede explicarse en términos evolucionistas, exactamente como con el puro exceso de ser, el puro *Dass-sein*, al que no puede explicarse en términos conceptuales (Kant: ¿"ser" no es un predicado?) ¿No se trata también de algo homólogo a la "certeza sensual", la primera figuración de la conciencia en la *Fenomenología* de Hegel? Hegel sólo puede poner en marcha el movimiento dialéctico cuando presupone que la estructura es ya conceptual.[54]

Finalmente, este yo nuclear se completa con el *yo autobiográfico*, que se basa en "los recuerdos implícitos de las múltiples instancias de la experiencia individual del pasado y del futuro anticipado".[55] La conciencia nuclear es el fundamento y la condición del yo autobiográfico: este último está formado por el conjunto virtual de recuerdos y proyectos que sólo pueden ser instancializados/concretados en la conciencia del núcleo mismo. El yo nuclear explota como

> la explicación leve, de segundo orden y no verbal que cuenta una historia: *la del organismo atrapado en el acto de representar su propio estado mo-*

[54] Lo que explota con la "conciencia bruta" es una cierta brecha que se vuelve evidente en la agnosia: en ella, el sujeto percibe psicológicamente todas las formas, colores, etc., pero no "ve" nada, es decir que no es capaz de reconocer en sus percepciones objetos conocidos. A nivel de lo Real, sus mecanismos perceptivos funcionan normalmente, pero no logra subjetivar su conexión perceptiva –paradójicamente, su percepción (en realidad sus sensaciones) sigue siendo objetiva–. Podríamos entonces postular una discontinuidad radical entre sensaciones "objetivas" y percepciones "subjetivas": existe una brecha ontológica que las separa, es decir, las sensaciones no son elementos básicos a partir de los cuales se componen las percepciones de los objetos.

[55] Antonio Damasio, *op. cit.*, p. 174.

> *dificado como si estuviera representando algo más.* Pero lo sorprendente es que el ente cognoscible del que atrapa ya ha sido creado en la narración del proceso de atrapar.[56]

Volvemos a estar ante un fundamental motivo fichteano: el yo no es un agente que actúa sino que el que actúa es un agente que carece de identidad sustancial externa, que coincide por completo con su actividad. El yo se conoce a sí mismo, pero este "sí mismo" coincide absolutamente con el proceso mismo de conocer: el yo se conoce a sí mismo al conocer. O, en la medida en que la reacción del organismo forma una mínima narración (la homeostasis del organismo es perturbada por el encuentro con un objeto; el organismo es afectado, transformado, por él y reacciona para mantener y/o restaurar su homeostasis), el sujeto/conciencia es el narrador que, paradójicamente, surge cuando cuenta la historia, que sólo existe dentro de su propio estar narrando:

> La historia contada en las imágenes de la conciencia nuclear no es relatada por algún inteligente homúnculo. Ni es la historia realmente contada por nosotros como yo porque el yo nuclear sólo nace mientras se cuenta la historia, *dentro de la historia misma.* Existimos como seres mentales cuando se están contando las historias primordiales y sólo entonces, en tanto se las esté narrando y sólo entonces. Somos la música mientras dura la música.[57]

¿Cómo puede ocurrir esta autogeneración del narrador a través de la historia que narra? El punto de partida de Damasio es que un organismo, en tanto unidad, está constantemente trazado en el cerebro de ese organismo; cuando el organismo se encuentra con (es afectado por) un objeto, este objeto queda también trazado en el cerebro, tanto el organismo como el objeto quedan dibujados en los patrones neuronales, en mapas de primer orden:

[56] Antonio Damasio, *op. cit.*, p. 170.
[57] *Ibid.*, p. 191.

> Como el cerebro forma imágenes de un objeto –un rostro, una melodía, un dolor de dientes, el recuerdo de un acontecimiento– y como las imágenes del objeto afectan el estado del organismo, otro nivel de la estructura cerebral crea una leve explicación no verbal de los acontecimientos que están teniendo lugar en las varias regiones del cerebro activadas como consecuencia de la interacción con el objeto-organismo.[58]

Los mapas que pertenecen al objeto causan cambios en los mapas correspondientes al organismo, y *esos* cambios pueden ser re-presentados en otros mapas (mapas de segundo orden) que representan así la relación entre objeto y organismo –esta explicación de la relación causal entre objeto y organismo sólo puede ser aprehendida en mapas neuronales de segundo orden–. Este trazado de segundo orden da lugar al surgimiento de una autorreflexividad mínima: no es sólo que conozco, también siento que conozco (que soy yo quien conoce); no sólo percibo un objeto, me doy cuenta de que lo percibo; no sólo actúo, siento que soy yo quien actúa. *No sólo me relaciono (interactúo) con un objeto: me relaciono con ese relacionar "como tal"*. Es por este motivo que la conciencia es siempre también autoconciencia: cuando aprendo, simultáneamente sé ("siento") que soy yo quien aprende pues no soy nada fuera de ese aprendizaje; soy mi conocimiento de mí mismo.

La paradoja del sujeto como "el cazador creado en la narración del proceso de caza" es completada por su casi simétrico opuesto: no sólo (1) emerge el sujeto como resultado de su propia búsqueda, es también su propio proceso, sin sustancia, sino que, simultáneamente, (2) la conciencia del sujeto es una respuesta previa a la pregunta, dada antes de la búsqueda; el sujeto es la "respuesta de lo Real", como lo habría expresado Lacan:

> Las respuestas deben estar primero, [...] el organismo debe construir antes como respuesta la especie de conocimiento que busca. El organis-

[58] *Ibid.*, p. 170.

> mo debe ser capaz de producir ese conocimiento primordial, no solicitado, de modo que pueda fundarse un proceso de conocimiento.[59]

En una primera aproximación, los dos aspectos no pueden sino resultar mutualmente excluyentes: primero, debemos tener un proceso de búsqueda que genera por sí el objeto de su búsqueda, o sea, un proceso que –como el barón de Munchausen que se saca de un pantano jalándose de sus propios cabellos– gira alrededor de su círculo vicioso sin ningún apoyo externo sustancial; luego, tenemos un resultado bruto, una respuesta, algo dado, algo que salta sin que nadie buscara allí por él. Sin embargo, el vínculo entre estas dos paradojas es crucial: si sólo soy dentro de la historia que estoy contando/experimentando, si carezco de toda identidad/contenido sustancial fuera de esto, entonces, cuando me experimento, la historia esta aquí desde siempre, no existe sujeto que preceda a quien formulara la búsqueda. La pregunta respondida por la historia –la narración primordial que forma el yo nuclear– es "una explicación que es presentada antes que ningún pedido":

> ¿Quién *hace?* ¿Quién *sabe?* Cuando llega primero la respuesta, emerge el sentido del yo, y para nosotros ahora, criaturas dotadas de un rico conocimiento y un yo autobiográfico, [...] aparece como si la pregunta ya estuviera planteada y el yo fuera un conocedor que ya conoce. No se formula entonces pregunta alguna. No hay necesidad de interrogar al yo nuclear sobre la situación y el yo nuclear no interpreta nada. El conocimiento generosamente se ofrece gratis.[60]

Por ende, las dos ilusiones deben pensarse juntas, como el frente y el reverso de la misma moneda: la ilusión de que el sujeto está buscando algo que ya está allí, esperando ser descubierto, es decir, la ilusión de que soy un agente-narrador que precede a la narración ("al-

[59] Antonio Damasio, *op. cit.*, p. 189.
[60] *Ibid.*, pp. 191-192.

guien debe estar contando la historia, la historia no puede contarse a sí misma, es la misma falta de sentido que con el pintor que dibuja un cuadro perfecto y luego entra y desaparece en él"), *y* la ilusión de que el conocimiento es una respuesta a una pregunta previamente formulada. Con lo que nos enfrentamos aquí es con el paradójico ente singular que está "doblemente inscripto", que es al mismo tiempo exceso y falta –la paradoja que delineó hace mucho tiempo Deleuze en su *Lógica del sentido:* en cuanto emerge el orden simbólico, encontramos siempre un ente que es simultáneamente –en relación con la estructura– un lugar vacío, no ocupado y –en relación con los elementos– un ocupante excesivo que no tiene lugar.[61]

La estructura torcida da una pista para ver lo que está equivocado en la idea de Damasio de una conciencia que descansa en un trazado de mapas de segundo orden, un trazado que registra la relación causal entre los dos entes (organismo y objeto) cuya interacción es registrada por los mapas de primer orden: obviamente, esta complicación demasiado simple no hará que se genere (que se produzca la conciencia de) el verdadero agente del trazado de mapas. Si el trazado de segundo orden registra el de primer orden, simplemente tenemos un trazado de dos niveles, no *un proceso de trazado que se incluye en el proceso trazado.* Para que esto ocurra (es decir, para que el agente mismo quede incluido en el proceso al que anima), debe suceder cierta especie de autorrelación, cierta clase de cortocircuito entre los dos niveles de representación (trazado de mapas); y la fórmula de Lacan del significante ("un significante representa al sujeto para otros significantes") alude precisamente a ese trazado autorrelacionado de dos niveles: el significante que representa al sujeto es un significante "reflexivo" de segundo orden, que actúa como el representante del sujeto en las series de significantes del primer orden. Esta reflexividad es un movimiento hegeliano que la explicación de Damasio no admite. Aclaremos este punto por medio de un chiste de humor negro: un paciente en un enorme cuarto de hospital con

[61] Para un análisis más detallado de esta paradoja, véase el capítulo 2 de este libro.

muchas camas se queja al médico porque el ruido y los constantes gritos de los demás pacientes lo están volviendo loco. Luego de que el doctor contesta que nada puede hacerse si los pacientes son así, que no puede prohibírseles expresar su desesperación, dado que saben que se están muriendo, el paciente continúa: "¿Por qué no los ubican en un cuarto separado para que mueran?". El médico responde rápidamente: "Pero este *es* un cuarto para moribundos...". ¿Por qué quiénes conocen aunque sea un poco de Hegel disciernen de inmediato un toque "hegeliano" en este chiste de humor negro? Por el giro final en el cual queda afectada la posición subjetiva del paciente: se encuentra incluido en una serie con la cual querría mantener distancia.[62]

A partir de aquí, podemos discernir porqué la solución de Damasio al viejo enigma de los dos lados del yo (el yo *qua* el continua-

[62] Y dado que se trata aquí de Hegel, nos tienta inmediatamente considerar a este chiste como el primer término de la tríada. Entonces, como el recurso básico del chiste reside en la inclusión en la serie de la aparente excepción (el paciente que se queja se está muriendo), su "negación" habría sido un chiste cuyo giro final por el contrario habría apelado a la exclusión de la serie; es decir, la extracción del Uno, su postulación como excepción a la serie, como en un reciente chiste bosnio en el que Fata (la arquetípica esposa bosnia) se queja a un médico de que Muyo, su esposo, le hace el amor durante cuatro horas cada noche de modo que ni siquiera en la oscuridad de su cuarto logra dormir lo suficiente, una y otra vez él vuelve a saltar sobre ella. El buen doctor le aconseja que le aplique una terapia de *shock*: debe tener junto a su cama una potente lámpara de modo que cuando se encuentre realmente cansada del sexo pueda iluminar de repente el rostro de Muyo y esta sorpresa seguramente enfriará sus excesivos ardores... La misma noche, tras horas de sexo, Fata hace exactamente lo aconsejado, y reconoce la cara de Haso, uno de los colegas de Muyo. Sorprendida, le pregunta: "¿Qué haces aquí? ¿Dónde está Muyo, mi esposo?". El avergonzado Haso contesta: "Bueno, la última vez que lo vi estaba juntando el dinero de los que estaban haciendo la cola...". Y el tercer término sería aquí una especie de chiste correlativo al "juicio infinito", la tautología como contradicción suprema, como en la anécdota acerca de un hombre que se queja a su médico porque suele escuchar voces de personas que no están presentes en el cuarto. El doctor le pregunta: "¿Realmente? Para permitirme descubrir el significado de esta alucinación, ¿puede describirme las circunstancias precisas en que suele escuchar voces de personas que no están presentes?". "Bueno, la mayor parte de las veces ocurre cuando hablo por teléfono..."

mente cambiante fluir de la conciencia versus el yo *qua* el núcleo permanente y estable de nuestra subjetividad) pierde el rumbo: "el aparentemente cambiante yo y el yo aparentemente permanente, a pesar de estar estrechamente relacionados, no son un ente sino dos,"[63] siendo el primero el yo nuclear y el segundo el yo autobiográfico. Sin embargo, no queda lugar aquí para lo que experimentamos (o en realidad presuponemos) como el núcleo vacío de nuestra subjetividad en tanto seres hablantes. ¿Qué soy? No soy ni un cuerpo (tengo un cuerpo, nunca "soy" directamente mi cuerpo, a pesar de todas las descripciones fenomenológicas a la manera de Merleau-Ponty que tratan de convencernos de lo contrario), ni el núcleo estable de las narraciones autobiográficas que forman mi identidad simbólica; lo que "soy" es el puro Uno de un yo vacío que permanece el mismo Uno en el constante cambio de las narraciones autobiográficas. Ese Uno es engendrado por el lenguaje; no es ni el yo nuclear ni el autobiográfico, sino aquello en que es transustanciado (o, en realidad, desustancializado) el yo nuclear cuando es transpuesto al lenguaje. Esto es lo que Kant tenía en mente cuando distinguía entre la "persona" (la riqueza de contenidos autobiográficos que brinda contenido sustancial a mi yo) y el puro sujeto de percepción trascendental que es apenas un punto vacío de autorrelación.

La tesis "althusserriana" fundamental de Damasio es que "no existe un estado de sensación previo a que ocurra la respectiva emoción, en que la expresión (emoción) preceda a la sensación".[64] Nos tienta vincular esta emoción con el puro sujeto vacío ($): las emociones son ya del sujeto pero antes de la subjetivación, antes de que sean transpuestas a la experiencia subjetiva del sentir. $ es así el correlato subjetivo de las emociones previas al sentir: es sólo a través de los sentimientos que me convierto en sujeto "pleno" de autoexperiencia vivida. Y es este "puro" sujeto el que ya no puede ser contenido dentro del marco de la homeostasis de la vida, es decir, cuyo funcionamiento ya

[63] Antonio Damasio, *op. cit.*, p. 217.
[64] *Ibid.*, p. 283.

no está constreñido por la máquina biológica de la regulación de la vida. Damasio escribe que

> el poder de la conciencia proviene de la efectiva conexión que establece entre la máquina biológica de la regulación de la vida individual y la máquina biológica del pensamiento. Esta conexión es la base para la creación de una preocupación individual que permee todos los aspectos del proceso del pensar, centre todas las actividades de resolución de problemas e inspire las correlativas soluciones.[65]

De este modo deja fuera de consideración al núcleo propiamente vacío de subjetividad ($) que, en la medida en que explota el marco de la homeostasis que regula la vida, coincide con lo que Freud llamaba pulsión de muerte. Así, se impone la cadena de equivalencias entre el *cogito* "vacío" (el sujeto cartesiano, el sujeto trascendental de Kant), el tópico hegeliano de la negatividad autorrelacionada y el tópico freudiano de la pulsión de muerte. ¿Está acaso este "puro" sujeto privado de emociones? No es tan simple como esto: su mismo despegue de la inmersión inmediata en la experiencia de la vida da surgimiento ya no a emociones o sentimientos sino en realidad a nuevos afectos: angustia y horror. La angustia como correlativa a enfrentar el vacío que forma el núcleo del sujeto; el horror como la experiencia de la vida desagradable en su modo más puro, la vida "no muerta".[66] En su *Synaptic Self*, Joseph Le Doux se enfrenta al mismo problema. El Principio 6 en la lista de siete principios básicos del fun-

[65] Antonio Damasio, *op. cit.*, p. 304.

[66] Se suele concebir a los afectos como obstáculos para nuestro acceso a la realidad, como algo que nubla, distorsiona, nuestra percepción de la realidad –en claro contraste con esto, Lacan determina que la angustia es el (único) afecto que señala nuestra cercanía con lo Real, que garantiza nuestro acceso a lo Real–. Sin embargo, ¿es la angustia el único afecto con estas características? ¿Qué pasa con el entusiasmo? Tal vez toda la lucha de Badiou contra Lacan puede condensarse en este aspecto, ya que, para Badiou, el entusiasmo (o la fidelidad al Acontecimiento) es *también* una señal de nuestro acceso a lo Real.

cionamiento cerebral con que concluye el libro es: "*Los estados emocionales monopolizan los recursos del cerebro*". Cuando un organismo está afectado por estímulos amenazantes, la respuesta emocional que surge inmediatamente

> remite directamente por medio de las conexiones neuronales a las áreas sensoriales de la corteza estimulando a que estas áreas permanezcan centradas en aquellos aspectos del mundo de los estímulos que son críticos. [Esta] remisión también alcanza a otras áreas corticales involucradas en la formación del pensamiento y de la memoria, estimulándolas a pensar determinados pensamientos y formar ciertos recuerdos sobre la situación en marcha.[67]

Por supuesto, en lo alto se inhiben otras respuestas emocionales: cuando estamos terriblemente asustados, no pensamos en sexo o comida... Lejos de servir meramente como un obstáculo al pensamiento racional "equilibrado", ese centrado unilateral provee los verdaderos ímpetus de nuestra actividad cognitiva y de nuestra conducta: cuando estamos bajo presión emocional, pensamos y actuamos más rápido, movilizando todos los recursos. En consecuencia, cuando decimos que una emoción "colorea" nuestros pensamientos y actos, hay que tomarlo (*cum grano salis*) en el sentido de la "hegemonía" de Laclau: una característica específica que da un sabor específico a la totalidad. Su fuente es el desequilibrio que introdujo la emergencia del lenguaje entre las capacidades cognitivas del hombre y sus posibilidades emocionales y motivacionales:

> El lenguaje requiere capacidades cognitivas adicionales y hace posibles otras nuevas, y esos cambios exigen espacios y conexiones. El problema del espacio fue solucionado [...] al mover algunas cosas del espacio cortical existente y también al agregar más espacio. Pero el problema de la conexión sólo se resolvió en parte. La parte solucionada, la conectividad con

[67] Joseph Le Doux, *Synaptic Self*, Londres, Macmillan, 2002, p. 320.

> redes de procesamiento corticales, hizo posible ampliar las capacidades cognitivas del cerebro del homínido. Pero la parte que no fue completamente resuelta es la conectividad entre los sistemas cognitivos y otras partes de la trilogía mental: los sistemas emocionales y motivacionales.[68]

Dentro de esta línea resultaría interesante concebir la especificidad propia del "ser humano" como basada en esta brecha entre capacidades cognitivas y emocionales: un ser humano en el cual las emociones encajaran con las capacidades cognitivas ya no seguiría siendo humano sino un frío monstruo privado de emociones humanas... Se debe completar aquí a Le Doux con un enfoque más estructural: no se trata simplemente de que las emociones queden retrasadas respecto de nuestras capacidades cognitivas, que permanezcan pegadas al primitivo nivel animal; *esta misma brecha funciona como un hecho "emocional", dando origen a nuevas emociones específicamente humanas*, desde la angustia (como opuesta al simple miedo) al amor y la melancolía (humanos). ¿Acaso Le Doux (y Damasio, en quien se basa aquí) pierde de vista esta característica a causa de la debilidad fundamental (en realidad, ambigüedad) de la distinción protoalthusseriana entre emociones y sentimientos? Esta distinción tiene un claro toque pascaliano (y resulta enigmático que, en su extensa crítica al "error de Descartes",[69] Damasio no aluda nunca a Pascal, el mayor impugnador de Descartes): las emociones corporales no expresan sentimientos internos sino que, por el contrario, los generan. Sin embargo, hay aquí algo que falta: una brecha entre emociones *qua* gestos corporalmente orgánicos y emociones *qua* gestos simbólicos aprendidos que siguen reglas (como el arrodillarse y rezar de Pascal). Las emociones específicamente "humanas" (como la angustia) sólo aparecen cuando un animal humano pierde su anclaje emocio-

[68] Joseph Le Doux, *op. cit*, p. 323.

[69] Véase Antonio Damasio, *Descartes' Error: Emotion, Reason, and the Human Brain*, Nueva York, Quill, 1995 [trad. esp.: *El error de Descartes. Emoción, razón y el cerebro humano*, Madrid, Crítica, 1996].

nal en los instintos biológicos y cuando esta pérdida es complementada por las emociones simbólicamente reguladas *qua* "segunda naturaleza" del hombre.

En ninguna parte resulta tan claramente discernible la brecha que separa al inconsciente de las neurociencias del inconsciente freudiano como a propósito del estatuto de las emociones. Para Damasio, el inconsciente es emocional: las emociones muestran la reacción "espontánea" de un organismo al encuentro con un objeto que perturba su equilibrio homeostático, de modo que, aun cuando un ser humano no perciba cognitivamente su verdadera actitud hacia el objeto, su respuesta emocional la pone al descubierto. Un ejemplo habitual de racismo: puedo estar sinceramente convencido de que los judíos son personas como las demás, pero cuando me encuentro con uno, sin que me dé cuenta, mis gestos corporales muestran una reacción emocional que da testimonio de mi posición antisemita inconsciente. El "inconsciente" es aquí el grueso e impenetrable trasfondo de la textura emocional, en claro contraste con Freud. Cuando Lacan despliega la tesis de Freud de que la angustia es el afecto que no miente (que es el motivo por el cual la angustia señala la proximidad de lo Real), lo que implica es que la angustia es la excepción: todas las demás emociones mienten, y lo hacen por principio. En su *Interpretación de los sueños*, Freud menciona un sueño en el que una mujer repite simplemente un acontecimiento del día anterior, un funeral de un querido amigo, en una atmósfera de intensa pobreza: la explicación que da Freud al sueño es que, en el funeral, la soñante encontró nuevamente a un hombre al que había amado apasionadamente años atrás y por el que sentía aún deseo sexual. La cuestión no es sólo que el significado del sueño ha de buscarse en algún detalle desconectado de la totalidad (interpretación *en detail* versus la interpretación hermenéutica *en masse*), sino que la emoción experimentada como el sentimiento de intensa tristeza miente: sirve como una máscara, una pantalla protectora cuya función es esconder la alegría por encontrar la figura amada –como tal, nada tiene que ver con el inconsciente–.

En ninguna parte resulta más clara la naturaleza engañosa de los afectos como en la música. Con el surgimiento del romanticismo, ocurre un cambio fundamental en el estatus ontológico de la música: ya no quedará reducida a mero acompañamiento del mensaje entregado en el discurso, comienza a contener/librar un mensaje propio, "más profundo" que el expresado con palabras. Fue Rousseau el primero en articular claramente este potencial expresivo de la música como tal, cuando planteó que, en lugar de simplemente imitar los rasgos afectivos del discurso verbal, se debe dar a la música el derecho a "hablar por sí misma"; contrariamente al engañoso discurso verbal, en la música, para parafrasear a Lacan, la verdad misma es la que habla. Como lo expresaba Schopenhauer, la música pone en acto/entrega la voluntad nouménica, mientras que el discurso permanece limitado al nivel de la representación fenoménica. La música es la sustancia que muestra el verdadero corazón del sujeto, que es lo que Hegel llamaba la "noche del mundo", el abismo de la negatividad radical: con el desplazamiento del sujeto del Iluminismo del logos racional al sujeto romántico de la "noche del mundo", es decir, con el cambio de la metáfora para el núcleo del sujeto del Día a la Noche, la música se convierte en el portador del verdadero mensaje por detrás de las palabras. Aquí nos encontramos con lo Siniestro: ya no la trascendencia externa sino, siguiendo el giro trascendental de Kant, el exceso de la noche en el corazón mismo del sujeto (la dimensión de lo no muerto), lo que Tomlinson llamaba "lo ultramundano interno que marca al sujeto kantiano".[70] Lo que la música entrega no es ya la "semántica del alma", sino el subyacente flujo "nouménico" del goce por detrás de la significación lingüística. Esta dimensión nouménica es radicalmente diferente de la trascendente Verdad divina prekantiana: es el exceso inaccesible que forma el núcleo mismo del sujeto.

Sin embargo, en una mirada más detenida, no se puede evitar la conclusión de que la propia música en su entrega "apasionada" de emo-

[70] Gary Tomlinson, *Metaphysical Song: An Essay on Opera*, Princeton, Princeton University Press, 1999, p. 94.

ciones, celebrada por Schopenhauer, no sólo miente sino que también *miente de un modo fundamental, en relación a su propio estatus formal.* Tomemos el ejemplo supremo de la música como muestra directa de la inmersión del sujeto en el excesivo placer de la "noche del mundo", el *Tristán e Isolda* de Wagner, en el que la música parece interpretar lo que las palabras indican inútilmente, la forma en que la pareja amorosa es llevada inexorablemente a la culminación de su pasión, la "alegría suprema" (*hoechste Lust)* de su autoaniquilación extática. Sin embargo, ¿se trata de la "verdad" metafísica de la ópera, de su verdadero mensaje inefable? ¿Por qué, entonces, este inexorable deslizarse hacia el abismo de la aniquilación interrumpido una y otra vez por la (a menudo ridícula) intrusión de episodios de la vida cotidiana? Tomemos el caso supremo, el del *finale* mismo: justo antes de la llegada de Brangaene, la música pudo haberse movido directamente hacia la transfiguración final, los dos amantes muriendo abrazados–; ¿por qué, entonces, la llegada bastante ridícula del segundo barco que acelera el paso lento de la acción de un modo casi cómico? –en apenas un par de minutos, suceden más acontecimientos que en todo el resto de la ópera (la lucha en la que mueren Melot y Kurwenal, etc.); algo similar a *Il Trovatore* de Verdi, en donde ocurren en los últimos dos minutos toda una cantidad de cosas. ¿Se trata simplemente de una deficiencia dramática de Wagner? Lo que debe tenerse presente es que esta acción repentina y afiebrada *no* sirve como una posposición temporaria al camino lento pero inexorable hacia la autoextinción orgásmica; esta acción afiebrada sigue una necesidad inmanente, *tiene* que suceder como una breve "intrusión de la realidad", que permita a Tristán escenificar el acto de autoaniquilación final de Isolda.[71] Sin esta inesperada intrusión de la realidad, la agonía de Tristán por la *imposibilidad* de morir habrá de prolongarse indefinidamente. La "verdad" no reside en la deriva hacia la autoaniquilación, el afecto fundamental

[71] Tomamos aquí la lectura de Tristán, según la cual la llegada y muerte de Isolda son alucinaciones del moribundo Tristán. Véase Mladen Dolar y Slavoj Žižek, *Opera's Second Death,* Nueva York, Routledge, 2001.

de la ópera, sino en los ridículos accidentes e intrusiones narrativos que la interrumpen. Una vez más, el gran afecto metafísico *miente.*

Damasio usa la "simple palabra homeostasis"[72] como el mejor atajo para la autorregulación elemental de un organismo, y describe a su componente central en términos claramente freudianos como el "principio del placer", donde dolor y placer no son en sí objetivos de la actividad, sino en realidad señales de que la homeostasis del organismo está amenazada o sostenida; las conductas y emociones de placer y dolor "están destinadas de una manera u otra, directa o indirectamente, a regular el proceso de la vida y a promover la supervivencia".[73] La gran pregunta que se impone es: ¿cómo pasamos aquí a lo que Freud llamó "más allá del principio del placer"? De no ser por esto, para que esto ocurra, ¿el placer y el dolor abandonarían su función instrumental de servir como señales y se convertirían en fines en sí mismos? Aquí, el papel del dolor es más elemental que el del placer: la fórmula elemental de la "autonomización" del dolor y el placer de sus funciones instrumentales es el de *encontrar placer en el dolor mismo.* En lugar de reaccionar al dolor en la manera habitual de supervivencia (evitándolo), me aferro a él, obteniendo satisfacción de él. ¿Y qué pasaría si la verdadera brecha entre emoción y sentimiento en la que insiste Damasio pudiera tener lugar sólo por medio de una desinstrumentalización de la emoción? ¿Y si el nivel cero, primordial del sentimiento no fuera una simple "transposición" de una emoción corporal de dolor a un sentimiento de dolor, sino el *sentimiento* de placer ante la *emoción* del dolor (o viceversa)? La limitación del enfoque de Damasio se ve mejor en su intento por explicar las explosiones emocionales racistas como una mala aplicación de una reacción emocional que, en su funcionamiento original, era completamente adecuada:

[72] Antonio Damasio, *Looking for Spinoza. Joy, Sorrow, and the Feeling Brain,* Londres, Heinemann, 2003, p. 30 [trad. esp.: *En busca de Spinoza. Neurobiología de la emoción y de los sentimientos,* Barcelona, Crítica, 2005].

[73] *Ibid.*, p. 35.

> las reacciones que llevan a prejuicios raciales y culturales se basan en parte en la exhibición automática de emociones evolutivamente destinadas a detectar *diferencias* en los demás, pues la diferencia puede significar riesgo o peligro y promover la retirada o la agresión. Esta especie de reacción probablemente cumplía con útiles objetivos en una sociedad tribal, pero ya no nos sirve ni es apropiada por sí misma. Nos damos cuenta del hecho de que nuestro cerebro aún arrastra la maquinaria que sigue reaccionando de la manera como lo hizo en contextos pasados hace mucho tiempo. Y podemos aprender a abandonar esas reacciones y persuadir a los demás de que lo hagan.[74]

El problema con esta explicación es que no da cuenta de dos componentes clave del "disgusto" racista ante el Otro diferente: el modo como aparece este disgusto (en que es resucitado su mecanismo) como un desplazamiento de *otra* experiencia traumática que es de ese modo "reprimida" (por ejemplo, en nuestro odio al Otro racial "actuamos" agresivamente y encubrimos nuestra impotencia social, nuestra falta de "mapas cognitivos" sociales); y el modo como, en una reacción emocional racista a la presencia del Otro étnico, el disgusto se combina con formas de placer perverso, fascinación y envidia. Para poder explicar estas complicaciones hay que tener presente la lección antidarwinista básica del psicoanálisis repetidamente subrayada por Lacan: la desadaptación radical y fundamental del hombre, su *mal-adaptación* a sus contextos. En su aspecto más radical, "ser humano" consiste en su "desparejamiento" con la inmersión en el propio medio ambiente, en seguir un cierto automatismo que ignora las exigencias de adaptación –es esto en lo que colabora en definitiva la "pulsión de muerte"–. El psicoanálisis no es "determinista" ("lo que hago está determinado por mis procesos inconscientes"): la "pulsión de muerte" como la estructura autosaboteadora provee el mínimo de libertad a una conducta no atada a la actitud utilitaria y de supervivencia. La "pulsión de muerte" significa que el organismo no

[74] *Ibid.*, p. 40.

está desde siempre determinado por su medio ambiente, que "explota/implota" en un ciclo de conducta autónoma. En esto reside la brecha fundamental: entre el utilitarismo como la negación "óntica" de la libertad (aquellos que controlan las condiciones que determinan mi conducta me controlan a mí) y la afirmación kantiana (y, que no se olvide, sadeana) de la autonomía incondicional (de la ley moral, del capricho a disfrutar); en ambos casos, hay una ruptura en la cadena del ser.

HEGEL, MARX, DENNETT

Hay un tercer rechazo, incluso más influyente, al *cogito* cartesiano: la extensa polémica de Daniel Dennett contra el llamado "teatro cartesiano", la idea de que existe en la mente humana un punto de percepción-decisión en el que toda la información que llega es reunida, evaluada y luego convertida en órdenes para una (re)acción. Es una de las sutiles ironías de la historia moderna de las ideas que el primero en proponer esta concepción de la mente humana como un "pandemonio" descentrado no fuera otro que León Tolstoi. Generalmente se lo considera un autor menos interesante que Dostoievski –un realista inevitablemente anacrónico para quien no hay lugar en la modernidad, a diferencia de la angustia existencial de Dostoievski–. Sin embargo, tal vez ha llegado el momento de reivindicar plenamente a Tolstoi, a su teoría única del arte y del hombre en general, en la cual encontramos ecos de la noción de *imitatio afecti* de Spinoza o la de memes de Dawkins. "Una persona es un homínido con el cerebro infectado, ocupado por millones de simbiosis culturales, y el principal de los estímulos es el sistema simbiótico conocido como lenguaje."[75] ¿No es Tolstoi puro este pasaje de Dennett? La categoría básica de la antropología de Tolstoi es la *infección*: un sujeto humano es un

[75] Daniel Dennett, *Freedom Evolves*, Londres, Penguin, 2003, p. 173 [trad. esp.: *La evolución de la libertad*, Barcelona, Paidós, 2004].

vacío medio pasivo infectado por elementos culturales cargados de afectos que, como un bacilo contagioso, pasan de un individuo a otro. Y Tolstoi lleva esto a su límite: no opone a este traspaso de infecciones afectivas una verdadera autonomía espiritual, no propone una visión heroica en la que nos educamos a nosotros mismos para convertirnos en sujetos éticos autónomos tras desprendernos de los bacilos infecciosos. La única lucha es la que se libra entre las buenas y las malas infecciones: el cristianismo es en sí una infección, pese a que es buena. Es la ironía definitiva que el cristiano Tolstoi sea en esto más radical y consecuente que Dawkins: mientras Dawkins subraya que los memes son "virus de la mente", entes parásitos que "colonizan" a los humanos, usándolos como medios para multiplicarse, insiste en que no todos los memes son virus:

> Los programas buenos y útiles se traspasan porque las personas los evalúan, los recomiendan y los pasan entre ellas. Los virus informáticos se difunden únicamente por que contienen instrucciones codificadas para que sean difundidos. Las ideas científicas, como todos los memes, están sujetas a una especie de selección natural, y superficialmente pueden parecerse a los virus. Pero las fuerzas selectivas que estudian las ideas científicas no son arbitrarias ni caprichosas. [...] La rápida difusión de una buena idea a través de la comunidad científica puede llegar a parecerse a la descripción de una epidemia infecciosa. Pero cuando se analizan las razones subyacentes se descubre que son buenas, que satisfacen los criterios de exigencia del método científico. En la historia de la difusión de la fe no se encontrará mucho más que epidemiología, y epidemiología causal. [...] En cuanto a la creencia científica, la epidemiología simplemente llega después y describe la historia de su aceptación. En cuanto a la creencia religiosa, la epidemiología es la causa central.[76]

Dennett está casi en lo correcto al complementar estas líneas con su habitual y ácido estilo:

[76] Richard Dawkins, "Viruses of the mind", en: Bo Dahlbom (comp.), *Dennett and His Critics*, Oxford, Blackwell, 1993, p. 26.

> Cuando se analizan las razones de la difusión de memes científicos, Dawkins nos asegura que "veremos que son buenos". Esta postura oficial de la ciencia es innegable en sus propios términos, pero ruega al *mullah* y a la monja –y a Rorty, quien habría de preguntarle con bastante sensatez a Dawkins: "¿Dónde está tu demostración de que estas 'virtudes' son *buenas* virtudes?"–. Te das cuenta de que la gente evalúa estos memes y los hace circular; pero si Dawkins tiene razón, la gente [...] resultan en gran medida creación de los memes [...]. ¡Qué inteligentes esos memes para unirse y crear evaluadores de memes que *los* favorezcan! ¿Dónde se halla el punto de Arquímedes desde el cual librar esta bendición sobre la ciencia?[77]

Desde un punto de vista hegeliano, el logro clave de Dennett es demostrar que "vemos" literalmente a los conceptos y juicios. Por ejemplo, cuando veo "un cuarto lleno de sillas rojas", no las registro rápidamente a todas, en realidad doy un par de miradas examinadoras y luego "concluyo" que todas las sillas son rojas. E inmediatamente *veo* este resultado. La tesis de Dennett es aun más radical que la idea de Kant acerca de la constitución trascendental de la realidad; no se trata sólo de que la conexión visual esté "preelaborada" por medio de categorías trascendentales, sino que el mismo contenido que vemos –incluso el de sus directas propiedades físicas– es resultado de un juicio previo. Es también de este modo que hay que entender la respuesta paradójicamente radical de Dennett al habitual reproche de la fenomenología al reduccionismo materialista: "¿Qué pasa con los *qualia*, la única experiencia directa de lo dulce, la sed, etc.?": *no existen qualia.* Esto significa que no existe contacto directo con la realidad, ni experiencia directa que sea luego elaborada en una segunda instancia en nuestra mente –lo que experimentamos como "realidad" es ya el resultado de esta elaboración–.

El resultado principal de la crítica de Dennett a la idea de *qualia* es que la inmediatez de los *qualia* queda mediada, es el resultado de un

[77] Daniel Dennett, "Back from the drawing board", en: Bo Dahlbom (comp.), *op. cit.*, pp. 204-205.

bricolaje de percepciones fragmentadas, juicios, vinculaciones. (No existe el "llenado" de las brechas, pues no hay brechas a ser llenadas y que constituyan una percepción continua y sin obstáculos.) Aquí, Dennett se enfrenta al problema de las apariencias reflejadas, de que algo "parece parecer": los *qualia* designan la ilusión de la experiencia/apariencia inmediata y, de no haber *qualia*, esto significa que *las cosas no se nos aparecen del modo que parecen aparecérsenos. Pareciera* que experimentamos inmediatamente a los *qualia* aunque, en efecto, esta inmediatez está construida retroactivamente. Dennett quiere terminar con esta "apariencia de apariencia" de segundo nivel y mantener sólo el bricolaje fragmentario de lo que pasa efectivamente en nuestra mente: existen, por un lado, fragmentos de percepciones, asociaciones, etc., y, por el otro, lo real ciego de los procesos neuronales –con nada entre medio–.[78]

En términos de la "filosofía continental", lo que Dennett vuelve evidente es la insuperable oposición entre fenomenología y dialéctica. La brecha entre ambas puede verse mejor en la "alienación" simbólica de los clichés del lenguaje: para la fenomenología, esas "metáforas muertas" son siempre "sedimentaciones", "osificaciones" de lo que alguna vez fue una experiencia directa. Cuando digo "Encantado de verte", por supuesto no lo significo literalmente, se trata simplemente de una forma educada de hablar; sin embargo, según la fenomenología, esa forma debe estar basada en la experiencia pasada primordial, cuando esa forma "realmente significaba" –lo que resulta impensable a la fenomenología *emerge directamente como un "cliché"*, que *nunca* fue "tomado en serio"–. En su lectura de Morgan, Friedrich Engels comete un error similar a propósito de la así llamada familia "punalua" de las tribus hawaianas (las dos tribus están interrelacionadas de modo que todos los hermanos de una están casados con todas las hermanas de la otra y viceversa): aunque hoy ambas tribus viven en monogamia, to-

[78] Aquí, por supuesto, quedan preguntas. ¿Es la ilusión de los *qualia* una ilusión constitutiva, o puede ser "no aprendida"? Más aun, ¿qué ocurre con el rol de la fantasía en el sentido freudiano de apariencia "objetiva"?

dos los hombres de la primera tribu se dirigen a todas las mujeres de la otra como "esposas"; siguiendo a Morgan, Engels interpreta este hecho como el rastro-resto lingüístico de la pasada familia "punalua".[79] Por supuesto se equivoca: la antropología demostró que nunca hubo una organización "punalua" de la vida familiar: el uso del término "esposa" para todas las mujeres de la tribu opuesta era *desde el mismo comienzo* una "metáfora".

Aquí, Engels resulta víctima del "sentido común fenomenológico", según el cual el nivel cero del lenguaje debe ser encajado directamente en la constelación del mundo de la vida concreta, donde las afirmaciones refieren directamente a su contexto social; el surgimiento de los clichés "muertos" es un fenómeno secundario de la alienación, de la gradual autonomización de la forma con respecto a su contenido. Para la dialéctica, por el contrario, la forma es previa al contenido: el primer significante está *vacío*, es un significante cero, pura "forma", una promesa vacía de un significado por llegar; sólo en un segundo momento el marco de este proceso empieza a llenarse gradualmente con su contenido. Entonces, aunque, según la idea habitual de dialéctica, el proceso dialéctico va de la unidad inmediata a través de la alienación hacia la síntesis final, este esquema vale para la fenomenología y no para la dialéctica: el proceso dialéctico comienza con la alienación, su primer gesto de "postulación" es el de la alienación.

La alienación brinda la clave para la famosa fórmula de Hegel "los secretos de los antiguos egipcios eran secretos para los mismos egipcios": cuando me enfrento a un misterioso ritual religioso de alguna cultura "primitiva", mi primera experiencia es la de un misterio imposible de penetrar ("Si sólo pudiera tener la información suficiente para develar el significado secreto de lo que estoy vien-

[79] Véase Friedrich Engels, *The Origin of the Family, Private Property, and the State, in the Light of the Researches of Lewis H. Morgan*, Moscú, International Publishers, 1972 [trad. esp.: *El origen de la familia, la propiedad privada y el Estado, a la luz de las investigaciones de Lewis H. Morgan*, Madrid, Ayuso, 1980].

do ahora"); sin embargo, ¿qué pasaría si el "significado" de este ritual fuera también un misterio para sus mismos participantes? *¿Qué pasaría si la forma primordial del significado es un significado alienado: debe significar algo, pero no sé qué?* ¿Qué ocurriría si este núcleo resistente de frustrante carencia de sentido es lo que transforma al mero significado (la simple referencia denotativa de una afirmación o una práctica) en un sentido más profundo? Este exceso del significado transparente sólo puede aparecer bajo la forma opuesta, la de la distancia irónica respecto del significado del propio discurso. En *Journey into Fear*, el clásico de espionaje de Eric Ambler, uno de los personajes comienza a defender el socialismo en conversaciones durante la cena sólo para avergonzar y molestar a su adinerada esposa; sin embargo, poco a poco, va quedando atrapado por sus propios argumentos para terminar convertido en un auténtico socialista… ¿Qué pasaría si fuera éste el paradigma de cómo funciona la ideología?

No sólo se comienza con una auténtica articulación de la experiencia vital que es luego reapropiada por aquellos con el poder de servir a sus propios intereses y/o imponerse a sus súbditos para hacer de ellos dóciles engranajes de la maquinaria social; mucho más interesante es el proceso opuesto en el cual algo que fue originariamente una construcción ideológica impuesta por colonizadores es de repente adoptada por sus súbditos como un modo de articular sus "auténticas" injusticias. Recordemos el caso clásico de la Virgen de Guadalupe a principios de la colonización de México: con su aparición, el cristianismo (que hasta entonces había servido como la ideología impuesta por los colonizadores españoles) fue apropiado por la población indígena como una manera de simbolizar su terrible situación. Dentro de la misma línea, Dennett cita una famosa frase de Lincoln, "Puedes engañar a todas las personas por un tiempo, a algunas personas todo el tiempo, pero no puedes engañar a todas las personas todo el tiempo", llamando la atención sobre su ambigüedad lógica: ¿quiere decir que existen algunas personas a las que puede engañarse siempre, o que en toda ocasión habrá alguno que será engañado? El planteo de Dennett[80] es que es equivocado preguntar qué quiso decir realmente Lincoln. Probablemente ni siquiera él se daba cuenta de la ambigüedad. Simplemente quería decir algo ingenioso y la frase "se le impuso" pues "sonaba bien". Tenemos aquí un caso claro de que, cuando el sujeto tiene la vaga intención de significar y "busca la expresión adecuada" (como se suele decir), la influencia toma ambas direcciones: no es sólo que, entre la multitud de opciones, gana la mejor expresión, sino que alguna habrá de imponerse, lo que cambia más o menos considerablemente la verdadera intención a significar... ¿no se refería a esto Lacan como la "eficiencia del significante"?

A un nivel diferente de la vida social podemos discernir la misma lógica en lo que Marx, en *El capital*, designaba como la "sumisión formal (de las fuerzas productivas) al capital": en las primeras etapas del desarrollo capitalista, los medios de producción pre-capitalistas (el artesanado) estaban formalmente sometidos a las relaciones capitalistas (por ejemplo, a los tejedores que antes vendían su producto directamente en el mercado ahora el capitalista les pagaba y les entregaba materia prima); fue sólo después de este sometimiento formal que tuvo lugar la sumisión material, es decir que se desarrollaron los nuevos medios de producción (grandes maquinarias, etc.) que sólo podían funcionar dentro de la organización fabril del capitalismo. En otras palabras, con la sumisión formal

> no hay cambio en el modo de producción mismo. *Tecnológicamente hablando*, el *proceso de trabajo* sigue como antes, con la condición de que ahora está *subordinado* al capital. Sin embargo, aparecen dos cambios dentro del proceso de producción: (1) una relación *económica* de supremacía y subordinación, dado que el consumo de la fuerza de trabajo por el capitalista es naturalmente supervisada y dirigida por él; (2) el trabajo se vuelve más continuo e intensivo.[81]

[80] Daniel Dennett, *Consciousness Explained*, Nueva York, Little, Brown and Company, 1991, p. 244 [trad. esp.: *La conciencia explicada: una teoría interdisciplinaria*, Barcelona, Paidós, 1995].

[81] Karl Marx, *Capital*, vol. I, Harmondswoth, Penguin Books, 1990, p. 1.026. (Los destacados me pertenecen.)

Con la consiguiente sumisión del trabajo al capital,

> tiene lugar una completa y (constantemente repetida) revolución en el modo de producción, en la productividad de los obreros y en la relación entre trabajadores y capitalistas. Con la real sumisión del trabajo al capital se vuelven ahora realidad todos los cambios en el proceso laboral [...] la *producción capitalista* se establece ahora como un modo de producción *sui generis* y da surgimiento a un modo de producción material.[82]

En resumen, pasamos de un principio organizativo que, por medio de la explotación y la subordinación, se inserta en la lógica de mundos semiautónomos, a un principio que estructura activamente la verdadera realidad material de la producción, el intercambio y la circulación. Contrariamente a la vulgar *doxa* evolucionista marxista sobre los cambios en las relaciones de producción que siguen a las revoluciones en las fuerzas productivas, sólo después de la sumisión formal fue que las fuerzas productivas cambiaron para poder insertarse en el proceso capitalista. En cuanto al desarrollo de la maquinaria, hay que tener presente que, en la primera época del desarrollo explosivo de autómatas y otras maquinarias (siglo XVII), los autómatas eran construidos como artificios inútiles, juguetes para entretener al amo (como las estatuas mecánicas móviles de los jardines de Luis XIV); sólo más adelante, en el siglo XVIII, ese conocimiento fue usado para construir máquinas productivas (máquinas textiles y a vapor).

En su interpretación de *Antígona* en *La fenomenología del espíritu*, Hegel postula ese gesto vacío, puramente formal, como la forma más elemental de simbolización: el primer acto de simbolización es sepulcral, el ritual del entierro, por medio del cual la misma muerte, el caso definitivo de proceso natural "ciego" fuera de nuestro control, queda aprisionada, repetida como proceso cultural, en resumen "sometida formalmente" al régimen simbólico. Nada cambió en reali-

[82] *Ibid.*, p. 1.035. (El destacado me pertenece.)

dad, todo lo que ocurre es que se agrega una forma vacía al inevitable proceso natural. Y lo mismo vale para la construcción de conceptos: se pierde fácilmente la verdadera ironía cuando Hegel se burla de la explicación científica que sólo agrega un término "científico" al proceso a ser explicado. (La gente actúa destructivamente cuando está bajo el impulso de la pulsión de muerte. ¿Y qué es la pulsión de muerte? Un nombre para la conducta autodestructiva, o... un ejemplo médico reciente: cuando un paciente se resiste a quedarse en el hospital, se diagnostica esa resistencia como "hospitalitis".) El planteo de Hegel es que ese acto vacío de nominar debe ser el primer paso: abre el espacio a ser llenado más adelante con nuevos contenidos. Sin embargo, ¿no se opone claramente esta prioridad de la forma al otro modelo fundamental hegeliano, el del "tejido silencioso del espíritu", donde el cambio formal es el acto final de tomar nota de lo que ya ha tenido lugar? Como el dibujo animado suspendido en el aire que sólo se cae cuando mira para abajo y se da cuenta de que está suspendido en el aire, sólo hay que recordarle a la forma muerta que está muerta y se desintegrará. Nuevamente en su *Fenomenología,* Hegel cita el famoso pasaje de *El sobrino de Rameau,* de Diderot, acerca del "silencioso, incesante tejer del Espíritu en la simple indefensión de su sustancia":

> infiltra una y otra vez las nobles partes y pronto toma completa progresión de toda la vitalidad y todos los miembros del ídolo inconsciente; luego, "una hermosa mañana le da a su camarada un empujón con el codo y ¡bang, crash!, el ídolo yace en el piso". En "una hermosa mañana" cuyo mediodía carece de sangre si es que la infección ha penetrado en cada órgano de la vida espiritual.[83]

Sin embargo, no es ésta la palabra final de Hegel. Continúa, subrayando que este "Espíritu que esconde su acción de sí mismo es sólo

[83] Georg W. F. Hegel, *Phenomenology of Spirit,* Oxford, Oxford University Press, 1977, p. 332 [trad. esp.: *Fenomenología del espíritu,* México, Fondo de Cultura Económica, 1981].

un aspecto de la concreción de la pura visión": al mismo tiempo, siendo un acto consciente, este Espíritu "debe dar a sus momentos una definida y manifiesta existencia y debe aparecer en la escena como un claro grito y una violenta lucha contra su antítesis".[84] En la transición hacia lo nuevo, hay en marcha una lucha apasionada, que se termina una vez que las fuerzas opuestas se dan cuenta de que su misma oposición está ya impregnada de la lógica del oponente (cuando, por ejemplo, el reaccionario argumento contra el iluminismo se basaba secretamente en las premisas ideológicas iluministas, como en el caso de las polémicas de Robert Filmer contra John Locke y hasta los tele-evangelistas actuales, cuya forma de transmitir afecta a su mensaje –en su actuación despliegan las mismas cualidades a las que critican tan ferozmente en sus opositores liberales, desde la autoindulgencia narcisista al mercantil espectáculo mediático–). Así, entonces, es como debemos leer los dos rasgos aparentemente opuestos (la prioridad de la forma; el "silencioso tejido del espíritu"): el "silencioso tejido del espíritu" no afecta al contenido, sino la forma misma –una vez más, en el caso del predicador tele-evangélico, el "silencioso tejido" debilita su mensaje al nivel de su propia forma: la manera en que emite su mensaje subvierte su contenido–.

¿De la física al diseño?

Sin embargo, hay una serie de problemas con la explicación de Dennett. Primero, debe señalarse que, con toda su insistencia en la finitud, la contingencia, la evolución como bricolaje, etc., Dennett se ve obligado a introducir un elemento protoplatónico: la noción de la Biblioteca de Mendel (basada en la idea de la Biblioteca de Babel de Borges), el espacio lógico para toda combinación posible de genomas. La evolución tiene lugar en el espacio entre esta vasta matriz lógica sincrónicamente "eterna" de todas las combinaciones posibles y el desfalleciente

[84] *Ibid.*

espacio empírico de las combinaciones factibles, de las combinaciones que son realmente accesibles.[85] De modo que nos hallamos ante la vieja brecha entre la eterna combinatoria lógica y el que estemos limitados a una particular situación contingente.[86]

El segundo punto tiene que ver con la ontología dual en la que se basa Dennett en su pasaje de la "física" al "diseño"; los dos niveles básicos de la realidad son el determinista físico y el nivel "superior" del diseño. Éste es su propio simple y claro ejemplo: una grilla bidimensional de píxeles cada una de las cuales puede estar *on* u *off* (lleno o vacío, negro o blanco). Cada píxel tiene ocho vecinos, los cuatro adyacentes y los cuatro diagonales. Este "universo" cambia con cada tic del reloj según la siguiente regla: por cada célula en la grilla, hay que contar cuántos de sus vecinos están *on*; si la respuesta es tres, la célula estará *on* en el próximo instante cualquiera sea su estado actual; bajo todas las demás condiciones, la célula estará *off* en el próximo instante. Con la sucesión de instantes, nada "se mueve", las células individuales simplemente están *on* y *off* de un modo absolutamente determinado. Sin embargo, en el momento en que nos detenemos y consideramos patrones más amplios, ocurren cosas sorprendentes. Descubrimos que ciertas formas (tres píxeles vertical u horizontalmente *on*) se comportan como "centellas", saltando hacia atrás y delante de la posición horizontal y vertical; algunas otras formas, como un cuadrado de cuatro píxeles, simplemente permanecen como están; otras formas, como las configuraciones de cinco píxeles, se comportan como "deslizadores", nadando como amebas a lo largo del plano. Sin embargo, ¿qué pasa cuando otra configuración

[85] Daniel Dennett, *Freedom Evolves, op. cit.*, pp. 109-122.

[86] Dennett detecta la necesidad de "detenedores de conversación" en la interminable búsqueda de argumentación que, a causa de la finitud y las limitaciones de nuestra situación, nunca llega a su fin: existen siempre otros aspectos a tener en cuenta, etc. (*ibid.*, p. 506). ¿No se trata de la necesidad de lo que Lacan llamaba el Significante-Amo (el propio Dennett habla de "palabra mágica" o de falso dogma), de algo que servirá para cortar el nudo gordiano de los interminables pros y contras de un acto (en definitiva arbitrario e imperfecto) de decisión?

ocupa el lugar de la primera? Tenemos "devoradores" (formas que se tragan a otras formas), "trenes humeantes", algunas formas se desvanecen, etc. Emerge así otro nivel ontológico que, a pesar de estar sostenido en la realidad física, obedece sus propias reglas:

> En el nivel físico no hay movimiento, sólo *on* y *off*, y las únicas cosas individuales, los píxeles, se definen por su ubicación espacial fija [...]. Al nivel del diseño de repente nos hallamos ante el movimiento de objetos persistentes: es uno y el mismo deslizador (aunque cada generación está compuesta de diferentes píxeles) el que se ha movido al sudeste [...], cambiando de forma a medida que se mueve; y hay un deslizador menos en el mundo luego de que el devorador se lo ha tragado [...]. Por cuanto los átomos individuales, los píxeles, salen y entran de la existencia, *on* y *off*, sin posibilidad alguna de acumular ningún cambio. Sin ninguna historia que pueda afectar su historia posterior, las construcciones más amplias pueden sufrir daños, una revisión de su estructura, una pérdida o ganancia de material que puede resultar en una diferencia a futuro.[87]

Este dualismo recuerda otros muchos de la filosofía moderna. La oposición de Wittgenstein en el *Tractatus* entre cosas (objetos) y lo que les ocurre (lo que es el caso, *"was der Fall ist")*, la oposición de Deleuze entre ser y el flujo del devenir. La oposición de Alexis Meinong entre realidad objetiva y objetos que corresponden a diferentes actitudes intencionales (*desiderata*, etc.). Es fácil imaginar otros ejemplos similares, como el mensaje publicitario que circula en un tablero electrónico, en el que el mensaje parece "correr" la misma letra que se mueve de izquierda a derecha pese a que en la realidad física sólo son puntos fijos de luz que van de *on* a *off*; el famoso "movimiento" de la "misma" forma de un médano durante una tormenta en el desierto (la forma parece moverse, a pesar de que los granos individuales de arena simplemente cambian su posición dentro de un espacio pequeño). Lo que podemos hacer es estudiar las reglas que predicen la conducta de esas configuraciones más amplias a nivel del diseño, sin molestarnos en computar el

[87] *Ibid.*, p. 40.

nivel físico: cómo debe estar estructurado un deslizador para evitar ser "comido" por otro, etc. Cuando permitimos que el juego se desarrolle de una manera más compleja, aparecen formas de conducta que, desde nuestra perspectiva humana, no podemos sino describir como "intencionales": algunos deslizadores parecen "evitar" ser comidos o aniquilados, etcétera.

> Hablar de esos pequeños evitadores como si "supieran" algo implica una gran dosis de licencia poética [...] pero sigue siendo una manera útil de seguir el rastro del trabajo de diseño que ha comenzado en ellos. [...] Enriquecer la posición de diseño hablando de las configuraciones como si "supieran" o "creyeran" algo y "quisieran" alcanzar un objetivo u otro es pasar de la simple *posición de diseño* a lo que llamo la posición intencional. [...] esto nos permite pensarlas a un nivel superior de abstracción, ignorar detalles de cómo almacenaron la información que "quieren" y en la que "creen". Presumimos que sin embargo lo hacen y lo hacen racionalmente –sacan las conclusiones correctas sobre qué hacer con la información de que disponen, teniendo en cuenta lo que quieren–. Esto hace a la vida felizmente más fácil para el diseñador del alto nivel, del mismo modo que hace más fácil a todos conceptuar a nuestros amigos y vecinos (y enemigos) como sistemas intencionales.[88]

El modelo de este enfoque "como si" es, por supuesto, la evolución darwinista, donde los organismos actúan "como si" lucharan por sobrevivir, "como si" trataran de elegir y desarrollar los mejores órganos y las estrategias de supervivencia más adecuadas, a pesar de que "en sí mismo" el proceso es puramente mecánico y sin sentido. (¿Acaso esta noción de "memes" no implica la posición intencional, el preciso sentido dennettiano del término? Cuando hablamos de cómo nos usan los memes para reproducirse, no se trata de una verdadera explicación naturalista de la cultura, sino que ésta surge cuando observamos el desarrollo de la cultura con la actitud "como si" de intencionalidad.) ¿Acaso no funciona la "posición intencional" como una especie de "idea

[88] Daniel Dennett, *Freedom Evolves, op. cit.*, p. 43.

reguladora" kantiana? ¿No implica que no describimos la realidad directamente como es sino en un modo "como si", imputándola a una teleología que no puede probarse por completo? No sorprende que Damasio recurra directamente a la fórmula de la negación fetichista: sabemos, pero sin embargo...

> Mucho antes de que los seres vivientes tuvieran algo parecido a una inteligencia creativa, antes incluso de que tuvieran cerebros, es como si la naturaleza hubiera decidido que la vida era tan preciosa como precaria. Sabemos que la naturaleza no opera por designios y no decide del mismo modo que artistas e ingenieros, pero esta imagen recorre la cuestión.[89]

El darwinismo es *el* pensamiento antiteleológico, de modo que el enigma persiste: ¿por qué los darwinistas para superar esta cuestión precisan de la imagen de la ideología misma a la que se oponen? Tratamos efectivamente aquí con conocimiento *supuesto*, con una versión de lo que Lacan llamaba "sujeto supuesto saber". Sin embargo, la grandeza del darwinismo es que brinda una explicación precisa de *cómo* puede emerger la apariencia de una conducta deliberada de un proceso mecánico carente de significado, mientras que esta dimensión falta en Dennett, una falla que no deja de tener irónicas consecuencias: cuando señala que podemos percibir la "posición intencional"[90] inherente al proceso natural –es decir, evitar una amenaza– sólo si aceleramos el lento movimiento natural ("A lo largo del camino hubo mucha evitación y prevención, pero a un ritmo demasiado lento para apreciarlo a menos que lo aceleremos artificialmente en nuestra imaginación").[91] De este modo celebra la misma manipulación a la que apeló la película notoriamente católica y antiabortista *The Silent Scream*, la de un feto que es desprendido y sacado en un aborto: reproduciendo el acontecimiento

[89] Antonio Damasio, *Looking for Spinoza, op. cit.*, p. 30.

[90] En filosofía, el término "posición intencional" se usa con dos significados diferentes: (1) hacer algo con intención, es decir, una actividad que apunta a un propósito; (2) dirigir la actitud de la actividad de nuestra mente a cierto contenido objetivo (Husserl, Meinong). ¿Cómo se relacionan estos significados?

[91] Daniel Dennett, *Freedom Evolves, op. cit.*, p. 51.

de forma acelerada, el filme crea la sensación de que el feto está actuando con un propósito, tratando desesperadamente de evitar el bisturí...

El problema con la ontología dual de Dennett es si cubre todo el recorrido. ¿Es realmente el nivel cero el nivel de la conducta determinista de los elementos? ¿Qué pasa con la lección de la física cuántica, según la cual existe más allá de la realidad material el nivel de las ondas cuánticas donde el determinismo se detiene? ¿Resulta entonces la causalidad "teleológica" de motivación (hice algo porque trataba de alcanzar cierto objetivo) apenas un epifenómeno, una traducción mental de un proceso que puede (también) ser plenamente descripto como un nivel puramente físico de determinismo natural, o esa causación "teleológica" posee efectivamente un poder propio y cubre la brecha en una directa causalidad física?

La idea de Dennett de que la conciencia es simplemente "la celebridad cerebral" –la victoria de la(s) idea(s) que se imponen como centrales por sobre el pandemonio de las demás ideas– tropieza con dos problemas: (1) ¿en qué *escenario* aparece la celebridad?; (2) ¿está la conciencia realmente vinculada a la importancia, a la capacidad de imponerse? ¿Qué pasa con el hecho de que (probablemente) algunos animales sean conscientes de sí mismos, mientras que las computadoras (o los cerebros humanos) pueden realizar complejas operaciones sin ser conscientes de sí? Y aun cuando aceptemos este punto, no puede evitarse la impresión de que la conciencia *explicada* de Dennett se basa fundamentalmente en un pase de manos. Tras desarrollar la necesidad evolutiva de una serie de capacidades mentales y corporales *sin mencionar a la conciencia*, de pronto concluye: "¿pueden todas estas capacidades resultar operativas sin la conciencia?". La *petitio principii* de este argumento no puede sino sorprender: por supuesto que no pueden, pero precisamente el problema es que es él quien postula su surgimiento evolutivo *sin* referencia alguna a la conciencia...[92]

[92] Para una lectura más detallada de la crítica de Dennett al "teatro cartesiano", véase Slavoj Žižek, "The cartesian theatre versus the cartesian *cogito*", en: Slavoj Žižek (comp.), *Cogito and the Unconscious* (SIC, vol. 2), Durham, Duke University Press, 1999.

> Los contenidos mentales se vuelven conscientes no por entrar a cierta habitación especial del cerebro, no por ser trasladados por algún privilegiado y misterioso medio, sino por ganar las competencias contra otros contenidos mentales para la dominación del control de la conducta, y por ende lograr efectos de larga duración; o como decimos erróneamente, por "entrar a la memoria".[93]

Pero, ¿qué pasa con los contenidos *inconscientes* que pueden controlar nuestra conducta y jugar así un papel más importante que las motivaciones conscientes? ¿Y qué pasa con la tesis de Freud de que la conciencia y la memoria son fundamentalmente antagónicas (recordamos cosas de las que no llegamos a estar conscientes)?

Cuando "Conrad", el adversario imaginario que inventa Dennett, pregunta cómo hace consciente a un contenido el ganar la competencia, es decir, en qué consiste cualitativamente "convertirse en consciente", su respuesta es: "Esa pregunta delata una profunda confusión, porque presupone que lo que eres es *algo más*, alguna *res cogitans* cartesiana agregada a toda esta actividad del cerebro y del cuerpo. Lo que eres, Conrad, es la organización de toda la actividad competitiva entre una cantidad de competidores que tu cuerpo ha desarrollado".[94] Sin embargo, de este modo evita la verdadera cuestión: ¿cuál es precisamente el lugar –la cualidad o el proceso– por cuyo acceso compiten todas estas actividades? El planteo fundamental de Dennett es que el trabajo mental está irreductiblemente distribuido en tiempo y espacio: no existe lugar o escenario central, un núcleo del yo, que coordine toda la actividad:

> el teatro cartesiano, el lugar imaginario en el centro del cerebro "donde todo está junto" para la conciencia. *No existe tal lugar* [...]. Todo el trabajo hecho por el homúnculo imaginario en el teatro cartesiano debe ser distribuido *en tiempo y espacio* dentro del cerebro.[95]

[93] Daniel Dennett, *Freedom Evolves, op. cit.*, p. 254.
[94] *Ibid.*
[95] *Ibid.*, p. 123.

Dentro de esta línea, Dennett propone una crítica muy precisa al famoso experimento de Libet:[96] el proceso fisiológico parece "preceder" a nuestras decisiones conscientes sólo si presuponemos un lugar central de la conciencia que recibe toda la información y da las órdenes. Sin embargo, hay otra lección a aprender de Libet: la función de bloqueo como la función elemental de la conciencia. Esta función negativa es discernible en dos niveles: primero, a nivel de la "razón teórica", la fuerza misma de la conciencia reside en lo que puede parecer su debilidad, es decir, en su limitación, en su poder de abstracción, de *dejar de lado* la riqueza de los datos sensoriales (subliminales). En este sentido, lo que percibimos como la realidad sensual más inmediata es ya resultado de una elaboración y un juicio complejos, una hipótesis que resulta de la combinación de señales sensoriales y de la matriz de expectativas. Segundo, en nivel de la "razón práctica", la conciencia, aunque de ningún modo capaz de *instigar* un acto espontáneo, puede *impedir* "libremente" su concreción, puede *vetarlo* y decir "no" a una tendencia surgida espontáneamente. Es aquí que entra Hegel, su elogio del infinito poder de abstracción propio del entendimiento: la conciencia es posible sólo a través de esta pérdida, de esta demora respecto de la plenitud de la experiencia inmediata; una "conciencia directa" habría sido una especie de horror claustrofóbico, como ser enterrado vivo sin espacio para respirar. Sólo por medio de esta demora/limitación la "palabra" se nos abre: sin esto quedaría totalmente sofocada por miles de millones de datos, sin un espacio vacío para respirar alrededor, directamente parte del mundo.[97]

[96] Véase Benjamin Libet, "Unconscious cerebral initiative and the role of conscius will in voluntary action", en *The behavioral and brain sciences*, 1985, vol. 8, pp. 529-539; y del mismo autor, "Do we have free will?", en *Journal of Consciousness Studies*, 1999, vol. 1, pp. 47-57.

[97] Lo que caracteriza al aparato perceptivo humano es la inmensa brecha existente entre el infinito flujo de datos subliminales que puede registrar (millones de bites por segundo) y la muy limitada cantidad de datos que puede registrar la conciencia (7 bites por segundo): la conciencia es fundamentalmente un aparato de filtrado que reduce la complejidad de la realidad bruta a una muy limitada serie de rasgos. Aquí

El acto de libertad inconsciente

¿Qué significa todo esto para el modelo de (auto)conciencia de Dennett, un pandemonio de redes paralelas cuya interacción no está dominada por ningún controlador central? Hoy predomina la *doxa* de que el microcosmos de agentes que interactúa espontáneamente da lugar al surgimiento de un patrón global que establece el contexto de interacción sin que se encarne en ningún agente en particular (el "verdadero yo" del sujeto): los científicos cognitivos repiten una y otra vez que nuestra mente no posee una estructura centralizada de control que recorra de arriba abajo ejecutando designios de forma lineal. Se trata más bien de un bricolaje de múltiples agentes que colaboran del fondo a lo alto, es decir, cuya organización es cambiante, "oportunista", sólida, adaptativa, flexible… Sin embargo, ¿cómo llegamos desde aquí a la (auto)conciencia? Es decir que la (auto)conciencia no es el patrón que emerge "espontáneamente" de la interacción de múltiples agentes sino en realidad su exacto reverso o una especie de negativo: es, en su dimensión primordial, la experiencia de algo que funciona mal, de cierta perturbación en su patrón espontáneo u organización. La (auto)conciencia (el "momento denso" de conciencia, la percepción de que estoy aquí vivo)[98] es originalmente

---

resulta fundamental el rol del lenguaje: el lenguaje es en sí una máquina de "abstracción", que transpone la complejidad del ente real percibido en un único rasgo designado por su símbolo. Entonces, en lugar de despreciar al lenguaje como un medio limitado que necesariamente deja de lado la fluyente complejidad de lo real, se debería celebrar su infinito poder de abstracción, de reducir violentamente la complejidad de lo real, que es la precondición del pensamiento. (Un caso ejemplar de "menos es más" es ofrecido por el modo como la gente ciega a los colores se mostró útil durante la Segunda Guerra Mundial: casi inmediatamente estuvieron en condiciones de ver a través del camuflaje e identificar un tanque o un arma detrás de la cubierta protectora –una prueba de que esta cubierta funcionaba a nivel del color, reproduciendo los colores que se hallaban en los alrededores y no a nivel de las formas–.)

[98] Véase Nicholas Humphrey, "The Thick Moment", en: John Brockman (comp.), *The Third Culture*, Nueva York, Touchstone, 1996 [trad. esp.: *La tercera cultura*, Barcelona, Tusquets, 1996].

pasiva: en clara contradicción con la idea según la cual la autopercepción se origina en la activa relación del sujeto con su entorno, como el momento constitutivo de nuestra actividad de concreción de algún objetivo, de lo que "estoy al tanto" originariamente es que no tengo el control, que mis disparos no tuvieron puntería, que las cosas simplemente suceden. Una computadora que meramente ejecuta su programa en un día completo. Por esa razón "no piensa", no es consciente de sí misma.

Por lo tanto, uno se siente tentado a aplicar aquí el reverso dialéctico del obstáculo epistemológico de una positiva condición ontológica: ¿qué pasaría si el "enigma de la conciencia", su carácter de inexplicable, contuviera su propia solución? ¿Qué pasa si todo lo que hay por hacer es transponer la brecha que hace "inexplicable" la conciencia (como objeto de estudio) a la conciencia misma? Recordemos que, para Kant, el acceso directo al dominio nouménico nos privaría de la "espontaneidad" que forma el núcleo de la libertad trascendental: nos convertiría en autómatas sin vida, o, para ponerlo en términos actuales, en computadoras, en "máquinas pensantes". Sin embargo, ¿resulta esta conclusión absolutamente inevitable? ¿Somos libres sólo en la medida en que no reconocemos las causas que nos determinan? El error de la identificación de la (auto)conciencia con el no reconocimiento, con un obstáculo epistemológico, es que su carácter clandestino (re)introduce la noción convencional, premoderna, "cosmológica" de la realidad como un orden positivo del ser: en esa "cadena del ser" positiva y plenamente constituida no existe, por supuesto, lugar para el sujeto, de modo que la dimensión de la subjetividad sólo puede ser concebida como algo que es estrictamente codependiente de la no percepción epistemológica del orden positivo del ser. En consecuencia, el único modo de explicar efectivamente el estatus de la (auto)conciencia es afirmar la incompletud ontológica de la "realidad" misma: existe "realidad" sólo en la medida en que hay una brecha ontológica, una ruptura en su mismo núcleo, es decir, un exceso traumático, un cuerpo extraño que no puede integrarse a ella. Esto nos retrotrae a la noción de "noche del mundo":

en esta momentánea suspensión del orden positivo de la realidad, nos enfrentamos a la brecha ontológica en función de la cual la "realidad" nunca es un completo y autoclausurado orden del ser. Es sólo esta experiencia del alejamiento psicótico de la realidad, de la autocontracción absoluta, la que explica el misterioso "hecho" de la libertad trascendental, es decir, de una (auto)conciencia que es efectivamente "espontánea", cuya espontaneidad no es un efecto del no reconocimiento de algún proceso "objetivo".

Esto nos lleva de vuelta a Dennett, quien, en su precisa crítica de la defensa del libre albedrío de Robert Kane,[99] muestra también que todo intento de ofrecer una precisa ubicación espacio-temporal del momento de libre decisión/elección está condenado al fracaso. Sin embargo, lo que debemos hacer aquí es traducir este argumento a los términos de la ontología dual de la realidad física y el nivel de decisión: a lo que apunta la crítica de Dennett a Kane es al planteo de que, si limitamos nuestra visión a la realidad física, en vano buscaremos allí un "yo", un elemento material (proceso o cualidad) entre otros elementos que pueda "ser" directamente el yo. El yo sólo existe en lo que Dennett llama el nivel de "decisión", como un ente ideal; y lo mismo vale para la sarcástica alusión a la paradoja sin sentido del "mamífero primal": todo mamífero tiene una mamífera por madre, por lo tanto, no pueden existir los mamíferos, pues el primer mamífero no podía tener una madre mamífera... De manera análoga, lo mismo vale para el acto libre: al afirmar que, si es que debemos considerarnos responsables de nuestros actos debería existir un "mecanismo que detenga los retrocesos", es decir, un acto libre fundador que justifique la serie de nuestras decisiones, Kane cae en la misma trampa:

> Si debe evitarse un regreso infinito, deben existir en alguna parte acciones de la historia del agente por las cuales sus motivos principales y la voluntad con la cual actúa ya no estuvieran establecidas de antemano.[100]

[99] Véase Robert Kane, *Free Will*, Oxford, Blackwell, 2001.
[100] Citado en Daniel Dennett, *Freedom Evolves*, *op. cit.*, p. 127.

El propio Kane alude aquí a Martín Lutero, a su famoso planteo al postular sus tesis contra el Papa y fomentar así la ruptura protestante de que no lo hubiera podido hacer de otro modo: "Aquí estoy y no puedo hacer otra cosa". ¿Fue libre o no el acto de Lutero? Habría sido libre sólo si hubiera podido hacer otra cosa respecto de sus primeras y fundamentales elecciones (en las que se basó su gesto desafiante). Pero buscaremos en vano esos puntos nodales en el pasado, esos actos libres que abren el camino y mágicamente interrumpen las cadenas causales que de otro modo determinarían nuestra conducta:

> Los acontecimientos del pasado *distante* no están en realidad "a mi alcance" pero mi elección actual de quedarme o partir está a mi alcance porque sus "padres" –algunos acontecimientos del pasado *reciente*, como las elecciones que he hecho recientemente– estuvieron a mi alcance (porque *sus* "padres" estuvieron a mi alcance) y así sucesivamente, pero no al infinito, sino lo suficientemente lejos para ofrecerle a mi ser la suficiente velocidad en el espacio y el tiempo de modo que exista un yo para que mis decisiones estén a mi alcance.[101]

Una vez más, este argumento sólo prueba que el acto libre "fundador" no se halla en el nivel de la realidad física, en medio de otras decisiones empíricas. Volvamos a Lutero: para que su postulación de las tesis antipapales valieran como un acto libre, no debemos presuponer cierto actos previos "puramente libres" que fueran "realmente" experimentados como "ahora puedo actuar de otro modo". Alcanza con plantear que *el sujeto (de la libre elección) es responsable de toda constelación dentro de la cual este acto particular se le aparece como inevitable, en el modo de "no puedo hacer otra cosa"*.

Bernard Williams puede volver a sernos de cierta utilidad aquí, con su distinción entre *deber* y *debería*: "*Debería* está relacionado con *debo* como *mejor* está relacionado con *únicamente*".[102] Llegamos

[101] Daniel Dennett, *Freedom Evolves, op. cit.*, p. 135.

[102] Bernard Williams, *Moral Luck*, Cambridge, University of Cambridge Press, 1981, p. 125.

a lo que debemos hacer luego de una larga y angustiosa consideración de alternativas y "podemos mantener esa creencia aunque no estemos seguros de ella y seguir viendo muy claramente los enormes méritos de los cursos alternativos".[103] Esta diferencia entre debo y podría también descansa en la temporalidad: podemos reprocharle a alguien por no haber hecho lo que "podría haber hecho", aunque no podamos decirle "deberías haberlo hecho" si no lo hizo; usamos la expresión "debiste haberlo hecho" para consolar a alguien que *hizo* algo que le resultó desagradable (como "No te culpes, aunque lo amabas, debiste castigarlo"), mientras que el uso habitual de la expresión "podrías haberlo hecho" implica, por el contrario, que *no* lo hicimos.

La referencia a un "debo" abre también un espacio para la manipulación, como cuando un socio que negocia o que directamente chantajea dice que "lamentablemente" esto no le deja alternativa y que debe realizar una acción que lo disgusta –y, podríamos agregar, como el impiadoso stalinista que no puede sino incurrir en el terror–. La falsedad de esta posición reside en el hecho de que, cuando "debemos" hacer algo no es sólo que, dentro de los límites que nos presenta nuestra situación, no "podemos hacer otra cosa". El carácter de una persona no sólo se revela al hacer lo que debe, sino también en "la ubicación de esos límites y en el hecho de que se puede determinar, a veces por medio de deliberaciones, que no pueden hacerse ciertas cosas y que deben hacerse otras".[104] Y uno *es* responsable de su carácter, es decir, de la elección de las coordenadas que evitan que haga ciertas cosas y le impulsan a hacer otras. Esto nos lleva a la noción lacaniana de acto: en un acto redefino con precisión las verdaderas coordenadas de lo que no puedo y debo hacer.

"Debo" y "podría" se relacionan como lo Real y lo Simbólico: lo Real de una pulsión cuyo mandato no puede evitarse (es por esto que Lacan dice que el estatus de una pulsión es ético); el "podría"

[103] *Ibid.*, p. 126.
[104] *Ibid.*, p. 130.

como un ideal simbólico atrapado en la dialéctica del deseo (si pudieras no hacer algo, esta misma prohibición generaría el deseo de concretarlo). Cuando "debemos" hacer algo significa que no tenemos otra opción que hacerlo, aun cuando sea terrible: en *Die Walkuere* de Wagner, Wotan es arrinconado por Fricka y "debe" ("no puede sino") permitir el asesinato de Sigmund, a pesar de que su corazón sangra por él; "debe" ("no puede sino") castigar a Brunhilde, su queridísima hija, la encarnación de sus afectos más profundos. E incidentalmente, lo mismo vale para *Tristán e Isolda* de Wagner, la escenificación en Bayreuth de lo que fuera el último gran logro teatral de Mueller: *deben, no pueden sino*, caer en su pasión, incluso si eso va contra su *Sollen*, sus obligaciones sociales. Por supuesto, toda la cuestión es que cuando "no puedo sino" hacer algo, esto de ninguna manera me absuelve de ser plenamente responsable por ello.

Es evidente la complicidad de esta noción con la "tesis de la incorporación" de Kant: del mismo modo que "elegimos libremente" el vínculo causal que habrá de determinarnos, a un nivel metafórico "elegimos libremente" la necesidad ética cuya presión experimentamos como incondicional, como algo que no nos deja elección. No sorprende que se imponga aquí una nueva referencia a Kant: su idea (desarrollada luego por Schelling) de un acto trascendental primordial, atemporal, a través del cual elegimos nuestro "carácter eterno", los contornos elementales de nuestra identidad ética. Y es claro aquí el vínculo con la noción freudiana de una decisión *inconsciente*. Siguiendo a Kant, Schelling desarrolló la idea de la primordial decisión-diferenciación (*Ent-Scheidung*), el acto inconsciente atemporal por medio del cual el sujeto elige su carácter eterno que, más adelante, dentro de su vida consciente-temporal, experimentará como la necesidad inexorable, como "la manera como siempre fue":

> El acto, una vez realizado, se hunde inmediatamente en la inefable profundidad, adquiriendo así su carácter definitivo. Lo mismo ocurre con la voluntad que, una vez postulada y luego llevada al exterior, tiene inmediatamente que hundirse en lo inconsciente. Es la única forma en

> que es posible el comienzo, que no cesa de ser uno, el verdadero comienzo eterno. Aquí también sucede que el comienzo no se conoce a sí mismo. Una vez concretado, el acto es eternamente realizado. La decisión de que de ningún modo es el verdadero comienzo no habrá de aparecer a la conciencia, no será recordada por la mente, dado que esto, precisamente, colaborará con su recuperación. Aquel que, a propósito de una decisión, se reserva el derecho de volver a traerla a la luz nunca logrará el comienzo.[105]

Este comienzo absoluto nunca se produce en el presente: su estatus es el de la pura presuposición, de algo que ya ha tenido lugar. En otras palabras, es la paradoja de una *decisión pasiva*, de asumir pasivamente la decisión que fundamenta nuestro ser como el acto supremo de libertad –la paradoja de la elección libre más alta que consiste en aceptar que uno es elegido–. En su *Adios a Emmanuel Levinas*, Derrida trata de disociar la decisión de sus habituales predicados metafísicos (autonomía, conciencia, actividad, soberanía) y la piensa como "la decisión de otro en mí":

> La decisión pasiva, condición del acontecimiento, es siempre, estructuralmente, la decisión de otro en mí, una decisión que se presenta como la decisión del otro. Del absolutamente otro en mí, del otro como el absoluto que decide sobre mí en mí.[106]

En términos psicoanalíticos, esta elección es la de la "fantasía fundamental", la del marco/matriz básica que brinda las coordenadas del completo universo de sentido del sujeto: a pesar de que nunca estoy fuera de él, a pesar de que esta fantasía está desde siempre aquí y estoy desde siempre lanzado a ella, debo *presuponerme* como aquel

[105] Friedrich W. J. von Schelling, *Ages of the World*, Ann Arbor, The University of Michigan Press, 1997, pp. 181-182 [trad. esp.: *Las edades del mundo: textos de 1811 a 1815*, Barcelona, Akal, 2002].

[106] Jacques Derrida, *Adieu a Emmanuel Levinas*, París, Galilee, 1997, p. 87 [trad. esp.: *Adiós a Emmanuel Levinas: palabras de acogida*, Madrid, Trotta, 1998].

que la *postuló*. En términos de Dennett, a pesar de que este acto nunca tuvo lugar en la realidad espacio-temporal, ejerce su influencia a nivel del "diseño". Es decir que, en cierto modo, Dennett tiene razón: no existe un acto fundante de libertad; se trata, en realidad, de un proceso gradual y complejo, no es tanto que de pronto el sujeto se vuelva "libre" y "responsable" sino que se dé cuenta retroactivamente de que *ya fue* "responsable". Aquí, la paradoja es la misma que la del famoso grano de arena que se acumula sobre un grupo de granos dispersos: jamás puede distinguirse un grano que "haga la diferencia"; a lo sumo, lo que puede hacerse es señalar un grano y decir: "en cierto punto, al menos antes de que se agregara éste, los granos ya formaban un montículo"... Lo que debería agregarse a Dennett es "únicamente" (y todo el peso de la "postulación de presuposiciones" hegeliana reside en este "únicamente") que esta "retroactividad" hace necesaria la presuposición de un "mamífero primal": sin embargo, en la realidad física no existe un "primer" mamífero, *debemos* referirnos a él en el nivel de los "diseños". No hay entonces necesidad de postular una mágica causalidad "descendente", la posibilidad de procesos ideales "superiores" ("designio" según Dennett) para determinar causalmente los procesos mecánicos "inferiores" y romper su cadena causal: la causalidad de la libertad es puramente reflexiva-cuantitativa, es una causalidad que determina que la causalidad nos habrá de determinar.

La autoconciencia kantiana resulta así más que mi percepción fragmentaria y cambiante de los estados de mi mente, pero menos que una mirada directa a "lo que soy yo", a mi identidad sustancial: es una ficción lógica, un punto de referencia no sustancial al que hay que agregar, para poder representar, "aquello que" tiene una actitud, deseos, que emite juicios, etc. Para ponerlo en términos de Dennett: para Kant, la autoconciencia no está únicamente obstruida por la ausencia del teatro cartesiano; muy por el contrario, emerge como una función lógica vacía porque no hay teatro cartesiano ni autoconocimiento fenoménico directo del sujeto. Existe sujeto *qua* $ en la medida en (y a causa de) que no hay directa *Selbst-Vertrautheit*, en la medida en (a causa de) que el sujeto no es directamente accesible para sí mismo, porque (como lo expresa Kant) jamás puedo saber lo que soy en mi dimensión nouménica, como la "Cosa que piensa". Uno se tienta a revertir el gesto convencional de Manfred Frank cuando concluye (desde el fracaso de la reflexión, de la fundamentación autorrefleja de la identidad del sujeto en el reconocimiento de "sí mismo" en su otro) que debe haber un previo autoconocimiento directo: ¿qué pasa si lo que sucede primero es el fracaso, si el "sujeto" no es nada salvo el vacío, la brecha abierta por la falla de la reflexión? ¿Y si todas las figuras del autoconocimiento positivo son apenas muchos "rellenos" secundarios de esta brecha primordial? Todo reconocimiento del sujeto en una imagen o en un rastro significante (en resumen, toda identificación) traiciona ya su núcleo; todo jubiloso "Soy yo" contiene ya la semilla de "Ese no soy yo". Sin embargo, ¿qué pasaría si, lejos de consistir en algún sustancial núcleo de identidad inaccesible a la recuperación reflexiva, el sujeto (como distinto de la sustancia) emerge en el momento mismo del fracaso de la identificación?

El punto aquí es que deberíamos tomar literalmente el término "sujeto del significante" de Lacan: no existe por supuesto un contenido significante sustancial que garantice la unidad del yo; en este nivel, el sujeto es múltiple, disperso, es decir que "yo" es un ente puramente performativo, es aquel que dice "yo". En esto reside el misterio de la "auto-postulación" del sujeto, que se convirtió en tema gracias a Fichte: por supuesto, cuando digo "yo", no estoy creando un nuevo contenido, simplemente me designo a mí mismo, la persona que está emitiendo la frase. Sin embargo, esta autodesignación da lugar a ("postula") un X que no es la persona real de carne y hueso que lo enuncia, sino precisa y simplemente el puro vacío de la designación autorreferencial (el "sujeto de la enunciación" lacaniano): "yo" no soy directamente mi cuerpo ni el contenido de mi mente; soy más bien ese X que posee todos esos rasgos como sus propiedades. El sujeto lacaniano es, por lo tanto, el "sujeto del significante", no en el sentido de ser reducible a uno de los significantes en la cadena de significación ("yo" no es directamente el significante yo dado que, en ese caso, una computadora u otra máquina que escribiera "yo" sería un sujeto), sino en un sentido mucho más preciso: cuando digo "yo", es decir, cuando "me" designo como "yo", ese acto mismo de significación agrega algo al "real ente de carne y hueso" (incluso al contenido de sus estados mentales, deseos, actitudes) así designado, y el sujeto es ese X que se agrega al contenido designado por medio del acto de su designación autorreferencial. Por lo tanto, resulta erróneo decir que la unidad del yo es "una mera ficción" detrás de la cual hay una multitud de procesos mentales incoherentes: el punto es que esta ficción hace surgir "efectos en lo real", es decir que actúa como una presuposición necesaria para una serie de actos "reales".

Resulta significativo que en su breve explicación de la emergencia evolutiva de la autoconciencia, Dennett se apoye básicamente en la famosa teoría de G. H. Mead de que el yo surge de la interacción social (de los actos en los que imagino cómo aparezco para otro sujeto y de "internalizar" la visión del otro: en mi "conciencia" actúo imaginativamente, en "un discurso interno silencioso", los reproches que los demás pueden dirigir a mis actos, etc.). Sin embargo, en este punto hay que volver a apelar a la diferencia entre sujeto y persona: Dieter Henrich estaba bastante acertado al señalar que esta dialéctica de la autorreflexión como interacción social internalizada sólo puede dar cuenta de mi yo o "carácter de persona", de las características que constituyen mi "autoimagen" (mis identificaciones imaginarias y/o simbólicas), no la emergencia del sujeto en sí *qua* $.

En resumen: la autoconciencia es una función puramente lógica que únicamente marca que todo contenido de mi conciencia ya está mínimamente mediado/reflejado: como ya lo hemos planteado, cuando deseo a X, nunca puedo decir "Soy simplemente así, no puedo evitar desear a X, es parte de mi naturaleza", dado que siempre deseo desear a X, es decir que acepto reflexivamente mi deseo por X –todas las razones que me motivan a actuar ejercen su poder causal sólo en la medida en que las "postulo" o las acepto como razones...–. Inesperadamente, esto nos coloca muy cerca de la problemática psicoanalítica, es decir que se podría pensar que la "reflexividad implícita" está limitada a la actividad consciente y como tal es precisamente de lo que carecen los actos inconscientes: cuando actúo inconscientemente, lo hago como siguiendo una compulsión ciega, como si estuviera sometido a una causalidad seudonatural.

Sin embargo, según Lacan, la "reflexividad implícita" no es "tampoco" algo discernible en el inconsciente; es precisamente eso que, en su aspecto más radical, es inconsciente. Recordemos la típica actitud de un sujeto histérico que se queja de que es explotado, manipulado, victimizado por los demás, reducido a un objeto de intercambio. La respuesta de Lacan a esto es que esta posición subjetiva de víctima pasiva de las circunstancias jamás es simplemente impuesta desde afuera, sino que surge de una adhesión mínima por parte del sujeto. Por supuesto que el sujeto no es consciente de su activa participación en su propia victimización; es ésta, precisamente, la verdad "inconsciente" de la experiencia consciente del sujeto de ser una mera víctima pasiva de las circunstancias. Se puede ver ahora en qué preciso contexto se fundamenta la tesis aparentemente carente de sentido de Lacan, según la cual, el *cogito* cartesiano (o, en realidad, la autoconciencia kantiana) es el sujeto mismo del inconsciente: para Lacan, el "sujeto del inconsciente", el sujeto a ser atribuido al inconsciente freudiano es precisamente este punto vacío de autorrelación, no un sujeto que explota con la riqueza de sus fuerzas libídinales y sus fantasías. La identidad paradójica de la autoconciencia (en el preciso sentido que adquiere este término para el idealismo alemán) con el sujeto del inconsciente se vuelve clara en la problemática del Mal radical, de Kant a Schelling: enfrentados al enigma de cómo considerar responsable de sus actos a una persona malvada (pese a que tenemos en claro que la propensión al Mal es parte de la "naturaleza" de esta persona, es decir que no puede sino "obedecer a su naturaleza" y concretar sus hechos como una absoluta necesidad), Kant y Schelling postulan un acto trascendental, no fenoménico y atemporal de elección primordial, por medio del cual cada uno de nosotros, antes de su existencia corporal temporal, elige su carácter eterno.[107] Dentro de nuestra existencia fenoménica temporal, este acto de elección es experimentado como una necesidad impuesta, que significa que el sujeto, en su autoconocimiento fenoménico, no es consciente de la elección libre que fundamenta su carácter (su "naturaleza" ética), es decir que este acto es radicalmente inconsciente (la explicación explícitamente planteada por Schelling). Volvemos a encontrar aquí al sujeto como el vacío de la pura reflexividad, como ese X al que puede atribuirse (como su libre decisión) que, en nuestro autoconocimiento fenoménico, experimentamos como parte de nuestra naturaleza heredada o impuesta de alguna otra manera. La conclusión a sacar es una vez más que la autoconciencia misma es radicalmente inconsciente.[108]

El lenguaje de la seducción, la seducción del lenguaje

¿Cómo se materializa entonces esta curva retroactiva de la libertad? ¿Fue una deriva puramente contingente, algo que simplemente emergió "porque entre todas estas posibilidades, estaba la posibilidad de emerger" (como dice Varela), o podemos intentar una explicación evolutiva más precisa de su prehistoria? Algunos cognitivistas propusieron una solución que recuerda extrañamente al tópico de la sexualidad y el lenguaje de Lacan. Entre otros, Geoffrey Miller[109] afirmó recientemente que el impulso definitivo de la tremenda explosión de la inteligencia humana no fue directamente el tema de la supervivencia (con to-

[107] Para una explicación detallada de esta noción de la elección atemporal del propio carácter, véase el capítulo 1 de Slavoj Žižek, *The Indivisible Remainder*, Londres, Verso, 1996.

[108] Fichte ya se había visto obligado a aceptar esta paradoja y aprehender que el acto primordial y absoluto de autopostulación de la autoconciencia jamás resulta accesible a la conciencia humana.

[109] Véase Geoffrey Miller, *The Mating Mind. How Several Choice Shaped the Evolution of Human Nature*, Londres, Vintage, 2001.

dos sus aspectos habituales: lucha por el alimento, defensa contra el enemigo, colaboración en el trabajo, etc.), sino, más indirectamente, la competencia en la elección sexual, es decir, el esfuerzo por convencer a alguien que me elija como su pareja sexual. Los rasgos que me dan ventaja en la competencia sexual no son directamente mis propiedades que señalan mi primacía sobre los demás, sino *indicadores* de esas propiedades, los así llamados "indicadores de preparación":

> Un indicador de preparación es un rasgo biológico que evolucionó específicamente para exhibir la preparación de un animal. [...] No se trata de una función –como cazar, construir herramientas o socializar– que contribuye directamente a la preparación promoviendo la supervivencia y la reproducción. En cambio, los indicadores de preparación sirven como una especie de metafunción. Están por encima de las demás adaptaciones, proclamando sus virtudes. [...] Viven en el espacio semiótico del simbolismo y la estrategia de armar tratos, no en el mundo esforzado de las producciones industriales.[110]

La primera pregunta que surge aquí es, por supuesto, dado que los indicadores de preparación son signos, ¿por qué no habría de engañar (mentir) un animal produciendo signos que lo presenten como más fuerte, etc., de lo que realmente es? ¿Cómo puede distinguir la pareja elegida la verdad? La respuesta es el llamado "principio de la ventaja", que

> sugiere que el gran despliegue es un rasgo necesario del cortejo sexual. Los pavos reales como especie estarían mucho mejor de no tener que gastar tanta energía armando enormes colas. Pero como individuos machos y hembras, sienten irresistibles incentivos para lograr las colas más inmensas que puedan, o de elegir parejas sexuales con las colas más grandes que puedan conquistar. En la naturaleza, el gasto ostentoso es la única garantía de verdad en lo que se ofrece.[111]

[110] *Ibid.*, pp. 103-105.
[111] *Ibid.*, p. 125.

Lo mismo vale para la seducción humana: si una muchacha recibe un enorme anillo de diamantes de su amante, esto no es sólo un signo de su riqueza, sino simultáneamente una prueba de ella –él debe ser rico para poder gastar en el anillo–. No sorprende que Miller no pueda resistirse a formular el cambio que propone en los términos antiproductivistas de moda: "Estoy proponiendo una especie de revolución de mercadeo en la biología. La supervivencia es como la producción, y el cortejo es como el *marketing*. Los organismos son como productos y las preferencias sexuales por el sexo opuesto son como las preferencias de los consumidores".[112] Y, según Miller, las capacides mentales propias de los humanos son primariamente indicadores psicológicos de preparación:

> Es aquí donde encontramos enigmáticas habilidades como la inteligencia creativa y el lenguaje complejo que muestran estas grandes diferencias individuales, esas heredades ridículamente excesivas y esas absurdas pérdidas de tiempo, energía y esfuerzos. [...] Si consideramos al cerebro humano como un conjunto de indicadores de preparación sexualmente seleccionados, sus altos costos no son casuales. Los costos del cerebro son lo que lo convierten en un buen indicador de preparación. La selección vuelve derrochones a nuestros cerebros, cuando no desperdiciados: transformó a nuestro pequeño y eficiente cerebro de estilo simiesco en uno enorme, hambriento de energía y con la ventaja de exhibir comportamientos lujosos como la conversación, la música y el arte.[113]

Por lo tanto, hay que dejar de lado la opinión habitual por la cual la dimensión estética (o simbólica) es un complemento secundario a la utilidad-valor de un producto: en realidad es la utilidad-valor la que es un "beneficio secundario" de un objeto inútil cuya producción costó una gran cantidad de energía para poder servir como indicador de preparación. Ya esas herramientas elementales como las

[112] Geoffrey Miller, *op. cit.*, p. 174.
[113] *Ibid.*, pp. 133-134.

hachas de piedra prehistóricas "fueron producidas por machos como exhibicionismo sexual", dado que la excesiva y costosa perfección de su forma (simetría, etc.) no servía directamente a su uso-valor.

> Así, tenemos un objeto que parece a primera vista una práctica herramienta de supervivencia, pero que ha sido modificada de manera importante para funcionar como un costoso indicador de preparación. [...] las hachas de mano pueden haber sido los primeros objetos de arte producidos por nuestros ancestros, y los mejores ejemplos de que la selección sexual favorece la capacidad para el arte. En un claro diseño, el hacha combina instinto y aprendizaje, fuerza y habilidad, sangre y dureza, sexo y supervivencia, arte y artesanía, familiaridad y misterio. Incluso puede considerarse a toda la historia registrada del arte como una nota al pie al hacha de mano, que resultó cien veces más duradera.[114]

Por lo tanto no alcanza con señalar, como se hace bastante habitualmente, que la dimensión de lo "estético" no funcional siempre complementa la básica utilidad funcional de un instrumento; en realidad, el camino es inverso: la exhibición "estética" no funcional del objeto producido es primordial, y su eventual utilidad viene después, es decir que tiene el estatus de un producto secundario, de algo que vive de la función básica. Y, por supuesto, aquí el caso paradigmático es el del lenguaje, el indicador de preparación mental por excelencia, con su excesiva exhibición de retórica inútil.

> El lenguaje humano es el único sistema de señales que acarrea cualquier otra especie de información en el cortejo. Sigue siendo un indicador de preparación, pero es también mucho más. [...] El lenguaje evolucionó lo suficiente en mostrar nuestra preparación como para comunicar información útil. Para muchos filósofos e investigadores del lenguaje, se trata de una idea escandalosa. Consideran a la comunicación altruista como norma, de la cual pueden desviarnos a veces nuestras egoístas fanta-

[114] *Ibid.*, p. 291.

> sías. Pero para los biólogos, la propaganda de la preparación es la norma, y el lenguaje es una de sus formas privilegiadas. Somos la única especie en la historia evolutiva de nuestro planeta en haber descubierto un sistema de indicadores de preparación y de ornamentos sexuales que también puede comunicar ideas de una cabeza a otra con la eficiencia de la telepatía. La panacea de Cyrano y la delicia de Scherezade.[115]

Sin embargo, lo que Miller deja de lado es el cambio fundamental en la relación entre los sexos que caracteriza al animal humano: mientras en el reino animal es una regla que el macho haya desarrollado mejores atractivos y realizado complicados rituales (danzas, canciones) de seducción, en la especie humana se espera que las mujeres se vistan y actúen provocativamente para poder atraer la atención de los machos. ¿Qué causa esta inversión? Por supuesto, Miller se da cuenta de la diferencia ("biológicamente, los Woodabe [una tribu de Nigeria] se comportan con perfecta normalidad, con los hombres exhibiéndose y las mujeres eligiendo. Lo inusual son los concursos para Miss América"),[116] pero no la explica.

Un análisis más cercano revelará, por supuesto, que la interacción habitual en el cortejo es más compleja, pues implica una especie de división del trabajo. Si, en el caso de los animales, el macho exhibe su preparación y la hembra hace la elección, en el caso de los humanos, la mujer se exhibe, ofreciéndose a la mirada del macho. Luego el macho procede a una activa seducción, a la cual consiente o no la hembra. La función de la seducción unificada en el caso de los animales queda dividida en dos: la mujer ocupa la exhibición pasiva de los atributos de belleza y el macho la exhibición activa de las prácticas de seducción (hablar, cantar, etcétera).

Tal vez la clave de esta división resida en otra división: únicamente en los humanos lo que sirvió originariamente como un instrumento o indicador fue elevado a un fin en sí mismo. En arte, por ejemplo, la

[115] Geoffrey Miller, *op. cit.*, pp. 388-391.
[116] *Ibid.*, p. 277.

exhibición de atributos se convierte en una actividad que brinda satisfacción por sí misma. Dentro de esta línea, cuando Steven Pinker se ocupa del arte, propone la fórmula básica de esta "mala aplicación":

> Algunas partes de la mente registran el logro de incrementos de preparación brindándonos sensación de placer. Otras usan el conocimiento de causa y efecto para definir objetivos. Pongámoslas juntas y tendremos una mente que enfrenta un desafío biológicamente insustancial: imaginar cómo llegar a los circuitos de placer del cerebro y liberar los pequeños sacudones de placer sin el inconveniente de los retorcidos y decepcionantes incrementos de preparación del duro mundo.[117]

No sorprende que el primer ejemplo que da Pinker de este cortocircuito sea una rata atrapada en el círculo vicioso del placer letal: "cuando una rata tiene acceso a una palanca que envía impulsos eléctricos a un electrodo implantado en su haz de conexiones precerebrales, presiona furiosamente la palanca hasta que cae exhausta, dejando pasar las oportunidades de comer, beber y tener sexo".[118] En resumen, el cerebro de la pobre rata queda fuera de combate. Así es como trabaja la droga: afectando directamente nuestro cerebro; lo que obtenemos aquí es un "puro" afrodisíaco, no un modo de estimular nuestros sentidos como si fueran instrumentos para proveer placer a nuestro cerebro, sino la estimulación directa de los centros de placer del cerebro mismo. El siguiente paso, más mediado, es acceder a los circuitos de placer "vía los sentidos que estimulan a los circuitos cuando están en un medio ambiente que podría haber llevado a la preparación en las generaciones pasadas".[119] En las pasadas generaciones, cuando un animal reconocía en su contexto un patrón que fortalecía sus posibilidades de supervivencia (de conseguir alimento, evitar el peligro, etc.), este reconocimiento estaba señalado/acompañado por la experiencia

[117] Steven Pinker, *How the Mind Works*, Harmondsworth, Penguin Books, 1998, p. 524 [trad. esp.: *Cómo funciona la mente*, Madrid, Destino, 2004].

[118] *Ibid.*

[119] *Ibid.*

del placer; ahora, el organismo produce directamente esos patrones para poder conseguir placer. Esa matriz vale para el alimento, la bebida y los placeres sexuales –e, incluso, para el arte: el fundamento de la experiencia estética es el reconocimiento (claro, simétrico, etc.) de los patrones sensuales que nos permitían originariamente orientarnos en nuestro medio ambiente–.

Por supuesto, aquí el enigma es: ¿cómo se produce este cortocircuito? ¿Cómo puede la experiencia del placer, que fue originariamente un producto intermedio de la actividad orientada a un objetivo que apuntaba a la supervivencia (es decir, una señal de que ese objetivo había sido alcanzado), convertirse en un fin en sí mismo? Por supuesto, aquí el caso paradigmático es el de la sexualidad: el placer sexual, que originalmente señalaba que se había alcanzado el objetivo de la procreación, se convierte en un fin en sí mismo, de modo que el animal humano pasa gran cantidad de tiempo persiguiendo este objetivo, planeando todos los detalles, incluso bloqueando el propósito original (por medio de la contraconcepción). Es la actitud católica de permitir el sexo sólo para fines procreativos, lo que lo degrada al acoplamiento animal.

La última lección propiamente freudiana de Miller es que la explosión de las capacidades simbólicas humanas no se limita a expandir el alcance metafórico de la sexualidad (actividades que son en sí evidentemente asexuales pueden ser "sexualizadas", todo puede ser "erotizado" y comenzar a "significar eso"), sino que, lo que es mucho más importante, esta explosión *sexualiza a la misma sexualidad:* la cualidad específica de la sexualidad humana nada tiene que ver con la inmediata y bastante estúpida realidad de la copulación, ni siquiera con los rituales preparatorios del encuentro; sólo cuando el acoplamiento animal queda atrapado en el círculo vicioso autorreferencial de la pulsión, en la repetición prolongada de su fracaso en alcanzar la Cosa imposible, es que alcanzamos lo que se llama sexualidad, es decir, cuando la propia actividad sexual resulta sexualizada. En otras palabras, el hecho de que la sexualidad pueda diseminarse y funcionar como un contenido metafórico de toda (otra) actividad humana no es un signo de su poder, sino, por el contrario, un signo de su impotencia, de su fracaso, de su inherente bloqueo.

Y, tal vez, es desde aquí que debamos retornar a los indicadores de preparación: ¿acaso el carácter único de la humanidad no reside en que estos indicadores –el placer que nos proporciona manejarlos– se conviertan en fines en sí mismos de modo que, en definitiva, la supervivencia biológica misma quede reducida a un mero vehículo, a un punto de partida para el desarrollo de "actividades superiores"?

III. LA PARALAJE LUNAR: HACIA UNA POLÍTICA ARTÍSTICA DE LA SUSTRACCIÓN

5. LA ELECCIÓN DE KATE O EL MATERIALISMO DE HENRY JAMES

Puede resultar sorprendente que se postule a Henry James como el último escritor de la historia, del impacto de la historia en las esferas más íntimas de la experiencia; sin embargo, esta dimensión propiamente histórica puede discernirse ya en el nivel del estilo: el primer rasgo del estilo del último James es lo que Chatman llamó "la nominación psicológica",[1] la transformación de "John observó a X" en "La observación de John fue X", "De no eres lo suficientemente orgulloso" a "Tu orgullo es de poco alcance". Los verbos que designan actividad o experiencia están sustantivados y ese procedimiento pone en escena un ente abstracto donde previamente sólo había un actor humano; los personajes mismos (personas diegéticas) tienden a evolucionar a "anclas para abstracciones": "Los pensamientos y percepciones del mundo de James son entes más que acciones, cosas más que movimientos".[2] Las abstracciones psicológicas adquieren así una vida propia, no son sólo el verdadero tema de sus textos, sino los agentes que realmente interactúan –en *Las alas de la paloma*, la conciencia puede "quebrar en suspiros", una impresión puede transformarse en un "testigo"–.

En consecuencia, en las diversas formas de elipsis que practicaba James, el agente humano de una acción tiende a desaparecer por completo –da prueba de esto el intenso uso de la partícula *it*–. El desagrado de James por los adjetivos está relacionado con esto, dado que parecen agregar una calificación a ciertos entes preexistentes; su ma-

[1] Me baso aquí en Seymour Chatman, *The Later Style of Henry James*, Oxford, Basil Blackwell, 1972.

[2] *Ibid.*, p. 22.

nera preferida de evitarlo era reemplazar la habitual estructura sustantivo-adjetivo por el adjetivo sustantivado seguido de *of* y el sustantivo. En *Las alas de la paloma* no encontramos una encantadora demostración de la necesidad mutua de Kate y Merton, sino el "encanto de la demostración" de esa necesidad, Kate no muestra una graciosa alegría, sino la "gracia de la alegría", no muestra una imaginación abierta, sino la "apertura de la imaginación"; en todos estos casos, la cualidad misma vuelve a convertirse en una cosa.

El extenso uso de deícticos por parte de James apunta en la misma dirección, especialmente en su forma extrema a la que Chatman llama "deixis apositiva",[3] en la cual aparece primero un pronombre anticipando al sujeto real que funciona como aposición, como en la primera oración de *Las alas de la paloma:* "Ella esperó, Kate Croy, a que su padre entrara...". Se introduce así una mínima brecha entre el "ella" sin nombre y su calificación determinada, que indica el carácter incierto y vacilante de toda calificación. La deixis no es meramente un *ersatz* para una persona o cosa previamente introducida; en realidad representa a un X innombrable (una especie de Cosa nouménica kantiana, y no olvidemos que "cosa" es otro de los términos favoritos de James) que elude todas sus calificaciones. En un estricto paralelo con la sustantivación de los verbos, el sujeto vuelve a quedar reducido a una anónima "ancla de abstracciones". El sujeto no es una cosa a la que están pegadas atributos o que padece los cambios, es una especie de continente vacío, un espacio en el que las cosas pueden ubicarse.

Para cualquiera versado en la crítica marxista de las especulativas inversiones ideológicas hegelianas en las cuales un predicado abstracto se convierte en el sujeto del proceso, mientras los "individuos reales" están reducidos a sus predicados subordinados, es difícil resistir a la tentación de (des)calificar estos procedimientos estilísticos por ser indicios de la caída de James en la "reificación ideológica burguesa", sobre todo al considerar que el paso de énfasis de los sustantivos a sus propiedades no se basa en la habitual noción "dialéctica" de la prioridad

[3] Seymor Chatman, *op. cit.*, p. 63.

del proceso sobre las cosas atrapadas en este proceso, del "devenir" sobre el "ser". James resulta aquí lo antagónico del "bergsonismo" de Proust: en lugar de presentar el flujo del devenir como la verdad de los seres fijos, como el proceso que los genera, convierte a los verbos y predicados –signos del proceso del devenir, de lo que ocurre con las cosas o lo que las especifica o califica– en "cosas". Sin embargo, en un nivel más profundo, propiamente hegeliano y dialéctico, las cosas son mucho más complejas: es la misma sustantivación de James de predicados y verbos, su cambio a agentes sustantivos, lo que efectivamente *desustancializa* al sujeto, reduciéndolo a un espacio formal vacío en el cual interactúa la multitud de agentes, algo parecido a las actuales teorías neodarwinistas de la subjetividad como el espacio en el que los memes luchan su batalla por la supervivencia y la reproducción.

En la medida en que el dinero es el caso paradigmático de la antes mencionada crítica marxista de la reificación de una abstracción ideológica, no hay que sorprenderse de que el tópico último de la obra de Henry James sea el efecto de la modernización capitalista sobre la vida ética: la incertidumbre y la contingencia afectan a la vieja confianza en las formas que prescribían cómo actuar y cómo evaluar los actos propios y ajenos; ya no existe un marco fijo que nos permita encontrar nuestro camino (ético). Sin embargo, la grandeza de James es que, aunque asuma plenamente esta ruptura de la modernidad y subraye la falsedad de cualquier retorno a los viejos hábitos, también evita el relativismo ético e histórico, es decir, la relativización de las normas y los valores éticos respecto de un proceso histórico (económico, psicológico, político) subyacente y más fundamental. Lejos de refugiarnos en nosotros mismos, en nuestra experiencia individual, esta declinación de un marco socionormativo estable hace más evidente nuestra radical *dependencia* de los demás:

> esta alterada situación de indeterminación y contingencia puede revelar por sí un alterado estado social, en el que el planteo (de los demás) puede experimentarse de modo diferente, significar algo nuevo y mucho más directamente necesario para que maneje mi propia vida, le dé sentido,

> para afirmar y juzgar. El tema clave de la moral puede no ser la justificación racional con la que trato a los demás sino el conocimiento adecuado y la puesta en acto de una dependencia de los demás sin la cual no podría comenzar ningún proceso de justificación (ninguna invocación a criterios comunes de narración). [...] esta incertidumbre, estas dudas y esta profunda ambigüedad, esta imposibilidad de resolver sobre el significado [...] hace posible e, incluso, exige una forma de dependencia, una dependencia incluso del nivel de la conciencia posible, y cierto conocimiento "experimentado" de esa dependencia, que ahora constituye la nueva experiencia moral, los planteos y las prerrogativas de cada uno sobre lo demás. En esto se interesa James.[4]

Por supuesto, este cambio es propiamente hegeliano: la incertidumbre misma, la falta de un marco de referencia socio-ético estable, lejos de condenarnos simplemente al relativismo moral nos abre un nuevo campo "superior" de experiencia ética, el de la intersubjetividad, el de la mutua dependencia del sujeto, el de la necesidad no sólo de confiar en los demás sino también de reconocer el peso ético de los planteos de los demás sobre uno. Por lo tanto, la ética como sistema de normas no es algo simplemente dado, es el resultado del *trabajo* ético de "mediación" cuando reconozco la legitimidad del planteo de los demás sobre mí. Es decir que, en el pasaje hegeliano de Sustancia a Sujeto, la sustancia (por ejemplo, dentro de la sustancia social, ética, las costumbres que sostienen un modo de vida) no desaparece, lo que cambia es su estatus: la sustancia pierde su carácter sustancial, ya no se la experimenta como un cimiento firme que existe por adelantado, sino como una frágil ficción simbólica, algo que existe únicamente en la medida en que los individuos la tratan como existente, o en tanto se relacionan con ella como su sustancia ética. No existe una "sustancia ética", lo que "realmente existe" es la incesante actividad e interacción de los individuos y es únicamente mediante esta actividad que se mantiene viva.

[4] Robert Pippin, *Henry James and Modern Moral Life*, Cambridge, Cambridge University Press, 2000, pp. 10-11.

Hay un refrán que dice que algunas cosas sólo pueden encontrarse si, después de hallarlas, uno se pierde. ¿Acaso esta paradoja propiamente hegeliana no brinda la fórmula de la búsqueda jamesiana de la posición ética? Se la puede "encontrar", formular, sólo después de que uno se pierde, sólo después de aceptar que no existe sustancia ética dada que provea por adelantado las coordenadas estables para nuestro propio trabajo de juicio ético, que ese juicio sólo puede emerger de nuestro propio trabajo de reflexión ética sin garantías externas. No se trata de que estemos tratando aquí con el simple movimiento "hegeliano" de la alienación (perderse) y recuperación de uno mismo (encontrar una posición sólida): el punto es mucho más preciso: *es el movimiento mismo de "perderse" (de perder la sustancia ética) el que nos abre el espacio para el trabajo ético de mediación que es el único que puede generar la solución.* No se recupera la pérdida sino que se la afirma plenamente como liberadora, como una apertura positiva.[5]

Esto significa que el espacio de las novelas de James es claramente secular, posreligioso; paradójicamente, esta dimensión aparece más oculta en *La princesa Casamassima*, la obra maestra olvidada de Henry James que trabaja directamente con el tópico sociopolítico.[6] Las limitaciones de Casamassima son obvias: al enfocar el tema de los anarquistas revolucionarios de los barrios bajos de Londres en la década de 1880, James se embarca en una especie de test intelectual, en "un ejercicio sobre el poder puro, el poder comprensivo, de la inteligen-

[5] Tal vez sea aquí donde James no fue lo suficientemente radical: en lugar de su retrato simpático del pobre sin poder de los barrios bajos, fue incapaz de enfrentar plenamente el *planteo ético* sobre la sociedad que sostiene el radicalismo revolucionario. (Hegel, por el contrario, se daba clara cuenta de este problema: sus planteos sarcásticos sobre "la chusma" (*Poebel)* no deben cegarnos ante el hecho de que admite que su posición agresiva y sus exigencias incondicionales hacia la sociedad están plenamente justificadas: dado que no son reconocidos por la sociedad como sujetos éticos nada le deben.)

[6] Henry James, *The Princess Casamassima*, Harmondsworth, Penguin Books, 1987 [trad. esp.: *La princesa Casamassima*, Madrid, Alianza, 1999].

cia de la vida sobre lo que sabe realmente poco".[7] En esto reside la diferencia con sus obras maestras como *Retrato de una dama* o *Las alas de la paloma*, en las que se encuentra compenetrado con el material: en *La princesa Casamassima*, James se muestra simplemente incapaz de enfrentar directamente los contornos de la política revolucionaria, no conoce la textura interna de este tema explosivo. Es por eso que, para disimularlo, se embarca en elaborados conjuntos de impresiones de los barrios bajos londinenses, escritos con gran simpatía por los sufrimientos inexpresables de los pobres. El fracaso aparece más evidente a propósito de los personajes de la novela. James puede ofrecer brillantes descripciones de los tipos individuales de revolucionarios (Poupin, Schinkel, Muniment), pero no logra en absoluto un acercamiento al movimiento revolucionario colectivo como tal: "Comete el error de suponer que el todo era igual a la suma de sus partes, que si se exprime a los radicales se obtiene al radicalismo".[8]

Sin embargo, sigue estando allí la lección fundamental, a menudo ignorada y malentendida, a ser aprendida en *La princesa Casamassima*: mostrar el callejón sin salida en su radicalidad es mucho más pertinente que las simples soluciones progresistas. La *doxa* de este libro es lo que representa al conservador James en su aspecto más puro: su mensaje es el conservadurismo estético –los grandes monumentos de la cultura y la forma "civilizada" de vida de las clases más altas justifica el sufrimiento de millones–. Hoy este problema nos desafía de un modo mucho más intenso: las prósperas sociedades democrático-liberales con su cultura y los miles de millones que viven en la pobreza del Tercer Mundo; la apelación a la violencia terrorista... Sin embargo, en su manera de enfocar el tópico, el libro es más radical y más ambiguo de lo que parece; la primera pista es ofrecida por el hecho bastante superficial de que todos los personajes revolucionarios de clase baja son retratados como básicamente simpáticos, mientras

[7] Irving Howe, "The Political Vocation", en: Leon Edel (comp.), *Henry James*, Englewood Cliffs, Prentice-Hall, 1963, p. 157.
[8] *Ibid.*, p. 166.

que los miembros de las clases altas están claramente presentados como vanos y vulgares. Por lo tanto, James se encuentra lejos de adherir a una resignada actitud conservadora de "preservemos lo que podamos de la gran herencia cultural, aun cuando su precio sea el sufrimiento de millones de anónimos": todos los individuos que representan esta herencia son falsos, celebran vacíos rituales, su refinamiento es una máscara de la vulgaridad. El callejón sin salida resulta entonces real, el suicidio de Hyacinth Robinson con el que concluye el libro marca una irresoluble antinomia: la imposibilidad de elegir entre los derechos de los desposeídos y la alta cultura. Más de cerca, lo que Hyacinth no puede unir son los dos aspectos de una visión de paralaje, un rasgo que caracterizó al propio James con su "poder para ver los dos lados de una cuestión. También Hyacinth con su destrucción puede ver cada lado de la cuestión con tanta claridad que la única acción que le queda es la autodestrucción, que es a su vez una afirmación simbólica, la única obra de arte que le es accesible".[9]

La diferencia clave entre Hyacinth y James es que este último fue capaz de "trabajar a través" de su incapacidad para actuar, su reticencia a participar de la vida, su poder para trasladarlo al arte de la escritura. Es por este motivo que, paradójicamente, el fracaso de Hyacinth en pasar a los hechos (y asesinar a un personaje de clase alta) es también un signo de su falta de creatividad: "El rechazo de Hyacinth a destruir es también una incapacidad de crear y refleja conflictos internos más profundos de la historia".[10] Hay que dar vuelta entonces la muy conocida simplificación según la cual la ira destructiva es un signo de impotencia creativa: todo descubrimiento auténticamente creativo comienza con el gesto negativo de la destrucción, con el gesto de empezar de cero.[11] Lejos de afectar únicamen-

[9] Derek Brewer, "Introduction", en: Leon Edel (comp.), *op. cit.*, p. 17.

[10] *Ibid.*, p. 21.

[11] Y quizá, si partimos de este punto, podamos desarrollar una teoría completa de lo estético (como Lévi-Strauss, quien en el famoso pasaje de *Tristes trópicos* consideró a los retratos como formas de resolver contradicciones sociales).

te a lo intrincado de las íntimas inversiones libidinales, la brecha de paralaje es de la mayor importancia política; alcanza con recordar la estructura narrativa de las novelas de Henning Mankell, probablemente el primero de los narradores policiales actuales, un autor sin la menor afinidad con el universo de James. La mayoría de las tramas policiales de Mankell se producen en la ciudad de Ystad, al sur de Suecia, con el inspector Kurt Wallander como protagonista, y siguen la misma fórmula: comienzan con un breve prólogo ubicado en un país pobre del Tercer Mundo y luego la novela se traslada a Ystad. El Otro de la historia mundial actual, el pobre de los países del Tercer Mundo, queda así inscripto en el universo de las novelas de Wallander; ese gran Otro de la historia universal debe permanecer en el trasfondo, como la distante Causa Ausente. Hay una novela (*Los perros de Riga*, la segunda de la serie de Wallander) en la que Mankell viola su regla y permite que Wallander intervenga directamente en el Otro de la historia: en el curso de la investigación por la muerte de un par de rusos cuyos cuerpos fueron hallados en una orilla cercana a Ystad, Wallander visita Letonia, donde queda involucrado en el embrollo de la gran historia del día, la explosión de la independencia nacional y la caída de la Unión Soviética –no sorprende que la novela fracase claramente y que resulte discursiva y ridículamente pretenciosa–. Para agregar insultos a la injuria, Wallander encuentra allí a su amante (temporaria), la viuda de un honesto policía letón cuyo nombre es Liepa Baiba ("liepa" es "bella" en eslavo, por lo que tenemos una "bella baby"...).

El Otro del Tercer Mundo ausente está sin embargo presente en el universo artístico y en la vida de Mankell de un modo sorpresivo: el Mankell "real" divide su tiempo entre Ystad y Maputo (la capital de Mozambique), donde dirige un pequeño teatro para el cual escribe y dirige piezas interpretadas por actores locales; también escribió un par de novelas no policiales que ocurren en las desesperadas condiciones del Mozambique actual. Y es únicamente esto lo que nos lleva al verdadero logro de Mankell: entre los escritores actuales, es el único *artista con visión de paralaje.* Es decir, las dos perspectivas –la del rico Ystad y la de Maputo– están irremediablemente "fuera de sintonía", de modo que no existe ningún lenguaje neutral que nos permita traducir uno al otro y menos aún postular que uno es la "verdad" del otro. Todo lo que puede hacerse en las condiciones actuales es permanecer leal a esta división como tal, registrarla. Centrarse en los temas del Tercer Mundo de la última alienación y mercantilización capitalista, la crisis ecológica, los nuevos racismos y las intolerancias, etc., no puede sino parecer cínico ante la brutal pobreza, hambre y violencia del Tercer Mundo; por otro lado, los intentos por dejar de lado los problemas del Primer Mundo como triviales en comparación con las "reales" catástrofes permanentes del Tercer Mundo no son menos falsos –centrarse en los "problemas reales" del Tercer Mundo es la última forma del escapismo, de evitar enfrentarse a los antagonismos de la propia sociedad–. Recordemos la sutil descripción hecha en los ochenta por Fredric Jameson del callejón sin salida del diálogo entre la nueva izquierda occidental y los disidentes de Europa del este, de la ausencia de todo lenguaje común entre ellos:

> Para decirlo brevemente, el este quiere hablar en términos de poder y de opresión, el oeste en términos de cultura y mercantilización. No existen realmente denominadores comunes en esta disputa inicial por las reglas discursivas y con lo que terminamos es con la inevitable comedia del susurro de cada sector dando respuestas irrelevantes en su propio lenguaje favorito.

¿No vale lo mismo para el propio Mankell, tanto para su obra como para su vida? Sabiendo que no existe común denominador entre Ystad y Maputo, y estando simultáneamente consciente de que ambas representan los dos aspectos de la misma constelación total, se mueve entre ambas perspectivas, tratando de discernir en una los ecos de su opuesta. Es a causa de esta insistencia en el carácter irreversible de esta división, en el fracaso de todo denominador común, que la obra de Mankell brinda una visión de la *totalidad* de la constelación actual del mundo.

Regresando al callejón sin salida final de *Casamassima* de James tal vez haya que incorporar aquí la diferencia sexual: lejos de apuntar a cierta clase de indecisión y pasividad "femenina", el fracaso de Hyacinth muestra precisamente su incapacidad de concretar un acto propiamente femenino. El gesto negativo femenino podría haber sido aquí el único camino para salir de esta encrucijada, para cortar su nudo gordiano repitiendo, *mutatis mutandi*, lo que hace Isabel Archer al final de *El retrato de una dama.* En *Las alas de la paloma* encontramos lo que seguramente es la versión suprema y final de este gesto. ¿Pero dónde? Esta novela ofrece uno de los casos en los que la única manera de interpretar adecuadamente una escena o historia es leerla de múltiples maneras, repetidamente, centrándose cada vez en la perspectiva de uno de los protagonistas. *Las alas de la paloma* es la novela de un juicio moral, pero ¿juicio *a quién*? Recordemos *El tren de las 3:10 a Yuma* de Delmer Daves, uno de los grandes últimos *westerns* en el cual el Acto clave no es realizado por el principal protagonista, que parecería ser el centro de la ordalía ética, sino por el personaje secundario que puede ser incluso la verdadera fuente de tentación. *El tren de las 3:10 a Yuma* cuenta la historia de un pobre granjero (Van Heflin) quien, por los doscientos dólares que necesita para salvar a su ganado de la sequía, acepta el trabajo de escoltar a un bandido (Glenn Ford), por cuya cabeza se ha pagado un alto precio, del hotel donde permanece al tren que lo llevará a la prisión de Yuma. Por supuesto, estamos frente a una clásica historia de ordalía ética; a lo largo del filme parece que la persona sometida a la ordalía es el granjero, expuesto como está a las tentaciones al estilo de la (inmerecidamente) más famosa *A la hora señalada:* todos aquellos que le prometieron ayuda lo abandonan cuando descubren que el hotel está rodeado por la pandilla armada para salvar a su jefe: el propio bandido encarcelado busca alternativamente amenazar y sobornar al granjero, etc. Sin embargo, la última escena cambia retrospectivamente y por completo nuestra percepción del filme: cerca del tren que está dejando la estación, el bandido y el granjero se encuentran cara a cara con toda la pandilla que espera el momento justo para balear al granjero y liberar así a su jefe. En ese tenso instante, cuando la situación parece desesperada para el granjero, el bandido repentinamente gira hacia él y le dice "Confíe en mí. Saltemos juntos del tren". En resumen, el que estaba efectivamente en juicio era el propio bandido, el aparente agente de tentación: en el final, se conmueve por la integridad del granjero y sacrifica su propia libertad por él...

Habría que acercarse del mismo modo a *Las alas de la paloma.* La cuestión debe resolverse sin ambigüedades: cualquier intento de recurrir a las obviedades respecto del presunto carácter "indeciso", "abierto" de la narración es una excusa para el facilismo. Una vez más está Pippin en lo cierto cuando enfatiza que el logro de James es afirmar plenamente el rasgo básico que define a la modernidad: la ausencia de toda Sustancia ética trascendente, mientras se evita la fácil posición del relativismo ético. La candidata más obvia es Milly, la moribunda heredera estadounidense: *Las alas de la paloma* puede leerse como una novela acerca de cómo encuentra Milly, luego de enterarse del plan que le han preparado, un espacio para un acto autónomo sin tener que sabotearlo, sin tomarse revancha sino manteniéndolo hasta el final. Los momentos de decisión de la novela suceden cuando un indeseado conocimiento (incluso conocimiento sobre el conocimiento) se impone a los personajes. ¿Cómo habrá de afectar sus vidas este conocimiento? ¿Qué habrá de hacer Milly cuando se entere del vínculo entre Densher y Kate y cuando sepa que la declaración de amor que le hizo Densher forma parte de esa trama? ¿Cómo reaccionará Densher cuando se entere de que Milly sabe de su plan y del de Kate? La que está bajo proceso aquí es Milly: luego de enterarse de la trama, reacciona con un gesto de sacrificio, dejándole su fortuna a Densher. Este gesto explícitamente altruista es, por supuesto, mucho más profundamente manipulador que la trama de Kate: el objetivo de Milly es estropear la relación entre Kate y Densher usando la cesión de su dinero a éste último. Asume y escenifica libremente su muerte como un sacrificio con el que se anula a sí misma y que, junto a la cesión del dinero, podrá permitir que Kate y Densher vivan felizmente desde entonces... la mejor manera de arruinar cualquier posibilidad de que sean dichosos. Les deja su riqueza al mismo tiempo que vuelve éticamente imposible que ellos lo acepten. Todos conocemos la forma elemental de educación, la del gesto simbólico vacío –una oferta– que se supone debe ser rechazado. En *Oración por Owen* de John Irving, el pequeño Owen luego de que asesinara a la madre de John –su mejor amigo y narrador de la novela– por supuesto queda absolutamente perturbado y para mostrar su enorme pesar le envía como regalo a John la colección completa de fotos en color de las estrellas de béisbol, su posesión más preciada; sin embargo, Dan, el refinado padrastro de John, le dice que lo que corresponde hacer es devolver el presente. Lo que tenemos aquí es el intercambio simbólico en su aspecto más puro: un gesto hecho para ser rechazado; lo central, la "magia" del intercambio simbólico es que, a pesar de que al final estamos como al comienzo, el resultado total de la operación no es cero sino una ganancia diferente para ambas partes, el pacto de solidaridad. ¿Y no pasa lo mismo con nuestras costumbres cotidianas? Cuando, tras haberme embarcado en una feroz competencia con mi mejor amigo por una promoción laboral, triunfo, lo que corresponde que haga es ofrecerle retirarme de modo que él pueda obtener la promoción y lo que corresponde que él haga es rechazar mi oferta; tal vez de este modo nuestra amistad pueda salvarse... La oferta de Milly es el total opuesto de ese elemental gesto de educación, pues, a pesar de ser una oferta que se supone que debe ser rechazada, lo que la diferencia de la vacía oferta simbólica es la cruel alternativa que impone a quienes está dirigida: ofrece su riqueza como la prueba suprema de su bondad santa, pero si la aceptan quedarán marcados por una indeleble mácula de culpa y corrupción moral; sin embargo, si hacen lo correcto y la rechazan, tampoco resultarán simplemente decentes –el mismo rechazo funcionará como una aceptación retrospectiva de culpa–, de modo que hagan lo que hagan Kate y Densher, es la misma elección a que los enfrenta la herencia de Milly la que los hace culpables. Como tal, el sacrificio "ético" de Milly es una falsedad:

> Al desear morir de esta manera, Milly muere para poder "seguir soñando", para mantener la fantasía que la sostuvo como sujeto deseante. La muerte de Milly recuerda, aunque de manera inversa, el sueño que cuenta Freud acerca del padre cuyo hijo grita que se está quemando. En el sueño freudiano, el padre se despierta, para poder seguir soñando, es decir, para poder evitar la confrontación traumática expresada por los gritos del niño. Milly, por el contrario, muere para evitar despertarse, para poder sostener la fantasía deseante [...]. Su solución "histérica" no es sino una hendidura en la barrera que sostiene y que evita que concretemos la realización plena del deseo. La muerte de Milly es entonces, en el sentido preciso de Lacan, una muerte ética, una muerte cumplida de acuerdo con el deseo.[12]

Aunque concuerdo con la descripción de Jöttkandt del gesto de sacrificio de Milly como una solución histérica, estoy tentado de proponer el juicio ético opuesto. Jöttkandt se basa en una idea simplificada de la ética del deseo lacaniana como histeria: como si, considerando que el deseo es primariamente el deseo de su propio cumplimiento, de su permanecer como deseo, el acto propiamente ético es el de la continuación del sueño, el de posponer la satisfacción, el de sostener la fantasía deseante... ¿pero qué ocurre con *atravesar* la fantasía?

La segunda perspectiva desde la cual se puede leer la novela es la de Densher. Como perfecta contraparte de Milly, cae en la trampa preparada por su bondad sacrificial: no puede aceptar la felicidad (el dinero más la mujer a la que ama). El proceso es aquí a Densher: al rechazar el dinero de Milly, muestra "crecimiento moral"... ¿es realmente así? Al final de la novela, el sobre con dinero funciona en James como uno de esos objetos de Hitchcock: no el famoso MacGuffin, sino uno de esos objetos "sucios" que circulan a lo largo del tema, causando mala suerte a su poseedor.[13] Que Densher quemara

[12] Sigi Jöttkandt, "Metaphor, Hysteria and the Ethics of Desire in *The Wings of the Dove*", trabajo presentado ante la International Henry James Conference, París, 2002.

[13] El "MacGuffin" jamesiano es en realidad el manuscrito perdido (o conjunto de cartas) alrededor del cual circula la narración, como "Los papeles de Aspern" de

la carta, su negativa a aceptar el regalo de Milly, lejos de representar un gesto ético es –no menos que el sacrificio de Milly– una falsedad, y Kate tiene razón al afirmar que, aunque Densher no amaba realmente a Milly cuando estaba viva, la ama estando muerta, un amor falso si es que alguna vez otro lo fue tanto.[14]

Esto nos lleva a la verdadera protagonista ética de la novela, Kate, que de ningún modo se debe dejar de considerarla como una fría manipuladora o como una simple víctima de las circunstancias sociales –*suyo* es el "no" al final de la novela (al abandonar a Densher), un momento propiamente kierkegaardiano en el *cual la tentación es lo ético mismo*: Kate está en lo correcto al despreciar por falso el rechazo "ético" del dinero por parte de Densher. También tiene razón al suponer que lo único *verdaderamente* ético que puede hacer Densher, incluso en relación con Milly, es *aceptar* su regalo. Su acto ético –el único en toda la novela– es su negativa a casarse con Densher en las

---

la historia del mismo título o el revelador secreto de "La figura en el tapiz". El ejemplo máximo de objeto-mácula hitchcockiano que circula en James es seguramente el collar de perlas en "Paste" (una historia menor de 1899): pasan de la muerte de la madrastra de la narradora a su prima, luego regresan a ella, luego a una tercera dama, y su sospechosa autenticidad crea una amenaza para el honor de la familia (si fueran auténticas, entonces la madrastra habría tenido un amante secreto que se las habría comprado). Como es de esperar, encontramos también en James el tercer objeto hitchcockiano, la Cosa traumática-imposible que amenaza con tragarse al sujeto, como "la bestia en la jungla" de la historia del mismo título; la tríada lacaniana de objetos (a, S de la A barrada, el gran Phi) queda así completada. Respecto de esta tríada, véase la introducción a Slavoj Žižek (ed.), *Everything You Ever Wanted to Know About Lacan (But Were Afraid to Ask Hitchcock)*, Londres, Verso, 1993 [trad. esp.: *Todo lo que usted siempre quiso saber sobre Lacan y nunca se atrevió a preguntarle a Hitchcock*, Buenos Aires, Manantial, 1996].

[14] En términos más políticos, Densher es un ejemplo del intelectual burgués "honesto" que enmascara su actitud conciliadora con sus dudas y remilgos "éticos": tipos como él "simpatizan" con la causa revolucionaria pero se rehúsan a "ensuciarse las manos". Se los fusila usualmente (y merecidamente) en las etapas intermedias de una revolución (son todas las Millies de este mundo –aquellas que adoran escenificar su muerte como un espectáculo sacrificial– cuyos deseos se cumplen en las primeras etapas de una revolución).

condiciones dictadas por su aceptación de los términos de la fantasía de Milly. Entiende la paradoja: es precisamente rechazando el dinero de Milly que Densher demuestra su fidelidad a esa fantasía.

21 gramos, de Alejandro Iñárritu (guión de Guillermo Arriaga), muestra un sorprendente paralelo formal con *Las alas de la paloma* de James. Sus tres protagonistas se encuentran "entre dos muertes": Paul vive un tiempo prestado, está muriendo pues su corazón trasplantado falla; Cristina es una muerta viva, totalmente aplastada por la muerte accidental de su esposo y sus dos hijos; Jack, quien causó por azar esas muertes, un ex convicto que consiguió regresar a la vida familiar al convertirse en cristiano, trata de reparar esa muerte. Como en *Las alas de la paloma*, cada uno de los tres muestra una perspectiva desde la cual puede leerse todo el relato; y, como en *Las alas de la paloma*, la historia se centra en el gesto sacrificial de ofrecer la inevitable muerte como un acto libre. Al final de la película, Jack entra al cuarto del motel en el que se hospedan Paul y Cristina y les pide, en un estallido de desesperada violencia, que lo maten; Cristina acepta y comienza a golpearlo con un atizador hasta casi matarlo; en ese momento, Paul, que estaba observando impávido la escena, toma un arma y *se* mata:

> Va a morir a causa de las fallas de su trasplante de corazón, así que si le dispara habrá de ser tan poderoso que detendrá toda violencia posterior. Si dispara al aire tal vez la detendrá por un momento, no lo sé. Pero si se dispara a sí mismo sabe que esta acción es tan sacrificial que ya no habrá más violencia entre Cristina y Jack. [...] el único modo que tiene de llamar la atención de Cristina para que no mate a Jack es dispararse a sí mismo. Creo que es un acto de amor.[15]

21 Gramos nos enfrenta a un dilema interpretativo estrictamente homólogo al de *Las alas de la paloma:* ¿es el gesto sacrificial suicida un verdadero acto ético? Contrariamente a *Las alas de la paloma*, la

[15] Guillermo Arriaga, *21 Grams*, Londres, Faber and Faber, 2003, pp. XIII-XIV.

respuesta aquí es afirmativa: no hay escenificación narcisista de la propia muerte en el momento en que Paul se dispara a sí mismo, tampoco una estrategia manipuladora de usar la muerte propia como un regalo destinado a sabotear secretamente eso mismo que parece hacer posible. Paul se encuentra ante un dilema paradójico en el cual la única manera de cambiar la situación, de interrumpir el catastrófico flujo de violencia no es intervenir en ella, sino volverse sobre sí mismo, convertirse en blanco.

Volviendo a la Kate de James: los verdaderos límites de su acto sólo pueden discernirse a través de una cuidadosa lectura de las últimas páginas de la novela. Antes de esta escena, Densher ha recibido un grueso sobre lleno de dinero de los abogados de Milly en Nueva York –la entrega que hace Milly del peso de su riqueza sobre él–; él le ha enviado el sobre sin abrir a Kate. La última escena de la novela comienza con Kate que entra al cuarto de Densher y deja ostensiblemente sobre la mesa el sobre que había sido evidentemente abierto por ella. Densher muestra su desagrado con Kate que, al abrir el sobre, fracasó en su prueba; se rehúsa a tener algo que ver con el dinero y la desafía a casarse sin él o a perderlo y quedarse con su libertad y su dinero –quiere escaparse de toda conciencia de la mancha del dinero–. Ella cree que él tiene miedo y sugiere que a pesar de que no amaba a Milly antes de su muerte lo hacía ahora, que ya había muerto: está enamorado del recuerdo de Milly. Él le ofrece que se casen de inmediato, "como estamos", pero ella, saliendo, le dice "jamás estaremos otra vez como estamos". Este delicado final debe leerse como algo afín a la intervención del analista que cierra la sesión, un cierre abrupto e inesperado que eleva un detalle marginal a Corte significante. Entre las películas recientes, la de otro modo mediocre y pretenciosa *Antes del amanecer* es una de las pocas que muestra ese arte del final inesperado. Una pareja (Ethan Hawke y Julie Delpy) que pasan juntos una noche en Viena se vuelven a encontrar por casualidad nueve años después en París; sólo disponen de un breve momento para conversar pues Hawke, un exitoso escritor, debe tomar un avión en un par de horas. Su conversación frívola se va poniendo gradualmente seria cuando queda claro que ninguno de los dos superó el trauma de su encuentro anterior; cuando él ya está camino al aeropuerto, Delpy lo invita a su departamento mientras su limusina lo espera afuera. Mientras toman té, su conversación se vuelve a encender al hablar de las canciones de Nina Simone y, en una burlona imitación, de su forma de bailar. Delpy comenta irónicamente: "Este muchacho ha de perder su avión". Corte a Hawke, quien asiente con una sonrisa "Lo sé". Corte a la oscuridad, fin de la película... Del mismo modo, la frase de Kate que cierra *Las alas de la paloma* es algo dicho de paso que de todos modos, por su estratégica ubicación al final de la novela, funciona como un *point de capiton* que "teje" su significado. Están aquí las brillantes últimas páginas de la novela, seguramente el logro supremo de James,[16] que comienza con un salto directo, *in media res*, al objeto hitchcockiano:

> Había puesto sobre la mesa en el momento mismo de su entrada el gran sobre, claramente lleno, que él le había enviado cerrado en otro de formato aun más amplio. Sin embargo nunca lo había mirado, siendo su creencia que jamás querría hacerlo; además de que había quedado por casualidad con el destinatario boca arriba. Así que nada "vio", y fueron sólo los ojos de ella los que contempló, renunciando a todo acercamiento al objeto indicado. "No es 'mi' sello, querida, y mi intención –que mi nota intentó expresar– era que consideraras que no era mío."

El objeto queda aquí claramente marcado en su cualidad "hitchcockiana", como la materialización de una intersubjetiva inversión libidinal –nótese la oración clave: "Así que nada 'vio', y fueron sólo los ojos de ella los que contempló, renunciando a todo acercamiento al objeto indicado"–, la que directamente presenta el objeto como el relevo de una tensión intersubjetiva. Ese objeto nunca se posee, no lo

[16] Éste es el motivo, por supuesto, por el cual la interpretación que sigue es meramente un primer acercamiento improvisado lejos de toda pretensión de producto acabado.

manipulamos, es el objeto mismo el que determina qué somos, su posesión nos afecta de un modo incontrolable. Nótese el paradigmático orden sintáctico "antinatural" de James (no el habitual: "Había dejado en la mesa el abultado sobre en el momento de entrar...", o incluso, "En el momento mismo de entrar, había dejado sobre la mesa el abultado sobre..."): para poder crear un suspenso protohitchcockiano, el objeto –el punto central libidinal– sólo se nombra al final, su aparición es demorada. Más aun, la primera lectura rápida crea una confusión gramatical: se tiende a leer la oración como "Puso sobre la mesa [al momento de su entrada] el gran sobre", dando lugar a una escena casi surrealista y sin sentido de la propia Kate colocada en el enorme sobre arriba de la mesa; es sólo al llegar al final del pasaje, es decir, al darnos cuenta del sinsentido del resultado de nuestra lectura y volviéndola a recrear que llegamos al significado correcto. La elegancia de esta complicación es que desplaza el acento de la persona (Kate) al objeto (sobre). Este objeto no es sólo hitchcockiano, se puede también visualizar fácilmente esta escena como parte de un filme de Hitchcock: primero el intercambio de miradas, sólo entonces, lentamente, la cámara se acerca al objeto, el punto central de la escena...

> —¿Quieres decir que es en este sentido mío también?
> —Bien, llamémoslo, si quieres, de ellos, de esa buena gente de Nueva York, los autores de nuestra comunicación. Si el sello está roto, nada hay que decir, pero *deberíamos*, lo sabes –agregó claramente– haberlo devuelto intacto y sin abrir. Sólo acompañado –sonrió con el corazón en la boca– de una carta absolutamente cortés.

Dado que el objeto-carta está maldito, como en "La carta robada" de Poe, la primera reacción es escapar de ella rechazando actuar como su destinatario y de este modo evitar quedar atrapado en su camino circular, *quedar fuera* de él.

> Kate escuchó estas palabras con el simple parpadeo al que recurre un paciente valiente para indicarle a la mano exploradora del médico que ha llegado al lugar del dolor. Él vio que ella estaba preparada y con esa

señal de que ella era demasiado inteligente para estar con las defensas bajas, él vislumbró algunas posibilidades. Ella era –simplemente para decirlo así– lo suficientemente inteligente fuera lo que fuese.

—¿Esto es lo que estás proponiendo que *debiéramos* hacer?

—Oh, es demasiado tarde para hacerlo. Bueno, era lo ideal. Ahora, con este signo de que *sabemos*...

—Pero tú no sabes –dijo ella con gran amabilidad.

—Me refiero –continuó él sin prestarle atención– a que hubiera sido la forma elegante. Ser reenviada, sin más reconocimiento que la certeza de nuestra mayor consideración y que sirviera como prueba el estado del sobre. *Eso* hubiera sido realmente satisfactorio.

Ella pensó un instante.

—¿Quieres decir que el estado del sobre probaría que el rechazo no se debe a lo insuficiente de la suma?

Densher volvió a sonreírse ante esa expresión, aunque ingeniosa en exceso, de su humor.

—Pues sí, algo de esa clase.

—Así que si alguien conoce el contenido, por lo que sé, ¿eso arruina la belleza del gesto?

El estatus *intersubjetivo* del conocimiento, de "que se ha tomado conocimiento", resulta fundamental aquí: no el simple conocimiento, sino el *conocimiento sobre el conocimiento del Otro*. Recordemos el final inverso de *La edad de la inocencia*, de Edith Wharton (la escritora jamesiana si es que alguna vez existió alguna), en el que el esposo que mantuvo por largos años un amor apasionado e ilícito con la condesa Olenska queda, luego de la temprana muerte de su esposa, libre para unirse a su amada; sin embargo, cuando está por ir hacia ella se entera por su hijo que su joven esposa *supo* todo el tiempo acerca de su pasión secreta. Su unión con la condesa Olenska le resulta imposible... En esto reside el enigma del conocimiento: cómo es posible que toda la economía psíquica de una situación cambie radicalmente no cuando el protagonista se entera directamente de algo (algún secreto largamente guardado), sino cuando termina por *saber que el otro* (al que consideró ignorante) *también lo supo todo el tiempo* y fingió no conocerlo para guardar las apariencias. ¿Hay algo más humillante que la situación de un marido que, tras un largo *affaire* amoroso secreto, de pronto se entera de que su esposa lo sabía todo el tiempo pero mantuvo silencio por educación o, lo que es peor, por amor a él? Exactamente del mismo modo, para Densher resultaba imposible casarse con Kate mientras aceptaba el dinero de la muerta Milly desde el momento en que se enteró de que Milly sabía de la trama que había armado con Kate...

> —Eso hace la diferencia: la esperanza (que, lo confieso, mantenía) de que lo trajeras a mí como lo habías recibido.
>
> —No expresabas esa esperanza en tu carta.
>
> —No quería hacerlo. Lo quería dejar a tu decisión. Quería (oh, sí, si es lo que me pedías que hiciera) ver lo que harías.
>
> —¿Querías medir hasta dónde llegaba mi falta de delicadeza?
>
> Ahora se mantenía sereno, una especie de paz –por la presencia, como si estuviera en el aire, de algo a lo que aún no podía darle un nombre– se apoderaba de él.
>
> —Pues bien, pretendía –y era una buena oportunidad– ponerte a prueba.
>
> Esa expresión la había golpeado; se veía en su rostro.
>
> —*Es* una buena oportunidad. Dudo que alguna mejor –dijo con los ojos puestos en él– se hubiera presentado alguna vez.
>
> —Cuanto mejor el caso, mejor la prueba.
>
> —¿Cómo sabes –preguntó a modo de réplica– de lo que soy capaz?
>
> —No lo sé, querida, pero con el sello intacto lo habría sabido antes.
>
> —Ya veo –ella lo comprendía–. Pero no habría sabido nada. Y tú tampoco, por lo que sé.

Se encuentran aquí los términos de la hipócrita prueba de Densher: le había enviado el sobre cerrado esperando que ella *no* lo abriera –su esperanza era que de este modo pudieran establecer una especie de pacto de ignorancia cimentando su relación (matrimonio) en el rechazo no sólo a aceptar el regalo sino en no saber tampoco de qué se trataba. Nos hallamos aquí frente a un momento propiamente melodramático que es una parte clave (y a menudo ignorada) del imaginario de James y que se encuentra, entre otros sitios, también en el cuarto episodio del *Decálogo* de Krzystof Kieslowski, en el cual la hija "honra a su padre" bajo la forma del ardiente deseo incestuoso por él. La pregunta vuelve a formularse: ¿es mejor no saber ciertas cosas? Al final, padre e hija queman juntos la carta que responde a la pregunta de si él es realmente el padre, aceptando de esta forma la ignorancia como base de su relación –no una mentira sino un abandono consensuado de la verdad–, la actitud de "es mejor no saber" la verdad acerca de la paternidad contenida en la "carta de una madre desconocida" (era desconocida para su hija, pues había muerto pocos días después de dar a luz). Aquí, para poder mantener el frágil y delicado equilibrio libidinal de la vida cotidiana, la carta *no* debe llegar a destino. En contraste con esta solución, Kate, al abrir el sobre, marca su rechazo a "vivir una mentira".

—Permíteme decirte ya mismo –recomenzó él– que si has venido a corregir mi ignorancia, te pido encarecidamente que no lo hagas.

Ella vaciló un poco.

—¿Temes al efecto de las correcciones? ¿Sólo puedes actuar ciegamente?

Él esperó un momento.

—¿De qué acto hablas?

—Del único acto en el mundo en que estás pensando. No aceptar lo que ella ha hecho. ¿No hay un nombre adecuado a estos casos? No recibir la donación.

—Hay algo de lo que te olvidas –dijo él tras un momento–. Que te pido que me ayudes a hacerlo.

Su sorpresa la ablandó sin por eso hacerle perder su firmeza

—¿Cómo puedo ayudarte en algo con lo que no tengo nada que ver?

—¿Cómo? Con una simple palabra.

—¿Y qué palabra?

—Tu consentimiento a mi rechazo.

—Mi consentimiento no significa nada pues no puedo detenerte.

—Tranquilamente puedes detenerme. Compréndelo bien –dijo él–.

Le pareció ver una amenaza en estas palabras.

—¿Quieres decir que no renunciarás si *no* doy mi consentimiento?

—Sí. Nada hago.

—Eso, por lo que entiendo, es aceptar.

Densher se detuvo.

—No haré nada oficial.

—Supongo que quieres decir que no tocarás el dinero.

—No tocaré el dinero.

Aunque podía presentirlas, esas palabras sonaron gravemente.

—¿Quién habría de *cobrarlo* en ese caso?

—Cualquiera que quiera o pueda.

Ella volvió a hacer una pausa, tal vez hubiera dicho demasiado. Pero se dio cuenta de que había ganado terreno.

—¿Cómo puedo tocarlo si no es *a través* tuyo?

—No puedes. Del mismo modo –agregó él– que sólo puedo renunciar a él a través tuyo.

—Para nada. No hay nada –explicó ella– que esté en mi poder.

—Yo estoy en tu poder –dijo Merton Densher–.

—¿De qué manera?

—En la manera que muestro y que siempre he mostrado. ¿Cuándo he mostrado –preguntó con una súbita y fría impaciencia– otra cosa? Seguramente debes sentir, al punto de no querer evitar nada a este respecto, que me posees.

—Eso es muy bueno de tu parte, mi querido –rió ella nerviosamente–, ponerme perfectamente al tanto de todo.

—No te pongo al tanto de nada. Ni siquiera te puse al tanto de la posibilidad de que, como te dije hace unos momentos, devolvieras esa cosa. Por lo tanto, tu libertad es completa en todos los sentidos.

Los riesgos de este juego del gato y el ratón entre Kate y Densher en este pasaje son muy precisos; afectan la delicada interrelación entre un acto simbólico (explícito) y un implícito acto de consentimiento (de aceptar "no haciendo nada oficial"). Densher pretende que Kate no acepte el legado de Milly ni que lo rechace con un gran gesto simbólico, sino que consienta pasivamente que él no toque el dinero –que se una a él en su hipócrita intento de mostrar su prescindencia, su huída, como un gesto ético, para mostrar el rechazo a elegir como una elección–. En resumen, Densher quiere *engañar al gran Otro* para completar un gesto que no sería notado como tal por el gran Otro. La ironía definitiva, por supuesto, es que la conclusión de Densher –"De este modo tu libertad es completa en todo sentido"– nombra al opuesto exacto de la libertad: el arrinconamiento consiguiente de Kate, su total sujeción a las coordenadas de su "prueba". Él se pone bajo su poder de un modo que le permite dominarla por completo: aquello que, a los ojos del gran Otro, aparecerá como la elección libre de Kate, esconderá la brutalidad de una elección forzada impuesta por él.

> Tengo que llegar al punto en que realmente sus rostros se pusieron pálidos y todo lo no dicho ente ellos se reflejaba en sus ojos como un oscuro terror por su próximo choque. Incluso apareció algo entre ellos en uno de sus breves silencios –algo que era como una súplica mutua de no ser demasiado francos–. De algún modo esa necesidad se había instalado ante ellos, pero ¿quién de ellos debía empezar? "Gracias", dijo Kate por sus palabras acerca de la verdad, pero sin tomar ninguna decisión durante un minuto. Se habían desprendido de todas sus ironías y durante otro lento momento su percepción mutua aclaró la atmósfera.
>
> Hubo un efecto de esto en la manera como él se apuró a continuar:
>
> —Debes sentir intensamente que es aquello por lo que trabajamos juntos.
>
> Sin embargo, ella consideró el planteo como poco más que un lugar común; volvía a estar ocupada con una preocupación suya:
>
> —¿No es completamente cierto (pues es, lo sabes, tremendamente interesante) que no tengas la menor curiosidad por saber lo que hizo ella por ti?
>
> —¿Te gustaría –preguntó él– que lo jurara solemnemente?
>
> —No, pero no lo comprendo. Me parece que en tu lugar…
>
> —Ah –no pudo evitar interrumpirla– ¿qué sabes de mi lugar? Perdóname –agregó enseguida–, mi preferencia es la que te estoy expresando.
>
> No obstante ella tuvo una idea curiosa.
>
> —¿Pero no se publicarán los hechos?
>
> —¿Publicados? –se estremeció.
>
> —Quiero decir, ¿los veremos en los periódicos?
>
> —¡Nunca! Sabré como evitarlo.
>
> La cuestión parecía solucionada, pero volvió a insistir enseguida.

—¿Tu deseo es evitarlo todo?
—Todo.

Aquí Densher revela abruptamente la mentira de su posición subjetiva: su maniobra de adjudicar a Kate lo que fue hecho para que *él* escapara. ¿Qué precisamente? Enfrentar el dilema al que lo enfrentó la donación de Milly. Es el propio Densher el que fracasa en la prueba ética. ¿Cómo?

—¿Y no necesitas saber más acerca de lo que me pides que te ayude a rechazar?

—Sé lo suficiente sin que sea tan definido. Estoy queriendo creer que la suma de dinero no es pequeña.

—¡Lo has adivinado! –exclamó ella.

—Si quiso dejarme un recuerdo –prosiguió con calma–, forzosamente debería ser importante.

Kate esperó hasta encontrar la manera de decirlo.

—Es digno de ella. Es lo que era ella misma, si es que te acuerdas lo que dijimos aquel día que era.

Él vaciló como si hubieran dicho muchas cosas. Pero recordó una:

—¿Estupenda?

—¿Estupenda? –Una leve sonrisa (siempre tan pequeña) había relampagueado en su rostro, pero se había desvanecido antes que el preanuncio de lágrimas, un poco menos inciertas, se hubiera mostrado en el del joven. Sus ojos se inundaron, pero eso hizo que ella continuara. Y lo hizo con delicadeza–.

—Creo que la verdadera razón es que debes tener miedo –explicó–, que le temes a *toda* la verdad. Si estás enamorado de ella sin saber lo que hizo ella por ti, ¿qué ocurrirá cuando sepas más? Y temes, ¡es increíble!, estar enamorado de ella.

—Jamás estuve enamorado de ella –dijo Densher.

Ella lo dejó pasar, pero luego retomó sus palabras.

—Creo que era cierto para el tiempo en que estuvo viva. Es al menos cierto para la época en que estuviste allí. Pero tu cambio llegó, como debía ser, el último día que la viste; ella murió por ti para que pudieras llegar finalmente a comprenderla. Desde ese momento la comprendiste

–Kate se levantó lentamente–. "Y yo también lo comprendo ahora. Lo hizo *por* nosotros."

Densher elevó su rostro hacia el de ella y ella continuó con su reflexión:

—En mi estupidez solía llamarla, a falta de otra forma mejor, la paloma. Pues bien, ella desplegó las alas y esas alas han llegado hasta aquí. Nos están cubriendo.

—Nos están cubriendo –dijo Densher.

Aquí Kate pone en evidencia la verdad de la traición de Densher: no se siente culpable y se rehúsa a sacar provecho de la muerte de Milly, no porque no la ama y por esta razón no es digno de su regalo, sino porque sí la ama –no mientras estaba viva, sino desde el momento de su muerte–. Se enamoró de su gesto de morir *por* él y Kate, del modo como convirtió su inevitable muerte por enfermedad en un gesto sacrificial. ¿Por qué se trata precisamente de una traición? Pues ese amor es falso, un caso de lo que Freud llamó "masoquismo moral".

—Es esto lo que te doy –concluyó gravemente Kate–. Esto es lo que he hecho por ti.

La mirada que él le dirigió mostraba una serena extrañeza que secó por un momento sus lágrimas.

—¿He entendido, entonces?

—¿Qué consiento? –movió tristemente la cabeza–. No, por lo que veo. Te casarás conmigo sin el dinero, no te casarás conmigo con el dinero. Si no consiento, tu no consentirás.

—¿Me pierdes? –Mostró, al hablar sin tapujos, una especie de perplejidad profunda ante lo que iba comprendiendo–. Pues bien, no perderás nada más. Te dejo hasta el último penique.

Su claridad se mostró rápida, pero no encontró sonrisa alguna en el rostro de Kate.

—Precisamente. Entonces debo elegir.

—Debes elegir.

Finalmente llegamos al punto (ético) crucial del asunto, los términos de la elección a que Densher enfrenta a Kate: no "Aquí estoy, sin dinero, elígeme o no", sino "Yo o el dinero" –puedes tener el dinero de Milly (sin mí) o tenerme (sin el dinero), es decir que si *no* me eliges, el dinero es tuyo. Sin embargo, Kate rechaza estos términos e impone su propia elección, más radical que la de Sofía. "O quiero a Densher con el dinero o ni Densher ni dinero", lo que *no* significa que "realmente quiere el dinero" –no quiere ni a Densher sin el dinero *ni el dinero sin Densher*–. Por esta precisa razón, *ella* es la única figura ética de la novela: elige perder a Densher *y* el dinero. Esta elección sólo es posible dentro de una perspectiva *atea*, es el signo de una ética propiamente *atea*.

> Fue extraño para mí que ella estuviera en los propios cuartos de Densher haciéndolo mientras, con una intensidad que superaba cualquier otra y que nunca había hecho detener su aliento, esperaba por su acción.
>
> —No hay sino una cosa que puede salvarme de elegir.
>
> —¿De mi elección de mi entregarme a ti?
>
> —Sí –e hizo una señal hacia el enorme sobre que estaba en la mesa– que devuelvas eso.
>
> —¿Qué es entonces?
>
> —Tu palabra de honor de que no estás enamorado de su recuerdo.
>
> —¡Su recuerdo!
>
> —No hables como si no fuera posible –se acompañó de un gesto amplio–. En tu caso a mí me podría pasar y tú eres una de esas personas a quien podría ocurrirle. Su recuerdo es tu amor. No *quieres* otra cosa...
>
> Él la escuchó sereno, contemplando su rostro pero sin moverse. Sólo atinó a decir:
>
> —Me casaré contigo en una hora, no lo olvides.
>
> —¿Como éramos?
>
> —Como éramos.
>
> Pero ella se volvió hacia la puerta y al mover la cabeza llegó el final.
>
> —Nunca volveremos a ser como éramos.

¿Por qué no? Una vez más, porque compartían el *conocimiento*: pueden disimular que nada ha ocurrido, pero "nunca volverán a ser como eran" pues el gran Otro lo sabe... La última novela de James, *La copa dorada*, una verdadera contrapartida de *Las alas de la paloma*, se centra en este extraño estatus del conocimiento. Si alguna vez existió una obra para la que no encaje el lugar común que, para poder comprenderla en toda su complejidad hay que leerla repetidas veces, o al menos dos, es *The Golden Bowl:* debe leérsela *sólo una vez.* Aun cuando se regrese repetidamente a la novela, hay que confiar en la primera impresión "confusa"; la lectura repetida tiende a disimular su impacto. He aquí un resumen del argumento: Adam Verver, un viudo y empresario extremadamente rico de una no especificada ciudad de los Estados Unidos y su hija Maggie están disfrutando de una extensa estadía en Europa, donde él está armando una amplia colección de obras de arte, que se convertirá en la base de un elegante museo en su ciudad. Gracias a los esfuerzos de Fanny, su amiga estadounidense que vive en Europa, Maggie conoce y se casa con el príncipe Amerigo, un noble italiano empobrecido. Maggie invita a su boda a Charlotte Stant, una vieja compañera de estudios, también carente de medios; no sabe que Charlotte y Amerigo fueron amantes alguna vez. Ambos se mantienen callados sobre su romance (¿para no herir a Maggie o para proteger su relación secreta?). Un día antes de la boda, Charlotte se encuentra en secreto con Amerigo para comprarle un regalo a Maggie; elige una hermosa copa de oro, pero Amerigo se da cuenta enseguida de que está rota.

Luego del casamiento, Charlotte entra a la casa de Maggie y busca la atención de Adam; Maggie entusiasma a su padre para que corteje a Charlotte y que ellos también se casen. Sin embargo, padre e hija permanecen inseparables incluso después del nacimiento del hijo de Maggie. Vueltos a encontrar, Amerigo y Charlotte sucumben a sus antiguos sentimientos y, por instigación de Charlotte, retoman su *affaire.* Aquí regresa la copa de oro a la historia: por casualidad, Maggie visita la misma tienda y la compra como regalo para su padre. Cuando el comerciante, impulsado por su conciencia, la visita para informarle que la copa está rota, que tiene una falla, ve en el apartamento fotos de Charlotte y Amerigo y le cuenta a Maggie de su visita anterior a la tienda. Al darse cuenta del vínculo secreto entre Charlotte y su esposo, Maggie no delata a la pareja. En vez de esto, se ocupa de mantener las cosas bajo control y manejarlas a su modo. Primero le cuenta la historia de la copa a Fanny quien, en un arranque de ira, lanza la copa al suelo tratando de destruir el objeto que da testimonio de la mentira; Maggie le ordena que no le diga nada a su padre para que él no se preocupe. Amerigo, quien escuchó a Maggie contándole a Fanny la historia de la copa y ve la pieza rota, es enfrentado por Maggie: le asegura que sólo la ama a ella y que quiere vivir con ella. Más adelante le miente a Charlotte, negando que Maggie sepa de su relación. Charlotte sospecha de un cambio en la actitud de Maggie y le pregunta si tiene algo contra ella; en respuesta, Maggie simplemente le miente, diciéndole que no tiene rencores contra ella y la abraza cálidamente –en este punto, ella experimenta una extraña solidaridad con su mentiroso marido–.

Para poder detener esta telaraña de mentiras protectoras, Maggie y su padre en una conversación paradigmáticamente jamesiana en la que las implicancias no dichas pesan más que las afirmaciones directas, hacen un pacto de silencio por el cual él enviará a Charlotte a Estados Unidos para salvar el matrimonio de su hija: a pesar de que Adam toma la iniciativa de proponerle a Maggie partir junto a Charlotte, simplemente está respondiendo a sus sutiles manejos. Luego de enterarse de la decisión, Charlotte le miente a Maggie, presentándola como si fuera suya: le dice que fue ella quien convenció a Adam de que se fueran porque Maggie se oponía a su matrimonio, dado que el padre y la hija estaban enamorados. Para hacer las cosas más fáciles a su amiga, Maggie se autosacrifica y miente, admitiendo falsamente la verdad de la versión de Charlotte: se opone al casamiento de su padre, pero no logra evitar que tenga lugar. La historia termina así con dos parejas quebradas. Adam regresa a casa, a lo que considera una vida en el infierno, para no volver a ver a su hija; Charlotte queda totalmente destruida al perder a su amante para siempre. Maggie ha ganado: las apariencias se salvaron, a pesar de que se ha producido una devastación emocional a su alrededor... Maggie, por supuesto, es la versión cruel de la esposa inocente de *La edad de la inocencia* de Wharton: detrás de su apariencia frágil, ingenua, inocente y necesitada de protección, hay una férrea voluntad de hacerse cargo de sí misma y perseguir sus propios objetivos. Es ésta la visión de James sobre la inocencia estadounidense como opuesta a la decadencia europea: es la corrupción europea la que es débil y demasiado ingenua, mientras que la inocencia estadounidense está sostenida por una determinación sin vacilaciones.

En *La copa de oro* tenemos cuatro personajes principales que forman en dos oportunidades dos parejas (más Fanny que representa el sentido común, el "gran Otro" protector de las apariencias): están las dos parejas "oficiales" y públicas (Amerigo y Maggie, Adam y Charlotte) y las dos "no oficiales" vinculadas por la verdadera pasión (Amerigo y Charlotte, Adam y Maggie). Esta constelación abre para los cuatro una perspectiva utópica –una pareja incestuosa y otra licenciosa–: que vivan juntos felizmente, aceptando sus pasiones ilícitas. ¿Por qué no es factible esta solución? A causa de la copa. La copa del título de la novela no es un símbolo a lo Grial, un sublime objeto elusivo de la perfección perdida: es en realidad otro objeto hitchcockiano, un pequeño trozo de realidad que circula, el centro de intensas inversiones libidinales. Gore Vidal escribió que la copa rajada es emblemática de "las relaciones entre los amantes y sus parejas legales": contra todas las apariencias, el mundo de las dos parejas es un raro cristal sin defectos, de una sola pieza, bellamente adornado con dinero estadounidense, pero detrás de esto, existen profundas rajaduras. La copa rajada es lo que Lacan llamaba el significante del Otro barrado, la encarnación condensada de la falsedad de las relaciones intersubjetivas; en consecuencia, no hay que tratarlo en principio como una metáfora sino como un agente en y de las relaciones intersubjetivas: su posesión, destrucción, el conocimiento de su posesión, etc., estructuran el paisaje libidinal.

Por supuesto, lo primero a señalar sobre este paisaje es que el famoso procedimiento elíptico jamesiano, su basarse en los silencios, es aquí llevado al extremo: Las relaciones entre las figuras profundamente interrelacionadas son llevadas de la manera más oblicua, por medio de indicios, insinuaciones, conclusiones elípticas, en general, a través de lo que no termina de afirmarse, a la manera como nos imaginamos que era norma en la corte de los emperadores chinos. Nadie habla directamente de sus sentimientos y deseos. Es difícil determinar en cualquier momento dado quién esta traicionando, sacrificando o manipulando a quién. Sin embargo, ¿qué pasaría si esta delicadeza, este mantener los modales a cualquier costo, este juego de indirectas en el que las decisiones clave suelen estar meramente marcadas por un pesado silencio, enmascara –deja amarradas– unas subyacentes y extremas brutalidad y violencia? ¿La persona que representa la extrema consideración, que trata desesperadamente de no herir a nadie, dispuesta a hacer lo que sea para proteger a su hija a la que percibe como frágil, es Adam –ese proverbial "barón y ladrón" estadounidense, un personaje como un Morgan o un Carnegie, quienes presuntamente amasaron su fortuna de un modo extremadamente brutal, por medio del engaño, el soborno, el abuso y el asesinato–? La razón por la cual siente la necesidad de "devolver algo" es para encubrir su oscuro pasado (para no mencionar el hecho de que su actitud hacia las obras de arte que colecciona es la de la posesión y no una sincera reacción a su belleza).[17]

Deberíamos arriesgarnos a dar un paso más hacia otro esencial motivo estadounidense de principios del siglo XX: el del incesto entre una hija y su padre adinerado. Se encuentran sus rastros en *Suave es la noche*, de Scott Fitzgerald, y en *Chinatown*, la película de Roman Polanski: el brutal padre –barón y ladrón– ejerce también su derecho sin trabas en el terreno sexual, disfrutando de su hermosa hija y arruinándole la vida. Es como si este exceso de explotación sexual fuera una inscripción codificada en una impiadosa explotación económica más amplia –se trata de "hombres con poder que pueden hacer lo que quieran"–. Y es significativo que la obra de Edith Wharton

[17] En esto reside una de las grandes deficiencias de la versión cinematográfica de *La copa de oro (The Golden Bowl)*, de Ivory: el filme se esfuerza por mostrar al "barón y ladrón" lo más simpático posible. Como corresponde a nuestros tiempos políticamente correctos obsesionados con "herir al Otro", una actitud considerada pesa más que la brutal explotación capitalista.

esté profundamente marcada por este tópico: entre sus textos inéditos se encuentra "Beatrice Palmato", un relato breve que describe un incesto entre padre e hija del modo más explícito, con todos los detalles de *fellatio, cunnilingus,* etc.[18] ¿No se trata de una referencia escondida a *La copa de oro*? ¿Qué pasaría si la actitud protectora del padre ocultara (y de ese modo revelara) la realidad de la brutal explotación capitalista y de la violación familiar? ¿Qué ocurriría si el protector último fuera un violador? En *La copa de oro*, el incesto no es "real"; sin embargo, es como si su intensidad se sintiera en la incestuosa proximidad del lenguaje mismo: Maggie y Adam se comunican casi telepáticamente, sin necesidad de formular completamente sus pensamientos, y saben inmediatamente qué pretende el otro.

El agente definitivo de protección es Adam, dispuesto a hacer lo que fuera para proteger la inocencia de su hija –sin embargo, la paradoja es que él, el agente de su pasión incestuosa, es simultáneamente la mayor amenaza a su inocencia. El incesto es la protección última (el hijo permanece a salvo de las trampas de la circulación social) y la amenaza última –de ese modo es bastante coherente que el mayor sacrificio le corresponda a Adam: el acto de protección más radical es para Adam abandonar su escudo protector, salirse del cuadro, dejar que ella se marche al mundo real con todos sus peligros–.

Cuando se descubre la verdad respecto de la copa, explota una red de mentiras protectoras: los cuatro personajes se embarcan en una telaraña de mentiras o fingen no saber lo que saben para no lastimar al otro. Los dos amantes fingen no saber para proteger así a Charlotte y a su padre; Amerigo le miente a Charlotte que Maggie no sospecha de ellos para poder ponerla a reparo de la culpa; Adam finge no sospechar nada para hacerle las cosas más fáciles a su hija; Maggie finge que se opone al casamiento de Charlotte para asegurar una salida honorable, etc. ¿Quién, entonces, está protegiendo a quién de qué? ¿Y quién manipula a quién? Pareciera que Charlotte y Amerigo

[18] Este relato se encuentra disponible en Gloria C. Erlich, *The Sexual Education of Edith Warton*, Berkeley, University of California Press, 1992.

manipulan a los Verver para poder seguir con su relación ilícita; sin embargo, ¿qué pasaría si Adam y Maggie se casaran para lograr la cobertura que les permita seguir con *su* relación incestuosa? Aquí el comerciante se equivoca cuando le dice a Charlotte, quien no puede ver la rajadura en la copa pero que sospecha de su bajo precio: "Pero, si es algo que no puede descubrir, ¿no es tan bueno como si no fuera nada?". Aplicado a las tensiones libidinales de la novela, esto obviamente significa que si no se sabe del *affaire* ilícito es tan bueno como si no existiera *affaire*. ¿Pero de *qué affaire* hablamos aquí? ¿Adulterio o incesto? ¿Qué es un adulterio ordinario comparado con un incesto? ¿Y a *quién* le corresponde que si no se sabe es "tan bueno como si no fuera nada"? Es aquí que las cosas funcionan mal con todas las mentiras protectoras: no importa si no se sabe, lo que importa es que *los demás no saben lo que él o ella saben;* si su conocimiento no es conocido, le permite *fingir* que no sabe y así *mantener las apariencias*. En definitiva, es el "gran Otro", el orden de las apariencias sociales, el que debe mantenerse en la ignorancia: si el gran Otro no sabe, es "tan bueno como si no fuera nada"...

Resulta obvio aquí el paralelo con *Las alas de la paloma* y se lo ha señalado a menudo: en ambas historias los dos amantes deciden mantener en secreto su relación para así no lastimar a la inocente y rica heredera estadounidense; sin embargo, en contraste con Kate, Charlotte es decididamente no ética. No es una calculadora egoísta, simplemente no controla la situación y queda a merced de sus pasiones. ¿Entonces son éticas las maniobras de Maggie? ¿Es ella una nueva versión de la Isabel Archer de *Retrato de una dama*? ¿Repite su acto la decisión de Isabel de continuar con su matrimonio sin amor? Aquí también la diferencia ética es insuperable: efectivamente, Maggie concreta aquello de lo que Isabel es a veces acusada de manera injusta –se embarca en maniobras destinadas a mantener las apariencias sociales–. Por lo tanto, Robert Pippin vuelve a tener razón: *La copa de oro* concluye "en una gran catástrofe moral".[19] El desenlace final de la no-

[19] Robert Pippin, *op. cit.*, p. 77.

vela no ofrece lo que pueda llamarse una solución, ningún acto que pueda romper con la telaraña de mentiras, o, en términos lacanianos, que pueda revelar la inexistencia del gran Otro.

El acto de Maggie adhiere a la falsa ética de lo no dicho cuya perfecta exposición se encuentra en uno de los verdaderamente mejores relatos de James, "The Great Condition" (1899). Bertram, quien está enamorado de la señorita Damerel, se siente molesto por los rumores de su pasado escandaloso y oscuro. Se le declara, manifestando su disposición a casarse con ella con la condición de que le revele la verdad sobre su pasado; ella acepta, pero poniendo una condición, le revelará la verdad seis meses después de su casamiento. Cuando el sorprendido Bertram se retira, Henry, su amigo, quien también está enamorado de la señorita Damerel, se le declara incondicionalmente y se casan. Más adelante, Bertram regresa para visitar a la señorita Damerel, diciéndole que ha investigado su pasado y que no existen en él secretos oscuros. La señorita Damerel admite que su pasado está libre de todo escándalo, pero le pide que *no* le cuente a Henry: Henry jamás le preguntará por su pasado, se considera demasiado noble como para hacerlo, de modo que decírselo sería privarlo de su *noblesse*... Esta lógica de rehusarse a revelar toda verdad, de mantener el secreto como modo de preservar la integridad es profundamente ambigua: se la puede leer como una señal de la insistencia de la señorita Damerel en la confianza, pero también se la puede interpretar como la manipulación por medio del secreto femenino, como la conciencia de que la sombra de un misterio ilícito refuerza la atracción que ejercen las mujeres sobre los hombres. Esta lógica del "misterio femenino" es totalmente extraña para la Kate de *Las alas de la paloma*; no sorprende que algunas equivocadas feministas rechacen a Kate por considerarla atrapada en la lógica masculina de la dominación explotadora, oponiéndola a la auténtica actitud "femenina" de Milly de la entrega sin límites, de la bondad y el sacrificio, por supuesto. Contra estas desviaciones, habría que insistir en que Milly es una figuración de la fantasía *masculina*, de acuerdo con la tesis clave de Lacan según la cual el "masoquismo femenino", lejos de pertenecer a la “naturaleza femenina” o a la “feminidad”, es una *fantasía masculina.*

Ésta es también la razón por la cual Kate no puede aceptar que Densher “esté enamorado de un recuerdo”: hubiera implicado aceptar la lógica de “para cada uno/una su propio secreto privado”. Recordemos el cliché (que, como todos los clichés, contiene una pizca de verdad) de las diferentes respuestas que se obtienen de hombres y mujeres frente a la pregunta: “¿Qué preferiría usted que haga su pareja? ¿Qué tenga sexo con otra persona y mientras lo hace fantasee con usted, o que sólo tenga sexo con usted y, mientras lo hace, tenga fantasías con otras personas?”. La mayoría de los hombres prefiere la segunda opción y la mayoría de las mujeres la primera. Del mismo modo, Kate está dispuesta a aceptar la primera opción (Densher puede acostarse con Milly, sólo pensará en ella...), incluso lleva a empujar a Densher para que lo haga, y rechaza la segunda opción (habiéndose casado con Densher mientras éste pensaba en Milly), que habría sido, para ella, su matrimonio con Densher.

El título de la novela alude al salmo 55 (“Oh, si tuviera alas como una paloma. Pues entonces volaría y me sentiría en paz”). Puede por lo tanto leerse en tres sentidos. La primera y obvia paloma, explícitamente aludida como tal en el texto, es, por supuesto, la propia Milly, quien vuela y encuentra la paz en la muerte. La segunda paloma es Densher, cuyo deseo es “escapar a todo”; sin embargo, la verdadera paloma se revela en la última línea de la novela: Kate, quien a lo largo del libro, estiró las alas para cubrir a Milly y a Densher con su plan y luego, cuando Densher o el dinero estuvieron a su disposición, se dirigió hacia la puerta y salió: al rechazar la elección, deja a ambos atrás y se va volando para siempre.

6. LA POLÍTICA DE LA REDENCIÓN O POR QUÉ RICHARD WAGNER MERECE SER SALVADO

Cuando hay que escuchar la celebración romántica del poder de la música para transmitir directamente el núcleo pasional de la subjetividad, prescindiendo de las palabras, no se puede sino estar de acuerdo con Vladimir Nabokov cuando caracterizó el estado ideal como aquel en el cual "no hubiera tortura, ejecuciones ni música"...[1] Efectivamente, la línea de separación entre lo sublime y lo ridículo, entre un acto noble y un gesto patéticamente vacío es en última instancia imposible de trazar. Recordemos el comienzo del primer movimiento de la *Novena Sinfonía* de Beethoven: ¿existió alguna vez una declaración más sucinta de la resuelta posición, del firme propósito de la voluntad sin compromisos de llevar a la práctica la propia decisión?[2] Y si no se lo considera así, si se cambia levemente la pers-

[1] Vladimir Nabokov, *Strong Opinions*, Nueva York, McGraw-Hill, 1973, p. 35 [trad. esp.: *Opiniones contundentes*, Barcelona, Taurus, 1977].

[2] Lamentablemente, no puede decirse lo mismo del célebre cuarto movimiento. En uno de sus ensayos, Adorno menciona un maravilloso ejemplo de la vulgaridad de la *Halbbildung*: un manual estadounidense que ayudaría a las personas a reconocer las piezas clásicas más famosas y de ese modo evitar pasar vergüenza en compañía de intelectuales. ¿Cómo? El autor propone palabras para cada melodía clásica famosa (presuntamente para ilustrar su "contenido") que nos ayudarían a recordarla: las cuatro primeras notas que son el motivo de la *Quinta* de Beethoven quedarían así traducidas como "¡Escucha golpear al destino! ¡Escucha golpear al destino!"; la principal línea melódica del primer movimiento de la *Sexta* de Tchaikovski, como "ha pasado la tormenta, Tchaikovski está calmo pero vuelve a estar triste"... Por supuesto, Adorno estalla de ira (obviamente mezclada con un placer extremadamente obsceno) ante esta barbarie. El problema con el cuarto movimiento de la

pectiva, ¿no aparece el mismo gesto como una gesticulación ridícula, un sacudir histérico de las manos que revela el hecho de que estamos efectivamente frente a una impostura? Sin embargo, ¿qué pasa si interpretamos la actitud del primer movimiento no como dignidad sino como la *obstinación* de la pulsión "no muerta"? Lo que significa nuestra oscilación es que no existe lo *kitsch* por sí mismo: lo que logra Bartok en su "Concierto para orquesta" es *redimir* la melodía definitivamente *kitsch* de "La viuda alegre" de Lehar: la cita de Lehar no pretende en absoluto ser irónica dado que al citarla en un contexto diferente la desfetichiza, ofreciéndole un entorno musical adecuado en el cual esta bella melodía emerge "orgánicamente". Felizmente, el problema con este potencial expresivo de la música es que, llevado a su límite, a su conclusión, se cancela a sí mismo: cuando progresamos en dirección al núcleo mismo del sujeto, encontramos un centro fantasmático de goce que no puede seguir siendo subjetivizado, asumido afectivamente por el sujeto –el sujeto sólo puede paralizarse, con una mirada fría y transfigurada dirigida a este núcleo, incapaz de reconocerse plenamente en él–. Recordemos "der Laienmann", la última canción del *Winterreise* de Schubert: en el punto más alto de desesperación, las emociones quedan congeladas, retrocedemos al mecanismo no expresivo, el sujeto queda reducido a expresar una desesperación que imita el automatismo de la música mecánica.

En la historia de la ópera, este sublime exceso de vida es discernible en dos versiones principales, la italiana y la alemana, Rossini y Wagner –tal vez, a pesar de ser grandes contrarios, eso explique la sorprendente simpatía de Wagner por Rossini, así como su amistoso encuentro de París, lo que da cuenta de una afinidad profunda–. Los grandes retratos masculinos de Rossini, los tres de *El barbero de Sevilla* (el "Largo il factotum" de Figaro, la "Calumnia" de Basilio y "Un dottor della mia sorte" de Bartolo), además del entusiasta au-

---

Novena de Beethoven que se une a la oda de Schiller sobre la hermandad de todos los hombres, etc., es que se hace esto a sí mismo: las palabras de Schiller funcionan efectivamente como ese recordatorio vulgar del contenido "profundo"...

torretrato de la corrupción del padre en *La Cenicienta*, muestran una burlona autocrítica donde uno se imagina en una posición deseada y siendo bombardeado por exigencias de favores o servicios. El sujeto cambia de posición dos veces: primero asume los roles de aquellos que se dirigen a él, actuando la imparable multitud de demandas que lo bombardean; luego finge reaccionar ante esto, el estado de satisfacción profunda es superado por demandas que uno no puede cumplir. Tomemos al padre de *La Cenicienta:* se imagina que, cuando una de sus hijas se case con el príncipe, la gente se dirigirá a él, ofreciéndole sobornos para que influya en la corte y al principio reaccionará con astutas dudas, luego con falsa desesperación, por ser bombardeado con demasiados pedidos... El punto culminante del aria arquetípica de Rossini es este momento único de felicidad, de la afirmación plena del exceso de vida que ocurre cuando el sujeto es sobrepasado por las demandas y ya no es capaz de manejarlas. En el punto alto de esta aria del "factotum", Figaro exclama: "Qué multitud / de personas que me bombardean con sus demandas / –tened piedad, uno después de otro / uno *per volta, per caritá!–*" refiriéndose así a la experiencia kantiana de lo Sublime en la cual el sujeto es bombardeado por un exceso de datos que no es capaz de comprender. La economía básica es aquí obsesiva: el objeto de deseo del protagonista es la demanda del otro.

Este exceso es la apropiada contraparte del Sublime wagneriano, al *"hoechste Lust"* de la inmersión en el Vacío en el que concluye *Tristán e Isolda.* Esta oposición entre los Sublimes de Rossini y Wagner encaja perfectamente en la oposición kantiana entre el Sublime matemático y el dinámico; como acabamos de ver, el Sublime rossiniano es matemático, pone en acto la incapacidad del sujeto para comprender la pura cantidad de demandas que lo inundan, mientras que el Sublime wagneriano es dinámico, escenifica la concentrada fuerza todopoderosa de *una* demanda, la demanda incondicional de amor. También puede decirse que el Sublime wagneriano es la emoción absoluta: así hay que leer la famosa primera frase de "Religión y arte" de Wagner, donde plantea que, cuando la religión se vuelve artificial, el arte puede salvar al espíritu verdadero de la religión, su verdad oculta. ¿Cómo? Precisamente abandonando el dogma y mostrando únicamente la auténtica emoción religiosa, es decir, transformando la religión en la última experiencia estética. (Y la paradoja de *Parsifal* es que convierte a *Tristán* en su contrario: la íntima experiencia metafísica vuelve a ser forzosamente externalizada, convertida en, precisamente, un *ritual* –el punto alto de *Parsifal* son indudablemente los dos rituales del Grial–.)

Por lo tanto, *Tristán e Isolda* debe leerse como la resolución de la tensión entre la pasión sublime y la religión que sigue operando en *Tannhäuser*. La súplica del comienzo de *Tannhäuser* pone en acto una extraña inversión de la súplica convencional: no para escapar de las limitaciones de la mortalidad y reunirse con la amada, sino aquella dirigida a la amada para que deje ir al héroe y que pueda regresar a la vida mortal de dolor, lucha y libertad. Tannhäuser se queja de que como mortal no puede mantener el goce continuo ("*Wenn stets ein Gott geniessen kann, bin ich dem Wechsel untertan; nicht Lust allein liegt mir am Herzen, aus Freuden sehn ich mich nach Schmerzen*"). Un poco después, Tannhäuser deja en claro que lo que añora es la paz de la muerte: "*Mein Cenen draengt zum Kampfe, nicht such ich Wonn und Lust! Ach moegest du es fassen, Goettin! (wild) Hin zum Tod, den ich suche, zum Tode draengt es mich!*". Si existe un conflicto entre eternidad y existencia temporal, entre trascendencia y realidad terrenal, entonces Venus está del lado de una temible *eternidad*, de un insoportable y excesivo *Geniessen*.

Esto nos brinda la clave para el conflicto central de la ópera: *no* se trata, como se suele plantear, del conflicto entre lo espiritual y lo corporal, lo sublime y los placeres ordinarios de la carne, sino de un conflicto inherente a lo Sublime mismo, que lo atraviesa. Venus y Elisabeth son ambas figuras metafísicas de lo Sublime: ninguna es una mujer destinada a convertirse en una esposa común. Mientras que Elisabeth es, obviamente, la virgen sagrada, el ente puramente espiritual, Venus representa también un exceso metafísico, el del placer sexual excesivamente intenso; por si faltara, es Elisabeth la que está más cerca de la ordinaria vida terrenal. En términos de Kierkegaard, se puede decir que Venus ocupa el lugar de lo estético y Elisabeth el de lo religioso –con la condición de que se conciba a lo estético como incluido en lo religioso, elevado al nivel del Absoluto incondicional–. Y en esto reside el pecado imperdonable de Tannhäuser: no en el hecho de que se ha dedicado un tanto a la sexualidad libre (en este caso, el severo castigo habría resultado ridículamente exagerado), sino en haber elevado la sexualidad, la lujuria, al nivel de lo Absoluto, afirmándola como el reverso inherente de lo Sagrado. Ésta es la razón por la cual los papeles de Venus y de Elisabeth deben ser interpretados definitivamente por una única cantante: ambas *son* una y la misma persona, la única diferencia reside en la actitud del héroe masculino hacia ella. ¿No queda esto claro a partir de la elección final que ha hecho Tannhäuser entre las dos? Cuando está en mortal agonía, Venus lo está llamado para que se una a ella (*"Komm, o komm! Zu mir! Zu mir!");* cuando se le acerca, Wolfram grita desde el fondo "¡Elisabeth!", a lo que Tannhäuser responde: "¡Elisabeth!". En su habitual puesta en escena, la mención de la sagrada y muerta Elisabeth le da a Tannhäuser la fuerza para evitar el abrazo de Venus, quien parte furiosa; sin embargo, ¿no hubiera sido más lógico escenificarlo de modo que Tannhäuser siguiera aproximándose a *la misma* mujer, descubriendo, al acercarse a ella, que Venus es realmente Elisabeth? El poder subversivo de este cambio es que invierte el viejo motivo del amor cortés de la dama de belleza impactante que, cuando uno se le acerca demasiado, se revela como un desagradable ente de carne descompuesta cubierto de gusanos –aquí la virgen sagrada es descubierta en el núcleo mismo de la mujer seductora y disoluta–. De modo que el mensaje no es la habitual desublimación ("¡Cuidado con las mujeres bellas! ¡Son un señuelo engañoso que oculta la desagradable carne descompuesta!"), sino la sublimación inesperada, la elevación de la mujer erótica al modo de aparición de la cosa Sagrada. Por lo tanto, la tensión de *Tannhäuser* es la que existe entre los dos aspectos de lo Absoluto, Ideal-Simbólico y Real, Ley y Superyó. El verdadero tópico de *Tannhäuser* es el de una *perturbación en el orden de la sublimación*: la sublimación comienza a oscilar entre estos dos polos.[3]

Podemos ver ahora en qué preciso sentido *Tristán e Isolda* encarna la actitud "estética" (en el sentido kierkegaardiano del término): al rechazar comprometer el propio deseo, llega hasta el límite y se abraza voluntariamente a la muerte. *Meistersinger* cuenta con la solución ética: la verdadera redención reside no en seguir la pasión inmortal hasta su conclusión autodestructiva, en realidad hay que aprender a superarla por medio de la sublimación creativa y regresar con un ánimo de sabia resignación a la vida "cotidiana" de las obligaciones simbólicas. Finalmente, en *Parsifal*, la pasión ya no puede superarse a través de su reingreso a la sociedad en la cual sobreviva como una forma adocenada: hay que negarla claramente a través de la afirmación extática del goce religioso. La tríada *Tristan-Meistersinger-Parsifal* sigue así una lógica precisa. *Meistersinger* y *Tristán e Isolda* brindan dos versiones opuestas de la matriz edípica, dentro de la cual *Meistersinger* invierte el planteo de *Tristán e Isolda* (el hijo le roba la mujer a la figura paterna; la pasión se desata entre la figura paterna y la joven mujer destinada a ser la pareja del joven), mientras que *Parsifal* tiñe a esas mismas coordenadas de un giro antiedípico –el sujeto herido que se lamenta es aquí la figura paterna (Amfortas), no el joven transgresor (Tristán)–. (Lo más cercano a un lamento en *Meistersinger* es la canción de Sachs en el acto III –"*Wahn, wahn!*"–.) Wagner planeó que en la primera mitad del acto III de *Tristán e Isolda* Parsifal visita-

[3] En la puesta en escena de *Tannhäuser* de 2002, Wolfram queda al final excluido de la multitud, como una mera sombra en la oscuridad, un amargo perdedor. Este detalle se basa en una idea ingeniosa: que Wolfram, ese proverbial "buen amigo" que trata de ayudar a Tannhäuser y que le permite redimirse es efectivamente un obvio *mal* personaje: el –no menos conocido– hombre enamorado de la novia de su mejor amigo que trata de ganársela trabajando por la destrucción de su amigo mientras finge simpatía y solidaridad. Wolfram es un hipócrita que empuja disimuladamente a su amigo hacia la desgracia, de modo que luego pueda presentarse públicamente presa de un terrible dolor y como compañía y apoyo de la desafortunada muchacha.

ra al herido Tristán, pero inteligentemente renunció a hacerlo; no sólo la escena hubiera arruinado la completa estructura del acto III, también hubiera escenificado el *imposible* encuentro de un personaje con (la diferente, realidad alternativa, versión de) *sí mismo*, como en los relatos a través del tiempo de la ciencia ficción en los que un personaje se encuentra *consigo mismo*. Se puede incluso llegar al ridículo al imaginar a un *tercer* personaje que se una a los otros dos –Hans Sachs (en su anterior encarnación, como el rey Mark que llega con un barco antes que Isolda), de modo que los tres (Tristán, Mark y Parsifal), representando las tres actitudes, debatan sus diferencias en un intercambio comunicacional a lo Habermas, sin distorsiones…–.

La manera de leer a Wagner es, por lo tanto, una interpretación "horizontal" y no "vertical": hay que buscar las variaciones estructurales de gesto u objeto, no directamente su significado. El beso de Kundry a Parsifal debe ser comparado con el beso de Sigfrido a Brunilda; el Grial con el Anillo, etc. El primer paso para una comprensión adecuada de la obra de Wagner es establecer las múltiples series de rasgos que sirven como vínculos laterales entre sus diferentes óperas y entre éstas y las de otros compositores. Por ejemplo, el rasgo que vincula a *Meistersinger* y *Tannhäuser* es el lugar central de la competencia de canto: Wagner llega a la idea de componer *Meistersinger* en 1845, inmediatamente después de haber terminado *Tannhäuser*. ¿Y si es la contraparte cómica de la trágica competencia de canto que está en el corazón de *Tannhäuser?* Otro pasaje de *Meistersinger* comienza con *Tristán*: contrariamente a este último, en *Meistersinger* la explosión de deseo excesivo aparece aplacada, contenida. Resulta fundamental aquí el paralelo entre el rey Mark y Hans Sachs: ambos ofrecen la mujer amada al hombre más joven; sin embargo, en *Tristán e Isolda*, la oferta llega *demasiado tarde* (Mark se la hace al difunto Tristán), mientras que en *Meistersinger* la oferta es aceptada, reforzando el final feliz. No sorprende entonces que en el acto III, escena 4 de *Meistersinger*, justo antes del sublime quinteto, haya un estallido de tensión erótica casi incestuosa entre la joven Eva y la figura paternal de Hans Sachs en el cual se menciona directamente al rey Mark:

EVA: Si pudiera, no elegiría otra cosa que no fueras tú; que seas mi esposo, el premio sería sólo para ti. Pero ahora estoy elegida [...] si me caso hoy es que no tuve opción: fue por obligación, por compulsión.

HANS SACHS: Hija mía, de Tristán e Isolda conozco el triste destino. Hans Sachs fue inteligente y nada quiso de la suerte del señor Mark. Fue en otro tiempo que encontré al hombre adecuado para ti.

El quinteto que sigue a esto no sólo representa el momento de paz interior y reconciliación que precede al combate crucial; también marca la resuelta tensión incestuosa. Y, en esta línea, nos tienta plantear que la tríada *Tristán-Meistersinger-Parsifal* aparece reproducida en tres ejemplares óperas poswagnerianas: *Salomé*, de Richard Strauss, *Turandot*, de Puccini, y *Moisés y Aarón*, de Schoenberg. ¿No es acaso *Salomé* otra versión del final posible de *Tristán e Isolda?* ¿Qué pasaría si al final del acto II, cuando el rey Mark sorprende a los amantes, explotara aquí de rabia y ordenara que se le cortara la cabeza a Tristán; la desesperada Isolda habría tomado la cabeza de su amado y comenzaría a besarle los labios en un *Liebestod* a lo Salomé... (Y agreguemos otra variación del vínculo virtual entre Salomé y Tristán: ¿qué pasaría si al final de *Tristán e Isolda* Isolda simplemente no muriera luego de finalizar su "*Mild und leise*"? ¿Qué sucedería si permaneciera en trance por haber pasado por su goce extático y disgustado por esto el rey Mark hubiera dado la orden: "!Hay que matar a esta mujer!"?) Se ha señalado a menudo que la escena de cierre de Salomé está modelada sobre la *Liebestold* de Isolda; sin embargo, lo que la convierte en una versión perversa de la *Liebestold* wagneriana es que lo que exige Salomé, en un acto incondicional de *capricho*, es besar los labios de Juan el Bautista ("¡Deseo besar sus labios!"), no el contacto con una persona sino con el objeto parcial. Si *Salomé* es la contrapartida de *Tristán e Isolda*, entonces *Turandot* lo es de *Meistersinger* –no nos olvidemos que ambas son óperas acerca de un concurso público en el que el héroe obtiene como premio a una mujer–.

Hacia el final, Salomé insiste dos veces con su demanda: primero, insiste para que los soldados le traigan a Juan el Bautista; luego, tras la danza de los siete velos, pide que el rey Herodes le mande en bandeja de plata la cabeza de Juan el Bautista –cuando el rey, creyendo que Juan el Bautista es efectivamente un hombre sagrado y que por lo tanto es mejor no tocarlo, le ofrece a Salomé a cambio de su danza cualquier cosa que quiera, hasta la mitad de su reino y los objetos más sagrados que tiene en custodia, aunque no la cabeza (y por lo tanto la muerte) de Juan el Bautista; ella ignora este explosivo estallido de ofrecimientos cada vez mayores y simplemente repite su inexorable exigencia "Tráiganme la cabeza de Juan el Bautista"–. ¿No hay algo de Antígona en este pedido? Como Antígona, insiste sin tener en cuenta las consecuencias. Por lo tanto, ¿no es Salomé a su manera y no menos que Antígona la encarnación de cierta posición ética? No sorprende que se sienta tan atraída por Juan el Bautista: es cuestión de un santo reconocer al otro. ¿Y cómo se puede ignorar que, al final de la obra de Oscar Wilde en la que se basa la ópera de Strauss, tras besar su cabeza, emite un comentario propiamente cristiano acerca de que eso prueba que el amor es más fuerte que la muerte, que el amor puede imponerse sobre la muerte?

¿Cuál sería entonces la contrapartida de *Parsifal?* Parsifal fue considerada desde el mismo principio como una obra notablemente ambigua: el intento de afirmar el arte como el espectáculo protorreligioso supremo que reúne a la comunidad (el arte como mediador entre la religión y la política), contra la corrupción utilitaria de la vida moderna con su comercializada cultura *kitsch*, que al mismo tiempo deriva hacia una comercialización estéticamente *kitsch* de una religión *ersatz*, una falsificación como no hubo otra antes. En otras palabras, el problema de *Parsifal* no es el dualismo no mediado de su universo (el reino de falsos placeres de Klingsor contra el sagrado dominio del Grial) sino en realidad la falta de distancia y la identidad en última instancia de sus opuestos: ¿no es el ritual del Grial (que ofrece el espectáculo estético más satisfactorio de la obra, sus dos mayores "hits") la definitiva falsedad "klingsoriana"? (El tono de mala fe con que disfrutamos *Parsifal* es similar a la mala fe en nuestro placer por Puccini.) Por esta razón, Parsifal fue el punto de partida traumático que nos permite considerar a la multitud de óperas que son una reacción a ella como intentos por resolver este callejón sin salida. La clave entre estos intentos es, por supuesto *Moisés y Aarón* de Schoenberg, el gran pretendiente al título de "la última ópera", la metaópera acerca de las condiciones de (im)posibilidad de la ópera: la súbita ruptura al final del acto II, luego del desesperado *"O Word, das mir fehlt!"* de Moisés, el fracaso en llevar la obra a su fin. *Moisés y Aarón* es efectivamente el anti *Parsifal*: mientras *Parsifal* sostiene una confianza absolutamente ingenua en el poder (redentor) de la música y no encuentra problemas en trasladar la divina dimensión nouménica al espectáculo estético del ritual, *Moisés y Aarón* intenta lo imposible: ser una ópera dirigida contra el principio mismo de la ópera, la del espectáculo músico-teatral. Es una representación operística de la prohibición judía de la representación estética...

¿No es la alegre música del *Becerro de Oro* la versión definitiva de la música de bacanal de Wagner, desde *Tannhäuser* hasta la música de las Doncellas de las Flores en *Parsifal*? ¿No se trata acaso de otro paralelo entre *Parsifal* y *Moisés y Aarón*? Como fue señalado por Adorno, la tensión definitiva de *Moisés y Aarón* no se da simplemente entre la divina trascendencia y su representación en la música, sino, lo que es inherente a la música misma, entre el espíritu "coral" de la comunidad religiosa y los dos individuos (Moisés y Aarón) que permanecen como sujetos; del mismo modo, en *Parsifal*, Amfortas y el propio Parsifal permanecen como individuos orgullosos. ¿No son las dos quejas de Amfortas los pasajes más intensos de Parsifal, que debilitan implícitamente el mensaje de la renuncia a la subjetividad? La oposición musical entre el claro estilo coral de la comunidad del Grial y el cromatismo del universo de Klingsor en Parsifal está radicalizado en *Moisés y Aarón* bajo la forma de la oposición entre el *Sprechstime* de Moisés y la canción completa de Aarón; en ambos casos, la tensión no se resuelve.

Lo que se debe tener siempre presente a propósito del *Moisés y Aarón* de Schoenberg es que se trata de una secuela de otro proyecto operístico que, aunque se enfrentaba al mismo problema, quedó apenas como borrador: *Der biblische Weg*, un drama musical acerca del destino del pueblo judío. Para poder obtener una nueva patria, los judíos colonizan un país africano; cuando se encuentran amenazados por la rebelión de la población indígena, desarrollan una nueva y misteriosa arma de destrucción masiva (rayos mortales que asfixian a todo ser viviente). ¿Cómo debemos considerar *esta* fantasía, en general ignorada olímpicamente en la literatura sobre Schoenberg? Pese a que, en el planeado final del drama, los judíos renuncian al uso de esa arma, esta renuncia tiene lugar en lo que es sin duda el caso más extraño de *Aufhebung* hegeliana de la brutal destrucción en la conquista espiritual: los judíos prometen que, en lugar de usar sus rayos mortales, sólo quieren irradiar el poder espiritual de sus puras creencias –en resumen, la difusión de su creencia es la forma superada de la mortal guerra química...–.[4]

Schoenberg imaginó un líder que pudiera intentar incorporar elementos de Moisés, el portador del divino mensaje que tenía un impedimento para hablar, y de Aarón, un activista político que sabía cómo preparar al pueblo para que lograran cumplir sus sueños, sin dejar de lado la "realización de milagros" y planear una lucha concreta por la posesión de la tierra. Así, *Moisés y Aarón* continúa *Der biblische Weg*: primero tenemos la síntesis y luego su fracaso. Max Aruns, el protagonista de *Der biblische Weg*, es (como indica ya el sonido de su nombre) la imposible síntesis de Moisés y Aarón y en el desarrollo de Schoenberg, "Uno se divide en Dos": Max Aruns se divide en Moisés y Aarón.

En la obra de Schoenberg, los exilios se extienden primero durante un tiempo de maduración en una tierra de preparación, como hicieron los hebreos en el desierto. Schoenberg llama a esta tierra Asmongaea, y Max Aruns recibe la promesa de protección y ayuda para su pueblo por parte del gobernante de ese país. En una conversación entre Max Aruns (el astuto pensador político) y un ex escéptico, el diá-

[4] Véase "Der biblische Weg", en *Journal of the Arnold Schoenberg Institute*, vol. XVII, núms. 1-2, ed. Paul Zukofsky, Los Ángeles, University of California Press, 1996.

logo tiene una sonoridad profética: "Un pueblo no puede ocupar su posición en un país habitado por enemigos", dice Aruns (quien ha elegido una especie de nueva Palestina como el territorio donde reunir a los exiliados). En un intenso discurso en el "Centro de Inmigraciones", Aruns afirma "Como hizo Él por los hebreos en Jericó, Dios nos ha entregado un arma poderosa con la cual derrotar a nuestros enemigos: ¡Tenemos nuestras propias trompetas de Jericó! Una invención [...] nos permite lanzar rayos a cualquier punto del globo y a cualquier distancia esos rayos absorberán el oxígeno del aire asfixiando a toda criatura viviente". (Esto fue escrito en 1926.) Cuando se complican las relaciones con el país anfitrión, las multitudes judías se rebelan, Aruns queda sobrepasado y el joven Guido ocupa el papel bíblico de Joshua. Guiará a la nación hacia la Tierra Prometida y

> en cuanto queramos enviar estos mortales rayos de poder material recientemente descubiertos a cualquier lugar de la Tierra, en cuanto pretendamos tomarnos revancha o usar la violencia contra cualquier nación, sin embargo pretendemos, por el contrario, irradiar [...] el mundo (con) los rayos iluminadores de nuestra fe [...] de modo que pronto traigan una nueva vida espiritual. [...] Tenemos un objetivo inmediato: queremos sentirnos seguros como nación. Queremos estar seguros de que nadie nos obligará a hacer algo, que nadie nos prohibirá que hagamos algo.

La profunda ambigüedad de esta solución queda remarcada por la persistencia misma del significante "radiación": es una especie de burlona *Aufhebung* hegeliana, la radiación de la guerra química es internalizada/espiritualizada en irradiar a los demás la espiritualidad judía. Sin embargo, ¿cómo habrán de "sentirse seguros como nación" si no es por medio de alguna especie de defensa militar que garantice el lugar desde el cual podrán irradiar su espiritualidad? No teniendo otra posibilidad, los judíos deberán confiar en los rayos mortales como una amenaza permanente que garantice su seguridad: no pretendemos usarlos nunca, pero los tenemos...

¿Qué sigue entonces a esta caída? Es aquí que nos tienta regresar al punto de partida, la comedia rossiniana. Tras el completo derrumbe de la subjetividad expresiva, la comedia reemerge, pero se trata de una comedia siniestra, rara. Lo que viene después de *Moisés y Aarón* es la imbécilmente "cómica" *Sprechgesang* de *Pierrot Lunaire*, la sonrisa de un demente que está tan afectado por el dolor que ni siquiera se da cuenta de su tragedia –como la sonrisa de un gato en un dibujo animado con los pájaros que giran alrededor de su cabeza luego de haber recibido un martillazo–. La comedia aparece cuando la situación es tan horrible como para mostrarla como tragedia –es por eso que la única manera adecuada de realizar una película sobre los campos de concentración es una comedia: hay algo falso en proponer una tragedia de los campos de concentración...

Tal vez esta lectura nos permita echar una nueva luz sobre el vínculo entre *Parsifal* y *El anillo de los nibelungos*. Esta última describe un mundo pagano que, siguiendo su lógica inherente, *debe* terminar en una catástrofe total; sin embargo, hay sobrevivientes de esta catástrofe, la innumerable multitud de la humanidad que asiste en silencio a la autodestrucción de Dios. En la figura única de Hagen, *El anillo de los nibelungos* ofrece también el primer retrato de lo que luego aparecerá como líder fascista; sin embargo, dado que el mundo de *El anillo de los nibelungos* es pagano, está atrapado en un conflicto de pasiones familiares edípicas, ni siquiera puede enfrentar el verdadero problema de cómo habrá de organizarse esta humanidad, la fuerza de lo Nuevo, y cómo aprenderá la verdad respecto de su lugar; *ésta* es la tarea de *Parsifal*, que por lo tanto continúa lógicamente a *El anillo de los nibelungos*. El conflicto entre la dinámica edípica y el universo postedípico está inscripto ya en *Parsifal*: las aventuras de Klingsor y Amfortas son edípicas, lo que ocurre con el gran cambio de Parsifal (el rechazo de Kundry) es precisamente que deja atrás el edípico erotismo incestuoso, abriéndose a una nueva comunidad.

La oscura figura de Hagen es profundamente ambigua: a pesar de que se lo describe al principio como un oscuro conspirador, tanto en los *Niebelunglied* como en el filme de Fritz Lang, emerge como el héroe definitivo de toda la obra y redimido al final como el caso supremo de la *Nibelungentreue*, fidelidad hasta la muerte a la propia causa (o, en realidad, al Amo que representa su causa), afirmado en la matanza final en la corte de Atila. El conflicto se da aquí entre fidelidad al Amo y nuestras obligaciones morales cotidianas: Hagen representa una especie de suspensión teleológica de la moral a favor de la fidelidad, es el último "*Gefolgsmann*".

Significativamente, Wagner es el único que describe a Hagen como una figura del Mal. ¿No es un indicio de que Wagner pertenece al espacio moderno de la libertad? ¿Y el retorno de Lang al Hagen positivo no es acaso un indicador de que el siglo XX ha marcado la reemergencia de una nueva barbarie? Fue el genio de Wagner el que pudo intuir más allá de su época la figura emergente del impiadoso ejecutivo fascista que es al mismo tiempo un agitador demagogo (recordemos el terrorífico *Maennerruf* de Hagen), un digno complemento de su otra gran intuición, la de una mujer histérica (Kundry) mucho antes de que esta figura se impusiera a la conciencia europea (en la clínica de Charcot, en el arte de Ibsen a Schoenberg).

Lo que convierte a Hagen en un "protofascista" es su rol de apoyo incondicional del gobernante débil (el rey Gunther): realiza el "trabajo sucio" para Gunther que, aun siendo necesario, debe quedar oculto a la mirada pública: "*Unsere Ehre heisst Treue*". En tanto tal, Hagen no es "el falo de Gunther" –en realidad es Sigfrido mismo quien asume este rol al vencer, domesticar y violar a Brunilda–; lo que lo convierte en fálico es el hecho mismo de que actúa como el doble espectral de Gunther. (Cuando en un reciente *best-seller* alemán –*Hagen von Tronje,* de Wolfgang Holbein–, Hagen queda finalmente rehabilitado, no debe leerse esto como un afirmación del autoritarismo nazi, sino en realidad como un rechazo del culto del héroe Sigfrido: el Hagen de Holbein es un personaje complejo profundamente enamorado de Kriemhild. En otras palabras, con lo que nos encontramos aquí es con la "psicologización" de Hagen como precio por su reivindicación, algo parecido a lo que hizo John Updike en su *Gertrudis y Claudio.*)

Encontramos esta posición, una especie de reflejo en negativo del Alma Bella que se rehúsa a ensuciarse las manos, en su forma más pura en la admiración derechista por los héroes que están dispuestos a hacer el trabajo sucio necesario: es fácil hacer algo noble por el propio país, hasta sacrificar la vida por él, pero es mucho más difícil cometer un *crimen* por el propio país cuando es necesario... Hitler sabía muy bien cómo jugar este doble juego en relación con el Holocausto, usando a Himmler como su Hagen. En el discurso a los jefes de la SS en Posen durante el 4 de octubre de 1943, Himmler habla bastante abiertamente sobre el asesinato masivo de judíos como "una página gloriosa de nuestra historia, que nunca ha sido escrita y nunca se podrá escribir" incluyendo explícitamente la matanza de mujeres y niños. "No me siento justificado al exterminar a los hombres –es decir, matarlos o hacerlos matar– y legar a nuestros hijos y nietos vengadores bajo la forma de niños que han de crecer. Se ha tomado la difícil decisión de hacer desaparecer a ese pueblo de la faz de la tierra."

Es la *Treue* de Hagen llevada al extremo. Sin embargo, ¿no fue el precio paradójico por su retrato negativo de Hagen la *Judifizierung* de Wagner? Se ha generado recientemente una gran cantidad de trabajos históricos para establecer el "verdadero significado" contextual de las figuras y los tópicos wagnerianos: el pálido Hagen es en realidad un judío masturbador; la herida de Amfortas es en realidad sífilis... La idea es que Wagner está manejando códigos históricos conocidos en su época por todos: cuando una persona tropieza, desafina, hace gestos nerviosos, etc., "todo el mundo sabe" que es un judío; así, Mime de *Sigfrido* es una caricatura de un judío; el temor a la sífilis como la enfermedad de la ingle que se contagia cuando se tienen relaciones con una mujer "impura" fue una obsesión en la segunda mitad del siglo XIX, de modo que le quedaba "claro a todo el mundo" que Amfortas realmente se contagió la sífilis de Kundry... Marc Weiner desarrolló la versión más aguda de esta decodificación al centrarse en la microtextura de los dramas musicales de Wagner; es en este nivel de lo que Deleuze hubiera llamado afectos presubjetivos que funciona el antisemitismo de las óperas de Wagner, aun cuando no mencione explícitamente a los judíos: en el modo como canta Beckmesser, en la manera como se queja Mime...

Sin embargo, el primer problema aquí es que, aun cuando sean exactas, estas perspectivas no contribuyen demasiado a una comprensión adecuada de la obra en cuestión. Se suele escuchar que, para poder entender una obra de arte, se debe conocer su contexto histórico. Contra este lugar común historicista, habría que afirmar que conocer demasiado de un contexto histórico puede estropear el contacto mismo con una obra de arte: para poder comprender adecuadamente, por ejemplo *Parsifal*, hay que *abstraerse* de esas minucias históricas, habría que *descontextualizar* la obra, despegarla del contexto en el cual estuvo originariamente establecida. Aun más, es en realidad la misma obra de arte la que brinda un contexto que nos permita comprender adecuadamente una situación histórica dada. Si hoy alguien se propusiera visitar Serbia, el contacto directo con los datos en bruto lo sumiría en la confusión. Si leyéramos un par de obras literarias y viéramos un par de películas representativas, nos brindarían definitivamente el contexto que nos permitiera ubicar los datos en bruto de nuestra experiencia. Existe así una verdad inesperada en la vieja sabiduría cínica de la Unión Soviética stalinista: "miente como un testigo ocular".

Hay otro problema más fundamental con esta decodificación historicista: no alcanza para "decodificar" a Alberich, Mime, Hagen, etc., como judíos y señalar que *El anillo de los nibelungos* es un enorme tratado antisemita, una historia sobre judíos, al renunciar al amor y al optar por el poder, traer corrupción al universo; el hecho mucho más básico es que *la figura antisemita del propio judío no es una referencia directa sino que ya está codificada, es una cifra de los antagonismos sociales e ideológicos.* (Y lo mismo vale para la sífilis: en la segunda mitad del siglo XIX fue, junto con la tuberculosis, el otro gran caso de "enfermedad como metáfora" –según Susan Sontag– sirviendo como un mensaje codificado sobre los antagonismos socio-sexuales, y ésta era la razón por la que la gente estaba tan obsesionada con ella –no a causa de su amenaza directa, sino por la suma inversión ideológica que acarreaba–.) Una lectura apropiada de Wagner debería tomar en cuenta este hecho y no meramente "decodificar" a Alberich como un judío sino también preguntar *cómo refiere Wagner a través de la codificación al antagonismo social "original" del cual (la figura antisemita de) el judío es ya una cifra.* Lo que complica el cuadro es la estructura circular: aunque la figura del "judío" es el referente codificado en la condena de Wagner a la lujuria del poder y la riqueza, etc., el contenido social de la figura-cifra "el judío" es una vez más la lujuria de la riqueza capitalista (lo que la referencia al "complot judío" facilita es una especie de falsa genealogía naturalizada del capitalismo). Por lo tanto, no hay necesidad de buscar otro contenido "más profundo" escondido detrás de la figura del "judío"; todo está aquí, habría que cambiar la perspectiva sobre la dinámica capitalista, discernir en él la cifra de esta dinámica.

Un consiguiente contraargumento es que Sigfrido, el oponente de Mime, no es simplemente el rubio y hermoso héroe ario; su retrato es mucho más ambiguo. La breve última escena del acto I de *El crepúsculo de los dioses* (el violento rapto de Brunilda por Sigfrido; bajo la protección de Tarnhelm, Sigfrido finge ser Gunther) es un conmovedor interludio de extrema brutalidad y de una cualidad pesadillesca y fantasmal. Lo que la hace adicionalmente interesante es una de las grandes incoherencias de *El anillo de los nibelungos*: ¿por qué Sigfrido, luego de someter brutalmente a Brunilda, coloca su espada entre los dos cuando se acuestan, para probar que no tendrán sexo, dado que le está prestando un servicio a su amigo, el débil rey Gunther? ¿No se supone que Brunilda cree que él *es* Gunther? Antes de ser sometida, Brunilda le muestra al enmascarado Sigfrido su mano con el anillo puesto, confiando en que le servirá de protección; cuando Sigfrido le arranca brutalmente el anillo, ese gesto debe leerse como la repetición del primer robo extremadamente violento del anillo en la escena 4 de *El oro del Rin*, cuando Wotan arranca el anillo de la mano de Alberich. Lo horroroso de esta escena es que muestra al desnudo la brutalidad de Sigfrido, dejando en evidencia que es un monstruo inhumano, es decir, como "realmente es", desprovisto de su engañosa máscara –*éste* es el efecto sobre él de la poción–.[5]

[5] ¿Acaso la idea de Wotan sobre Sigfrido en *El anillo de los nibelungos* –sólo un ser humano concebido contra la voluntad de los dioses, no alcanzado por su ley, puede redimirlos de su culpa– no apunta a la dimensión cristológica? ¿No es Sigfrido el hombre que se sacrifica por la culpa de los dioses?

Hay efectivamente en el Sigfrido de Wagner una desatada agresividad "inocente", una urgencia por pasar a la acción y sacarse de encima aquello que recorre sus nervios –como en sus palabras a Mime en el acto I de Sigfrido: "cuando te veo allí / sufriendo y vacilante / deteniéndote, bizqueando y parpadeando deprimentemente / quiero agarrarte del saliente cuello / y poner fin a tus obscenos parpadeos" (el sonido del original alemán es aun más impresionante: "*seh'ich dich stehn, gangel und gehn, / knicken und nicken, / mit den Augen zwicken / beim Genick moecht'ich den Nicker packen / den Garaus geben dem garst'gen Zwicker!")*–. El mismo estallido se repite en dos oportunidades en el acto II: "*Das eklige Nicken / und Augenzwicken / wan endlich soll ich's/nicht mehr sehn, / wann werd ich den Abernen los*?" ("Ese resoplar y ese andar furtivo / ese parpadear constante / ¿cuánto podré soportar / esta visión / ¿Cuándo me liberaré de este imbécil?"), y sólo un poco más adelante: *"Grade so garstig, / griesig und grau, / klein und krumm / hoekrig und hinkend, / mit haegenden Ohren, / triefigen Augen –/ Fort mit dem Alb! / Ich mag ihn nicht mehr sehn*" ("Resoplando y merodeando, / oscuro y gris / diminuto y lisiado / rengo y jorobado / sus orejas se caen, sus ojos legañosos... / ¡Fuera con el tunante! Espero que se vaya"). ¿No se trata del disgusto más elemental, de la repulsión que siente el ego cuando se enfrenta al cuerpo extraño e invasor? Puede imaginarse fácilmente a un *skinhead* neonazi diciendo exactamente las mismas palabras frente a un desarraigado *Gastarbeiter* turco...[6]

Y, finalmente, no hay que olvidar que en *El anillo de los nibelungos* la fuente de todo mal no es la elección fatal de Alberich en la primera escena de *El oro de Rin;* mucho antes de que tuviera lugar este acontecimiento, Wotan rompió el equilibrio natural, sucumbiendo al señuelo del poder, prefiriéndolo por sobre el amor –arrancó y des-

[6] Cuando en *El caso Wagner*, Nietzsche rechaza burlonamente el universo de Wagner, ¿no recuerda su estilo a estas líneas? El propio Wagner le resultaba una figura muy repulsiva –y hay una especie de justicia poética en ellas, dado que Mime es efectivamente un irónico autorretrato de Wagner–.

truyó el Árbol del Mundo, quitándolo con su lanza en la que inscribió las runas que fijaron las leyes de su gobierno, y luego se arrancó uno de los ojos para poder ver mejor en su interior–. Por lo tanto, el Mal no viene de afuera –la perspectiva del trágico "monólogo con Brunilda" de Wotan en el acto II de *Las valquirias* es que el poder de Alberich y la posibilidad del "fin del mundo" es en definitiva culpa de Wotan, el resultado de su fiasco ético–, en términos de Hegel, la oposición externa es el efecto de la contradicción interna. No sorprende entonces que Wotan sea llamado el "Alba blanca" en contraste al "Alba negra" Alberich –aunque más no sea, la elección de Wotan fue peor éticamente que la de Alberich: Alberich desea amor y sólo se decide por el poder después de haber sido brutalmente engañado y burlado por las *Rhinemaidens*, mientras que Wotan decidió por el poder tras haber disfrutado plenamente de los frutos del amor y cansarse de ellos. Hay que tener presente también que, tras su fiasco moral en *Las valquirias*, Wotan se convierte en "Errante" –una figura del Judío Errante como el gran primer héroe wagneriano, el Holandés Errante, ese "Ashavero de los Océanos"–.

Y lo mismo se aplica a *Parsifal*, que no trata acerca de un círculo elitista de gente de sangre pura amenazado por la contaminación externa (copulación con la judía Kundry). Hay dos complicaciones para esta imagen: en primer lugar, Klingsor, el malvado mago y maestro de Kundry, es un ex caballero del Grial, viene de adentro; en segundo lugar, si se lee con verdadera atención el texto, no puede evitarse la conclusión de que la verdadera fuente de maldad, el desequilibrio primordial que descarrila a la comunidad del Grial, reside en su mismo centro –es la obsesión de Titurel por disfrutar del Grial lo que está en los orígenes de su desgracia–. La verdadera figura del Mal es Titurel, ese obsceno *pere-joisseur* (tal vez comparable a los miembros semejantes a gusanos de la Comunidad Espacial de *Duna* de Frank Herbert, cuyos cuerpos aparecen asquerosamente distorsionados a causa de su exceso en el consumo de "especies").

Esto debilita la perspectiva antisemita según la cual la perturbación llega siempre en última instancia desde afuera, bajo la forma de un cuerpo extraño que afecta el equilibrio del organismo social: para Wagner, el intruso externo (Alberich) es una repetición, externalización secundaria de una incoherencia/antagonismo absolutamente inmanente (de Wotan). Parafraseando al famoso "¿Qué es robar un banco comparado con fundar uno nuevo?" de Brecht uno se tienta de decir "¿Qué es que un pobre judío robe oro comparado con la violencia del ario (Wotan) fundamentando la vigencia de la Ley?".

Uno de los signos de este estatus inherente a la perturbación es el fracaso de los grandes finales de las óperas de Wagner: el fracaso formal marca aquí la persistencia del antagonismo social. Tomemos al mayor de ellos, la madre de todos los finales, el de *El crepúsculo de los dioses*. Es un hecho bien conocido que, en los últimos minutos, la orquesta interpreta una telaraña extremadamente intrincada de motivos, básicamente nada menos que la recapitulación de los abundantes motivos de todo *El anillo de los nibelungos*. ¿No resulta este hecho la prueba definitiva de que el propio Wagner no estaba seguro sobre lo que "significa" la apoteosis final de *El anillo de los nibelungos*? Al no estar seguro, ensayó una especie de "fuga hacia delante" y lanzó juntos *todos* los motivos... Así, el motivo culminante de la "Redención por medio del amor" (una hermosa y apasionada línea melódica que sólo aparece previamente en el acto III de *Las valquirias*) no puede sino hacernos pensar en el ácido comentario de Joseph Kerman respecto de las últimas notas de *Tosca* de Puccini, en las cuales la orquesta recapitula estentóreamente la "hermosa" patética línea melódica de "*E lucevan le stelle*" de Cavaradossi como si, inseguro de lo que estaba haciendo, Puccini se limitara a repetir desesperadamente la melodía más "efectiva" del repertorio anterior, ignorando toda lógica narrativa o emocional.[7] ¿Y qué pasaría de haber hecho Wagner *exactamente lo mismo* al final de *El crepúsculo de los dioses?* Al no estar seguro del giro final que pudiera estabilizar y garantizar el significado total, recurrió a una bella melodía cuyo efecto es algo así como "sea lo que sea que puede significar, quedémonos seguros de que la impresión final sea la de algo triunfal y es-

[7] Joseph Kerman, *Opera as Drama*, Berkeley, University of California Press, 1988.

timulante en su belleza redentora...". En resumen, ¿qué pasaría si este motivo final pone en acto un *gesto vacío?*

El final de *El crepúsculo de los dioses* no tiene dos sino en realidad tres versiones mejor designadas con los nombres de Feuerbach, Bakunin y Schopenhauer: el reinado del amor humano, el de la destrucción del viejo mundo, el de la resignación y el abandono del mundo. Dentro de la misma línea, es muy ambigua la forma en que podemos concebir la multitud de hombres y mujeres que con "la más profunda de las emociones" dan testimonio de la destrucción final por el agua y el fuego. ¿Quiénes son? ¿Encarnan realmente una nueva y liberada sociedad?[8] El cambio del revolucionario al Wagner schopenhaueriano y "maduro" se suele considerar como el cambio de la convicción humanista en la posibilidad del cambio revolucionario de la realidad social concreta, es decir, de la creencia de que nuestra realidad es miserable debido a razones históricas contingentes, a la

[8] Existe otro rasgo interesante de *El anillo de los nibelungos* de Wagner: sólo utilizó allí la primera parte de *Nibelungenlied*, es decir que *El anillo de los nibelungos* termina con la muerte de Sigfrido. ¿Qué pasa con la segunda parte, la revancha de Kriemhild, donde éste se casa con Atila y lo usa para matar a Hagen, Gunther y a todos los que se les parezcan? ¿Y no es este tópico de la traición y la venganza apasionada un Verdi en su forma más pura (no sorprende entonces que al final del acto II, *El crepúsculo de los dioses* se acerque al tópico de la venganza apasionada, nos encontremos ante un triunfante trío verdiano, estrictamente prohibido por las rígidas reglas que se autoimpuso Wagner)? La sorpresa es que Verdi escribió efectivamente *Atila*: es una de sus primeras obras (estrenada el 17 de marzo de 1846 en Venecia) con un argumento lleno de pasiones y venganzas que nada tiene que envidiarle a *El anillo de los nibelungos.* La ópera se abre con la celebración del ejército de Atila por su victoria sobre la ciudad de Aquilea. Se lanzan elogios sobre Wodan y su general, quien llega y ocupa su sitio en el trono. Odabella lidera un grupo de prisioneras que proclaman su espíritu invencible. Pelean junto a sus hombres a diferencia de las mujeres de Atila. Atila queda prendado de ella y le ofrece cualquier regalo que quiera. Ella le pide una espada y él le entrega la suya. Ella declara que con la espada se tomará venganza por todo lo que ha perdido. Llega Ezio y le ofrece a Atila el mundo con tal de que Italia siga siendo suya. Atila declara que así ha de ser y emprende la guerra. Durante una tregua, Atila vuelve para casarse con Odabella y la encuentra en brazos de Foresto y en compañía de Ezio. Atila enfrenta a los tres y es herido de muerte por Odabella.

perspectiva más "profunda" de que la realidad *como tal* es miserable y que la única redención verdadera reside en alejarse de ella en dirección al abismo de la "noche del mundo", y parece fácil denunciar este cambio como una muy elemental operación ideológica, la de elevar un obstáculo histórico contingente a una limitación trascendental *a priori*. Pero, ¿son así las cosas? ¿Qué pasaría si una posición revolucionaria frente al orden social existente pudiera también sostenerse en la idea "pesimista" de un universo corrupto, como parece ser el caso incluso con Brecht? En resumen, la cuestión clave es si la noción temprana de revolución en Wagner realmente es "superada" por completo en su posterior giro metafísico. ¿Qué pasaría si el cambio a una metafísica "pesimista" nos obliga a volver a plantear la cuestión social, pero desde una nueva perspectiva?

Lo que hay que cuestionar en Wagner es la ingenuidad evidente de su temprana teoría "revolucionaria" de la "traición" original del amor como origen del poder, la completa historización de la antropología del amor de Feuerbach.[9] ¿Acaso no debe rechazarse la idea de armonía primordial, desde la cual emerge el poder a través de un acto de usurpación que perturba el equilibrio? ¿No es el núcleo del fascismo precisamente el reestablecimiento de este equilibrio liquidando al elemento excesivo que produjo el desequilibrio y el antagonismo (los judíos)? Para decirlo brevemente, al adherir al mito de la naturaleza prístina sacada de cauce por algún acto original de maldad, al elegir el poder sobre el amor, Wagner olvida tener en cuenta la

[9] Sin embargo, hay algo que decir a favor del joven revolucionario Wagner. En 1848, básicamente exigía una revolución social para poder crear las condiciones para la adecuada puesta en escena de sus óperas; pero este no es un argumento en su *contra*. ¿Por qué no podría ser un argumento perfectamente válido? Primero, tener presente el antagonismo entre arte y sociedad para crear las condiciones de su reconciliación *es* el objetivo último de la política revolucionaria. Segundo, no se hace la revolución en función de ideales abstractos, sino por necesidades singulares, cada individuo por razones particulares que pueden ser extremadamente personales (cuidado de sí mismo); esta multitud de razones no afecta en forma alguna la "objetiva" finalidad revolucionaria.

lección básica de Darwin que es precisamente que esa naturaleza *no* existe:

> Donde Lamarck se detiene en la razonabilidad y confianza de la naturaleza, Darwin saborea sus excentricidades y desviaciones, incluso por momentos sus ridiculeces. Estaba en busca de lo marginal, de lo que funcionaba mal, para sostener su selección natural. [...] Se podría decir que la naturaleza ha obtenido placer al acumular contradicciones para poder quitar toda apoyatura a una teoría de la armonía preexistente entre los mundos internos y los externos. He aquí la quintaesencia del darwinismo. Nada de creación especial, de adaptación perfecta, de sintonía dada entre la mente y el mundo. Fueron precisamente las inarmonías las que cautivaron la imaginación de Darwin.[10]

Con respecto a esta idea arqueo-ideológica del desequilibrio primordial, el desplazamiento del primer Wagner "revolucionario" que aspiraba a la armonía del amor restaurada por medio de la abolición del poder estatal y el último Wagner "schopenhaueriano" que percibía a la realidad "realmente existente" de la vida social *en tanto tal* como el falso dominio a superar no instalando un nuevo orden social sino abandonando a la realidad misma para sumergirse en el extático reino de la Noche. Hay que preferir la segunda versión, dado que descansa en la idea de que la "realidad" *como tal* surge de una cierta perturbación, de un desequilibrio –habría que centrarse aquí en el marco narrativo básico de *El anillo de los nibelungos:* las cosas ocurren, la historia continúa siempre y cuando el anillo circule, es decir que las cosas comenzaron cuando el anillo (o, en realidad, cuando el oro) fue robado y terminan cuando es devuelto al Rin (tal vez por eso el adecuado subtítulo de la tetralogía debería haber sido, en el estilo de las novelas del siglo XVIII, "la triste historia de tres muchachas lascivas, pero inocentes, que viven en las profundidades del Rin y que pierden y vuelven a recuperar su tesoro")–. ¿No explica esto el "rechazo a la castración", la posición antiedípica y proincesto de Wagner de-

[10] Jeremy Campbell, *The Liar's Tale*, Nueva York, Norton, 2001, p. 27.

tectada ya por Lévi-Strauss? ¿No será tal vez para Wagner la catástrofe primordial no tanto la traición del amor por el poder sino en realidad la regla edípica de circulación? ¿Qué pasaría si lo que Wagner percibe como la Caída es efectivamente (no tanto la salvación como) la apertura explosiva, la emergencia de libertad humana? ¿Y es desde esta perspectiva que hay que interpretar los intentos por reivindicar a Hagen? ¿Es que lo que Wagner no ve es la naturaleza violenta del amor mismo –el amor *es* el acto primordial de violencia, el impiadoso privilegio de un objeto a expensas de todos los demás que coloca al amante en una especie de estado de emergencia–?

Esto nos retrotrae al antisemitismo de Wagner: cuando se lo defiende al estilo de "no se debe juzgar retroactivamente a las obras del siglo XIX, colocándolas bajo la sombra del Holocausto", la respuesta debería ser que es aquí precisamente donde hay que aplicar la idea de Benjamin de que algunos textos son como inacabadas texturas de rastros o filmes no terminados que se vuelven plenamente legibles sólo en una época posterior, cuando sus consecuencias se han concretado. El antisemitismo no es la definitiva "verdad" oculta del universo de Wagner: primero, no está oculto, se lo muestra abiertamente para que todo el mundo lo vea; segundo, aun cuando el mensaje antisemita de su obra es claro, Wagner lo debilita, mantiene una distancia con él, a través de su misma práctica artística. Mime puede ser el retrato de un judío repulsivo en contraste con la juventud y la fuerza heroica de Sigfrido, pero ¿la brutal exhibición de repulsión hacia Mime no está presentada (implícitamente al menos) como repulsiva por sí? El tercer y crucial momento: no olvidemos que el sanguíneo héroe wagneriano se encuentra en la posición de estar no muerto, condenado al perpetuo vagar, incapaz de encontrar (mientras la anhela) redención en la muerte, es el Holandés Errante, y es claramente una figura judía, modelada en Ashavero, el Judío Errante (y, dicho sea de paso, Heine es su fuente principal, un poeta judío). Todos los demás personajes wagnerianos son variaciones del Holandés, incluso de Lohengrin (¿acaso no espera inquieto en Montsalvat por el llamado de una dama en apuros por la que espera ser redimido de su vida aburrida y estéril, de los "frígidos placeres de Montsalvat"?), Wotan se vuelve Errante y la propia Kundry como judía errante (tal vez sea así como hay que leer la misteriosa "redención del Redentor" del final de *Parsifal*: ¿qué pasaría si se relacionara esta fórmula con Kundry, la mujer-redentora que debe ser redimida?).[11] Puede imaginarse efectivamente a Lohengrin en un paralelo con Hollaender: ¿no está también en una especie de limbo en Montsalvat, en una situación no tan diferente del errar de Hollaender, esperando desesperadamente por una dama en desgracia que lo convoque de modo de poder escapar a la monotonía de Montsalvat? Se lo puede imaginar perfectamente cantando su versión de "*Die Frist is um...*" de Hollaender, lamentando su destino y anhelando una mujer que no le formule la terrible pregunta. Y, de modo similar a Hollaender, una vez involucrado con una mujer, anhela secretamente que ella le haga la pregunta prohibida, incapaz de enfrentarse a la perspectiva de una aburrida vida matrimonial, feliz de concretar nuevamente la digna retirada luego de contarle a la multitud reunida quién es...

En *Lohengrin* hay que insistir en la oposición entre *debo* y *podría*, *muessen* y *sollen*. Cuando Lohengrin se suma al *"Nie sollst du mich befragen!"* de Elsa nos enfrentamos el mandato moral de prohibición –no "no debes" sino "no deberías" (o "no puedes")–. Que Elsa responda a la pregunta está en un nivel diferente, el del "debo": "no puede sino" preguntarlo, no puede actuar de otro modo, es su carácter fundamental, está obligada por un impulso inexorable (que es el verdadero *Trieb* freudiano) a preguntarla. "Debo" y "podría" están, por lo tanto, relacionados como lo Real y lo Simbólico: lo Real de una pulsión cuyo mandato no puede evitarse (que es el motivo por el cual Lacan dice que el estatus de una pulsión es ético), el "podría" como un ideal simbólico atrapado en la dialéctica del deseo (si no puedes hacer algo, esta misma prohibición genera el deseo de hacer-

[11] Más aun: ¿qué pasaría si leemos las tres figuras de Kundry (en el acto I, la ayudante ingenua; en el II, la seductora; en el III, la repentina servidora) dentro de la perspectiva del clásico motivo de tres mujeres-tres ataúdes?

lo). Cuando "debemos" hacer algo significa que no tenemos otra opción que hacerlo, aun cuando sea desagradable, incluso horrible: Wotan es arrinconado por Fricka y "debe" ("no puede sino") castigar a Brunilda, su hija adorada, la encarnación de su fuerza interior.[12] Wagner encuentra aquí la paradoja de "matar con piedad" que funciona en el Talmud (que nos llama a impartir Justicia con Amor) a los dos *Lehrstuecke* claves de Brecht, *El que dice sí y el que dice no* y *La línea de conducta*, en los cuales el joven camarada es asesinado con amorosa ternura por sus compañeros.

Sin embargo, parecemos estar lejos aquí de la idea wagneriana de drama musical. Sólo *El oro de Rin* es un drama musical puro –en dos lugares de *Las valquirias* reaparece ya la ópera en su aspecto más glorioso, como un aria masculina: en "*Winterstuerme wichen*" de Sigfrido y "*Der Augen leuchtendes Paar*" de Wotan–. Es fácil imaginarlas interpretadas como una canción popular. (Al menos en el primer caso, el "aria" cambia gradualmente a un drama musical propiamente wagneriano.) *El oro de Rin* es Wagner "como tal" en su forma más pura; en términos hegelianos, "en su idea" –resulta única en que es el ejemplo puro de la teoría del drama musical de Wagner, la pieza en que respetó absolutamente sus propias reglas elaboradas previamente en *Ópera y Drama*–; con *Las valquirias*, la pasión "humana, demasiado humana" (y el aria operística) (re)aparecen por la fuerza y hacen explotar los límites de la construcción teórica de Wagner. No sorprende que *El oro de Rin* tenga lugar únicamente entre dioses, monstruos y gnomos, sin seres humanos (y, según la idea feuerbachiana de Wagner en esa época, la humanidad es la única realidad): *El oro de Rin* es una especie de teatro virtual preontológico, que nos ofrece la exhibición de puras potencialidades (lo divino, lo monstruo-

[12] La verdad del agudo comentario de Nietzsche de que todas las heroínas wagnerianas son versiones de Madame Bovary queda plenamente confirmada si se considera el segundo acto de *Las valquirias*: ¿no hay algo inherentemente cómico en que, tras las batallas más extensas que la vida de los héroes, Wotan tenga miedo de enfrentarse a la ira de su esposa? ¿Y no vale lo mismo para *El crepúsculo de los dioses*, donde Sigfrido se deprime por los complots familiares? (El mismo patrón aparece ya en *Lohengrin*.)

so...) previas a la aparición del mundo humano actual.[13] Toda la tetralogía sigue una precisa lógica interna: Sigfrido regresa a la inocente magia del cuento de hadas, mientras que *El crepúsculo de los dioses* nos arroja al universo vulgar de las intrigas políticas y los juegos de poder. Existe aquí una especie de cuadrado greimasiano: un eje opone a *El oro de Rin* y *Sigfrido* con *Las valquirias* y *El crepúsculo de los dioses.* Más aun, existe un paralelo entre las dos últimas: en ambos casos, el acto I finaliza con una situación de acto sexual (se consuma el acto en el primer caso, se renuncia a él en el segundo).

Es un lugar común de los estudios sobre Wagner que el final triunfal de *El oro de Rin* es falso, una victoria vacía que indica la fragilidad del poder de los dioses y su posterior caída. Sin embargo, ¿no se aplica lo mismo para el final de *Sigfrido*? (Más aun, ¿es el final de *El oro de Rin* realmente superficial, se halla construido sobre cimientos frágiles y está por lo tanto destinado a derrumbarse? ¿Qué pasaría si es precisamente este carácter frágil el que le brinda su trágica grandeza? ¿Qué pasa si es tan efectivo no a pesar sino *a causa* de su fragilidad?) El sublime dueto entre Brunilda y Sigfrido que concluye la ópera sucede un par de minutos antes del final, con la entrada del motivo que anuncia la reunión triunfal de la pareja (habitualmente denominado como el motivo del "amor feliz" o "vínculo amoroso"); este motivo es obviamente insincero (para no mencionar el miserable fracaso del *tutti* final a toda orquesta, que carece de la eficacia de la entrada de los dioses en el Walhalla en *El oro de Rin*). ¿Esconde este fracaso la crítica (inconsciente) de Wagner a Sigfrido? Recordemos el curioso hecho adicional de que este motivo es casi el mismo (está muy relacionado con) el motivo de Beckmesser en *Meistersinger.* (Debo esta observación a Gerard Koch; el acto II de *Sigfrido* fue escrito

[13] Este pasaje al comienzo de *El oro de Rin*, del interludio orquestal a la canción de las vírgenes del Rin, debe realizarse adecuadamente: un corte y al mismo tiempo una continuidad, es decir, una explosión/inversión totalmente inherente, un alivio de la tensión interior (lo mismo se aplica a *Cuadros de una exposición* de Mussorgsky; el pasaje, al final de "Baba Yaga" a "La gran puerta de Kiev").

justo después de *Meistersinger.*) Más aun, ¿este estruendoso fracaso de las vacías notas finales no marcan la catástrofe que recaerá sobre el amor de Brunilda y Sigfrido? Como tal, este "fracaso" del dueto es una necesidad estructural.[14] (De todos modos hay que seguir de cerca la estructura interna triádica de este dueto: toda su dinámica está del lado de Brunilda, quien cambia por dos veces su posición subjetiva, mientras que Sigfrido permanece sin cambios. Primero, desde su posición elevada y divina, Brunilda afirma gozosa su amor por Sigfrido; luego, una vez que se entera de lo que significan los arrebatos pasionales de Sigfrido –la pérdida de su distanciada y segura posición–, muestra el miedo a perder su identidad, de caer al nivel de una vulnerable mortal, presa del hombre y su víctima pasiva. En una magnífica metáfora, se compara con una hermosa imagen en el agua que se borronea cuando la mano del hombre la toca y revuelve las aguas. Finalmente, se rinde ante los arrebatos pasionales de Sigfrido y se arroja al remolino.) Sin embargo, excepto las últimas notas, el acto III de *Sigfrido*, al menos desde el momento en que Sigfrido quiebra la lanza de Wotan para que se despierte Brunilda, es insoportablemente bello, pero también la formulación más concisa de la problemática edípica en su específico giro wagneriano.[15]

En su camino hacia la montaña mágica en la que se halla Brunilda rodeada de un muro de fuego que sólo puede ser traspasado por un héroe que no conozca el miedo, Sigfrido se encuentra primero con Wotan, el destituido (o en realidad abdicado) dios supremo, disfra-

[14] Este dueto amoroso es uno de las recaídas a lo Verdi de Wagner (siendo la más conocida el trío-revancha que cierra el acto III de *El crepúsculo de los dioses*, a propósito del cual ya Bernard Shaw señalaba que sonaba como el trío de los conspiradores de *Un ballo in maschera*). Gutman la consideraba como una de las despedidas del drama musical con rumbo al "redescubierto objetivo de la definitiva gran ópera" (Robert Gutman, *Richard Wagner*, Nueva York, 1968, p. 299).

[15] ¿Acaso la pareja de Gutrune (Kriemhilde) y Brunilda no pertenecen a la serie, que comienza con Antígona y Brunilda, de la fría mujer "inhumana" acompañada de su apasionada/patológica sombra "humana" (Juliette y Justine, Gudrun Ensslin y su hermana)?

zado de Errante; Wotan trata de detenerlo, pero de una manera ambigua –básicamente, *pretende* que Sigfrido rompa su lanza–. Luego de que Sigfrido lo hace despectivamente, lleno de desprecio, en su ignorancia, por el anciano amargado y astuto, avanza por entre las llamas y ve una maravillosa criatura que yace allí profundamente dormida. Pensando que la armadura sobre el pecho de la criatura le dificulta la respiración, procede a cortar sus ligaduras con su espada; luego de que levanta la armadura y ve los pechos de Brunilda, lanza un desesperado grito de sorpresa: "*Das ist kein Mann*!" ("¡No es un hombre!"). Por supuesto, esta reacción no puede sonarnos sino como cómica, exagerada hasta la incredulidad. Sin embargo hay que tener presentes aquí un par de cosas. Primero, de todo lo que trató la historia de Sigfrido hasta ese momento es que mientras Sigfrido pasó toda su juventud en el bosque con la única compañía del malvado duende Mime –quien sostenía ser su único padre, madre-padre–, de todos modos pudo observar que, en el caso de los animales, los padres son siempre una pareja y por eso quiere ver a su madre, la contraparte femenina de Mime. La búsqueda de Sigfrido de una mujer es por lo tanto una búsqueda de la diferencia sexual, y el hecho de que al mismo tiempo está en busca del miedo, de una experiencia que pueda enseñarle lo que es el miedo, apunta claramente en dirección a la castración –con un giro específico–. En la paradigmática descripción freudiana de la escena de la castración (en su último texto breve acerca del "Fetichismo"), la mirada descubre una ausencia donde se espera una presencia (la del pene), mientras que aquí la mirada de Sigfrido descubre una excesiva presencia (los pechos –¿y se podría agregar que la típica soprano wagneriana es opulenta y de gran busto, de modo que el "*Das ist kein Mann*!" de Sigfrido suele producir grandes carcajadas entre el público?–).[16]

[16] Como si estuviera aludiendo a esta escena, Jacques-Alain Miller participó alguna vez de un experimento mental, enumerando otros posibles operadores de la diferencia sexual que pudieran reemplazar la ausencia/presencia de pene, y menciona la ausencia/presencia de pechos.

En segundo lugar hay que tener presente aquí una aparente incoherencia en el libreto que señala la manera adecuada de interpretar esta escena: ¿por qué está tan sorprendido Sigfrido de no encontrar un hombre cuando, antes que esto, había subrayado que pretendía penetrar el fuego precisamente para encontrar una mujer? Le dice al Errante: "Déjame pasar pues sé que ese camino lleva a la mujer durmiente". Y un par de minutos después: "Retrocede, bravucón. Debo llegar allí, al corazón del fuego de la hoguera, a Brunilda". Sólo una conclusión puede sacarse de esto: *aunque Sigfrido buscaba efectivamente una mujer, no esperaba que ella no fuera un hombre.* En resumen, buscaba una mujer que pudiera ser, no un hombre, sino un complemento simétrico del hombre, con la cual formar una equilibrada díada significante –y lo que encuentra es una insoportable ausencia/exceso–. Lo que descubrió fue el exceso/falta no cubierto por el significante binario, es decir, el hecho de que Mujer y Hombre no son complementarios sino asimétricos, que no existe el equilibrio *ying-yang* –en resumen, que no existe la relación sexual–.

No sorprende entonces que el descubrimiento de Sigfrido de que Brunilda "no es hombre" dé lugar a un estallido de verdadero pánico acompañado de una pérdida de realidad, en el cual Sigfrido encuentra refugio con su (desconocida) madre: "¡No es un hombre! Un insensible hechizo orada mi corazón; una terrible angustia llena mis ojos, mis sentidos navegan y desfallecen. ¿A quién puedo acudir por ayuda? ¡Madre, madre! ¡Piensa en mí!". Luego reúne todo su coraje y decide besar en los labios a la mujer que duerme, aun cuando esto signifique su propia muerte: "Luego absorberé la vida de esos dulcísimos labios, *a pesar de que pueda morir al hacerlo*". Lo que sigue es el majestuoso despertar de Brunilda y luego el dueto de amor que cierra la ópera. Es fundamental señalar que esta aceptación de la muerte como precio del contacto con el Otro femenino es acompañada musicalmente por el así llamado motivo de la "renuncia", presuntamente el más importante *leitmotif* de toda la tetralogía. Se lo escucha por primera vez en la escena 1 de *El oro de Rin,* cuando al responder al pedido de Alberich, Woglinde revela que "*nur wer Min-*

ne Macht versagt" ("sólo quien renuncie al poder del amor") puede tomar posesión del oro; su siguiente aparición registrada ocurre hacia el final del acto I de *Las valquirias*, en el momento de la muy triunfal afirmación del amor entre Sieglinde y Segismundo –justo antes de que él arranque la espada del tronco del árbol, Segismundo canta estas palabras: *"Heiligster Minne hoechste Not"* ("la necesidad superior y sagrada del amor")–. ¿Cómo hay que leer juntas estas repeticiones? ¿Qué pasaría si las consideráramos como dos fragmentos de la oración completa que fue distorsionada por el "trabajo del sueño", es decir que se volvió ilegible al dividirse en dos? Por lo tanto la solución sería reconstituir la proposición completa. "La necesidad superior del amor es renunciar a su propio poder". Es esto lo que Lacan llama "castración simbólica": si hay que permanecer fiel al propio amor, no hay que convertirlo en el foco directo de nuestro amor, hay que renunciar a su centralidad. Tal vez un desvío por lo mejor (y lo peor) del melodrama de Hollywood pueda ayudarnos a aclarar este punto. La lección básica de *Rapsodia* de King Vidor es que, para conseguir el amor de la mujer amada, el hombre debe probar que es capaz de sobrevivir sin ella, que prefiere su vocación o su profesión antes que a ella. Hay dos elecciones inmediatas: (1) mi carrera profesional es lo que me importa más, la mujer es apenas una diversión, una distracción; (2) la mujer lo es todo para mí, estoy dispuesto a humillarme, a sacrificar toda mi dignidad profesional y social por ella. Ambas son falsas, llevan a que el hombre sea rechazado por la mujer. El mensaje del verdadero amor es: aunque lo eres todo para mí, puedo sobrevivir sin ti, estoy dispuesto a sacrificarte por mi vocación o mi profesión. La manera adecuada de que una mujer compruebe el amor del hombre es por lo tanto "traicionarlo" en el momento crucial de su carrera (el primer concierto público en el filme, el examen clave, la negociación empresarial que decidirá su carrera); sólo si logra sobrevivir a la ordalía y cumplir exitosamente con su tarea, aunque se encuentre profundamente afectado por el abandono de ella, habrá de merecerla y ella regresará a él. La paradoja implícita es que el amor, precisamente como el Absoluto, no debe ser postulado como un objetivo directo, debe mantener el estatus de producto intermedio, de algo que recibimos como una gracia inmerecida. Tal vez no haya un amor mayor al de una pareja revolucionaria donde cada uno de los amantes está dispuesto a abandonar al otro en cualquier momento si la revolución lo requiere.

¿Qué pasa entonces cuando Sigfrido besa a la dormida Brunilda, de modo que su acto merece ser acompañado por el motivo de la Renuncia? Lo que dice Sigfrido es que besará a Brunilda "*a pesar de que muera por hacerlo*"; acercarse al Otro Sexo implica aceptar la propia mortalidad. Recordemos aquí otro sublime momento de *El anillo de los nibelungos*: el dueto de Segismundo y Brunilda al final del acto II de *Las valquirias*, cuando Brunilda en su majestuosa y fría belleza se acerca a Segismundo para informarle que todo mortal que la vea morirá de inmediato; está allí para decirle que lo llevará al Walhalla, la vivienda eterna de los héroes muertos, luego de que pierda su batalla contra Hunding. Segismundo rechaza su oferta si es que Sieglinde no puede unírsele en el Walhalla, prefiriendo el amor de una miserable mortal a "los frígidos placeres del Walhalla" ("*Walhall's sproeden Wonnen!")*. Siegfried renuncia literalmente a la inmortalidad. ¿No es el mayor de los actos éticos? La apabullada Brunilda comenta su rechazo: "¿Tan poco valoras la felicidad eterna? ¿Es ella todo para ti, esa pobre mujer, que cansada y desdichada, yace débil en tu falda? ¿No te parece que es lo menos glorioso posible?". Ernst Bloch tenía razón al plantear que lo que falta en la historia alemana son más gestos como el de Segismundo.

¿Pero a qué *amor* se renuncia aquí? Para expresarlo claramente: al incestuoso amor maternal. El "héroe sin miedo" carece de temores en la medida en que se sienta protegido por su madre, por la cobertura maternal –que "conocer el miedo" efectivamente sirva para que aprenda que uno está expuesto en el mundo sin ninguna protección materna–. Es esencial leer esta escena conjuntamente con aquella, de *Parsifal*, en la que Kundry le da un beso a Parsifal; en ambos casos, un héroe inocente descubre el miedo y/o el sufrimiento por medio de un beso ubicado en algún lugar entre lo maternal y lo propiamente femenino. Hasta finales del siglo XIX, se practicaba en Montenegro un extraño ritual durante la noche de bodas: en la tarde posterior a la ceremonia nupcial, el hijo se metía a la cama de su madre y, luego de que él se quedara dormido, la madre se retiraba en silencio y la novia ocupaba su lugar: tras pasar el resto de la noche con la novia, el hijo debía escapar a una aldea en la montaña y pasar allí a solas un par de días, para poder acostumbrarse a la vergüenza de estar casado… ¿no le ocurre algo homólogo a Sigfrido?

Sin embargo, la diferencia entre *Sigfrido* y *Parsifal* es que en el primer caso, la mujer es aceptada y en el segundo es rechazada. Esto no significa que en *Parsifal* desaparezca la dimensión femenina y que permanecemos dentro la comunidad homoerótica masculina del Grial. Syberberg tenía razón cuando, tras el rechazo de Kundry por parte de Parsifal luego de su beso, "el último beso de una madre y el primer beso de una mujer", reemplazó al Parsifal niño por otra actriz, una joven distante. ¿No puso en acto de este modo la perspectiva freudiana según la cual la identificación es, en su aspecto más radical, la identificación con el objeto libidinal perdido (o rechazado)? Nos *convertimos* (nos identificamos) en el *objeto* del que fuimos privados, de modo que nuestra identidad subjetiva es un repositorio de los rasgos de nuestros objetos perdidos. Esto significa que el conflicto en *Parsifal* no se da entre sexualidad y espiritualidad y tampoco (como se ha planteado algunas veces) entre heterosexualidad y comunidad homosexual cerrada (a la manera, como continúa la historia, del fundamento libidinal de una comunidad totalitaria). Se trata, en realidad, del conflicto entre deseo intersubjetivo y pulsión parcial atrapado en su circuito cerrado de goce: Montsalvat es el paraíso perverso de la pulsión parcial que hace su circuito alrededor del Objeto.[17]

¿Es realmente esta lectura del final de *Parsifal* la única coherente? La naturaleza problemática de la crítica de Nietzsche a *Parsifal* indi-

[17] ¿Qué pasa entonces con la versión cinematográfica de Syberberg que escenifica la herida que se propina Amfortas como un objeto parcial vaginal? ¿No es una ironía que la vagina misma, la "amenaza" femenina a la identidad masculina, quede reducida a un objeto parcial fetichista?

ca que la última obra de Wagner está llena de sorpresas: ¿no está ya escenificada en *Parsifal* la escena (el "dispositivo") de la crítica de Nietzsche a Wagner? No sorprende que *Parsifal* provocara en Nietzsche una extraña mezcla de ira *y* admiración. El reino de Klingsor encaja en la idea que Nietzsche tenía de Wagner: un impotente Amo hipnótico que manipula mujeres histéricas y que seduce así al público; y, contra ese reino y su aspecto musical (cromatismo, inmersión en el flujo interminable e informe que carece de adecuada forma interior), el héroe sin culpa que lidera la comunidad del Grial, que reafirma el ritmo de marcha y las relaciones jerárquicas heroicas... La crítica de Nietzsche a Wagner es efectivamente un caso de "el marco que forma parte del contenido enmarcado", el verdadero marco de la crítica de Nietzsche ya está escenificado en el contenido criticado.[18]

¿Qué pasaría entonces si *Parsifal* apuntara también en otra dirección, la de la emergencia de un nuevo colectivo? Si *Tristán e Isolda* pone en acto la redención como el extático escape suicida *del* orden social y *Meistersinger* la resignada integración al orden social existente, entonces *Parsifal* concluye con la invención de una nueva forma de lo Social. Con el "¡Muestren el Grial!" ("*Enthuellt den Graal!")* de *Parsifal* pasamos de la comunidad del Grial como una orden cerrada, el único sitio en que se revela el Grial, al círculo de iniciados en un ritual cuyo momento está prescripto, a un nuevo orden en el que Grial debe ser revelado todo el tiempo: "¡Nunca más permanecerá cerrado el relicario!" (*"Nicht soll der mehr verschlossen sein!")*. (Tal vez éste sea el único momento verdaderamente cristiano de *Parsifal*: el brillo permanente del Grial se convierte en *lux aeterna*, rompiendo con el pagano movimiento circular de revelación y abandono.)[19] En

[18] Es fácil de demostrar la división interna de la relación de Nietzsche con Wagner, es decir que sus duros ataques dan testimonio de que Nietzsche no estaba en condiciones de desembarazarse de la sombra de Wagner; sin embargo, a pesar (o a causa) de esta división, la posición subjetiva de Nietzsche fue mucho más auténtica que la segura autoconfianza del último Wagner.

[19] Es el mito de Hamlet cuya estructura es básicamente pagana (el "círculo de la vida" como se lo expresa en *El Rey León*, el movimiento circular del orden pertur-

relación con las consecuencias revolucionarias de este cambio, recordemos el destino de la figura del Amo en la tríada *Tristán-Meistersinger-Parsifal* (rey Marke, Hans Sachs, Amfortas): en las primeras dos obras, el Amo sobrevive como una entristecida figura melancólica; en la tercera es *depuesto* y muere.

¿Por qué entonces no podemos leer *Parsifal* desde una perspectiva actual? El reino de Klingsor del acto II es un dominio de fantasmagoría digital, de diversión virtual –Harry Kupfer tenía razón cuando escenificó el jardín mágico de Klingsor como una sala de video, con las Niñas de las Flores reducidas a fragmentos de cuerpos femeninos (rostros, piernas...) que aparecen en pantallas de televisores desparramados. ¿No es Klingsor una especie de Amo de *Matrix*, que manipula la realidad virtual, una combinación de Murdoch y Bill Gates? ¿Y cuando pasamos del acto II al acto III, no pasamos efectivamente de la falsa realidad virtual al "desierto de lo real", a la "tierra vacía" en las postrimerías de la catástrofe ecológica que descarriló el funcionamiento "normal" de la naturaleza? ¿No es Parsifal un modelo para Keanu Reeves en *Matrix*, con Samuel Jackson en el papel de Gurnemanz?[20]

Estamos tentados de dar una respuesta directa y "vulgar" a la pregunta sobre qué diablos estuvo haciendo Parsifal en su viaje durante el largo tiempo que pasa entre los actos II y III. Que el verdadero "Grial" es el pueblo, su sufrimiento. ¿Qué pasaría si simplemente se hubie-

---

bado por el tío y el equilibrio reestablecido por el hijo), mientras que Edipo (como puso en claro Jean-Joseph Goux) es una extraña excepción entre los mitos, el mito atípico en el cual el curso normal de las cosas queda interrumpido.

[20] En la misma línea, ¿qué pasaría si toda la acción de *Sigfrido* y de *El crepúsculo de los dioses* es el sueño de Brunilda, mientras duerme rodeada por el fuego? Cuando por dos veces después (al final de ambas obras) aparece el fuego en sus sueños, incorpora a su sueño los estímulos externos del fuego que ruge todo el tiempo a su alrededor. Y la traumática escena final del acto I de *El crepúsculo de los dioses* es el momento de la desintegración de la fantasía, una brutal e incoherente ambigüedad; entonces rápidamente prepara la compleja narración del acto II para poder explicar su traumática intrusión.

ra familiarizado con la miseria, el sufrimiento y la explotación humanas? ¿Y si el *nuevo* colectivo fuera algo parecido a un partido revolucionario, qué ocurriría si nos arriesgamos a leer *Parsifal* como un precursor de las *Lehrstuecke* de Brecht, y si el tópico del sacrificio apunta hacia *La línea de conducta* de Brecht que fuera musicalizado por Han Eisler, el tercer gran pupilo de Schoenberg, después de Berg y Webern? ¿No comparten *Parsifal* y *La línea de conducta* el tópico del aprendizaje, del héroe que debe aprender cómo ayudar al pueblo en su sufrimiento? Sin embargo, el resultado es diferente: en Wagner, la compasión; en Brecht-Eisler, la fuerza para no permitirse la compasión y actuar directamente. Sin embargo, esta oposición es relativa: el motivo compartido es el de *compasión fría/distante*. La lección de Brecht es el arte de la *fría* compasión, compasión con el sufrimiento que aprende a resistir la urgencia inmediata de ayudar a los demás. La lección de Wagner es la fría *compasión*, la distante actitud santa (recordemos la fría muchacha en la que se convierte Parsifal en la versión de Syberberg) que de todos modos conserva la compasión. La lección de Wagner (y la visión de Wotan) sobre que el mayor acto de libertad es aceptar y actuar libremente lo que es necesario que ocurra aparece extrañamente repetida en las lecciones básicas de las "obras de aprendizaje" de Brecht: lo que el muchacho a ser matado por sus colegas debe aprender es el arte de la *Einverstaendnis*, el de aceptar su propio asesinato que de todos modos ha de ocurrir.

¿Y qué pasa con la misoginia que sostiene obviamente esta opción? ¿No es en Parsifal donde se niega la presuposición compartida por las dos primeras obras, su afirmación del amor (el extático amor cortés, el amor marital), optando por la exclusiva comunidad masculina? ¿Pero qué pasaría si Syberberg tuviera razón? Después del beso de Kundry, en el rechazo mismo de la (histérica-seductora) feminidad, Parsifal se convierte en mujer. ¿Adopta una posición subjetiva femenina? ¿Qué pasa si nos encontramos ante una laboriosa comunidad "radical" dirigida por una mujer fría e impiadosa, una nueva Juana de Arco?

¿Y qué pasa con la idea de que la comunidad del Grial es un cerrado círculo iniciático? El mandato final de Parsifal de que se descubra el Grial afecta a esta falsa alternativa de elitismo/populismo: todo verdadero elitismo es universal, dirigido a todos y a cada uno, y hay algo inherentemente vulgar en los saberes gnósticos iniciáticos y secretos. Hay una queja habitual entre los numerosos admiradores de *Parsifal*: una gran ópera con numerosos pasajes de sobrecogedora belleza, pero, sin embargo, los dos grandes relatos (que ocupan la mayor parte de la primera mitad de los actos I y III) son lo peor de Wagner; una aburrida recopilación de hechos del pasado que ya conocemos, carentes de toda tensión dramática. Nuestra propuesta de lectura "comunista" de *Parsifal* implica una total reivindicación de esos dos relatos como momentos fundamentales de la ópera, el hecho de que puedan parecer "aburridos" debe comprenderse en la línea de un breve poema de Brecht de principios de los años cincuenta, dirigido a un trabajador anónimo en la RDA quien, tras largas horas de trabajo, es obligado a escuchar un aburrido discurso político de un funcionario partidario local: "Estás exhausto de tanto trabajar / El orador se repite a sí mismo / Su discurso da vueltas, habla con esfuerzo / No lo olvides, aunque estés cansado / Dice la verdad".[21] Este es el rol de Gurnemanz, ni más ni menos que el agente –el vocero, por qué no– de la verdad. En este caso, el predicado mismo de "aburrido" es un indicador (incluso un vector) de la verdad como opuesta a la deslumbrante perplejidad de las bromas y los divertimentos superficiales. (Por supuesto, existe otro sentido en el cual, como sabía Brecht muy bien, la dialéctica misma es inherentemente cómica.) Sin embargo, en relación con la economía general de la obra de Wagner, los extensos relatos que interrumpen el fluir de los acontecimientos, en especial en las últimas óperas, donde el cantante recapitula lo que sucedió antes de la ópera o a menudo en la ópera o acto previo, son un *síntoma* de Wagner, el síntoma del fracaso inherente al proyecto de las *Gesamtkunstwerk:* en lugar del *Darstellung* orgáni-

[21] Bertolt Brecht, *Die Gedichte in einem Band*, Fráncfort, Suhrkamp, 1981, p. 1.005.

co, la exhibición directa de los acontecimientos, nos encontramos ante la artificial *Vorstellung*, representación.[22]

¿Y qué ocurre con el llamado final del coro, "Redimamos al Redentor", que algunos leen como la declaración antisemita "redimamos/salvemos a Cristo de las imposiciones de la tradición judía, des-semiticémoslo"? Sin embargo, ¿qué pasaría si lo leyéramos más literalmente, como repetición de otra declaración "tautológica" del final "la herida puede curarse sólo por la lanza que la causó" ("*die Wunde schliesst der Speer nur, der sie schlug*")? ¿No se trata de la paradoja clave de todo proceso revolucionario, en el cual no sólo se necesita violencia para superar la violencia existente, sino que la revolución, para poder estabilizarse en un Nuevo Orden, debe comerse a sus propios hijos?

¿Wagner un protofascista? ¿Por qué no dejar atrás esta búsqueda de elementos protofascistas en Wagner y, en un gesto violento de apropiación, reinscribir a *Parsifal* en la tradición de los partidos revolucionarios radicales?

Cuando uno se acerca a las *Festspielhaus* durante los intermedios, la primera impresión, por supuesto, es la de una escena de una película de Fellini: asépticos ancianos en negras vestimentas que caminan en silencio, acompañados de damas con demasiado maquillaje, una verdadera danza de los vampiros, una reunión de muertos vivos que juegan a la alta sociedad… Sin embargo, ¿es ésta toda la verdad? ¿O tenía razón Boulez cuando, volviendo a los sesenta, en uno de sus memorables estallidos anarquistas y vanguardistas, dijo que todas las salas de ópera debían ser bombardeadas, salvo Bayreuth?

Queda claro que las puestas en escena de Bayreuth (o, en realidad, las puestas de Wagner en general) brindan el registro más exacto de nuestras preocupaciones espirituales y políticas globales. Recorde-

[22] Para esta idea, véase David J. Levin, *Richard Wagner, Fritz Lang, and the Nibelungen*, Princeton, Princeton University Press, 1998.

mos los Parsifal de las últimas décadas: todo estaba allí, desde las preocupaciones ecológicas a la espiritualidad *new age*: desde la tecnología espacial a las revoluciones políticas y las rebeliones de los jóvenes... Más generalmente, ¿los grandes cambios en las puestas de Wagner no condensan la tríada tradicionalismo-modernismo-posmodernismo? Antes de la Segunda Guerra, predominaban las puestas tradicionales de *El anillo de los nibelungos:* fondos naturalistas de rocas y árboles silvestres, héroes semejantes a vikingos... Luego, en 1950, se produjo la explosión de modernismo radical de la Nueva Bayreuth: ascetismo, túnicas al estilo antigua Grecia, escenarios vacíos con fuertes luces y apenas unos pocos objetos mínimos y simples con runas aquí y allá. En los sesenta, las puestas de Wagner fueron la línea de vanguardia del posmodernismo en todas sus versiones: la mezcla incoherente de estilos y puestas heterogéneas (las hijas del Rin como prostitutas, el conflicto entre Sigfrido y Hagen como una lucha entre las SA y las SS, oficinas de ejecutivos en el Walhalla...), cambios en el relato (Isolda permanece en casa y Tristán muere en soledad, el Holandés es la alucinación histérica de Senta...).

De este modo, Bayreuth –y la obra misma de Wagner– surge cada vez más como un insuperable canon, comparable únicamente con las tragedias griegas y con Shakespeare: no una fundación con un significado fijo, sino el permanente marco de referencia que pide cada vez más puestas renovadas, que debe ser alimentado por ellas para poder permanecer vivo. Es por medio de una nueva puesta de Wagner que podemos entender con claridad dónde nos hallamos parados en el sentido existencial más radical, y el poder de la obra de Wagner es precisamente que sobrevive a constantes nuevas interpretaciones.

Imaginemos –es mi sueño privado– un *Parsifal* que ocurra en una moderna megalópolis, con Klingsor como un proxeneta impotente que regentea un burdel; usa a Kundry para seducir a miembros del círculo del "Grial", una pandilla de narcotraficantes rival. "Grial" está manejado por el lisiado Amfortas cuyo padre Titurel vive en un constante delirio inducido por el abuso de drogas; Amfortas se encuentra bajo la tremenda presión de los miembros de su pandilla para que "realice el ritual", es decir, que les entregue la porción diaria de drogas. Quedó herido (infectado de sida) a través de Kundry, su pene mordido mientras Kundry le estaba haciendo una *fellatio.* Parsifal es el joven e inexperto hijo de una madre soltera y marginal que no entiende el sentido de las drogas; "siente el dolor" y rechaza los avances de Kundry quien le está haciendo sexo oral. Cuando Parsifal se apodera de la banda del "Grial", establece una nueva regla para su comunidad, distribución gratuita de drogas...[23] Estos experimentos, por supuesto, son riesgosos, suelen caer en lo ridículo; sin embargo, *no siempre*, y no hay manera de saberlo por adelantado, alguien debe arriesgarse.

Bayreuth, que había sido proclamada muerta, despreciada por anacrónica en su concepción misma, está hoy más viva que aquellos que organizaban sus funerales. Una y otra vez resurge como la Meca de los fundamentalistas culturales europeos –el sitio de su *hadj*, de sagrado peregrinaje– donde hay que ir al menos una vez en la vida si se quiere salvar el alma. Y el corazón de este fundamentalismo ya no está compuesto de conservadores sin tapujos: como señaló recientemente un crítico estadounidense, *El anillo de los nibelungos* ha sido en los últimos años casi secuestrado por directores de izquierda judíos; en un extraño caso de justicia poética, debemos viajar al oeste de los Estados Unidos (a Seattle) para poder disfrutar del auténtico *Anillo* teutón...

Tras las cartas públicas de Jürgen Habermas, Jacques Derrida, Richard Rorty y otros filósofos, se habló mucho los últimos meses so-

[23] Lo mismo podría hacerse con *Tristán e Isolda*: imaginemos la acción transpuesta al conflicto entre familias patriarcales de pescadores sicilianos mafiosos, una especie de *Tristán e Isolda* transpuesto a *Cavalleria rusticana.* El capo de una de las familias ("Marke") envía a su sobrino ("Tristán") a que cruce la bahía para que la otra familia le entregue a "Isolda"; el matrimonio se acuerda para terminar con un feudo familiar. En el barco, ambos recuerdan su anterior encuentro, después de que la sirviente de "Isolda" le diera un placebo en lugar de veneno, y se declaran su mutuo amor. En el segundo acto, "Marke" sale de parranda con sus amigos, mientras "Tristán" visita secretamente a "Isolda"...

bre el *revival* de los valores europeos centrales como un antídoto contra el Nuevo Orden Mundial norteamericanizado. Si existe un acontecimiento cultural en el cual hoy se condense y encarne la tradición europea, ése es Bayreuth; así, para parafrasear a Max Horkheimer, quienes no quieran hablar sobre Bayreuth deberían también callar sobre Europa.

CONCLUSIÓN: LA SONRISA DE BARTLEBY

Errancia óntica, verdad ontológica

Heidegger es seguramente *el* filósofo del siglo XX (del mismo modo que Hegel fue *el* filósofo del siglo XIX): todos los filósofos (comenzando por Rudolf Carnap) tienen que definirse trazando una línea de demarcación, una distancia crítica respecto de él. La mayoría no se limita a rechazarlo, en realidad mantiene una relación ambigua con él, reconociendo sus aportes pero planteando que no fue capaz de llevarlos hasta el fin, pues quedó atado a ciertas presuposiciones metafísicas. Por ejemplo, para los marxistas, Heidegger tenía razón en *El ser y el tiempo* para realizar el giro desde el sujeto desinteresado que observa el mundo hacia un hombre que se encuentra ya siempre lanzado al mundo, comprometido con él; sin embargo, no logró ubicar al ser humano dentro de la totalidad histórica de su práctica social; *mutatis mutandi*, lo mismo vale para Levinas, Derrida, Rorty, ciertos seguidores de Wittgenstein (Dreyfuss) e, incluso, para Badiou.

El único gran aporte de Heidegger es la completa elaboración de la *finitud* como un constituyente positivo del ser-humano; de este modo, completó la revolución filosófica kantiana, dejando en claro que la finitud es la clave para la dimensión trascendental. Un ser humano está siempre en camino hacia sí mismo, en devenir, frustrado, arrojado-a una situación, primordialmente "pasivo", receptivo, desafinado, expuesto a una Cosa sobrecogedora, y, lejos de limitarlo, esta exposición es el cimiento mismo de la emergencia del universo del sentido, de la "mundanidad" del hombre. Es sólo desde dentro de esta finitud que los entes se nos aparecen como "inteligibles", como formando parte del mundo, como incluidos en un horizonte de sentido –en resumen, porque los tomamos "como" algo es que se nos aparecen *como* algo (que aparecen *tout court*). Para ponerlo en términos kantianos: es a causa de esta finitud que es imposible para el hombre la "intuición intelectual", que un ser humano sólo puede comprender las cosas dentro de una brecha entre su mero estar-ahí y el modo, el "como tal", de su apariencia; en resumen, que la comprensión total es un "proyectar" contingente de un vínculo sobre una brecha, no una aprehensión directa. La "condición de posibilidad" trascendental es, por lo tanto, el reverso de la condición de imposibilidad: la verdadera imposibilidad para un ser humano de intuir directamente la realidad, el verdadero fracaso, el no acertar en el blanco, es lo que constituye la apertura del mundo, de su horizonte. Ser-Dios no es simplemente lo todopoderoso, sino, al mismo tiempo, una clausura claustrofóbica. Y no sólo esto: la misma idea de Dios es resultado de una especie de perspectiva-ilusión, una "proyección" de un punto de clausura imposible que surge dentro del horizonte de nuestra finitud. Dios no tiene existencia "en sí", es una apariencia que tiene su lugar dentro del universo humano de sentido. En otras palabras, hay que volver a Descartes (y a la lógica de la prueba ontológica de la existencia de Dios): lo infinito sólo puede emerge dentro del horizonte de finitud, es una categoría de la finitud. Y, efectivamente, a lo que apunta Heidegger en su afirmación de la finitud como el insuperable horizonte de nuestra existencia puede entenderse mejor en oposición a Descartes. He aquí el famoso comienzo del capítulo 3 del *Discurso del método*, en el que subraya la necesidad y el contenido del "código moral provisorio" que adoptó mientras se hallaba embarcado en la búsqueda de una nueva fundamentación incondicional:

> como no es suficiente, antes de comenzar a reconstruir la casa en que vivimos, que será demolida y que se proveerán los materiales y albañiles, [...] pero como parece necesario que se nos entregue otra casa en la cual podamos vivir cómodamente durante las operaciones, de modo que pueda no permanecer irresoluto en mis acciones mientras mi razón me obligaba a suspender mi juicio, y que no se me evite de vivir desde entonces

> en la mayor felicidad posible, redacté un posible código moral, compuesto de tres o cuatro máximas, que deseo compartir con ustedes.
>
> La primera era obedecer las leyes y costumbres de mi país, adhiriendo con firmeza a la fe en la cual, por la gracia de Dios, he sido educado desde mi infancia y regulando mi conducta en todo otro asunto de acuerdo con las opiniones más moderadas. [...]
>
> Mi segunda máxima fue ser tan firme y resuelto en mis acciones como fuera capaz, y no adherir con menos intensidad a las opiniones más dudosas una vez adoptadas que si fueran altamente seguras; imitando en esto el ejemplo de los viajeros que, cuando se pierden en el bosque, no deben caminar de un sitio a otro y menos aun permanecer en un lugar, sino moverse constantemente hacia el mismo lado en una línea lo más recta posible, sin cambiar su dirección por razones banales, a pesar de que tal vez pueda ser la única posibilidad que determinó primero la selección.[1]

¿No hay un eco de estas dos máximas en las dos premisas fundamentales de la ontología de la finitud de Heidegger, la idea de que estamos arrojados a un horizonte histórico contingente pero inevitable, y la idea concomitante de una decisión abismal a la que debemos adherir incondicionalmente, a pesar de que no pueda fundamentársela por completo en razones (lo que suelen rechazar los críticos como el "irracional decisionismo formalista" de Heidegger: "no importa lo que decidas, lo que importa en última instancia es la forma de una decisión incondicional, tu fidelidad a tu elección, que asumas tu elección como completamente tuya")? En otras palabras, ¿no podría decirse que en Heidegger nos hallamos en el momento en que asumimos plenamente y pensamos hasta el final el hecho de que no existe conocimiento absoluto transhistórico, que toda moral que adoptamos es "provisoria"? ¿No es la hermenéutica del ser histórico una especie de "ontología de la existencia provisoria"? Es por esto que el tópico de la finitud está inextricablemente vinculado con el del fracaso. Tal vez la definición última de modernidad tenga que ver con el

[1] René Descartes, *Discourse on Method*, South Bend, University of Notre Dame Press, 1994, pp. 38-39 [trad. esp.: *Discurso del método*, Madrid, Espasa Calpe, 2005].

estatus del fracaso: entramos a la modernidad cuando el fracaso ya no se concibe como opuesto al éxito, dado que el éxito mismo puede consistir únicamente en asumir heroicamente la plena dimensión del fracaso mismo, "repitiendo" al fracaso como "propio". Por lo tanto, tiene razón Sloterdijk al señalar: "Aquellos que ignoran que se trata de un indicio de la modernidad de Heidegger, deberían únicamente recordar el hecho de que, según Heidegger, lo decisivo y el destino se manifiestan también y sobre todo como un fracaso asumido".[2]

Cuando el último Heidegger insistía repetidamente que aquellos que vivían en la verdad ontológica necesariamente erraban a nivel óntico, ¿no daba cuenta de este modo de la irreductible brecha de paralaje entre lo ontológico y lo óntico? ¿Y según esto no es la gran tentación *política* heideggeriana olvidar esta brecha y esforzarse por imponer un orden óntico que pudiera ser adecuado a esta verdad ontológica? En su curso sobre Schelling de 1936, Heidegger escribió:

> Es de hecho evidente que los dos hombres han iniciado contramovimientos (opuestos al nihilismo) en Europa para la formación política de su nación así como de su pueblo, que tanto Mussolini como Hitler están esencialmente determinados por Nietzsche, una vez más de manera diferente, y esto sin que el auténtico dominio metafísico del pensamiento de Nietzsche tenga un impacto inmediato en el proceso.[3]

El verdadero problema de este pasaje no reside en lo que parece (en la crítica demasiado tibia de Heidegger a Hitler y Mussolini, que marca una actitud fundamentalmente positiva frente a ellos), sino en realidad en la cuestión de qué será una política expuesta al "auténtico dominio metafísico del pensamiento de Nietzsche". ¿Es factible una política semejante? De modo similar, el error del primer Heidegger (hasta 1934, más directamente discernible en su discurso del recto-

[2] Peter Sloterdijk, *Nicht gerettet. Versuche nach Heidegger*, Fráncfort, Suhrkamp, 2001, p. 41.

[3] Martin Heidegger, *Schelling's Treatise on the Essence of Human Freedom*, Athens, Ohio University Press, 1985, pp. 40-41.

rado) fue que creía posible disponer de ciencias (la maquinaria académica) que fueran conscientes de su fundamentación ontológica y actuaran en el nivel de esa fundamentación –ése fue el objetivo de Heidegger para renovar la universidad, según el cual la filosofía se ocuparía de guiar a las ciencias particulares–. Luego de 1934, Heidegger se dio cuenta de que la brecha es irreductible: "las ciencias no piensan" y esto, lejos de ser una limitación, resulta su fuerza, la razón por la cual son tan productivas.

La versión definitiva de la inversión retórica de Heidegger ("la esencia de X es x-ción de la esencia misma") ocurre en ese curso de tiempos de la guerra acerca de himno "Ister" de Hölderlin (1944) donde, en su comentario posterior a la derrota de Stalingrado, plantea, claramente en contra de la "vulgar" propaganda nazi, que "la esencia de la victoria es la victoria de la esencia misma", de modo que lo que realmente importa no son las victorias militares "ónticas", sino la fuerza y capacidad del pueblo alemán para enfrentar y soportar la "lucha" en el corazón de la esencia del Ser mismo, el antagonismo de ocultamiento y desocultamiento… La ambigüedad de esta posición fue identificada por Balibar a propósito de Fichte:[4] ¿significa esto que para poder vencer realmente ("ontológicamente"), debemos perder "ónticamente", *o* es sólo la resolución ontológica la que nos brindará la verdadera fuerza para perseverar en la guerra óntica? En la misma línea, también podemos generar la declaración "heideggeriana" de que la esencia de la guerra nada tiene que ver con la guerra empírica: en realidad concierne al guerrear (el *polemos* de Heráclito) de la esencia misma, la discordancia, la contienda interna, de la Esencia misma del Ser. ¿Pero habría adherido Heidegger a la misma inversión respecto de la esencia *humana*? "La esencia del hombre nada tiene que ver con el hombre como ser óntico; la esencia del hombre es en realidad la "humanización" de la esencia misma, el hecho de que la Esencia del Ser misma *necesita* a los humanos como el

[4] Véase Etienne Balibar, "La violence: idealité et cruauté", *La crainte des masses*, París, Galilée, 1997.

sitio de su Estar-Allí, de su "Desocultamiento". ¿Y aceptaría también Heidegger, a propósito de fenómenos como la *Shoah,* que "la esencia del sufrimiento es el sufrimiento de la esencia misma"?[5]

Una de las habituales defensas heideggerianas de Heidegger es plantear que el último Heidegger desarrolló el pensamiento que nos permitió comprender realmente las raíces del terror nazi como la voluntad de poder de la subjetividad moderna; Heidegger muestra por qué el rechazo humanista del nazismo no es lo suficientemente fuerte, pues el nazismo no es sino el resultado extremo de la misma filosofía de la subjetividad que sostiene a la ética humanista... Este movimiento, en su osadía retórica (las personas que arriesgaron su vida contra el fascismo y a favor de valores humanistas son en un sentido profundo solidarios con sus horrores y como tal mucho más culpables que Heidegger que fue un activo nazi), resulta sospechoso en su ambigüedad. ¿Cómo puede ser que, si Heidegger nos permite llegar a una comprensión más profundas de las raíces del nazismo, él mismo no fue capaz de resistir su atractivo? La respuesta convencional: precisamente porque "estaba allí", experimentando el extremo de la subjetividad moderna, puede formular su verdad. ¿Significa esto que, para poder alcanzar una comprensión de la verdad de la subjetividad moderna, *hay* que pasar por una experiencia o nazi (o parecidamente extrema)? ¿Dónde *exactamente,* salieron mal las cosas, dónde

[5] ¿Por qué es tan fácil parodiar a Heidegger? ¿No será porque hay algo falso en su retórica de la difícil lucha del pensamiento con su objeto, de la imposibilidad de designar directamente la materia del pensamiento, de la necesidad de basarse en indicios poéticos, de exponerse pasivamente a la Palabra del Ser y discernir su oscuro mensaje? Es como si Heidegger supiera muy bien lo que tiene que decir y pudiera expresarlo bajo la forma de proposiciones directas y explícitas, pero más allá de la pura retórica, lo cubre de dichos oscuros que no pueden sino resultar cómicos. Incidentalmente, por esta misma razón es a menudo el mismo Heidegger el que suena como una parodia de sí mismo, como en la cita anterior sobre la derrota de Stalingrado ("la esencia de la victoria nada tiene que ver con una victoria militar óntica; la esencia de la victoria es la victoria de la esencia misma"). O, en un ejemplo aún más ridículo (informado por un testigo): cuando, en 1962, Heidegger visitó la cabaña de René Char en Provance, con sus muebles rústicos, comentó: "Poéticamente habita un hombre...".

dieron un giro funesto, en *El ser y el tiempo?* Todo el mundo está de acuerdo en que el punto central se encuentra en el pasaje del destino individual al comunitario:

> Pero si el fatal *Dasein*, como ser-en-el-mundo, existe esencialmente siendo-con-Otros, su ocurrencia histórica es una ocurrencia co-histórica y es determinante para ella como *destino comunitario.* Es así como designamos la ocurrencia histórica de una comunidad, de un pueblo. El destino no es algo que se coloca fuera de los destinos individuales, así como tampoco puede concebirse que ser-con-un-otro es la ocurrencia conjunta de varios sujetos. Nuestros destinos ya han sido guiados por adelantado, en nuestro ser-con-un-otro en el mismo mundo y en nuestra resolución de posibilidades definidas. Sólo en la comunicación y en la lucha puede ser libre el poder del destino. El fatal destino del *Dasein* en y con su "generación" está en preparar la plena, propiamente histórica ocurrencia del *Dasein.*[6]

Lo que sigue es el famoso pasaje en el cual, en su ser-lanzado-al-mundo que lo enfrenta con su pasado concreto, el *Dasein* puede elegir un héroe (pasado) y repetir sus actos en un destino comunitariamente asumido... Como lo señaló Miguel de Beistegui, este pasaje involucra una serie completa de desplazamientos que son ilegítimos, en los propios términos de Heidegger de un estricto análisis fenomenológico.[7] El pasaje se basa en la homología entre el ser-para-la-muerte individual y la resuelta asunción de la más interna (im)posibilidad en absoluta soledad (sólo yo puedo morir por mí), y la comunidad que muestra la misma actitud. Sin embargo, ¿puede hacerse esto si la muerte "auténtica" es únicamente mía, no compartida? ¿En qué sentido pueden las comunidades mostrar también la actitud de asumir resueltamente el destino propio en enfrentar a la muerte? ¿Cómo debe pensarse aquí la muerte de una comunidad?

[6] Martin Heidegger, *Being and Time,* Nueva York, Harper & Row, 1962, p. 436 [trad. esp.: *El ser y el tiempo,* México, Fondo de Cultura Económica, 2000].

[7] Miguel de Beistegui, *Heidegger and the Political,* Londres, Routledge, 1998, pp. 17-19.

¿Simplemente como toda la comunidad que se arriesga a la destrucción en enfrentamientos violentos con otras comunidades? Desde el punto de vista del *Dasein* individual, esa muerte es radicalmente diferente de la forma en que Heidegger describió anteriormente al ser-para-la-muerte: no nos encontramos ante la muerte sacrificial que solidifica a la comunidad. Cuando, en "El origen de la obra de arte", coloca en lo alto de la lista de los modos de poner-en-obra la verdad al pensamiento, la poesía y la fundación de estados y también al "sacrificio esencial", uno debe leer esta extraña incorporación junto al pasaje de sus lecturas sobre Hölderlin del mismo período que especifican este "sacrificio" como "la camaradería de los soldados en el frente": "su más profunda y única razón es que la proximidad de la muerte como sacrificio lleva a cada uno a la misma anulación, que se convierte en la fuente de un incondicional pertenecer a los demás".[8] Es inevitable una tensión entre esta idea de la muerte como sacrificio y el análisis del ser-para-la-muerte de *El ser y el tiempo*, donde con la muerte soy lanzado de regreso a mí, completamente solo en mi unicidad.

Como señaló Beistegui, el enfoque de Heidegger sobre la vida social está determinado por el dominio no tematizado de la idea de economía "doméstica", la "cerrada" economía de la "casa". Cuando Heidegger habla de tecnología, ignora sistemáticamente la esfera completa de la moderna economía "política", a pesar de que la tecnología moderna no está sólo empíricamente sino *en su concepto mismo* enraizada en la dinámica de mercado que genera la plusvalía. El principio subyacente que impulsa el incansable movimiento de la productividad moderna no es tecnológico sino económico: es el mercado y el principio de la plusvalía de la mercancía los que condenan al capitalismo a la enloquecida dinámica de la permanente autorrevolución. En consecuencia, no es posible comprender adecuadamente la dinámica de la modernidad sin lo que Marx llamaba la "crítica de la eco-

[8] Martin Heidegger, *Gesamtausgabe*, vol. 39: *Hoelderlin's Hymnen "Germanien" und "Der Rhein"*, Fráncfort, Klostermann, 1980, pp. 72-73.

nomía política". Y esta ignorancia de la "alienada" política económica está lejos de ser inocente: como vuelve a señalar Beistegui, Heidegger comparte esta ignorancia con el fascismo cuyo sueño último es precisamente poder "domesticar" a la tecnología y la industria modernas, que se pueda reinscribirlas en el marco de una nueva "economía hogareña" del estado-comunidad orgánica. ¿Y deja también de lado Heidegger el hecho de que la emergencia de la *polis* griega misma, este espacio abierto en el que la comunidad se reúne para debatir y decidir en conjunto sobre las cosas comunes es ya el resultado de ese desplazamiento, del *oikos* que queda reducido a un elemento más de un orden que abarca muchas más cosas? La ironía propiamente histórica es que, en este centrarse en el asumir auténticamente el destino comunitario, Heidegger pasa por alto precisamente el modo como el dominio de las fuerzas anónimas del mercado se vive como la nueva versión del antiguo Destino: como Marx y Hegel plantearon repetidamente, en la modernidad el Destino aparece cada vez más como el impenetrable y caprichoso proceso socioeconómico; el resultado colectivo de la actividad del pueblo lo enfrenta a un Destino ajeno.

¿Resulta entonces legítimo imaginar *El ser y el tiempo* sin este giro fatal? ¿Un *El ser y el tiempo* que permanezca "individualista", que rechace *toda* experiencia colectiva como inauténtica, como la Caída, y que admita como el único acto auténtico el resuelto ser-para-la-muerte del individuo? ¿O un *El ser y el tiempo* que pudiera elaborar una idea diferente, más "progresista" de la auténtica existencia colectiva, algo en la línea, por ejemplo, de Walter Benjamin, quien habló también de la revolución como auténtica repetición del pasado? En 1937-1938, Heidegger escribió:

> Lo conservador permanece empantanado en lo historiográfico, sólo lo revolucionario alcanza la profundidad de la historia. Revolución no significa mera subversión y destrucción sino una sublevación y recreación de lo acostumbrado de modo que el comienzo pueda ser reestructurado. Y dado que lo original pertenece al comenzar, la reestructuración del

> comienzo nunca es una pobre imitación de lo que fue antes; es enteramente otro y sin embargo lo mismo.[9]

¿No se trata de una descripción absolutamente pertinente de la revolución dentro de la perspectiva de Benjamin? ¿Debemos entonces proponer como un modo de auténtica comunidad al colectivo revolucionario o al colectivo paulino de creyentes, que efectivamente sirvieron de modelo tanto para el primer Heidegger como para Benjamin? ¿Este colectivo no es precisamente algo que escapa a la díada del *oikos* cerrado y el mecánico y anónimo *das Man*, de la comunidad y la sociedad? Es muy fácil ceder a la tentación de rescribir un "buen" *El ser y el tiempo* –una tentación a la que de todos modos hay que resistirse–.

El pasaje de la auténtica decisión individual del *Dasein* basada en asumir el propio ser-para-la-muerte a la decisión comunitaria sostenida en la aceptación del propio destino (en la célebre sección 74) no es tan arbitrario como podría parecer, dado que responde a una necesidad muy precisa: como lo expresa Heidegger, la resolución es un concepto puramente formal, no se refiere a lo que hacemos sino a cómo lo hacemos y, tal como agrega lacónicamente, (el contenido de) las posibilidades de la auténtica existencia no son "a ser reunidas por la muerte".[10] ¿De dónde entonces reunirlas? Es aquí que entra la referencia a la tradición comunitaria: deben ser tomadas de la herencia comunitaria que está atrapada en la existencia del *Dasein*. En otras palabras, es precisamente para poder evitar el habitual reproche de "formalismo decisionista" que Heidegger *debe* pasar de lo individual a lo comunitario.

¿Gelassenheit? ¡No, gracias!

El interés de esta misteriosa fase en el pensamiento de Heidegger entre 1928 y 1936 (o, incluso, hasta 1938) es que borra la línea diviso-

[9] Martin Heidegger, *Gesamtausgabe*, vol. 45: *Grundfragen der Philosophie*, Fráncfort, Klostermann, 1980, p. 41.

[10] Martin Heidegger, *Being and Time*, *op. cit.*, p. 383.

ria entre el "decisionismo" de la fase 1 (asumir heroicamente el propio destino) y la "receptividad pasiva" de la fase 2 (humilde atención a la voz destinal del ser); incluso en *Beitraege zur Philosophie. Vom Ereignis* (1936-1938), que se supone que marca la primera formulación completa de la fase 2, Heidegger apela sintomáticamente a la rara invención oximorónica "*Wille zum Ereignis*", la voluntad-de-acontecimiento/apropiación, poniendo junto aquello que, precisamente, debe ser mutuamente excluyente: la voluntad como el rasgo fundamental de la subjetividad moderna y la actitud de *Gelassenheit*, la "apertura", que marca que hemos dejado atrás la impuesta violencia de autoafirmación subjetiva. Lejos de despreciar estas formulaciones como "ejemplos que mezclan los discursos de una activista metafísica del espíritu y la crisis ontológica del ser del *Dasein*",[11] habría que considerarlas en realidad como el "punto de torsión" sintomático, la "imposible" intersección de discursos "oficialmente" opuestos que vuelve evidente su profunda complicidad. En su *Introducción a la metafísica*, el texto clave de este período de transición, Heidegger escribe:

> Pero la esencia de la resolución abierta se encuentra en la inconciliabilidad del *Dasein* humano con la claridad del ser y de modo alguno en reservar la fuerza o la energía para la "actividad". [...] Pero la relación con el ser es de arrendamiento. Que todo desear se fundamente en el arrendamiento es un pensamiento que ofende al sentido común.[12]

La palabra de Heidegger para esta coincidencia de la resolución activa, el esfuerzo extremo de la voluntad y de la afinación pasiva a la palabra del ser es *espíritu*. Derrida tiene razón al señalar el rol excepcional del significante "espíritu" como el recordatorio no decons-

[11] Theodor Kiesel, "Heidegger's philosophical geopolitics", en: Richard Polt y Gregory Fried (comps.), *A Companion to Heidegger's Introduction to Metaphysics*, New Haven, Yale University Press, 2003, p. 231.

[12] Martin Heidegger, *Introduction to Metaphysics*, New Haven, Yale University Press, 2000, p. 16 [trad. esp.: *Introducción a la metafísica*, Barcelona, Gedisa, 1992].

truido del texto de Heidegger, que señala lo Impensado de la misma "destrucción de la metafísica" de Heidegger.[13] ¿No es el ejemplo supremo de esta coincidencia de opuestos el budismo zen que, mientras predicaba abiertamente la autorrenuncia y la pasividad, servía de legitimación a la ética guerrera autodisciplinada más radical?[14]

Incidentalmente, es éste también el motivo por el cual no se debe despreciar, como se suele hacer, la lectura de Heidegger sobre *Antígona* de *Una introducción a la metafísica* como todavía marcada por la metafísica moderna de la subjetividad. El tono heroico del hombre como el más siniestro agente de la fuerza que, en violento enfrentamiento con la impenetrable oscuridad del ser, estimula el orden y la claridad y puede imponer o fundar una nueva ley únicamente exceptuándose de su ejercicio, recurriendo a una violencia para imponer la ley, pero cuya heroica lucha está en última instancia destinada al fracaso, de modo que toda grandeza verdadera implica siempre una trágica derrota.[15] Esta celebración de la grandeza de la naturaleza violenta del hombre (el hombre "no conoce bondad ni conciliación [en el sentido ordinario], ni pacificación ni debilitamiento por el éxito y el prestigio y por su confirmación")[16] no debe oponerse de ninguna manera a la actitud de *Gelassenheit*, de dejar-que las cosas-sean, de "abandonarse" a los seres, articulada bajo la forma de rememoración poética, que predomina en su (re)lectura de *Antígona* de 1942, en su seminario sobre el poema "Ister" de Hölderlin.[17]

[13] Véase Jacques Derrida, *Of Spirit: Heidegger and the Question*, Chicago, Chicago University Press, 1991 [trad. esp.: *Del espíritu* (*Heidegger y la pregunta*), Valencia, Pre-Textos, 1989].

[14] Véase Brian A. Victoria, *Zen at War*, Nueva York, Weatherhilt, 1998.

[15] Cuando en su *Introducción a la metafísica*, Heidegger concibe la esencia del hombre como el violento enfrentamiento con el Total de los seres, destinado al fracaso, aunque despliegue una heroica grandeza en su fracaso mismo, ¿no apunta a algo como lo de Ahab en *Moby Dick*, para quien la ballena representa la violencia todopoderosa del Total de los seres?

[16] Martin Heidegger, *Introduction to Metaphysics*, *op. cit.*, p. 125.

[17] Para esta lectura, véase Clare Pearson Geiman, "Heidegger's *Antigones*", en: Richard Polt y Gregory Fried (comps.), *op. cit.*

Queda muy claro que no tenemos un primer Heidegger que afirma la esencia del hombre como su lucha heroica de una batalla perdida contra el todopoderoso, el Total de los seres, tratando de imponer violentamente en él un orden proyectado, y luego un Heidegger que considera la esencia del hombre como un humilde repositorio de la verdad del ser, que sirve de medio, el "aquí" del desocultamiento del ser. En todo caso, el primer "último" Heidegger (el de 1935) es preferible al segundo (posterior a 1938).[18]

En su lectura del fragmento 53 DK de Heráclito acerca de la guerra como el "padre y el rey de todas las cosas", Heidegger comienza por oponer la guerra misma (*polemos*) al *agon*, una lucha competitiva: contrariamente a *agon* donde compiten dos oponentes amistosos, las "cosas se ponen serias" en una *polemos* en la cual "el oponente no es un socio sino un enemigo". Luego especifica qué es un enemigo (hay que tener presente que estas líneas fueron escritas en 1933-1934, cuando los medios estaban repletos de textos que señalaban muy claramente quién era el enemigo y cuando Heidegger estaba comprometido con esta lucha):

> Enemigo es aquel y todo aquel de quien emana una amenaza esencial contra el ser (*Dasein*) de un pueblo (*Volk*) y sus individuos. El enemigo no precisa ser externo, y el enemigo externo no es con mucho el más peligroso. Podría incluso parecer como si no hubiera enemigos afuera. En ese caso, la necesidad fundamental es encontrar al enemigo, traerlo a la luz e incluso crearlo con anterioridad, de modo que a través suyo podamos asumir una posición contra el enemigo y evitar el embotamiento

[18] Cuando Peter Sloterdijk opone el impulso a la infinita movilidad que caracteriza a nuestra actitud subjetiva hacia la "euro-taoísta " *Gelassenheit*, perder el autocontrol, dejarse llevar, la aceptación de nuestra irreductible finitud y ser-arrojado-en-el-mundo, parece no ver la paradoja fundamental: la ideología espontánea de la movilidad capitalista actual *es ya* la del "euro-taoísmo" de jugar el juego con una distancia interior, siendo conscientes de que es sólo un juego de apariencias en definitiva insignificante. Lo que resulta más impensable hoy, en nuestra constante movilidad, es el *compromiso* radical mismo.

> de nuestro ser. El enemigo puede instalarse en la más íntima raíz del ser de un pueblo y oponerse a la esencia misma de éste y actuar en su contra. En ese caso, la lucha es aun más severa, dura y difícil, pues esta lucha consiste sólo en una pequeña parte en golpear al enemigo; suele ser mucho más difícil y extenso rastrear al enemigo como tal, estar preparado para atacarlo, cultivar y aumentar la constante disposición y preparar el ataque dentro de un plan más amplio con el objetivo de su completa aniquilación (*mit dem Ziel der voelling Vernichtung*).[19]

Todo está aquí por interpretarse, desde la exacta metáfora del enemigo que "se instala en la más íntima raíz" de un pueblo –en resumen, que es *parásito* del pueblo–. La cuestión parece ser cómo combinar (leer juntos) esa afirmación de la combatividad heroica (la retórica típica del Heidegger de mediados de los 1930) con el tono predominante del Heidegger posterior a la Segunda Guerra, que es el de la *Gelassenheit*, del dejar ser, de la humilde subordinación y la escucha de la voz del Ser. Contra la versión habitual, según la cual este desplazamiento marca el retiro y el arrepentimiento de Heidegger en relación con su compromiso político, hay que insistir en la estricta *co-dependencia* de esas dos características que son las dos caras de una misma moneda. Lo que hace a Heidegger defender la "*Vernichtung*" del enemigo es el hecho mismo de que teme afirmar plenamente la lucha como primordial y constitutiva, es decir que subordina la lucha al Uno omniabarcador que reúne a las fuerzas opuestas (¿y no considera del mismo modo a la diferencia sexual en

[19] Martin Heidegger, *Sein und Wahrheit* (1933/1934), en *Gesamtausgabe*, vols. 36/37, Fráncfort, Klostermann, 2001, pp. 90-91. Se podría también establecer aquí un vínculo con la pareja agonismo/antagonismo de Laclau: Heidegger estaba en contra de la democracia, dado que su premisa básica era la trasposición del antagonismo en agonismo. No existe efectivamente en Heidegger un espacio para la política, el juego de intereses, el diálogo, la negociación, el acuerdo, que marca el curso "normal" de las cosas: "Quien busque en Heidegger una teoría de la voluntad política sólo encontrará una poética del estado de emergencia" (Peter Sloterdijk, *op. cit.*, p. 58).

su lectura de Trakl?).[20] Lo mismo vale para el judaísmo: el Dios pacifista del amor no es el opuesto del Jehová vengativo sino su otra cara.

Este último Heidegger debe ser opuesto a Nietzsche: ¿qué puede ser más incompatible con la *Gelassenheit* que la celebración nietzscheana de la guerra y la pelea sin cuartel como el único camino hacia la grandeza del hombre? Sin embargo, como lo han señalado muchos lectores perspicaces, estos mandamientos "militaristas" –tan numerosos y bien conocidos que es superfluo citarlos– están acompañados de una línea continua de declaraciones "pacifistas", siendo la más famosa de ellas el llamado a un unilateral "quiebre de espadas"; el llamado a un *acto* como nunca hubo otro:

> Y tal vez llegue el gran día en que un pueblo, distinguido por guerras y victorias y por el desarrollo superior de un orden y una inteligencia militares, y acostumbrado a los mayores sacrificios por esas cosas, habrá de proclamar su propia y libre voluntad; "Quebremos la espada" y habrán de destruir su completo arsenal militar hasta que se vean los cimientos. Quedarse desarmado luego de haber sido el mejor armado, además del peso de la sensación de que es un camino a la paz real, que siempre debe permanecerse en una paz de espíritu; mientras la así llamada paz armada, como existe hoy en todos los países, es la ausencia de paz de espíritu. No confiamos ni en nosotros ni en nuestros vecinos y, en parte por odio, en parte por temor, no bajamos las armas. Es mejor morir que odiar y temer y dos veces mejor es morir que convertirnos en odiadores y temerosos; esto algún día deberá convertirse en la máxima superior de toda nación.[21]

Esta línea culmina en una nota de 1883: "¿Para dominar? ¿Para imponer mi tipo a otros? ¡Horrible! ¿Acaso mi suerte no reside en con-

[20] Véase Martin Heidegger, "Language in the poem", *On the Way to Language*, Nueva York, Harper & Row, 1982, pp. 170-171 [trad. esp.: *De camino al habla*, Barcelona, Ediciones del Serbal, 1990].

[21] Friedrich Nietzsche, *Sämtliche Werke: Kritische Studienausgabe*, vol. 2, Berlín, Walter de Gruyter, 1980, p. 679.

templar a muchos otros?".[22] ¿Cómo pensar juntas estas dos orillas? La cuestión no es "superar" o interpretar esta "contradicción"; ¿qué pasaría si en realidad la consideráramos como la antinomia *ético-política* de Nietzsche, la contraparte de su antinomia *epistemológica*? En uno y el mismo texto (*Más allá del bien y del mal),* Nietzsche parece defender dos posiciones epistemológicas opuestas:[23] por un lado, la noción de verdad como la insoportable Cosa Real, como peligrosa, hasta letal, como la mirada directa al sol de Platón, de modo que el problema es cuánto de esta verdad puede soportar un hombre sin diluirla o falsificarla; por el otro, la idea "posmoderna" de que la apariencia es más valiosa que la estúpida realidad, que, en definitiva, no existe Realidad última, apenas el juego entre múltiples apariencias, de modo que debería abandonarse la oposición misma entre apariencia y realidad. ¿Es que la grandeza del hombre pasa por otorgar prioridad a la brillante apariencia estética por sobre la gris realidad? Así, en términos de Alain Badiou, la pasión ictiReal contra la pasión de la semejanza. ¿Cómo debemos leer *juntas* estas dos posiciones opuestas? ¿Se trata de que Nietzsche es simplemente incoherente y que oscila entre dos opiniones mutuamente excluyentes? ¿O existe una "tercera vía"? Es decir, ¿qué pasaría si las dos opciones opuestas (pasión de lo Real/ pasión de la semejanza) hacen evidente la lucha de Nietzsche, su fracaso para articular la posición "correcta", cuya formulación se le escapaba? Volviendo a nuestro ejemplo de Lévi-Strauss (en el capítulo 1), ahora quedaría claro de qué se trata esta posición: no todo se reduce al juego de las apariencias, hay un Real –sin embargo, este Real no es la Cosa inaccesible, sino la *brecha* que evita nuestro acceso a él, la "roca" del antagonismo que distorsiona nuestra visión del objeto percibido a causa de una perspectiva parcial–. Y, una vez más, la "verdad" no es el estado "real" de las cosas, es decir, la visión "directa" del objeto sin distorsiones de perspectiva, sino el Real

[22] Friedrich Nietzsche, *Sämtliche Werke: Kritische Studienausgabe*, vol.10, Berlín, Walter de Gruyter, 1980, p. 529.

[23] Me baso aquí en Alenka Zupancic, *The Shortest Shadow*, Cambridge, MIT Press, 2004.

mismo del antagonismo que causa esta distorsión de la perspectiva. El sitio de la verdad no es el modo como "son realmente las cosas en sí". Más allá de distorsiones de perspectiva, es la brecha (en este caso, el antagonismo social) la que vuelve radicalmente *inconmensurables* a las dos perspectivas. Lo "Real" como imposible es la causa de la imposibilidad de alcanzar alguna vez la visión "neutral", no perspectiva, del objeto. *Existe* una verdad, no todo es relativo, pero esta verdad es la verdad de la distorsión perspectiva *como tal*, no la verdad distorsionada por la visión parcial desde una perspectiva sesgada.

Y la solución de la antinomia ético-política es exactamente la misma: las dos opciones opuestas (celebración del espíritu militarista del crecimiento por medio de la lucha y el combate; la visión de la paz por medio del acto de desarme autoimpuesto, la renuncia a la necesidad de dominar a los demás) hace evidente la lucha de Nietzsche, su fracaso para articular la posición "correcta" cuya formulación se le escapaba. Por supuesto, esta posición es la de *hacer las paces con la inconmensurabilidad misma.* ¿Pero *qué* inconmensurabilidad? La solución que parece imponerse es la "oriental", precisamente la de la *Gelassenheit*: hay que mantenerse activo, comprometido con el mundo, meramente habría que hacerlo con una distancia interior, sin un apego completo, manteniendo fuera de este compromiso el núcleo de nuestro ser –toda esa escoria mística de que a causa de la incesante movilidad de sus partes el Todo está en paz consigo mismo–. Dentro de esta actitud, el guerrero ya no actúa como una persona, está claramente desubjetivizado –o, como lo expresa el propio D. T. Suzuki: "no es sino la propia espada la que mata. No siente deseos de lastimar a nadie, sino que el enemigo se le aparece y lo convierte en víctima. Es como si la espada cumpliera automáticamente con su función de justicia, que es la función de piedad".[24] ¿Cuál es entonces la diferencia entre esta legitimación de la violencia a lo "guerrero zen" y la larga tradición occidental, de Cristo al Che Guevara, que exalta a la violencia como una "obra de amor", en las famosas líneas del diario del

[24] Citado en Brian A. Victoria, *op. cit.*, p. 110.

Che Guevara? "Déjeme decir, a riesgo de parecer ridículo, que el revolucionario verdadero está guiado por grandes sentimientos de amor. Es imposible pensar en un revolucionario auténtico sin esta cualidad. Quizás sea uno de los mayores dramas del dirigente; éste debe unir a un espíritu apasionado una mente fría y tomar decisiones dolorosas sin que se contraiga un músculo."[25] Las "escandalosas" palabras de Cristo en Lucas: "si alguien viene a mí y no odia a su padre y a su madre, su esposa e hijos, sus hermanos y hermanas –hasta su propia vida– no puede ser mi discípulo" (Lc. 14:26), apuntan en la misma dirección que la famosa cita del Che: "Debes ser duro sin perder tu ternura. Podrán cortar las flores, pero no detendrán la primavera".[26]

Una vez más, si los actos de violencia revolucionaria de Lenin fueron "obras de amor" en el más estricto sentido kierkegaardiano del término, ¿en qué reside la diferencia con el "guerrero zen"? Hay una sola respuesta coherente: no se trata de que, contrariamente a las agresiones militares japonesas, la violencia revolucionaria "realmente" apunte a establecer una armonía no violenta; por el contrario, la auténtica liberación revolucionaria está mucho más directamente identificada con la violencia; es violencia como tal (el violento gesto de descartar, de establecer una diferencia, de trazar una línea de separación) la que libera. La libertad no es un estado neutral y feliz de armonía y equilibrio, sino el acto violento que perturba el equilibrio. La compasión omniabarcadora budista (o, hinduista, si eso importa) debe oponerse al *violento e intolerante* amor cristiano. La posición budista es en última instancia la de la indiferencia, la de aquietar todas las pasiones que se esfuerzan por establecer diferencias, mientras que el amor es una pasión violenta que introduce una diferencia, una brecha en el orden del ser, para elevar y privilegiar cierto

[25] Citado en Jon Lee Anderson, *Che Guevara: A Revolutionary Life*, Nueva York, Grove, 1997, pp. 636-637 [trad. esp.: *El Che Guevara: una vida revolucionaria*, Barcelona, Salamandra, 1997].

[26] Citado en Peter McLaren, *Che Guevara, Paulo Freire, and the Pedagogy of Revolution*, Oxford, Rowman and Littlefield Publishers, 2000, p. 27.

objeto a expensas de otros. Ésta es, entonces, la solución a la antinomia de Nietzsche, cuyo contraste con la "oriental" puede expresarse también en términos de la distinción de Lacan entre el sujeto del enunciado y el sujeto de la enunciación: si, en la solución "oriental", mi compromiso deja intacta la paz interior de la posición misma (de enunciación) *desde la cual* actúo, entonces la solución propiamente nietzscheana renuncia a cualquier búsqueda de "paz interior" –en la medida en que adhiera completamente a la brecha, a la tensión en el corazón mismo de mi ser, ya no tendré que involucrarme en la violencia "externa", en la agresividad contra los demás–.

Es interesante señalar que, en su interpretación del mismo fragmento 53 (el conflicto [*polemos*] es el padre de todas las cosas y el rey de todo. "A algunos muestra que son dioses y a otros que son hombres; a algunos hace esclavos y a otros libera") en su *Introducción a la metafísica*, Heidegger –contrariamente a quienes lo acusan de no tomar en consideración los aspectos "crueles" de la antigua Grecia (como la esclavitud, etc.)– llama abiertamente la atención sobre el hecho de que "el rango y la dominación" están directamente fundamentados en una revelación del ser, proveyendo de este modo un directo fundamento ontológico a las relaciones de dominación:

> Si los pueblos actuales se ocupan demasiado y con demasiado énfasis de la *polis* de los griegos, no debería suprimir este aspecto; de otro modo, el concepto de *polis* se vuelve inocuo y sentimental. Lo que es superior en rango es lo más fuerte. Así, el Ser, el *logos*, como la armonía reunida, no está fácilmente disponible para todos los hombres al mismo precio, sino que está oculto, como opuesto a esa armonía, que está siempre uniformizando, nivelando la eliminación de la tensión.[27]

Existen claramente tres actitudes diferentes en la manera como Heidegger se refería a la militarización alemana y el esfuerzo bélico de la década de 1930 y principios de la de 1940. Primero fue una directa

[27] Martin Heidegger, *Introduction to Metaphysics*, *op. cit.*, p. 102.

adhesión a la agresiva actitud militar para la defensa de la patria.[28] Segundo, fue una simpática neutralidad: por supuesto, la completa movilización militar fue una expresión del nihilismo radical de la subjetividad moderna; sin embargo, ¿la *Ueberwindung* de la metafísica no lleva por medio de la nostalgia a las formas tradicionales de vida, que es el motivo por el cual Heidegger no puede ocultar su fascinación con la eficiencia tecnológica?:

> Desde la perspectiva de la cultura y espiritualidad burguesas, se puede querer considerar la "motorización" total del ejército de arriba abajo como la manifestación de una ilimitada tecnificación y materialismo. En realidad es un acto metafísico.[29]

No sorprende entonces que en la primavera de 1940, cuando el ejército alemán invadió Noruega, los comentarios de Heidegger desplieguen una especie de justificación metafísica de lo que hoy llamamos "información parcial":

> Cuando hoy, con ocasión de las operaciones militares más valientes por las tropas aerotransportadas, un acróbata aéreo también participa filmando los saltos de los paracaidistas, esto nada tiene que ver con el sensacionalismo o la curiosidad; la difusión, luego de unos pocos días, de la conciencia y la visión de estas actividades es en sí un elemento de la actividad global y un factor del armamento. Esa "información filmada" es un procedimiento metafísico y no será juzgado por representaciones cotidianas.[30]

[28] Cuando, al enumerar los héroes modernos, Heidegger ubica a Leo Schlageter (el nacionalista alemán asesinado por el ejército ocupante francés en Rhineland por actos terroristas) en la misma serie que Hölderlin, Nietzsche y Van Gogh, ¿no es algo parecido al famoso "libertad, igualdad *y bentham*" de Marx? El ridículo agregado de Schlageter vuelve problemática a toda la serie.

[29] Martin Heidegger, *Gesamtausgabe*, vol. 48, *Nietzsche: Der europäische Nihilismus,* Fráncfort, Klostermann, 1986, p. 333.

[30] *Ibid.*, pp. 94-95. Encontramos aquí un caso de la "hermenéutica de la vida cotidiana" de Heidegger: suele citar una declaración política, un giro conversacio-

Es también por qué resulta insuficiente la idea de Hubert Dreyfuss de que la manera de prepararse para el próximo *Kehre*, la llegada de nuevos dioses, es integrarse a prácticas que funcionen como sitios de resistencia a la total movilización tecnológica:

> Heidegger analiza una especie de reunión que nos permitirá resistir las prácticas tecnológicas posmodernas. [...] pasa de las reuniones culturales que analizó en "El origen de la obra de arte" (que establece significativas diferencias compartidas y de ese modo unifica toda una cultura) a las reuniones locales que establecen mundos locales. Esos mundos locales ocurren alrededor de cierta cosa cotidiana que temporariamente incorpora la cosa en sí y a aquellos involucrados en la actividad típica que corresponde al uso de la cosa. Heidegger llama a este acontecimiento una *cosa cosante* y *apropiación* a la tendencia en la práctica para traer las cosas y a la gente a lo suyo. [...] Los ejemplos de Heidegger de cosas que centran estas reuniones locales son una jarra de vino y un viejo puente de piedra. Esas cosas convocan las prácticas campesinas de la Selva Negra, [...] la comida familiar actúa como una cosa que centraliza cuando se apoya en las habilidades culinarias y sociales de los miembros de la familia y pide a padres, madres, maridos, esposos, niños, calidez familiar, buen humor y lealtad para dejar a la vista su excelencia o, como hubiera dicho Heidegger, lo mejor de sí.[31]

Desde una posición estrictamente heideggeriana, estas prácticas pueden –y como norma *logran*– funcionar como lo opuesto mismo de la resistencia, como algo que está por anticipado incluido en el fun-

---

nal, un descubrimiento tecnológico, leyéndolos como indicios de nuestro predicamento histórico-metafísico. Cita el "Socialismo = electrificación + el poder de los soviets" de Lenin como articulador de la verdad metafísica del comunismo soviético; menciona el uso coloquial entre los estudiantes alemanes de "uni" por universidad como testimonio de la instrumentalización tecnológica del lenguaje; cita la llegada del hombre a la luna como la prueba de que está amenazada la vida del hombre en su histórico mundo de la Tierra.

[31] Véase Hubert L. Dreyfuss, "Highway, Bridges and Feasts", disponible en <http://www.focusing.org/apm_papers/dreyfuss.html>.

cionamiento aceitado de la movilización tecnológica (como los cursos de meditación trascendental para ser más eficientes en el trabajo), que es la razón por la cual el camino de la salvación pasa únicamente por el pleno compromiso con la movilización tecnológica. Y, finalmente, la tercera actitud es la de la *Gelassenheit*, de apartarse del compromiso, de la circulación "pública", estableciendo silenciosamente la base para la posible llegada de los dioses. En consecuencia, la famosa referencia de Heidegger a la "grandeza interior" del nacional-socialismo (explicada como consistente en el encuentro entre el hombre moderno y la tecnología en un agregado posterior a la Segunda Guerra), puede y debería ser leída precisamente en estos tres sentidos:

1) el proyecto nazi brinda la apropiada respuesta metafísica a la tecnología (en los términos de *El ser y el tiempo*): contrapone a "*das Man*" de la sociedad moderna con el auténtico acto de asumir heroicamente el propio destino, es decir, asume la tecnología como un desafío metafísico y así afecta desde adentro a su nihilismo, su dimensión del "*das Man*";

2) el nazismo debe interpretarse en la línea de lo que dice Heidegger en su entrevista póstuma (que no está convencido de que la democracia sea la forma política más apropiada para la esencia de la tecnología actual): la movilización total nazi es más apropiada a la esencia de la tecnología que una democracia liberal;

3) el nazismo es en su esencia el nihilismo de la era moderna en su aspecto más destructivo y demoníaco.

Lo fundamental es el cambio de (1) a (2) –el desplazamiento que enmascara Heidegger– el hecho de que la primera idea de que el nazismo es ya la *respuesta* al nihilismo tecnológico de "*das Man*". Cuando, en *Introducción a la metafísica*, Heidegger hace la famosa afirmación de la "grandeza interior del movimiento nazi" traicionada por sus ideólogos, disimula un cambio en su comprensión de esta "grandeza"; hasta casi 1935, pensaba que el nazismo brindaba efectivamente una solución única que, por un lado, unía claramente la tecnología, el trabajo y la movilización, mientras simultáneamente los incluía en un "auténtico" acto político de un pueblo que elige su destino, actúa en una decisión, etc. De modo que tenemos tecnología y no tradicionalismo aséptico *sino* combinado con las raíces, *Volk;* auténtica decisión, no *das Man* –en contraste con las versiones rusa y estadounidense que, cada una a su modo, traicionan esta dimensión auténtica (ya sea en el individualismo liberal o en la movilización de masas)–. Después de 1935, ya no ofrece al nazismo su cobertura "trascendental", aunque sigue apreciándolo como la versión más radical con que el hombre se enfrenta a la tecnología.[32] En 1944, Heidegger escribió: "Los griegos aparecen en la mayoría de los 'informes de investigación' como puros nacionalsocialistas. En su entusiasmo, los académicos pa-

[32] El *silencio* de Heidegger sobre el nazismo después de la Segunda Guerra debe ser entendido como la forma misma de su fidelidad al seudo-Acontecimiento "la revolución nazi". Es interesante señalar que el único momento en que Heidegger se aproxima a un abierto compromiso político después de la Segunda Guerra es en 1949, cuando es invitado a participar en el Congreso Nacional de Filosofía que tuvo lugar en Mendoza, Argentina, entre el 30 de marzo y el 9 de abril, con la participación, entre otros, de Hans-George Gadamer, Ludwig Landgrebe, Karl Löwith, Eugen Fink y Nicola Abbagnano (para no mencionar los trabajos enviados por Karl Jaspers, Benedetto Croce, Jean Hyppolite, Ludwig Klages, Nicolai Hartmann y Gabriel Marcel). Este gran acontecimiento fue organizado por el mismo Juan Perón para poder brindar un sostén filosófico a su visión "ni capitalista ni comunista" de lo que llamaba la "comunidad organizada". Perón estaba tan deseoso de traer a Heidegger que el Estado argentino le ofreció un avión especial que lo trasladara directamente de Schwarzwald a la Argentina; más aun, dado que en 1949 Heidegger seguía bajo la prohibición de las fuerzas de ocupación francesa para desarrollar actividad pública académica alguna, los diplomáticos argentinos gestionaron ante los funcionarios franceses más importantes (el ministro de relaciones exteriores Robert Schumann) para que eliminaran este obstáculo. Aunque al final Heidegger se excusó (por razones totalmente externas: temía que la visita a la Argentina, un país conocido por ser un refugio seguro para los refugiados nazis, podría desacreditarlo como simpatizante nazi), envió un cálido saludo al congreso. Hasta los años sesenta, Heidegger siguió interesado en lo que representaba el peronismo, preguntándole a los ocasionales visitantes de América Latina por las noticias de la Argentina. Más información en Guillermo David, *Astrada, la filosofía argentina*, Buenos Aires, Cielo por Asalto, 2004.

recen no darse cuenta de que esos 'resultados' no le sirven al nacionalsocialismo y a su carácter histórico único y que el nacionalsocialismo no los necesita".[33] Una vez más, la misma ambigüedad: despoja al nacionalsocialismo de su legitimación como sucesor de la antigua Grecia, y de todos modos deja como implícita su grandeza.

Como vuelve a señalar Beistegui,[34] el problema no es tanto el "silencio de Heidegger" sobre el Holocausto, sino el hecho de que su silencio *no* fue completo, que lo quebró en dos oportunidades en una manera que lo califica. Las dos veces redujo al Holocausto a un ejemplo de una tendencia histórica general y más amplia: en una carta a Marcuse de 1946 plantea que exactamente lo mismo que pasaba con los judíos bajo el nazismo estaba ocurriendo con los alemanes expulsados de Europa oriental, y la única diferencia era que se sabía todo al respecto, mientras que los alemanes desconocían lo que los nazis hacían con los judíos; en el ensayo "Das Gestell", de 1950, colocaba las manufacturas a partir de cadáveres de los campos de concentración junto a la agricultura mecanizada y la fabricación de bombas de hidrógeno como la articulación de la misma posición del "enmarcado" tecnológico. Los nazis hicieron a los judíos lo que los soviéticos a todos los humanos, reduciéndolos a una "fuerza de trabajo" como material tecnológico disponible que podía usarse sin miramientos y del cual se podía disponer. (El Holocausto *no puede* pensarse de esta manera: desde el punto de vista económico o tecnológico de la total movilización de los recursos, fue claramente "irracional" –representantes del ejército y la industria protestaban ante las SS todo el tiempo que el Holocausto era una gigantesca pérdida de preciosos recursos humanos, económicos y militares, entre otras cosas porque aniquilaba millones de fuerzas de trabajo que podrían haberse usado más productivamente–.) Hay que ser en general cuidadosos con las generalizaciones y las excepciones escondidas de Hei-

[33] Martin Heidegger, *Hölderlin's Hymn, "The Ister"*, Bloomington, Indiana University Press, 1992, p. 98.

[34] Véase Miguel de Beistegui, *op. cit.*, pp. 154-156.

degger: cuando define a la "grandeza interna" del nazismo como la confrontación del hombre moderno con la esencia de la tecnología, hay que recordar que *nunca* atribuye la misma "grandeza interior" al capitalismo estadounidense o al comunismo soviético. ¿Qué es lo que está mal con la idea aparentemente neutral-universal de tecnología moderna, de modo que termina por privilegiar a una de sus tres principales concreciones modernas?

La historicidad de los cuatro discursos

Es aquí que hay que tomar nota de la historicidad inscripta en la matriz de los cuatro discursos de Lacan, la historicidad del desarrollo de la Europa moderna.[35] El discurso del Amo representa (no al amo premoderno, sino) a la monarquía absoluta, la primera figura de la modernidad que efectivamente debilitó la red articulada de las relaciones e interdependencias feudales, transformando la fidelidad en alcahuetería, etc.: el "Rey Sol" Luis XIV con su *l'etat c'est moi* es el Amo por excelencia. El discurso de la histeria y el discurso universitario luego muestran dos resultados de la vacilación del reinado directo del Amo: el gobierno experto de la burocracia culmina en la biopolítica contemporánea que termina por reducir a la población a una colección de *homo sacer* (lo que Heidegger llamaba "enmarcado"; Adorno, "el mundo administrado"; Foucault, la sociedad de la "disciplina y el castigo"); la explosión de la subjetividad histérica capitalista que se reproduce por medio de la permanente autorrevolución, por medio de la integración del exceso al "normal" funcionamiento del vínculo social (la verdadera "revolución permanente" es ya el capitalismo mismo). La fórmula lacaniana de los cuatro discursos nos permite mostrar las dos caras de la modernidad (la administración

[35] Lacan desarrolla la matriz de los cuatro discursos en *L'envers de la Psichanalyse*, Seminario XVII (1969-1970), París, Seuil, 1996 [trad. esp.: *El seminario. Libro 17: El reverso del psicoanálisis*, Barcelona, Paidós, 1992].

total, la dinámica capitalista-individualista) como las dos formas de debilitamiento del discurso del Amo; la duda en la eficiencia de la figura del Amo (lo que Eric Santner llamó la "crisis de investidura")[36] puede ser complementada por el gobierno directo de los expertos legitimados por su conocimiento, o por el exceso de dudas, por el permanente cuestionamiento que puede integrarse directamente a la reproducción social como fuerza directriz inherente. Y, finalmente, el discurso del analista ocupa el lugar de la emergencia de la subjetividad revolucionaria-emancipatoria que resuelve la división entre universidad e histeria: en él, el agente revolucionario (a) se dirige al sujeto desde la posición de conocimiento que ocupa el lugar de la verdad (es decir que interviene en la "torsión sintomática" de la constelación del sujeto) y su objetivo es aislar, librarse del Significante-Amo que estructuraba al inconsciente (ideológico-político) del sujeto.

¿Y lo logra? Jacques-Alain Miller[37] ha propuesto recientemente que hoy el discurso del Amo no es ya el reverso del discurso del analista; por el contrario, nuestra "civilización" misma (su matriz simbólica hegemónica, si existe) encaja en la fórmula del discurso del analista: el agente del vínculo social es hoy el *objeto a*, plusvalía de goce, el mandato del superyó a gozar que permea nuestro discurso; ese mandato se dirige a $ (el sujeto dividido) que es puesto a trabajar para que pueda vivir de acuerdo con este mandato. Si alguna vez existió un mandamiento superyoico es el famoso refrán oriental: "No pienses, simplemente hazlo". La "verdad" de este vínculo social es S2, el conocimiento científico-experto en sus diferentes formas, y el objetivo es generar S1, el autocontrol del sujeto, es decir, permitirle al sujeto "enfrentarse a" el estrés del llamado al goce (a través de los manuales de autoayuda, etc.)... Provocativa como pueda resultar esta idea, genera una serie de preguntas: de ser así, ¿en qué, entonces, reside la diferencia del funcionamiento discursivo de la "civilización" como tal

[36] Véase Eric Santner, *My Own Private Germany*, Princeton, Princeton University Press, 1996.

[37] Véase Jacques-Alain Miller, *op. cit.*

y el del vínculo social psicoanalítico? Miller recurre aquí a una solución sospechosa: en nuestra "civilización" los cuatro términos se mantienen separados, aislados, cada uno opera por sí mismo, mientras que sólo en el psicoanálisis se los ubica juntos en un vínculo coherente: "en la civilización, cada uno de los cuatro términos permanecen separados [...] es sólo en el psicoanálisis, en el puro psicoanálisis, que esos elementos quedan entrelazados en un discurso".[38]

Sin embargo, ¿no es la síntesis la operación fundamental del tratamiento psicoanalítico, que coloca a los elementos en un vínculo, sino precisamente el análisis, que separa lo que en el vínculo social parece estar junto? Este camino, opuesto al de Miller, es señalado por Agamben quien, en las últimas páginas de *El estado de excepción*,[39] imagina dos opciones utópicas para romper con el círculo vicioso de ley y violencia, de la vigencia de la ley sostenida en la violencia. Una es la visión benjaminiana de violencia revolucionaria "pura", sin relación con la ley; la otra es la relación con la ley sin considerar su aplicación (violenta) –lo que los estudiosos judíos están haciendo en su interminable (re)interpretación de la Ley–. Agamben comienza con la correcta percepción de que hoy la tarea no es la síntesis sino la separación, la distinción: no la de reunir la ley y la violencia (de manera que lo correcto sea lo único posible y que el ejercicio de lo posible esté completamente legitimado), sino separarlas claramente, desatar su nudo. A pesar de que Agamben le confiere a esta formulación un giro antihegeliano, una lectura más adecuada de Hegel

[38] No se puede sino señalar un extraño hecho en relación con las últimas excursiones de Miller al dominio cultural-político: están peligrosamente cercanas al rápido periodismo pop-psicoanalítico practicado por los autores estadounidenses que adoran incurrir en tópicos como "angustias del hombre moderno", etc. Hay aquí una especie de justicia poética: es como si Miller, siempre dispuesto a estallar contra el primitivismo de la vida cultural estadounidense, quedara él mismo afectado por los peores aspectos de la pop-teorización estadounidense.

[39] Véase Giorgio Agamben, *The State of Exception*, Stanford, Stanford University Press, 2004 [trad. esp.: *El estado de excepción: homo sacer II*, Valencia, Pre-Textos, 2004].

deja en claro que ese gesto de separación es de lo que se trata efectivamente la "síntesis" hegeliana: en ella, los opuestos no se reconcilian en una "síntesis más alta", más bien se trata de que *su diferencia es postulada* "como tal" . El ejemplo de Pablo puede ayudarnos a aclarar esta lógica de la "reconciliación" hegeliana: la brecha radical que postula entre "vida" y "muerte", entre vida en Cristo y vida en pecado, no tiene necesidad de una "síntesis" posterior; es en sí misma la resolución de la "contradicción absoluta" de Ley y pecado, del círculo vicioso de su mutua implicación. En otras palabras, una vez que la distinción está trazada, una vez que el sujeto resulta consciente de la real existencia de esta otra dimensión más allá del círculo vicioso de la ley y su transgresión, *la batalla ya está formalmente ganada.*

Sin embargo, ¿no es esta visión una vez más el caso de la realidad de nuestro capitalismo tardío que va más allá de nuestro sueño? ¿No nos estamos tropezando ya en nuestra realidad social con lo que Agamben considera una visión utópica? ¿Es la lección hegeliana de la reflexivización-mediatización global de nuestras vidas lo que genera su propia inmediatez brutal que quedó bien explicada por la noción de crueldad excesiva, no-funcional de Etienne Balibar como un rasgo de la vida contemporánea, una crueldad cuyos aspectos van desde las matanzas "fundamentalistas" racistas y/o religiosas a las explosiones "sin sentido" de violencia generada por adolescentes y *homeless* en nuestras megalópolis, una violencia que uno se tienta de llamar Ideología del Mal, una violencia que no está basada en razones utilitarias o ideológicas? Todos los discursos sobre extranjeros que nos roban el trabajo o sobre la amenaza que representan para nuestros valores occidentales no deberían engañarnos: si se mira más de cerca, muy pronto queda claro que estos discursos ofrecen una racionalización secundaria bastante superficial. En definitiva, la respuesta que obtenemos de un *skinhead* es que pegarle a los extranjeros lo hace sentir bien, que su presencia lo perturba... Lo que encontramos aquí es en realidad Ideología del Mal, es decir, el Mal estructurado y motivado por el desequilibrio más elemental en la relación entre el yo y el goce, por la tensión entre placer y el cuerpo extranjero de goce en su propio núcleo. La Ideología del Mal pone en escena, por lo tanto, el "cortocircuito" más elemental en la relación del sujeto con el objeto-causa primordialmente ausente de su deseo: lo que "nos molesta" en el "otro" (judío, japonés, africano, turco) es que parece mantener una relación privilegiada con el objeto –el otro posee el objeto– tesoro, habiéndolo quitado de nuestro alcance (y es por eso que no lo tenemos), o bien plantea una amenaza a nuestra posesión del objeto. Lo que debemos proponer aquí es el "juicio infinito" hegeliano que afirma la identidad especulativa de estas explosiones "inútiles" y excesivas de violencia inmediata, que sólo demuestran un odio puro y desnudo ("no sublimado") hacia la Otredad, con la reflexivización global de la sociedad. Tal vez el ejemplo definitivo de esta coincidencia sea el destino de la interpretación psicoanalítica. Hoy, las formaciones del inconsciente (de los sueños a los síntomas histéricos) han perdido definitivamente su inocencia y están fuertemente relativizadas: las "asociaciones libres" de un analizante tradicionalmente formado consisten en su mayoría en intentos de brindar una explicación psicoanalítica de sus perturbaciones, de modo que está bastante justificado decir que no tenemos únicamente interpretaciones junguianas, kleinianas, lacanianas del síntoma, sino también síntomas que son junguianos, kleinianos, lacanianos..., es decir, cuya realidad implica una referencia implícita a alguna teoría psicoanalítica. El desafortunado resultado de esta reflexivización global de la interpretación (todo se convierte en interpretación, el inconsciente se interpreta a sí mismo) es que la propia interpretación del analista pierde su "eficacia simbólica" performativa y deja al síntoma intacto en la inmediatez de su goce idiótico.

Lo que ocurre en el tratamiento psicoanalítico es estrictamente homólogo a la respuesta del *skinhead* neonazi, quien, cuando se lo presiona realmente por las razones de su violencia, de repente comienza a hablar como los trabajadores sociales, los sociólogos y los psicólogos sociales, apelando a la decreciente movilidad social, a la inseguridad en aumento, a la desintegración de la autoridad paterna, a la ausencia de amor maternal durante su primera infancia; la unidad entre la práctica y su inherente legitimización ideológica se desintegra en violencia efectiva y su impotente, ineficiente interpretación. Esta impotencia de la interpretación es también el anverso necesario de la reflexividad universalizada promovida por los teóricos de la sociedad de riesgo: es como si nuestro poder reflexivo pudiera florecer sólo en la medida en que dirige su fuerza y descansa en cierto soporte mínimo sustancial "prerreflexivo" que elude su comprensión, de manera que su universalización se produce al precio de su ineficiencia, es decir, por la reemergencia paradójica del Real en bruto de la violencia "irracional", impermeable e insensible a interpretaciones reflexivas. De ese modo, cuanto más proclama la teoría social actual el fin de la naturaleza y/o la tradición y la aparición de la "sociedad de riesgo", más abundan las referencias implícitas a lo "natural" que invaden nuestro discurso cotidiano: aun cuando no hablemos del "fin de la historia", ¿no ponemos por delante el mismo mensaje cuando planteamos que estamos entrando a una era pragmática "postideológica", que es otra manera de plantear que estamos entrando a un orden pospolítico en el cual los únicos conflictos legítimos son los conflictos étnico/culturales? De manera convencional, en el discurso crítico y político actual, la palabra "trabajador" ha desaparecido del vocabulario, sustituida u obliterada por "inmigrantes/trabajadores inmigrantes": argelinos en Francia, turcos en Alemania, mexicanos en los Estados Unidos; de este modo, la problemática clasista de la explotación de los trabajadores se transforma en la problemática multiculturalista de la "intolerancia a la Otredad", etc., y la excesiva actividad de los liberales multiculturalistas para proteger los derechos étnicos de los inmigrantes obtiene claramente su energía de la dimensión "reprimida" de clase. A pesar de que la tesis de Francis Fukuyama sobre el "fin de la historia" cayó rápidamente en descrédito, seguimos aceptando en silencio que el orden global liberal-democrático capitalista es de algún modo el régimen social "natural" finalmente encontrado, seguimos concibiendo implícitamente los conflictos de los países del Tercer Mundo como una subespecie de catástrofes naturales, como las explosiones de pasiones casi naturales, o como conflictos basados en la identificación fanática con las propias raíces étnicas (¿y qué es aquí "lo étnico" sino una nueva contraseña para lo natural?). Y, una vez más, la clave de toda esta difundida renaturalización es estrictamente correlativa con la reflexivización global de nuestras vidas cotidianas.

Se está dando un proceso similar en la vida intelectual con la aparición de una nueva barbarie ideológica, para la cual la Escuela de Fráncfort parece estar en el momento histórico preciso: cuando se hizo evidente el fracaso socioeconómico de las revoluciones marxistas, la conclusión fue que se debía a la subestimación de la profundidad de los fundamentos espirituales del Occidente cristiano, de modo que el acento de la actividad subversiva se desplazó de la lucha político-económica a la "Revolución cultural", al paciente trabajo intelectual-cultural de debilitar el orgullo nacional, y los compromisos familiares, religiosos y espirituales; el espíritu de sacrificio por el propio país es rechazado por presuponer una "personalidad autoritaria"; se suponía que la fidelidad matrimonial expresaba una patológica represión sexual; siguiendo la idea de Benjamin de que todo documento cultural es un documento de la barbarie, los mayores logros de la cultura occidental fueron denunciados por ocultar las prácticas del racismo y el genocidio... El principal publicista académico de esta nueva barbarie es Kevin MacDonald, quien, en *The Culture of Critique*, afirma que los movimientos intelectuales del siglo XX liderados por judíos han cambiado de forma sustancial las sociedades europeas y destruido la confianza del hombre occidental; esos movimientos habrían estado destinados, consciente o inconscientemente, a proteger los intereses judíos a pesar de que se los presentara como no judíos, universalistas e incluso utópicos.[40] Uno de los modos más coherentes en que habrían defendido los judíos sus intereses sería promover el pluralismo y la diversidad, pero sólo para los demás. Incluso desde el siglo XIX

[40] Kevin B. MacDonald, *The Culture of Critique: An Evolutionary Analysis of Jewish Involvement in Twentieth-Century Intellectual and Political Movements*, Westport, Praeger, 1998.

habrían dirigido movimientos que tratan de desacreditar los fundamentos tradicionales de la sociedad gentil: el patriotismo, la lealtad racial, la base cristiana de la moral, la homogeneidad social y las restricciones sexuales. MacDonald dedica varias páginas a *La personalidad autoritaria* (1950), un proyecto colectivo coordinado por Adorno, cuyo propósito era, según MacDonald, hacer que cualquier afiliación grupal sonara como un signo de desorden mental: toda lealtad, desde el patriotismo a la religión y la familia –y la raza–, resulta descalificada como un signo de una peligrosa y defectuosa "personalidad autoritaria". Dado que es ilegítimo trazar diferencias entre distintos grupos, todas las lealtades grupales –incluso los lazos familiares cercanos– serían un "prejuicio". MacDonald cita aprobatoriamente el planteo de Christopher Lasch de que *La personalidad autoritaria* lleva a la conclusión de que el prejuicio "sólo puede erradicarse sometiendo al pueblo estadounidense a una psicoterapia colectiva, tratándolos como internos de un asilo de dementes". Sin embargo, precisamente el tipo de lealtad grupal, de respeto por la tradición y la conciencia de las diferencias es central para la identidad *judía* que Horkheimer y Adorno describen como enfermedad mental de los gentiles. Estos escritores habrían adoptado aquello que en su momento fue una táctica favorita de los soviéticos contra los disidentes: cualquiera cuyas opiniones políticas fueran diferentes a la suya estaban locos. Para estos intelectuales judíos, el antisemitismo sería también un signo de enfermedad mental: la autonegación cristiana y especialmente la represión sexual generaba odio en los judíos. La Escuela de Fráncfort se entusiasmó con el psicoanálisis, según el cual "la ambivalencia de Edipo hacia el padre y las relaciones anales-sádicas en la primera infancia son la irrevocable herencia antisemita". Además de ridiculizar el patriotismo y la identidad racial, la Escuela de Fráncfort glorificaría la promiscuidad y la pobreza bohemias: "Seguramente muchas de las actitudes centrales de la ampliamente exitosa contrarrevolución cultural de los sesenta encuentran su expresión en *La personalidad autoritaria*, incluida la idealización de la rebelión contra los padres, el escaso valor dado a las relaciones sexuales y el sarcasmo ante la movilidad social ascendente, el estatus social, el orgullo familiar, la religión cristiana y el patriotismo". A pesar de que llegó después, el "deconstruccionista franco-judío Jacques Derrida" siguió la misma tradición al escribir: "La idea detrás de la deconstrucción es deconstruir la función de las fuertes naciones-estados con poderosas políticas inmigratorias, deconstruir la retórica del nacionalismo, las políticas de lugar, la metafísica de la tierra natal y la lengua materna... La idea es desarmar las bombas... la identidad que construyen las naciones-estado para defenderse contra el extranjero, contra judíos, árabes e inmigrantes...".[41] Como lo expresa MacDonald, "Visto en el mayor nivel de abstracción, existe una agenda fundamental que influirá sobre los pueblos originarios de Europa y los Estados Unidos para que consideren a la preocupación sobre su propio eclipse demográfico y cultural como irracional y como un indicio de su psicopatología". Este proyecto habría sido exitoso: cualquiera que se oponga al desplazamiento de blancos es rutinariamente tratado como un "traficante de odio" mentalmente desquiciado, y cada vez que los blancos defiendan sus intereses grupales se los describirá como perturbados mentales, con la excepción, por supuesto, de los propios judíos: "la ideología de que el etnocentrismo era una forma de psicopatología fue promulgada por un grupo que a lo largo de su larga historia ha sido claramente el grupo más etnocéntrico entre todas las culturas del mundo". No debemos hacernos ilusiones; medido por los criterios de la

[41] Llevando esta línea de pensamiento a un clímax ridículo, un muy conocido intelectual católico esloveno, ex ministro de cultura y ex embajador de Eslovenia en Francia, escribió recientemente acerca de Derrida: "la única arma es la rebelión y la destrucción, como nos enseñó el recientemente fallecido apóstol Jacques Derrida. Donde veas una ventana, lánzale un ladrillo. Donde haya un edificio debe haber una bomba. Donde haya un rascacielos allí estará Bin Laden. Donde haya cualquier clase de institución, ley o vínculo, hay que encontrar una falsificación, una 'ley' de la calle o de lo subterráneo". (Andrej Capuder, "Vino in most", en *Demokracija*, núm. 50, año IX, Ljubljana, 9 de diciembre de 2004, p. 9). Incidentalmente, ¿no suena "donde haya un rascacielos allí estará Bin Laden" a una nueva versión politizada del "*wo es war soll ich werden*" de Freud?

gran tradición iluminista, estamos efectivamente frente a algo para lo cual el mejor nombre es el viejo y ortodoxo término marxista de "irracionalistas burgueses": *la autodestrucción de la Razón*. Lo único a tener presente es que esta nueva barbarie es un fenómeno estrictamente posmoderno, el reverso de la actitud autoirónica y altamente reflexiva; no sorprende que al leer a autores como MacDonald uno no pueda saber claramente si está frente a una sátira o ante una línea "seria" de argumentación.

Esto significa que, en relación con la idea utópica de Agamben de desatar el nudo entre la violencia y la Ley, en nuestras sociedades pospolíticas este *nudo ya está desatado:* por una parte, encontramos la interpretación globalizada cuya globalización se paga con impotencia, con su fracaso para imponerse, para lograr efectos sobre lo real, y, por otra, explosiones de violencia cruda que no alcanzan a ser afectadas por su interpretación simbólica. ¿Dónde se encuentra entonces la solución entre el planteo de que en la constelación hegemónica actual están separados los elementos del vínculo social y como tales a ser reunidos por el psicoanálisis (Miller) y el nudo entre Ley y violencia a ser desatado, a que se lleve a la práctica su separación (Agamben)? ¿Qué pasaría de no ser simétricas estas separaciones? ¿Qué pasaría si la brecha entre lo Simbólico y lo crudo Real epitomizado por la figura del *skinhead* resulta ser falsa, dado que lo Real de estas explosiones de violencia "irracional" es generado por la globalización de lo Simbólico?

¿Cuándo funciona exactamente el *objeto a* como la orden del superyó al goce? Cuando ocupa el lugar del Significante-Amo, es decir, como lo formulara Lacan en las últimas páginas de *El seminario. Libro 9*, cuando se produce el cortocircuito entre S1 y *a*.[42] El movimiento clave a realizar para poder romper el círculo vicioso de la orden del superyó es, por lo tanto, establecer la separación entre S1 y *a*. En consecuencia, ¿no sería más productivo seguir un camino diferente:

[42] Véase Jacques Lacan, *The Seminar of Jacques Lacan. Book XI: The Four Fundamental Concepts of Psycho-Analysis*, Nueva York, Norton, 1979 [trad. esp.: *El Seminario. Libro 11: Los cuatro conceptos fundamentales del psicoanálisis*, Barcelona, Paidós, 1985].

empezar con el diferente *modus operandi* del *objeto a* que ya no funciona en psicoanálisis como el agente de la orden del superyó, como ocurre con el discurso de la *perversión*?[43] Así es como debe leerse el planteo de Miller acerca de la identidad del discurso del analista con el discurso de la civilización actual: como un indicio de que este último (el vínculo social) es el de la perversión. Es decir, el hecho de que el nivel superior de la fórmula de Lacan sobre el discurso del analista es igual al de su fórmula de la perversión (a - $) abre una posibilidad de leer la fórmula completa del discurso del analista también como la fórmula del *vínculo social perverso*: su agente, el perverso masoquista (el pervertido por excelencia), ocupa la posición del objeto-instrumento del deseo del otro y, de este modo, al servir a su víctima (femenina), la postula como el sujeto histerizado/dividido que "no sabe lo que quiere"[44] –el perverso lo sabe por ella, es decir, finge hablar desde una posición de saber (acerca del deseo del otro) lo que le permite servir al otro–; y, finalmente, el producto de este vínculo social es el Significante-Amo, es decir, el sujeto histérico elevado al papel de amo (*dominatrix)* al que sirve el perverso masoquista.

En contraste con la histeria, el perverso conoce perfectamente lo que es para el Otro: un saber sostiene su posición como el objeto del goce de su Otro (de su sujeto dividido). Por esa razón, la forma del discur-

[43] La perversión ocurre cuando la "libra de carne", el objeto parcial que ocupa el lugar de lo que está "en mí más que yo mismo", es tomado literalmente, como en el relato corto de Patricia Highsmith en el cual un padre, cuando el novio de su hija le pide su mano, corta la mano de su hija con un cuchillo y se la envía envuelta al pretendiente. Su respuesta al sorprendido joven es: "Ah, la quería completa, ¿no sólo la mano?¿Por qué entonces no lo dijo claramente?". Es como cuando leemos la declaración sentimental "mi corazón te pertenece" como una afirmación de un potencial donante de corazón...

[44] Las mujeres suelen quejarse de lo difícil que les resulta conciliar dos de los órdenes de su actividad (hogar y empleo, amante y madre...), mientras que los hombres se ocupan de una sola cosa –¿qué pasaría si esta queja no sólo aludiera a un hecho sociológico sino que también diera cuenta de una división "ontológica" más radical de la posición subjetiva femenina entre lo que Lacan llamó el orden fálico y el significante de la falta en el Otro?–.

so de la perversión es la misma que la del discurso del analista: Lacan define a la perversión como la fantasía invertida, es decir, su fórmula de la perversión es *a* menos $, lo que es precisamente el nivel superior del discurso del analista. La diferencia entre el vínculo social de la perversión y el del análisis se basa en la ambigüedad radical del *objeto a* en Lacan, que vale simultáneamente para la pantalla/señuelo imaginaria fantasmática y para aquello por lo cual este señuelo produce ofuscación, para el vacío que hay detrás del señuelo. En consecuencia, cuando pasamos de la perversión al vínculo social analítico, el agente (analista) se reduce al vacío que provoca en el sujeto el enfrentar la verdad de su deseo. En la posición de conocimiento de la "verdad" detrás de la barra por debajo del "agente", por supuesto, se refiere al saber supuesto del analista, y, simultáneamente, señala que el conocimiento obtenido aquí no será el conocimiento neutral "objetivo" de adecuación científica, sino el conocimiento que concierne al sujeto (analizante) en la verdad de su posición subjetiva. Hay que volver a recordar la provocativa declaración de Lacan de que aunque lo que diga un esposo celoso sobre su mujer –que anda durmiendo con otros hombres– sea totalmente cierto, esos celos siguen siendo patológicos; en la misma línea, uno podría decir que incluso aunque lo que sostengan la mayoría de los nazis sobre los judíos fuera cierto –explotaban a los alemanes, seducían a las chicas alemanas– su antisemitismo seguiría siendo (y fue) patológico, dado que reprime la verdadera razón *por la cual* los nazis *necesitaban* el antisemitismo: para poder sostener su posición ideológica. Así, en el caso del antisemitismo, el conocimiento sobre lo que los judíos "realmente son" es falso, irrelevante, mientras que el único conocimiento en el lugar de la verdad es el conocimiento acerca de por qué un nazi *necesita* una figura del judío para sostener su edificio ideológico. En este sentido preciso, lo que el discurso del analista "produce" es el Significante-Amo, el "desvío" del conocimiento del paciente, el elemento en exceso que sitúa el conocimiento del paciente en el nivel de la verdad: después de que es producido el Significante-Amo, incluso si nada cambia en el nivel del conocimiento, el "mismo" conocimiento empieza a funcionar de un modo diferente.

El Significante-Amo es el *síntoma* inconsciente, la cifra del goce, a la cual el sujeto estaba sujetado sin saberlo.[45]

Tradicionalmente, se esperaba que el psicoanálisis permitiera al paciente superar los obstáculos que le impedían su acceso al goce sexual "normal". Sin embargo, hoy, cuando estamos siendo bombardeados desde todas partes por las diferentes versiones del mandato superyoico "¡Goza!", del goce directo en la relación sexual al goce en el logro profesional o en el despertar espiritual, habría que moverse hacia un nivel más radical: el psicoanálisis es hoy el único discurso en que se nos permite *no* gozar (como opuesto a "no permitir gozar"). Y desde este ventajoso punto, se vuelve claro retroactivamente que ya la tradicional prohibición de gozar se sostenía en el mandato implícitamente opuesto. El deseo que ya no necesita sostenerse en el mandato superyoico es lo que Lacan llama el "deseo del analista"; un deseo que apareció ya antes que el psicoanálisis mismo –Lacan lo encuentra en diferentes figuras históricas, de Sócrates a Hegel–. Responde a la pregunta clave y encierra mejor que ninguno el espíritu antibudista del psicoanálisis: ¿es el deseo sólo una ilusión? ¿Es posible sostener el deseo aun cuando uno adquiera plena conciencia de la vanidad del deseo humano? ¿O es que en este punto radical, la única elección es la que se da entre la serena sabiduría y la melancólica resignación?

El vínculo entre el analista y el paciente no es sólo discurso, palabras, sino también dinero: hay que pagar un precio que duele. Por lo tanto, el vínculo no es sólo simbólico, en el nivel del significante, sino

[45] El punto fundamental y que no debe obviarse es que esta identificación del último Lacan de la posición subjetiva del analista como el *objeto a* presenta un acto de radical autocrítica: antes, en los cincuenta, Lacan no consideraba al analista como el pequeño otro (a) sino, por el contrario, como una especie de representante del gran Otro (A, el anónimo orden simbólico). A este nivel, la función del analista era frustrar los reconocimientos imaginarios erróneos del sujeto y hacerlo aceptar su propio sitio simbólico dentro del circuito del intercambio simbólico, el sitio que efectivamente (y no sabido para él) determina su identidad simbólica. Sin embargo, más adelante, el analista representa precisamente la incoherencia última y el fracaso del gran Otro, es decir, la incapacidad del orden simbólico para garantizar la identidad simbólica del sujeto.

también real, en el nivel del objeto –este punto es crucial, especialmente hoy–. ¿Es el analista un miserable contemporáneo? Sí y no. El vínculo entre psicoanálisis y capitalismo queda tal vez más claramente ejemplificado por una de las grandes figuras de la novela del siglo XIX, el judío prestamista, una sombría figura a la que acudían los grandes personajes de la sociedad para pedir dinero prestado, que le suplican y le cuentan todos sus sucios secretos y pasiones (recordemos al Gobseck de *La comedia humana* de Balzac); esa figura es un hombre sabio y desilusionado, absolutamente consciente de lo vano de todos los esfuerzos humanos, oculto a las miradas públicas, sin poder visible, pero de todos modos el amo secreto que maneja los hilos de toda la vida social. Esta figura, cruelmente indiferente, privada de toda compasión y empatía, está mucho más cerca del analista que el confesor o el antiguo consejero. Contra la *Historia de la sexualidad* de Foucault, cuya tesis es que "el nacimiento del psicoanálisis proviene del espíritu de la confesión cristiana", en realidad habría que afirmar que "el nacimiento del psicoanálisis proviene del espíritu de ganancia". La línea que separa al analista del miserable es muy delgada. Para Lacan es el miserable más que el heroico transgresor el que llega hasta el final, violando todas las imposiciones morales, y es la figura ejemplar del deseo: si queremos discernir el misterio del deseo no debemos centrarnos en el amante o el asesino en el arrebato de su pasión, dispuesto a sacrificarlo todo y cada cosa por ella, sino en la actitud del miserable hacia su cofre, el lugar secreto en que reúne y guarda sus posesiones. Por supuesto, el misterio es que, en la figura del miserable, el exceso coincide con la falta, el poder con la impotencia, el acaparar codicioso con la elevación del objeto a Cosa prohibida/intocable a la que sólo puede observarse y nunca disfrutar plenamente. La clave para el misterio del miserable es provista por la paradoja básica de la perversión: cuando Lacan muestra que el discurso capitalista ejemplifica a la perversión en la medida en que ésta pretende contar/acumular goce,[46] demuestra que

[46] Jacques Lacan, *Le seminaire, livre XX: Encore*, París, Seuil, 1973, pp. 92-95 [trad. esp.: *El seminario. Libro 20: Aún*, Buenos Aires, Paidós, 1982].

un acto perverso actúa como si se pudiera acumular el (los) cero(s) o la(s) falta(s), como si cero más cero fuera más que un simple cero.

El siguiente dilema al que estamos vinculados es el del colectivo: cuando Lacan incorpora el término "deseo del analista", lo hace para debilitar la idea de que el clímax del tratamiento analítico es una percepción momentánea del abismo de lo Real, del "atravesamiento de la fantasía", tras lo cual, a la mañana siguiente, debemos regresar a la sensata realidad social y volver a asumir nuestros habituales roles; el psicoanálisis *no* es una percepción que sólo puede compartirse en los preciosos momentos iniciáticos. El objetivo de Lacan es establecer la posibilidad de un *colectivo* de los analistas, de discernir el contorno de un posible *vínculo social* de los analistas (es por este motivo que, en su esquema de los cuatro discursos, habla acerca del *discurso* del analista como el reverso del discurso del Amo). Los límites son aquí muy altos: ¿está toda comunidad basada en la figura de un Amo (la versión de Freud en *Tótem y tabú*), o su derivado, la figura del Saber (la moderna versión capitalista)? ¿O hay posibilidad de un vínculo diferente?[47] Por supuesto, el resultado de esta lucha fue un triste fracaso de la entera historia del psicoanálisis, de Freud hasta el último Lacan y su *école*, pero vale la pena continuar la lucha. Éste es el momento propiamente *leninista* de Lacan –recordemos que, en sus últimos escritos, lucha interminablemente con las cuestiones organizativas de la Escuela–. El colectivo psicoanalítico es, por supuesto, el colectivo de un estado de emergencia en el que además se halla. Cuando Pablo define el estado mesiánico de emergencia como un estado en el que el fin de los tiempos está cercano, en que sólo nos queda el tiempo que falta y por lo tanto estamos obligados a suspender todo compromiso pleno con los vínculos terrenales ("po-

[47] Como lo expresa sucintamente Jacqueline Rose: "Directo al corazón de la adhesión grupal, ubica (Freud) el asesinato [...]. Ser miembro del grupo es ser cómplice del crimen" (Jacqueline Rose, "In our present-day white christian culture", en *London Review of Books*, 8 de julio de 2004, p. 17). La pregunta es entonces: ¿es esta complicidad en el crimen la única manera de formar un colectivo?

seer las cosas como si no las poseyeras", etc.), ¿no se aplica lo mismo al paciente que, mientras está en análisis, debe también suspender sus vínculos sociales?

Lorenzo Chiesa[48] planteó recientemente una cuestión clave de la teoría política lacaniana: ¿debemos sostener el sueño revolucionario de una sociedad que deje atrás la tensión entre la Ley pública y su soporte fantasmático (el obsceno complemento superyoico), o esta tensión es irreductible? De ser así, ¿cómo podremos evitar la resignada y conservadora conclusión de que toda sublevación revolucionaria debe terminar en una nueva versión del orden positivo que se reproduce a través de su inherente y obscena transgresión? La lección de la historia parece confirmar la inevitabilidad de esta recaída. Sólo un par de veces los regímenes políticos intentaron participar de esta tensión, más claramente en el estado espartano que representa la única concreción pura de un cierto modelo de organización societaria. Su pirámide de tres castas (los guerreros gobernantes *homoi*, los "iguales"), los artesanos y mercaderes debajo de ellos y la masa de los ilotas al fondo, quienes eran apenas esclavos cuyo trabajo físico era explotado) condensa de modo cristalino la sucesión histórica de servidumbre, capitalismo y comunismo igualitario: en cierto modo, Esparta fue los tres al mismo tiempo, un feudalismo para la clase más baja, un capitalismo para la clase media y comunismo para la clase gobernante. El dilema ético-ideológico de los gobernantes es aquí de especial interés: a pesar del poder absoluto del que disfrutaban, tenían que vivir no sólo en permanente estado de emergencia, en guerra con sus propios súbditos, sino también como si su propia posición fuera obscena e ilegal. Por ejemplo, durante el entrenamiento militar, se entregaba a propósito poca comida a los adolescentes de modo que tuvieran que robarla; sin embargo, de ser atrapados, eran severamente castigados, pero no por robar, sino *por ser atrapados*, sien-

[48] Véase Lorenzo Chiesa, "Imaginary, symbolic and real otherness: The lacanian subject and his vicissitudes", tesis, University of Warwick, Departamento de Filosofía, 2004.

do así empujados a aprender el arte de robar impunemente. Otro ejemplo, respecto del matrimonio: el soldado casado seguía viviendo con sus camaradas en las barracas militares, sólo podía visitar secretamente a su esposa por las noches, como si cometiera un acto secreto de transgresión. El caso supremo de esta retorcida lógica es la ordalía clave de los jóvenes reclutas: para poder ganarse su aceptación en la sociedad masculina, debían asesinar secretamente a uno de los ilotas sin ser sospechados: en la clase gobernante terminaban por coincidir la ley y la transgresión. Es una especie de concreción perversa de la idea de Hegel acerca de los tres estados de un estado racional (los campesinos "sustanciales" que vivían en un mundo de costumbres, los artesanos e industrialistas dinámicos dirigidos por su egoísta interés individual, la burocracia estatal como la clase universal), pero con un curioso giro: la universalidad de la "clase universal" de *homoi* está autonegada, en pleno conflicto consigo misma –en lugar de habitar una pacífica universalidad, vivían en permanente inquietud y estado de emergencia–. Nos encontramos ante un modelo paradójico en el que el poder se trata *a sí mismo* como una obscenidad ilegal. En el otro extremo hallamos a los regímenes "totalitarios" extremos, claramente el del Khmer Rouge en Kampuchea entre 1975 y 1979, donde averiguar por la estructura del poder estatal era considerado un crimen: los líderes debían ser nombrados anónimamente como "Hermano Número 1" (Pol Pot, por supuesto), "Hermano Número 2", etcétera.

La lección importante a sacar de este extremo es que, *en él, la "verdad" acerca del poder* como tal *sale a la luz: que es un exceso obsceno* (sobre el cuerpo social). Es decir que sería equivocado oponer esta reducción del poder al exceso obsceno del "puro" poder que podría funcionar sin ningún sostén obsceno: el punto es, en realidad, que el intento por establecer un poder "puro" se revierte necesariamente en su opuesto, un poder que debe relacionarse consigo mismo como con un exceso obsceno. (Y, en un nivel diferente, encontramos la misma paradoja en las sociedades democráticas occidentales en que la desaparición de la figura del Amo, lejos de abolir la dominación, se sostiene en nuevas e inéditas formas de negados controles y dominaciones.) ¿Debemos, entonces, como propone Chiesa, tomarnos seriamente (no sólo como un saber cínico) el planteo de Lacan de que el discurso del analista prepara el camino a un nuevo Amo, y asumir heroicamente la necesidad de pasar del gesto negativo de "atravesar la fantasía" a la formación de un Nuevo Orden, incluso de un nuevo Amo y su obsceno trasfondo superyoico? ¿No apuntaba Lacan mismo, en sus últimos seminarios, en esta dirección con su latiguillo "hacia un nuevo significante" (*vers un significant nouveau*)? Sin embargo, sigue pendiente la pregunta: ¿en qué difiere *estructuralmente* este nuevo Amo del previo y destituido (y su nuevo soporte fantasmático del viejo)? Si no existe diferencia estructural, entonces retrocedemos al saber conservador resignado que considera a una revolución (política) como una revolución astronómica del movimiento circular que nos devuelve al punto de partida.

Es sólo aquí que se alcanza el problema real: el de *una transformación sociopolítica que implicaría la reestructuración de todo el campo de las relaciones entre la Ley pública y su obsceno suplemento.* En otras palabras, ¿qué pasaría con un proyecto de transformación social *radical* que no incluyera el aburrido espantapájaros de la "completa plenitud y transparencia de lo social" utópico-totalitario? ¿Por qué cualquier proyecto de revolución social radical habría de caer en la trampa de buscar el sueño imposible de la "transparencia total"? O, para seguir con la metáfora celestial, ¿no ocurre de tiempo en tiempo que se sucede un cambio en el mismo camino circular de las revoluciones planetarias, una ruptura que redefine sus coordenadas y establece un nuevo equilibrio o, en realidad, una nueva medición del equilibrio?

De huevos y tortillas

La guía general metodológica que se desprende de estas observaciones es la certeza de que la democracia es "inesencial", que hace que el destino de una nación dependa de un capricho de la minoría que puede cambiar su voto, y la correspondiente convicción de un agente político de que su misión se basa en una percepción del verdadero estado de las cosas, etc. No son falsas "naturalizaciones" que niegan la auténtica apertura democrática, pidiendo para sí una posición privilegiada y planteando así una amenaza potencial para la democracia, son en realidad el resultado y el ingrediente necesarios de la lógica democrática misma. Es decir, ese planteo de que se posee una percepción privilegiada, que desprecia las reglas democráticas de juego, sólo es posible *dentro* del espacio democrático –son el *contenido* que complementa necesariamente a la *forma* democrática, son la "materia" del procedimiento democrático–.

Es por esto que la idea de *evaluación* resulta crucial para el funcionamiento de la sociedad democrática: si, en el nivel de su identidad simbólica, los sujetos son iguales, si, aquí, un sujeto vale lo que el otro, si cada uno puede ser indefinidamente sustituido por otro, dado que todos son reducidos a un lugar determinado y vacío ($), a un "hombre sin atributos" (para recordar el título de la *magnum opus* de Robert Musil); si, en consecuencia, está prohibida toda referencia a su mandato propiamente simbólico, entonces, ¿cómo habrán de distribuirse dentro del edificio, cómo habrá de legitimarse su ocupación? Por supuesto, la respuesta es la *evaluación*: hay que evaluar sus potenciales, tan objetivamente como sea posible y valiéndose de todos los medios disponibles, desde pruebas cuantificables a entrevistas en profundidad más "personalizadas". La noción ideal subyacente es que su caracterización quede exenta de todo rastro de identidades simbólicas. Más aun, el igualitarismo jamás debe aceptarse por su valor nominal: la idea (y la práctica) de la justicia igualitaria, en la medida en que es sostenida por la voluntad, se basa en la inversión de la habitual renuncia completa a beneficiar a los demás: "Estoy dispuesto a renunciar a ello, de manera que los demás *no* estén en condiciones de tenerlo".

La democracia presupone un mínimo de alienación: quienes ejercen el poder sólo pueden resultar responsables ante el pueblo si existe una mínima distancia de re-presentación entre ellos y el pueblo.

En el "totalitarismo", esa distancia está cancelada, se supone que el Líder presenta directamente la voluntad del pueblo –y, por supuesto, el resultado es que el pueblo (empírico) está incluso más radicalmente alienado en su Líder; él *es* directamente lo que ellos "realmente son", su verdadera identidad, sus verdaderos deseos e intereses, como opuestos a sus confusos deseos e intereses "empíricos". En contraste con el poder autoritario alienado de sus súbditos, el pueblo, aquí el pueblo "empírico", está alienado de *sí mismo.*[49]

En su (manuscrito inédito) *La logique des mondes*, Alain Badiou elabora la idea eterna de la política de la justicia revolucionaria que funcionó desde los antiguos "legistas" chinos, pasando por los jacobinos, hasta Lenin y Mao, que consiste en cuatro momentos: *voluntarismo* (la creencia en que se pueden "mover montañas", ignorando las leyes "objetivas" y los obstáculos), *terror* (una voluntad impiadosa de eliminar al enemigo del pueblo), *justicia igualitaria* (la imposición inmediata y brutal, sin atender a las "complejas circunstancias" que supuestamente nos obligan a proceder gradualmente), y, último pero no definitivo, la *confianza en el pueblo.* La trampa, por supuesto, reside en la ambigüedad de este término complementario, la "confianza en el pueblo": ¿se compone el pueblo en el que se ha de confiar en los individuos "empíricos" o es *el* Pueblo en cuyo nombre se puede transformar el terror contra los enemigos del pueblo en terror contra los individuos mismos?

De ningún modo esto implica una simple loa a la democracia y un rechazo del "totalitarismo": por el contrario, existe un momento de verdad en el "totalitarismo". Ya Hegel señalaba que la representación política no significa que el pueblo conozca por anticipado lo que quiere y que luego le encargue a sus representantes que defiendan sus intereses –sólo lo saben "en sí", es su representante quien formu-

[49] La precisa expresión de Derrida "democracia-por-venir" resulta aquí exacta: la democracia *es* eso "por venir", es decir que si nuestro horizonte es el del "por venir", el de la apertura irreductible hacia el inimaginable futuro, entonces la democracia es nuestro destino.

la por él sus intereses y objetivos, para que sean "para sí"–. Así, la lógica "totalitaria" hace explícita, postula "como tal", una división que siempre atraviesa desde adentro al "pueblo" representado. La línea de separación entre el líder "totalitario" y el analista es delgada, casi imperceptible: ambos son *objetos a*, objetos de un amor transferencial; la diferencia que existe entre ellos es la que hay entre el vínculo social perverso (en el que el perverso *sabe* lo que quiere realmente el otro) y el discurso del analista, quien, aunque ocupe este lugar de supuesto saber, lo mantiene *vacío*.

No debemos temer sacar aquí la conclusión radical en relación con la figura del líder: como regla, la democracia no puede ir más allá de la utilitaria inercia pragmática, no puede suspender la lógica de la "provisión de bienes"; en consecuencia, del mismo modo que no existe el autoanálisis, dado que el cambio analítico sólo puede ocurrir por medio de la relación transferencial con la figura externa del analista, se necesita de un líder para disparar el entusiasmo por una Causa, para generar el cambio radical en la posición subjetiva de sus seguidores, para "transustanciar" su identidad.[50]

Existe una precisa línea de separación entre situación revolucionaria y no revolucionaria. En esta última, se pueden resolver los problemas inmediatos y urgentes mientras se pospone el problema mayor ("la gente se muere hoy en Ruanda, así que olvidémonos de la lucha antiimperialista, dediquémonos a evitar la masacre" o "hay que combatir la pobreza y el racismo aquí y ahora, no esperar la caída del orden capitalista global"); en una situación revolucionaria, la estrategia ya no funciona y hay que enfrentar el Gran Problema para poder resolver incluso aquellos menos urgentes.

[50] El último argumento estúpido contra la radicalización política de un intelectual es "¿Es usted consciente de que en la revolución que apoya sería el primero en ser fusilado?". La respuesta *no* debería ser "No es cierto", sino "Y qué...". Lo que demuestra esta estupidez es el límite de la referencia a la posición subjetiva de enunciación como la medida en última instancia de la verdad de una proposición.

Sin embargo, esto no significa que la idea de una situación propiamente revolucionaria tenga que ver únicamente con la diferencia entre objetivos de corto y largo plazo –en toda auténtica explosión revolucionaria, existe un elemento de violencia "pura", o sea que una auténtica revolución política no puede ser medida por un criterio convencional de provisión de bienes (en qué medida luego de producida, "la vida de las mayorías mejora")–, es un objetivo en sí misma, un acto que cambia los criterios que definen lo que es una "buena vida", un criterio diferente (eventualmente superior) de vida es un resultado intermedio de un proceso revolucionario, no su objetivo. Habitualmente se defiende la violencia revolucionaria apelando a tonterías proverbiales como "no se puede hacer una tortilla sin romper algunos huevos" –una "sabiduría" que, por supuesto, puede cuestionarse fácilmente apelando a aburridas consideraciones "éticas" sobre que incluso los objetivos más nobles no pueden justificar que se usen medios criminales para alcanzarlos–. Contra estas actitudes negociadoras, simplemente debe aceptarse la violencia revolucionaria como un liberador fin en sí mismo, de modo que el proverbio puede invertirse: "No se pueden romper huevos (y qué es la política revolucionaria sino una actividad en la que por supuesto se rompen muchos huevos), especialmente si se lo hace a altas temperaturas (las de la pasión revolucionaria), sin hacer algunas tortillas".

Este exceso de violencia es aquello con lo cual no puede condescender ni siquiera la posición liberal más "tolerante" –como muestra la incomodidad de los estudios afroamericanos poscolonialistas "radicales" con el planteo central de Frantz Fanon acerca de la inevitabilidad de la violencia en el proceso de descolonización–. Hay que recordar aquí la idea de Fredric Jameson de que la violencia juega en el proceso revolucionario el mismo papel que la riqueza mundana en la lógica calvinista de la predestinación: a pesar de carecer de valor intrínseco, es un signo de la autenticidad del proceso revolucionario, del hecho de que este proceso está efectivamente afectando las relaciones de poder vigentes –el sueño de la revolución sin violencia es precisamente el sueño de una "revolución sin revolución" (Robespierre)–.

Y para agregar una perspectiva final a esto, la rotura violenta de huevos no debería tampoco identificarse inmediatamente con un estallido de violencia. La violencia es necesaria. Pero, *¿qué* violencia? Hay violencias y violencias: existen violentos pasajes que simplemente demuestran la impotencia del agente; existe una violencia cuya verdadera intención es evitar que algo efectivamente cambie; en una demostración fascista de violencia, debe ocurrir todo el tiempo algo espectacular de modo que precisamente nada cambie; y existe el acto de violencia que cambia efectivamente las coordenadas básicas de una constelación. Para que esta última violencia tenga lugar, *su mismo lugar debe ser abierto* por medio de un gesto que es claramente violento en su mismo rechazo impávido, por medio de un gesto de puro alejamiento en el cual, para citar a Mallarmé, *rien n'aura eu lieu que le lieu*, nada tiene lugar salvo el lugar mismo.

Y esto nos lleva al *Bartleby* de Melville. Su "preferiría no hacerlo" debe ser tomado literalmente: dice "preferiría no hacerlo" y *no* "prefiero no hacerlo (o no me importa)"; de este modo nos retrotraemos a la distinción de Kant entre juicio negativo e infinito. En su rechazo de la orden del Amo, Bartleby no niega el predicado, en realidad afirma un no-predicado: lo que dice no es *que no quiere hacerlo*; dice que *preferiría (querría) no hacerlo.*[51] De este modo, pasamos de la política de la "resistencia" o de "protesta" que se alimenta de aquello que niega a una política que abre un nuevo espacio por fuera de la posición hegemónica *y* de su negación. Podemos imaginar las variaciones de ese gesto en el espacio público actual: no sólo el obvio "Existen grandes posibilidades de una nueva carrera. Únasenos" –"Preferiría no hacerlo"–, sino también "Descubra las profundidades de su verdadero ser, encuentre la paz interior" –"Preferiría no hacerlo"–, o "¿Está consciente de que su medio ambiente está en peligro? Haga algo por la ecología" –"Preferiría no hacerlo"–, o "¿Qué actitud tomar ante todas las injusticias raciales y sexuales que vemos todo a

[51] Esta observación fue realizada por Alenka Zupancic en "Bartleby: In beseda je mesto postala", en *Bartleby*, Ljubljana, Analecta, 2004.

nuestro alrededor? ¿No es tiempo de hacer algo más?" –"Preferiría no hacerlo"–. Éste es el gesto de sustracción en su forma más pura, la reducción de todas las diferencias cualitativas a una mínima diferencia puramente formal.

Bartleby repite "preferiría no hacerlo" y *no* "no lo haré": su rechazo no es respecto de determinado contenido sino en realidad el gesto formal del rechazo como tal. Por lo tanto, es estrictamente homólogo al "¡No!" de Sygne: es un acto de *Versagung*, no un acto simbólico. Existe una clara virtud holofrástica en "preferiría no hacerlo": es un significante convertido en objeto, un significante reducido a marca interna que representa la caída del orden simbólico.

Existen dos versiones cinematográficas de *Bartleby*, un telefilme de 1970, dirigido por Anthony Friedman y una de 2001 ubicada en la Los Ángeles actual, realizada por Jonathan Parker; sin embargo, corre un persistente aunque no confirmado rumor por Internet acerca de una tercera versión en la que Bartleby es interpretado por Anthony Perkins. Aunque este rumor termine siendo falso, el dicho *se non e vero e ben' trovato* se aplica como nunca: Perkins en su modo a lo Norman Bates hubiera podido ser *el* Bartleby. Puede imaginarse la sonrisa de Bartleby mientras emite su "Preferiría no hacerlo" idéntica a la sonrisa de Perkins en la última toma de *Psicosis*, cuando mira a cámara y su voz (la de su madre) dice: "No era capaz ni de matar una mosca". No hay en ello una *cualidad* violenta, la violencia pertenece a su propio *estar* inmóvil, inerte, insistente, impávido.

Bartleby no podría matar una mosca; eso es lo que hace tan insoportable su presencia.

ÍNDICE DE NOMBRES

ÍNDICE

Esta edición de *Visión de paralaje*, de Slavoj Žižek,
se terminó de imprimir en el mes de diciembre de 2017
por Editorial Nomos S.A., Diagonal 18 Bis N° 41-17, Bogotá, Colombia.
La tirada fue de 2.000 ejemplares